Paul Doll

Geschichte
der württembergischen
Rassegeflügelzucht

Paul Doll

Geschichte der württembergischen Rassegeflügelzucht

Chronik des Landesverbandes
der Rassegeflügelzüchter
von Württemberg
und Hohenzollern

ergänzte Neuauflage
2004

Geiger-Verlag   Horb am Neckar

Einen Teil der Jahrgänge von 1995 bis 2003 bearbeitete protokollarisch der 2. LV-Vorsitzende Martin Esterl; die Homepagedarstellungen erstellte LV-Schriftführer Hanspeter Wagner und für die Erfassung der Mitgliederbewegungen sowie Vereinsstatistiken war der LV-Karteiführer Hansjörg Opala zuständig.

Sämtliche Fotos ohne Quellenangabe, auch die aus der historischen Vergangenheit und des neueren Datums im ersten Teil dieser Chronik stammen aus dem Archiv vom Bildautor Günter Stach.

Der inhaltliche Austausch von Fotos im ersten Teil der „Geschichte der württembergischen Rassegeflügelzucht" wurde zwangsläufig notwendig, weil die komplexen Vorlagen dazu aus unerfindlichen Gründen verloren gegangen sind und der Zugriff auf die Originale nicht mehr möglich war. Die Recherchen beim Verlag Oertel & Spörer, dem Herausgeber der Erstausgabe, verliefen ohnedies leider ergebnislos. Für die Zurverfügungstellung von Dokumenten und Fotos bedankt sich das Herausgeberkollektiv sehr herzlich.

ISBN 3-89570-953-0

Geiger-Verlag, 72160 Horb am Neckar
www.geigerverlag.de
1. Auflage 2004
GD 2162 07 04 HB

Alle Rechte beim Landesverband der Rassegeflügelzüchter
von Württemberg und Hohenzollern e.V.
Redaktionelle Textbearbeitung und Layout: Günter Stach
Gesamtherstellung: Geigerdruck GmbH, 72160 Horb am Neckar
Printed in Germany

Gedruckt auf 100 % chlorfrei gebleichtem Papier.

Grußwort

Dem Landesverband der Rassegeflügelzüchter von Württemberg und Hohenzollern e. V. gratuliere ich ganz herzlich zu seinem 125-jährigen Jubiläum. Er ist damit – wie einige andere Landesverbände – älter als unsere Bundesorganisation. Heute ist er ein wesentlicher Faktor im Bund Deutscher Rassegeflügelzüchter, aber nicht in erster Linie wegen seines Alters, sondern wegen seiner Aktivitäten. Zusammen mit den anderen Kleintierzuchtverbänden im Lande hält man nicht nur gute Kontakte zur Landesregierung, sondern hat auch für die Kleintierzucht viel bewirkt. Es gibt viele Zuchtanlagen, es gibt viele Züchterheime und es gibt eine große Palette von Veranstaltungen im öffentlichen Bereich, bei denen die Geflügelzüchter präsent sind.

Auch Bundesschauen und Bundesversammlungen wurden in der Vergangenheit zur Zufriedenheit aller Beteiligten ausgerichtet. Das alles ist eine gute Basis für die Arbeit in den nächsten Jahren, zumal immer wieder betont wird, dass man gut im Team zusammen arbeitet. Bei den Jubiläumsveranstaltungen dieses Jahres wurde dies eindeutig unter Beweis gestellt.

Ich wünsche dem Landesverband für die nächsten Jahrzehnte alles Gute und hoffe auf eine weitere gute Zusammenarbeit zum Wohle der gesamten deutschen Rassegeflügelzucht.

Mit freundlichen Grüßen
Wilhelm Riebniger
- Präsident des BDRG -

Vorwort des Landesverbandsvorsitzenden

Unser Landesverband ist nun 125 Jahre jung. Ein langes Verbandsleben mit all seinen Erfolgen, Freuden, Höhen und Tiefen liegt nun hinter uns. Deshalb wollen wir auch all den Züchterkameraden in Dankbarkeit ehrend gedenken, welche Generationen vor uns diesen Landesverband mit Leben erfüllten. Selbst bin ich stolz darauf, diesem Landesverband seit acht Jahren als Vorsitzender dienen zu dürfen. Es macht Freude, zusammen mit einem guten Vorstandsteam diese vielseitige Arbeit gemeinsam zu bewältigen. Es ist uns im Laufe der Jahre gelungen den Verband auch nach Außen werbewirksam und positiv zu präsentieren. Ich denke dabei in Stuttgart z. B. an die Landesverbandsschauen, die Landwirtschaftlichen Hauptfeste, die erfolgreiche Beteiligung an den großen Tierausstellungen „Animal" oder „Family & Home" oder in Friedrichshafen an die „Tier & Wir", nur um einige zu nennen. Diverse Bundestagungen, Nationale Schauen, Bundesschauen wurden meisterhaft organisiert und gestaltet. Dieser Verband ist voller Zukunftsorientierung und immer offen für Neues. Zu meiner Freude habe ich eine handvoll Mitarbeiter, auch außerhalb der Vorstandschaft, die voller Ideen stecken und mir auch immer wieder Impulse geben um neue Aktivitäten zum Wohle des Landesverbandes zu entwickeln.

So ist auch diese, vor Ihnen liegende Chronik, entstanden. Der Autor des neuen Teils dieser Chronik, Günter Stach und ich, waren uns von Anfang an einig, den von unserem verstorbenen Vorsitzenden und späteren Ehrenvorsitzenden Paul Doll geschriebenen Teil, im Original zu belassen. Einmal aus Achtung vor der Person Paul Doll und aus Wertschätzung seiner Arbeit. Meisterhaft hat er damals recherchiert und im Detail die wechselvolle Geschichte unseres Landesverbandes dokumentiert. Wir verneigen uns vor diesem großen Mann der deutschen Rassegeflügelzucht.

Mit dem neuen Teil dieser Chronik habe ich Günter Stach als Autor beauftragt.

Es war interessant und Freude pur, wie er mit der ihm eigenen Begeisterung diese Aufgabe anging. In wenigen Monaten, aber dafür sehr intensiv hat er das alles zu Papier gebracht. Unzählige Telefonate, Faxe, Recherchen und Termine waren nötig um diese neue Chronik entstehen zu lassen. Mit Fug und Recht möchte ich dazu sagen: Diese wunderschöne Aufgabe hat Günter Stach mit Liebe zur Sache und mit Herzblut geschrieben. Ihm und Martin Esterl, welcher auch beteiligt war, möchte ich ganz persönlich für diese Arbeit danken.

Das Jubiläumsjahr 2004 war ein gutes Jahr für unseren Landesverband. Im Juni ein sehr von gegenseitiger Achtung und Harmonie getragener Landeszüchtertag und Delegiertenversammlung in Weilheim Teck. Gut besuchte und attraktive Züchterschulungen, verbunden mit einer Aufwärtsentwicklung des Zuchtbuches. Eine fruchtbringende Jugendarbeit in Verbindung mit Mitgliederzuwachszahlen. Dann eine wirklich gelungene Jubiläumsfeier am 18. September in Westerheim, ausgerichtet von Martin Esterl und seinem Westerheimer Kleintierzuchtverein. Im November steht uns noch die Landesschau ins Haus, welche in Ulm in bewährten Händen des KV-Oberschwaben liegt. Als krönender Abschluss diese Chronik, welche aktuell noch die Jubiläumsfeierlichkeiten beinhaltet.

Dieses Jubiläum möchte ich auch zum Anlass nehmen, eine sehr positive und bundesweit wohl einmalige Sache zu erwähnen. Seit Jahrzehnten werden unsere vier baden-württembergische Geflügel- und Kaninchenzüchter-Verbände vom Land Baden-Württemberg bezuschusst, für Baumaßnahmen von Gemeinschaftszuchtanlagen, Züchterheime, Schulungsräume, Ausstellungs- und Käfiglagerhallen.

In früheren Zeiten waren es im Laufe der vielen Jahre Millionenbeträge und seit der Eurowährung auch schon einige Hunderttausend. Ein Zeichen für die Wertschätzung und für die Achtung der Notwendigkeit der Arbeit unserer Verbände in der Gesellschaft. Dafür möchten wir uns bei der Landesregierung, dem Ministerium für Ernährung und ländlichen Raum sowie bei den jeweilig zuständigen Ministern bedanken.

Bedanken möchte ich mich auch bei all denen, die mit dazu beigetragen haben diesen, unseren Landesverband so lebendig zu gestalten. Das sind die Züchter, die Vereine und Kreisverbände, unsere Jugend, die Preisrichter, das Zuchtbuch, die Sondervereine, meine engsten Mitarbeiter im LV-Ausschuss und nicht zuletzt die speziellen Mitarbeiter im ganzen Land, welche mir immer bei Sonderaufgaben verlässlich zur Seite stehen. Danke schön.

Nun wünsche ich unserem Verband und uns allen noch viele Jahre Erfolg und Freude an der Sache, ein gesundes Wir-Gefühl für ein gutes Miteinander. Tragen wir bitte alle dazu bei.

Paul Klumpp Freudenstadt im Oktober 2004
LV-Vorsitzender

Vorwort des Autors

Auf Vorschlag Stuttgarter Zuchtfreunde war ich anlässlich des Landeszüchtertages 1978 in Öhringen plötzlich ein Kandidat zur Besetzung des Schriftführerpostens in der LV-Vorstandsriege von Württemberg und Hohenzollern. Bei der Wahl fiel ich gegen Karl Pechtl zwar durch, durfte mich jedoch als so genannter Pressewart bewähren. Ein ehrenamtlicher Titel, der mir ganz und gar nicht passte, schließlich – so schien mir – sollte uns daran gelegen sein, die Aktivitäten der organisierten Rassegeflügelzüchter moderner in der Öffentlichkeit zu publizieren, und zwar zeitgemäß wohlklingender in meiner Eigenschaft als: Pressereferent. Die Nähe zum LV-Vorsitzenden Paul Doll stimmte mich zunächst einmal recht nachdenklich; denn gemäß seiner Mentalität wollte er selten jemanden mit Arbeit beladen, die er nicht selbst imstande gewesen wäre sie zu bewältigen – bis er mir zwei Koffer voll mit Protokollbücher ab 1879 datiert mit der Aufforderung überreichte, in Kurzform eine Chronik zum 100. Jubiläum des Landesverbandes zu verfassen.

Sieben Wochen hatte ich gerade mal Zeit, mich einzulesen und die Höhepunkte aus einhundert Jahren zu Papier zu bringen und des Weiteren sollte ich beim Landeszüchtertag in Untertürkheim den Festvortrag halten. Zur gleichen Zeit war ich mit dem Neubau meines Hauses beschäftigt, berufstätig war ich außerdem, musste viele Tauben versorgen und als Familienmensch war mir daran gelegen, mich in dieser Rolle nie einzuschränken. Paul Doll schickte uns zudem als sein Vertreter zu Jubiläumsveranstaltungen, um dort in seinem Namen die Grüße des Landesverbandes zu übermitteln und Ehrungen auszusprechen. Zu dieser Zeit – 1979 – war er Ruheständler, und das bin ich seit einigen Jahren genauso. Seine Schaffenskraft, seine Selbstdisziplin und vor allem sein demokratisches Entscheiden waren mir ohnehin zum Leitmotiv geworden, ihm nach zu eifern.

Was lag also näher, mich nach fast einem Vierteljahrhundert wieder für die Geschicke des Landesverbandes und seiner spürbaren Fortentwicklung zu engagieren und mich dort einzubringen, wo es dem einen und anderen vielleicht schwer fällt auszuhelfen. Zunächst in Baden ansässig, seit 1965 jedoch schwäbisch denkend – weil dort leibhaftig integriert – und seit 1947 mit der Organisation eng verbunden, sollte es mir ja nicht schwer fallen, diese Chronik im Sinne von Paul Doll fortzuschreiben. Von Anbeginn des Erscheinens seiner Aufzeichnungen bedauerte ich ohnehin die vernachlässigte Illustrationsfülle, die Lebendigkeit eigentlich, die doch solche bibliophilen Drucke auszeichnet. Dabei bin ich mir und das um die Neuauflage bemühte Kollektiv aber bewusst, dass die von Paul Doll, dem einmaligen Chronisten des BDRG, eine in ihrer Qualität hervorragende Recherche darstellt, wie sie ihresgleichen nicht wieder findet. Deshalb stand auch nie eine Kürzung des ersten Teils der nun vor ihnen liegenden Zeiterfassung zur Debatte. Umso wertvoller erscheint nun die erste Ausgabe eine Rarität zu werden und hoffentlich im Einklang mit den hinzugefügten Ergänzungen mit dem neuerlichen Rückblick über insgesamt 125 Jahre zum Vorzüglich heranzureifen.

Dank unserer übereinstimmenden Denkweise war mir der LV-Vorsitzende Paul Klumpp bei meiner Arbeit stets ein feinsinniger Impulsgeber; sowohl sein Humor als auch für Nichtschwaben dessen gelegentlich klingenscharf formulierte, dennoch herzlich agierende Ausdrucksweise bestärkten mich, die rückreichende Aufarbeitung unbefangen anzugehen. Sein Stellvertreter, Martin Esterl, fügte mit Beiträgen bemerkenswerte Begebenheiten aus dem Zeitgeschehen der ergänzten Jahrgänge ein und Wilhelm Bauer – seines Zeichens ebenfalls als Pressewart für den Landesverband einige Jahre tätig gewesen – las das Manuskript mit großer Aufmerksamkeit, um Missverständnisse zu vermeiden. Vielen Dank.

Die Erfahrung lehrt, dass insbesondere der Historie zugeneigte Drucke nach Erscheinen als sehr lückenhaft eingestuft werden und demzufolge der spontanen Kritik unterliegen – wer schreibt, der bleibt. Freilich war es keine Absicht, irgendwelche Ereignisse oder gar Vorgänge zu unterschlagen und womöglich Namen wegzulassen. Die Gelegenheit zur Mitarbeit war geboten, leider wurde sie nur von wenigen Ausnahmen genutzt. Im Vordergrund stand jedenfalls die Entwicklung des Landesverbandes der Rassegeflügelzüchter von Württemberg und Hohenzollern festzuhalten mit dem Ziel, der Zukunft eine wohlwollende Perspektive zu vermitteln verbunden mit der Hoffnung an die Jugend gerichtet, sie zu meistern. Viel Glück.

Günter Stach Langenbrand im Oktober 2004
BDRG –
Ehrenmeister

Geleitwort

Es gibt wenig Beispiele so umfangreicher und treffender Niederschriften wie die vorliegende Chronik des Landesverbandes Württemberg-Hohenzollern.

Mit bemerkenswerter Hingabe hat der Verfasser die Ereignisse von der Frühgeschichte bis zur Jetztzeit zusammengetragen und damit der Nachwelt vor Augen geführt, mit wieviel Fleiß und Umsicht im Laufe der Jahre der heutige Landesverband Württemberg-Hohenzollern gebildet und geleitet wurde.

Man muß die Namen der Männer, die diesen Verband in seinem Werdegang führten, gelesen haben, um sich über die Ereignisse ein richtiges Bild machen zu können.

Ab 1949 hatte ich selbst Gelegenheit, über namhafte Männer wie Gustav Mödinger, Gottlieb Keppler, Karl Maier, Hermann Klotz, Karl Schlecht, Paul Doll bis zum heutigen Vorsitzenden Walter Gehring die Ereignisse über die Aufwärtsentwicklung der Rassegeflügelzucht mitzuerleben und nach der Gründung des Landes Baden-Württemberg, vor allem im Bau von Zuchtanlagen, mitzugestalten.

Überzeugend ist dargestellt, wie jeder Verantwortliche seinen Teil dazu beigetragen hat, der nachfolgenden Generation ein Erbe zu hinterlassen, das im gesamten Bundesgebiet, unterstützt durch die fürsorgliche Hand des Ministeriums für Ernährung, Landwirtschaft und Forsten unter der Leitung des Ministers, Dr. Gerhard Weiser, und seinen Beamten Dr. Ulrich und Dr. Eilfort, nur wenig Beispiele hat.

Dem Verfasser, Paul Doll, gebührt Dank und unsere Anerkennung.

Graben-Neudorf, im März 1992   Hermann Rösch
                                                Präsident des BDRG

Vorwort

Bei der Gründung des heutigen Landesverbandes Württemberg und Hohenzollern im Jahr 1879, im Brauereilokal von Paul Weiß in Stuttgart, hatten die 10 Gründungsvereine wohl keine Vorstellung, wie sich der Landesverband bis zum heutigen Tag entwickeln würde.

Nach 112 Jahren ist aus den bescheidenen Anfängen eine Organisation mit über 30 000 Mitgliedern und mehr als 4 500 Jungzüchtern geworden. In 29 Kreisverbänden und 545 Vereinen werden die Mitglieder betreut. 2 Weltkriege, Inflation und Währungsreform mußten verkraftet werden.

Mit schwäbischem Fleiß und Idealismus wurde der Landesverband der Rassegeflügelzüchter von Württemberg und Hohenzollern in all den Jahren zu dieser Höhe geführt. Den hohen Zuchtstand zeigen die großen Landesgeflügelschauen, die auch eine gute Öffentlichkeitsarbeit über unsere Ziele bei Bürgern und Politikern bewirken.

Dank gilt allen, die in den verschiedenen Bereichen durch ihre Arbeit in den Vereinen, Kreisverbänden und in der Landesverbandsführung in vorbildlicher Weise ihre Aufgaben erfüllen.

Mögen uns alle bisher errungenen Erfolge nicht nur Ansporn sein, sondern auch Verpflichtung, das Erbe würdevoll zu pflegen und zu erhalten, in der Mitverantwortung für die deutsche Rassegeflügelzucht und unseren Landesverband.

Mein besonderer Dank und meine Anerkennung gelten meinem Freund Paul Doll, dem Ehrenvorsitzenden des Landesverbandes. Mit großer Sachkenntnis und den lückenlosen Unterlagen unseres Verbandes hat er diese umfassende Chronik erstellt.

Stuttgart, im März 1992
Walter Gehring
1. Vorsitzender des Landesverbandes

---

* Diese Chronik erhält für die Öffentlichkeitsarbeit jeder Verein im Landesverband beim Züchtertag am 14. Juni 1992 in Bonlanden.

Vorwort des Verfassers

Die Geschichte des Landesverbandes und der Rassegeflügelzucht in Württemberg wurde geschrieben, um der Nachwelt einmal zu dokumentieren, welche großartigen Leistungen vom Verband und den angeschlossenen Vereinen von 1869 an bis in die heutigen Tage vollbracht wurden. Diese Chronik ist zugleich ein bescheidenes Stück unserer Landesgeschichte. Es war mein Bestreben, die wichtigsten Ereignisse der vergangenen 120 Jahre in der gebotenen Ausführlichkeit darzustellen.

Wenn nun das vorliegende Werk einen geschlossenen Überblick über das Werden und Wirken des Verbandes gestattet, dann habe ich das vorwiegend der vorbildlichen Mitarbeit von Walter Schwarz, Redakteur des „Deutschen Kleintier-Züchters", als Lektor, und Viktor Stern, dem Leiter des Buchverlages im Hause Oertel + Spörer, Reutlingen, zu verdanken.

Dem Vorsitzenden des Landesverbandes, Walter Gehring, und seinen Mitarbeitern im Vorstand und Ausschuß gilt mein besonderer Dank für die Bereitschaft und das wohlwollende Verständnis, die Herausgabe der Geschichte des Landesverbandes durch einen beachtlichen finanziellen Beitrag zu unterstützen. Als langjähriger Vorsitzender des Verbandes ist es mir eine liebe Pflicht, allen zu danken, die meine Arbeit und das Anliegen des Verbandes unterstützt haben. Hier habe ich mich ganz besonders bei Minister Dr. h. c. Gerhard Weiser und seinen engeren Mitarbeitern zu bedanken für die stete Hilfe, Förderung und Unterstützung der Belange der Rassegeflügelzucht im Land Baden-Württemberg.

Möge dieses Werk bei den Freunden der Rassegeflügelzucht und allen Lesern eine wohlwollende Aufnahme finden.

Bad Wimpfen, im Januar 1992

Paul Doll
Ehrenvorsitzender
des Landesverbandes

Inhaltsverzeichnis

Grußwort des Präsidenten V
Vorwort des Landesverbandsvorsitzenden VI
Vorwort des Autors für den 2. Teil 2004 VIII

Geleitwort XI

Vorwort XII

Vorwort des Verfassers XIII

Einleitung 1
Die Geflügelhaltung vom Mittelalter bis zur Mitte
des 19. Jahrhunderts 3

**Die Rassegeflügelzucht von der Mitte des 19. Jahrhunderts
bis zum Ausbruch des Ersten Weltkrieges** 4
    Die ersten Vereinsgründungen 4
    Die Gründung des Landesverbandes 5
    Die erste Generalversammlung 6
    Reutlingen wird erster Vorort 7
    Zweck und Aufgaben des Verbandes 7
    Erste Ausschusssitzung in Plochingen 8
    Generalversammlung zum Cannstatter Volksfest 9
    Die Mitgliedsvereine des Landesverbandes 9
    Der Deutsche Geflügelzüchter-Klub wird gegründet 9
    Der Vogelschutz als wichtige Aufgabe 10
    Austritte aus dem Landesverband 10
    Die Ansiedlung von Nachtigallen 11
    Internationaler Ornithologen-Kongress in Wien 11
    Werbung um neu gegründete Vereine 12
    Nur noch 6 Vereine im Landesverband 12
    Die Gewährung von Prämien wird neu geregelt 13
    Neue Vereinsgründungen 13
    8. Geflügel- und Vogelausstellung 1890 in Ludwigsburg 14
    Rottenburg wird 1891 Vorort 15
    Gründung der „Süddeutschen Tier-Börse" 15
    Die Gründung von Gauverbänden 1892 16
    Reutlingen übernimmt 1893 die Landesschau 16
    „Süddeutsche Tier-Börse" wird Verbandsorgan 17
    Aktivitäten der Gauverbände 18
    11. Landesverbandsausstellung in Ravensburg 1894 19
    Die Petition für Vogelschutz an den Reichstag 1894 19

Der Aufruf an die Vereine für den Beitritt zum Landesverband	19
Die Gründung des Landesverbandes Hohenzollernscher Geflügelzuchtvereine 1894	21
Die Gauverbände reformieren den Landesverband	21
Die Vorortverwaltung wird 1895 beendet	22
Professor Schönleber wird Landesvorsitzender	23
28 Vereine im Jahr 1895 im Landesverband	23
38 Vereine im Jahr 1896 im Landesverband	24
Steigende Mitgliederzahlen im Landesverband	24
Eugen Rau †	25
Der Wunsch nach einem Standard für schwäbische Farbentauben	25
Die Wiederwahl des Landesvorstandes	26
11000 Tiere werden ein Opfer der Geflügel-Cholera von 1898	26
Aus dem Schramberger Protokollbuch	27
Das Jahr 1900	28
Professor Schönleber legt 1901 den Vorsitz nieder	29
Neuwahl des Landesverbandsausschusses	30
Rege Verbandsarbeit auf allen Gebieten	31
Neuer Verteilungsmodus für Prämien	35
Besuch bei der „Süddeutschen Tier-Börse"	35
Der Vogelschutz als vorrangige Aufgabe	35
Festsetzung der Entschädigung für Preisrichter	36
Anträge zur Sitzung des Ausschusses am 24.1.1903	36
Die Hauptversammlung in Tuttlingen im Februar 1903	37
Die Eingabe an den Württembergischen Landtag vom Mai 1903	38
Erste gemeinsame Beratungen mit Bayern und Hohenzollern	39
25 Jahre Landesverband	40
Die Landesjubiläumsschau	41
Rückblick auf 25 Jahre Verbandsarbeit	42
Ursprungszeugnisse für Ausstellungen	42
Hohe Auszeichnung für den Landesvorsitzenden	43
Die Qualitätsbewertung wird eingeführt	44
Grundsätze für die Prämierung bäuerlicher Geflügelhöfe	44
Mitgliederversammlung und Ausstellung mit Zuchtstämmen im Februar 1906	48
Die Gründung der Dachorganisation für die Landesverbände 1906	49
Verbandsversammlung in Tuttlingen	50
Die Gründung des Oberschwäbischen Gauverbandes 1907	51
Jubiläumsausstellung in Stuttgart 1909	52
Neuer Modus für Wahlen zum Vorstand	53
Eugen Stellrecht wird Ehrenvorsitzender	54
Aufteilung der Arbeit im Landesverband	55
Die Kommissionen im Landesvorstand bewähren sich	56
Die neuen Ausstellungsvorschriften von 1912	56
Vier neue Ehrenmitglieder 1913	57

M. Kaiser wird Vorsitzender	58
Die süddeutschen Farbentauben in Wort und Bild	60

Die Geflügelzucht in Deutschland während des Krieges 61

Beitritt des Landesverbandes zum Bund Deutscher Geflügelzüchter 1916	63
Das bittere Ende des Krieges	64

Der Wiederaufbau der Rassegflügelzucht nach dem Ersten Weltkrieg 65

Erste Versammlung der Bezirksvorstände	66
Neue Ausstellungsbestimmungen	67
Landesvorsitzender M. Kaiser †	67
Glanzvolle Landesausstellung in Stuttgart 1924	68
Richtlinien für die Preisrichterausbildung	68
Staatspräsident Bazille bei der Landesschau	69
Disput über Satzungen	70
Die ersten geprüften Preisrichter	71
Georg Roller wird 1927 neuer Vorsitzender	72
Neue BDG-Ausstellungsbestimmungen	72
Erster Züchtertag in Ulm 1928	73
Verschlechterung der wirtschaftlichen Lage	73
Das Jubiläumsjahr 1929	74
Die Landesausstellung in Reutlingen 1929	75
Verein der Geflügelpreisrichter gegründet	76
Zweiter Landeszüchtertag in Heilbronn	76
Festschrift zum 50jährigen Jubiläum	76
1879–1929 – 50 Jahre Landesverband der Geflügelzucht- und Vogelschutzvereine in Württemberg und Hohenzollern	77
Die Jubiläumsausstellung im Januar 1930	78
Karl Kail wird neuer Vorsitzender	81
Georg Roller wird Ehrenvorsitzender	82
50 Jahre Bund Deutscher Geflügelzüchter	83
Sorge um den Erhalt der „Süddeutschen Tier-Börse"	84
Die neuen Verbandssatzungen von 1931	84
Auszeichnung verdienter Mitglieder	86
Vertrauen zum Bund Deutscher Geflügelzüchter	86
Süddeutscher Beitrag zur Rassegeflügelzucht	87
„Süddeutsche Tier-Börse" in Ulm	88

Die Geflügelzucht im III. Reich bis zum Ende des Zweiten Weltkrieges 90

Keine Einigung im Bund Deutscher Geflügelzüchter	90
Entschließung zur Gleichschaltung 1933	90

Karl Kail wird zum neuen Vorsitzenden bestellt	91
Die letzte Nationale Rassegeflügelausstellung 1934	92
Schwäbischer Züchtertag in Öhringen	94
Erste Landesgruppenschau in Urach 1934	94
Karl Kail †	94
Gottlieb Keppler wird neuer Vorsitzender	95
Ernst Schukraft †	96
Felix Zeller legt sein Mandat nieder	96
Die 2. Landesausstellung in Stuttgart 1935	96
Eugen Stellrecht †	97
Der Züchtertag in Herrenberg 1936	97
Die erste Schwabenschau in Heilbronn	98
Die „Deutsche Geflügel-Zeitung" 1937	99
Änderungen am laufenden Band	99
Züchtertag in Balingen	99
Ausbildungslehrgang in Stuttgart	100
Die neue Kreiseinteilung	100
„Deutsche Geflügel-Zeitung" in Reutlingen	101
Landesausstellung in Tuttlingen	101
„Süddeutscher Kleintier-Züchter"	101
Der Züchtertag in Göppingen	102
Der Zweite Weltkrieg beginnt	103
Lehr- und Werbeschau in Stuttgart	103

Erneuter Wiederaufbau der Rassegeflügelzucht nach 1945 105

Fachzeitschriften erscheinen wieder	105
Erste Nachkriegsausstellung in Schorndorf 1947	107
Ehrung für verdiente Züchter	108
Erfolgreiche Preisrichterschulung	108
Zwei Landesausstellungen an einem Wochenende	109
Erich Klein †	109
Aufwärtstrend beim Zuchtbuch	111
Landesausstellungen in Schorndorf und Reutlingen	111
Zusammenschluss der Preisrichtervereinigungen 1949	111
Der Bund Deutscher Rassegeflügelzüchter wird 1949 in Frankfurt am Main gegründet	112
Gottlieb Keppler wird neuer Vorsitzender des Landesverbandes Süd-Württemberg	113
Vorbildliche Landesschau in Ludwigsburg 1950	115
Gustav Mödinger tritt zurück	115
Landeszüchtertag in Hechingen	117
Johannes Schmid †	117

Landeszüchtertag in Göppingen	118
Neue Verbandssatzungen wurden beschlossen	118
Die Landesgeflügelschau in Stuttgart 1951	119
Erfolgreicher Züchtertag in Wasseralfingen	119
Satzung für Jugendmitglieder	120
Die Landesgeflügelschau in Stuttgart 1952	123
Jugendgruppen im Vormarsch	123
Über 4 000 Tiere in Stuttgart	124
Erstes Jugendtreffen in Heilbronn 1954	125
75 Jahre Landesverband – Die Jubiläumsfeier in Ulm-Söflingen	126
Die Jubiläumsschau auf dem Killesberg 1954	127
Rege Jugendarbeit in Baden-Württemberg	128
Die Landesausstellung 1955 wird abgesagt	128
Züchtertag in der Salzsiederstadt Schwäbisch Hall	129
Rassegeflügelzucht erhält jung – Wilhelm Riehle wird 90	129
Das große Fest der Jungzüchter in Neuwirtshaus	130
Das erste Schwabenband	130
Ehrung für Gottlieb Keppler	131
Die Landeszüchtertage in Geislingen	132
Die Stuttgarter Landesausstellung – immer besser und schöner	134
Drei neue Ehrenmeister im Landesverband	135
Glanzvolle Stuttgarter Landesschau 1958	136
80 Jahre Landesverband der Rassegeflügelzüchter Württemberg-Hohenzollern	136
80-Jahr-Feier beim Züchtertag in Ebingen	137
Der Kreisverband Überlingen kommt zum Landesverband	138
Die Landes-Geflügelausstellung in Stuttgart 1960	139
Friedrich Kolb †	140
Der Landeszüchtertag in Mühlacker fällt aus	140
Gottlieb Keppler wird Ehrenmeister	140
Die Deutsche Zwerghuhnschau in Stuttgart 1961	140
Züchtertag des Landesverbandes in Plüderhausen	141
Rege Schautätigkeit	142
Die 44. Nationale in Stuttgart 1963	142
Züchtertag in Tuttlingen mit internationalen Gästen	145
Ehrenmeister Karl Mack †	147
Landesjugendtreffen in Mutlangen-Lindach – Franz Butz wird Landesjugendobmann	147
Eindrucksvolle 45. Nationale in Stuttgart 1964	148
Gottlieb Keppler tritt zurück – Karl Mayer wird 1964 neuer Landesvorsitzender	148
Die aktive Verbandsarbeit geht weiter	150
Goldener Ehrenring des BDRG für Gottlieb Keppler	150
Jugendtreffen in Göppingen-Holzheim	152
Schülerbesuch bei der Landesschau Stuttgart	152

Sparmaßnahmen	153
Züchtertag in Leinfelden	153
Die 48. Nationale Rassegeflügelschau in Stuttgart	154
Minister Eugen Leibfried wird Ehrenmitglied des Bundes Deutscher Rassegeflügelzüchter	154
Das Zuchtbuch der Leistungsgruppe	155
Gemeinschaftszuchtanlagen – ein Anliegen aller Kleintierzüchter im Lande	155
Keine Landesschau in Heilbronn	156
Landeszüchtertag in Blaufelden	156
Der Bau von Zuchtanlagen vor dem Landtag	157
Eugen Lachenmann wird Ehrenmitglied des BDRG	158
Die VDT-Schau in Stuttgart	158
Landesschau mit Deutscher Zwerghuhnschau 1968	162
Gustav Hammeley †	164
40 Jahre Preisrichtervereinigung	164
Landeszüchtertag mit Wünschen an den Landtag	165
Eindrucksvolles Landesjugendtreffen	166
Landesgeflügelschau in Ravensburg	167
Völkerverbindende Züchterfreundschaften	167
Vorstandssitzung im Landtagsgebäude	168
Der Züchtertag in Schramberg-Sulgen	169
Der Finanzminister bei der Vertreterversammlung	169
Auszeichnung verdienter Züchter bei der Landesgeflügelschau 1970	170
Neue Verbandssatzungen beschlossen	170
Schulungswoche in Bernhausen	172
Preisrichtervereinigung mit 100 Mitgliedern	173
Kreisjugendobmänner tagen in Ebersbach	174
Führungswechsel im BDRG in Schliersee 1972	175
Vorstandswechsel auch im Landesverband	175
Landesgeflügelschau und Deutsche Zwerghuhnschau vereint auf dem Stuttgarter Killesberg	177
Verbesserung der Verbandsführung	180
Landeszüchtertag in Heidenheim	181
Hauptschulung mit Rekordbeteiligung	182
VDT-Schau in Stuttgart	182
Verkürzte Landesschau wegen Sonntagsfahrverbot	182
Hermann Klotz legt Vorsitz nieder	184
Paul Doll wird 1974 neuer Landesvorsitzender	185
Staatliche Förderung für Gemeinschaftszuchtanlagen	186
Landesschau in eigener Regie	187
Die Auflösung des Referates für Kleintierzucht	189
Franz Butz bleibt Landesjugendobmann	191
Walter Schwarz wird 1975 Vorsitzender der Preisrichtervereinigung	191
Die Bundestagung in Freudenstadt	192

Der Landeszüchtertag in Ulm – 100 Jahre Verein der Geflügel- und Vogelfreunde Ulm	194
Minister Dr. Brünner wird Ehrenmitglied des BDRG	194
Feuchtes Landesjugendtreffen in Nufringen	195
Aktive Preisrichtervereinigung	195
Landeszüchtertag in Freudenstadt – Walter Gehring wird 2. Landesvorsitzender	196
Landesgeflügelausstellung in Stuttgart mit Zwerghühner Informationsschau 1976	197
Karlheinz Oehler wird Landesjugendobmann	197
Einmalige Gemeinschaftszuchtanlage in Sindelfingen	198
Landeszüchtertag in Untermünkheim	199
100 Jahre Verein der Geflügel- und Vogelfreunde Göppingen	200
Der Kreisverband Ostalb Aalen-Heidenheim	200
Josef Haas wird Ehrenmitglied des Landesverbandes	200
Landeszüchtertag und 100jähriges Jubiläum in Öhringen	200
Rücktritt von Landesschriftführer Kurt Fischer	201
Ehrenmeister Karl Schlecht †	202
Landesverbandsschau auf dem Killesberg	202
Ehrenvorsitzender Karl Mayer †	204
Neue Förderungsrichtlinien	205
100 Jahre LV Württemberg-Hohenzollern	208
Die ersten Meister der württembergischen Rassegeflügelzucht	208
100 Jahre Verein der Geflügel- und Vogelfreunde Sindelfingen	209
Die Jubiläumsschau in Stuttgart 1979	209
Landeszüchtertag in Sindelfingen	212
Gustav Mödinger †	212
Keine Landesgeflügelschau in Ravensburg	214
VDT-Schau auf dem Killesberg	214
Landesgeflügelschau in Sindelfingen	215
100 Jahre Bundesorganisation der Rassegeflügelzüchter	215
Landeszüchtertag in Baiersbronn-Mitteltal 1981	215
Der Landeszuschuss wird erhöht	218
Züchtertag in Bempflingen	218
Landesverbandsschau in Stuttgart – 110 Jahre Verein der Geflügel- und Vogelfreunde Stuttgart	219
Landeszüchtertag in Renningen	220
Landesschau in der Sindelfinger Messehalle	221
Drei neue Ehrenmeister	222
Keine Mitgliedschaft der Sondervereine beim Landesverband	222
Der Landeszüchtertag in Weilheim	222
Landesgeflügelschau auf dem Killesberg	223
BDRG-Tagung in Biberach/Riss 1985	225
Chinesischer Ministerbesuch bei einer Lokalschau	228
Landesschau in der Oberschwabenhalle	228

Führungswechsel im Landesverband 1986 229
Die Landesgeflügelschau in Ulm 1986 233
Landeszüchtertag in Ehingen 233
Landesgeflügelschau in Ravensburg 234
Ministergespräch in der Martin-Schleyer-Halle 236
Landeszüchtertag in Domdorf 236
Die Landesschau 1988 auf dem Killesberg 239
110 Jahre Landesverband 240
Landeszüchtertag in Schramberg 241
Gottlieb Keppler † 241
Minister Weiser in Neckargartach 243
Prachtvolle Demonstration des Rassegeflügels beim
Landwirtschaftlichen Hauptfest 1989 243
Landesjugendschau in Jettingen 245
Landeszüchtertag in Heidenheim-Mergelstetten 245
Minister Weiser wird Ehrenmitglied 247
Mustergültige Landesgeflügelschau auf dem Stuttgarter Killesberg 1990 . 247

Anhang – Die Vorsitzenden des Landesverbandes 251

125 Jahre Geschichte der württembergischen Rassegeflügelzucht 253

Teil 2 – 2004

Einleitung

Die meisten unserer Haustiere gehen auf Wildformen zurück, die mehr oder weniger zwangsweise zu Nutzzwecken gezähmt wurden. Die Erhaltung des Lebensunterhaltes, aber auch die Liebe zur Kreatur war es, was die Menschen dereinst nach ihrem Seßhaftwerden bewogen hat, sich Haustiere zu halten. Dazu zählten nach Pferden, Hunden, Kühen und Schafen auch viele Geflügelarten, vom kleinsten Stubensänger bis zu den großen Hühnervögeln. Dabei wurden die geflügelten Haustiere nicht nur als Nutztiere angesehen, sondern vermittelten auch Lebensfreude am Schönen und der Vielfalt der Farben.

Seit vielen Tausenden von Jahren ist es dem Menschen gelungen, wild lebende Tiere in den Hausstand mit aufzunehmen. Aus der Artenvielfalt der Natur haben sich aber nur wenige als Haustiere geeignet. Aus den Wildgeflügelarten, wie der Felsentaube, den Kammhühnern und hier überwiegend dem Bankivahuhn, der Graugans und der Stockente u. a. wurden, wenn auch in unterschiedlichen Zeitabschnitten, bestimmte Schläge erzüchtet und diese schließlich zu fest vererblichen Geflügelrassen entwickelt. Diese Entwicklung dauerte über eine Zeitspanne von einigen Jahrtausenden hinweg.

Die Haustauben gelten als die ersten gefiederten Haustiere des Menschen. Ihre Urheimat ist der fernöstliche Raum und der Orient. In Deutschland war die Taubenzucht im 16. Jahrhundert bereits weit verbreitet. Im 18. Jahrhundert bis zum Beginn des 19. Jahrhunderts blühte in vielen deutschen Städten, so auch im süddeutschen Raum, ein reger Taubenhandel durch die Einrichtung von Taubenmärkten. Insbesondere Württemberg war schon seit langer Zeit eine Hochburg der Taubenzucht. Dies wird besonders deutlich durch die Herausgabe eines Taubenbuches im Jahr 1790 durch die Wohlersche Buchhandlung in Ulm an der Donau. Geschrieben wurde es als „Ulmer Taubenbuch" von Christoph Ferdinand Moser aus Herbrechtingen.

Etwas später als die Taube, es dürften etwa 1 000 Jahre gewesen sein, wurde das wilde Kammhuhn in die menschliche Behausung aufgenommen. Damit beginnt die Vorgeschichte des Haushuhnes, dessen Domestikation vor über 5 000 Jahren erfolgte. Es verbreitete sich von dem ostasiatischen Raum aus sehr rasch durch den Menschen nahezu über die ganze Welt.

Wir wissen heute, daß durch Auslese, Zuchtwahl und die Folgen von Mutationen und Kombinationen die verschiedenen Landhuhnschläge je nach den Bedürfnissen in den einzelnen Ländern oder Landesteilen entstanden sind. Diese Landhuhnschläge wurden schließlich zu Rassen mit konstanter Vererbung durchgezüchtet. Wo dies nicht der Fall war, gingen diese Schläge wieder unter. Auch in Deutschland entstanden viele landhuhnartige Schläge, die vorwiegend dem Bankivatyp entsprachen. Im süddeutschen Raum wurde meist ein etwas schwereres Landhuhn veredelt und Züchtungen wie das Augsburger Huhn, das Sundheimer Huhn oder das heute nicht mehr vorhandene Schwarzwaldhuhn sind entstanden.

Die Haustierwerdung der Gänse und Enten hat sich in ganz unterschiedlichen Zeitabschnitten und auf eine völlig naturnahe Art vollzogen. Mit wenigen Ausnahmen stammen die heutigen Haus- und Rassegänse von der wilden Graugans ab, die heute noch in den großen Verbreitungsgebieten, wie am Neusiedler See bei Illmitz im Burgenland, in großer Zahl anzutreffen sind. Die Gänsehaltung ist schon einige Jahrtausende alt und hat ihren Ursprung im südöstlichen, mittleren und nördlichen Europa durch die Graugans, im asiatischen Raum teilweise durch die Nilgans und die Schwanengans gefunden. Als die Römer mit den Germanen die erste Begegnung hatten, waren Hausgänse in Mitteleuropa schon überall vorhanden. In Deutschland wurden vielerorts Gänse in großen Scharen gehalten, meist dort, wo es Flüsse, Bäche, Seen und Teiche gab.

Die Ente hat erst spät Eingang in die Behausung der Menschen gefunden, weil sie weit mehr an ihre natürliche Umwelt und damit an das Wasser gebunden war und auch nicht so vielseitig genutzt wurde wie die Gans oder das andere Hausgeflügel. Der Nutzwert der Ente ist erst viel später als bei den meisten anderen Haustieren erkannt worden. Bei keiner der domestizierten Geflügelarten ist man über deren Abstammung weniger im Zweifel als bei den Enten, die, bis auf eine Ausnahme, von der Stockente abstammen.

Puten und Perlhühner haben bis heute noch nicht ihre Wildform abgelegt, wenn sie auch in vielen Farbenschlägen gezüchtet werden. Die Heimat der Puten ist Amerika, vom südlichen Kanada bis nach Mittelamerika. Sie kamen 1520 nach Europa und 1533 nach Deutschland. Die Perlhühner stammen aus dem nördlichen Afrika und sind dort in verschiedenen Unterarten bekannt. In Deutschland sind sie seit dem 15. Jahrhundert bekannt.

Die Geflügelhaltung vom Mittelalter bis zur Mitte des 19. Jahrhunderts

Im frühen Mittelalter gab es keinen Bauernhof im süddeutschen Raum, auf dem nicht auch große Herden von Hühnern, Gänsen, Enten und Tauben gehalten wurden. Bei den Kleinbauern war dies schon dringend erforderlich, um den Zehnten, eine frühere Abgabe als Landpachtzins, die in Form von Naturalien abzuliefern war, aufzubringen. Im Dreißigjährigen Krieg wurden die einst großen Geflügelbestände durch Belagerungen und Plünderungen nahezu vernichtet. Der Neuaufbau der landwirtschaftlichen und privaten Geflügelzucht nach 1648 ging nur sehr zögernd vonstatten. Es dauerte fast 150 Jahre, bis die Hausgeflügelzucht wieder den früheren Stand erreichte.

Es mußten dabei durch die ungünstigen Zeitverhältnisse viele widrige Umstände und Widerwärtigkeiten überwunden werden, denn die Geflügelzucht wurde von gewissen Kreisen, ohne irgend einen Unterschied zu machen, als eine Art Übel angesehen, als eine zwecklose Spielerei oder als unrentabler Geschäftszweig der Landwirtschaft. Es gab auch Meinungen, daß das Geflügel, wenn es schon vorhanden war, nach alten Gebräuchen der Vorfahren auch weiterhin in einem finsteren Nebengelaß gehalten werden könne.

Wie sahen diese alten Bräuche bezüglich der Hühnerhaltung, Unterbringung und Fütterung auf dem Bauernhof aus? Hier wurde in der Tat kein besonderer Wert auf ein gesundes und leistungsfähiges Geflügel gelegt. Die Tiere waren auf einem meist gepflasterten Hof untergebracht, in den weder frische Luft noch wärmende Sonne eindringen konnte. Die Beschäftigung der Hühner war auf den Misthaufen im Hof beschränkt. Im Hof selbst war kein Grashalm zu finden und kein Käfer zu sehen. Gefüttert wurden die Tiere aus der Hand der Bäuerin mit wenigen Körnern und Küchenabfällen. Oft gab es nur in einer Pfütze Trinkwasser für das Geflügel. In den Bauernhöfen war das Geflügel in der Regel im Großviehstall mit untergebracht oder es gab über dem Stall einen unzureichend belüfteten und selten trockenen Hühnerstall, der meist nur einmal im Jahr gereinigt wurde. Eine solche Unterkunft war über eine steile Hühnerleiter zu erreichen.

Unter solchen Voraussetzungen konnte kein legetüchtiges und gesundes Geflügel heranwachsen und gedeihen. Es fehlte den Tieren die gesunde, naturnahe Umwelt in einem frischen Grünauslauf und eine saubere Unterkunft für die Nachtstunden. Da dies nicht der Fall war, konnten die meisten bäuerlichen Geflügelhaltungen keinen wirtschaftlichen Nutzen abwerfen.

Die Rassegeflügelzucht von der Mitte des 19. Jahrhunderts bis zum Ausbruch des Ersten Weltkrieges

Wie auf vielen volkswirtschaftlichen Gebieten hatte in der Mitte des 19. Jahrhunderts ein gewaltiger Aufschwung auch in der Geflügelzucht stattgefunden. Durch den Verkehr mit überseeischen Ländern und die erfolgten Importe neuer Geflügelrassen wurden für die Geflügelzucht neue Impulse gegeben und in weite Kreise der Bevölkerung getragen. Bei der bäuerlichen Geflügelzucht und -haltung, die in Süddeutschland nach wie vor im argen lag, wurden die überseeischen Importe nur zögernd aufgenommen.

Die ersten Vereinsgründungen

Die um die Zeit kurz vor der zweiten Hälfte des 19. Jahrhunderts gegründeten Geflügelzuchtvereine, die sich meist auch dem Vogelschutz widmeten, brachten eine grundsätzliche Änderung in der Zucht und Haltung des Hausgeflügels.

Der eigentliche Beginn der organisierten Geflügelzucht erfolgte mit der Gründung des Hühnerologischen Vereins in Görlitz durch den Kaufmann Robert Oettel am 18. Oktober 1852. Bald erfolgten weitere Vereinsgründungen nach dem Vorbild des Görlitzer Vereins. Im Jahr 1869 wurde im württembergischen Raum der erste Verein der Vogelfreunde in Reutlingen unter dem Vorsitz von Wilhelm Fuchs, Pfullingen, gegründet. Es folgten Vereinsgründungen 1872 in Stuttgart, 1875 in Ulm, 1876 in Geislingen, 1877 in Göppingen und Esslingen, 1878 in Öhringen, Möckmühl, Ludwigsburg und Heilbronn. Diese Vereine und solche aus Cannstatt und Gmünd, deren erstes Gründungsdatum heute nicht genau festzustellen ist, strebten 1879 unter Führung des Stuttgarter Vereins die Bildung eines Landesverbandes an.

Ein im Jahr 1874 erschienenes Werk des Ökonomen Martin Fries aus Stuttgart „Die Geflügelzucht in ihrem ganzen Umfange" war für die Vereine eine große Hilfe. Der Verfasser bereiste in den Jahren 1872 und 1873 mehrmals Baden, Württemberg, Bayern, Österreich und Frankreich, besuchte auch die Weltausstellung in Wien, um landwirtschaftliche Neuerungen und Verbesserungen zu erfahren und zu ergründen und dies für seine literarischen Arbeiten zu nützen. Es war ein besonderes Anliegen von Martin Fries, die Landwirte zu einer rationellen und ertragssicheren Geflügelzucht anzuhalten, was ja auch den Bestrebungen der Vereine entsprach.

Die Gründung des Landesverbandes

Vorläufer des am 18. Mai 1879 gegründeten Landesverbandes war der Stuttgarter Verein, der sich seit seiner Gründung im Jahr 1872 „Verein der Vogelfreunde in Württemberg" nannte. In diesem Verein schlossen sich die Vogel- und Geflügelfreunde Württembergs unter dem Vorsitz des Direktors der Höheren Handelsschule Stuttgart, Röhrich, zum Zweck der gegenseitigen Unterstützung und Anregung zusammen. Die Mitglieder aus Stuttgart sowie der näheren und weiteren Umgebung warben immer mehr für die gute Sache des Vogelschutzes und der Geflügelzucht. Dadurch entstanden ähnliche Vereine in verschiedenen Städten und Dörfern. Am Ende des Jahres 1872 hatte der Stuttgarter Verein bereits 145 Mitglieder.

Die erste Geflügelausstellung hielt der Stuttgarter Verein bereits im Gründungsjahr ab, die zweite im April 1873. Beide Ausstellungen fanden im Hausgarten des Vorsitzenden Röhrich statt. Bei der ersten Ausstellung 1872 zeigten 73 Aussteller 385 Ausstellungsnummern, davon waren 257 Nummern Tauben, 83 Nummern Hühner und 45 Nummern Schmuckvögel. Die zweite Ausstellung im April 1873 war schon weitaus besser beschickt. Es zeigten 103 Aussteller aus 49 Orten 664 Ausstellungsnummern, davon 358 Tauben, 137 Hühner und 111 Schmuckvögel. Jede Ausstellungsnummer umfaßte 1,2 bis 1,3 Tiere, so daß die beachtliche Zahl von etwa 2 000 Tieren ausgestellt wurde.

Die ersten Ausstellungen waren für die Bevölkerung von Stuttgart und Umgebung ganz besondere, bisher unbekannte Erlebnisse. Diese Ausstellungen trugen sehr viel zum Verständnis der Vereinsziele und zur Förderung der Geflügelzucht in Stadt und Land bei. Der Stuttgarter Verein führte, wie auch die später neu hinzugekommenen Vereine, alljährlich eine Ausstellung durch. Bei allen Ausstellungen wurde für einen besonderen Schutz der Vogelwelt in Wald und Flur geworben. So wurde auch ein praktischer Vogelschutz durch den Verein betrieben, indem bis zum Ende des Jahres 1874 etwa 2 000 Nistkästen auf eigene Kosten hergestellt und in den Wäldern und städtischen Anlagen angebracht wurden.

Schon durch seine Namensgebung zeigte der Stuttgarter Verein, daß er seit seiner Gründung die Notwendigkeit eines Zusammenschlusses aller tierliebenden Menschen in dem Verein erkannte. Zielstrebig verfolgte er dieses Vorhaben und war darum bemüht, auch die Landwirte für eine rentable Geflügelzucht zu interessieren.

Im Jahr 1878 wurde vom Vorstand des Stuttgarter Vereins ein Plan entworfen, alle bis dahin bestehenden Vereine zu einem Verband zu vereinen. Mit Beginn des Jahres 1879 verständigte sich der Vorstand mit den anderen Vereinsvorständen, sich zwecks Gründung eines Verbandes an einen Tisch zu setzen.

Dem Gründungsprotokoll vom 18. Mai 1879 ist zu entnehmen, daß die erste Zusammenkunft der Delegierten der württembergischen Vereine der Vogel- und Geflügelfreunde zwecks Gründung eines Landesverbandes in dem Brauereilokal von Paul Weiß in Stuttgart stattfand. Es waren 10 Vereine vertreten, und zwar aus Cannstatt, Esslingen, Geislingen, Gmünd, Göppingen, Heilbronn, Ludwigsburg,

Reutlingen, Stuttgart und Ulm. Nicht erschienen waren die Vereine aus Öhringen und Möckmühl. Von der Versammlung wurde der Vorsitzende des Stuttgarter Vereins, Direktor Röhrich, zum Vorsitzenden und Carl Ritzert, Heilbronn, zum Schriftführer gewählt.

Eine provisorische Geschäftsordnung wurde einstimmig gebilligt. Danach hatte jeder Verein nur eine Stimme, ohne Rücksicht auf die Zahl der Mitglieder und der anwesenden Delegierten, die nunmehr als Abgeordnete bezeichnet wurden. Danach bestimmte jeder Verein, wer als Stimmführer an der Abstimmung teilnahm.

Nach entsprechender Beratung erklärten die Abgeordneten der anwesenden Vereine einmütig den Zusammenschluß aller Vereine zu einem Landesverband. Damit war der Landesverband der Württembergischen Vereine der Vogelfreunde ins Leben gerufen. Allgemein wurde bei den weiteren Beratungen die Durchführung einer jährlichen Landesverbands-Ausstellung gewünscht, unbeschadet der örtlichen Ausstellungen der einzelnen Vereine. Zur Frage eines Vereinsorgans erklärte Vorsitzender Röhrich, daß in Württemberg zwei Zeitschriften für Vogel- und Geflügelzucht bestehen würden, die „Schwäbische Geflügelzeitung" in Ulm, Herausgeber Rechtsanwalt Otto Schott, und die „Vogelwelt" in Heilbronn, Herausgeber Carl Ritzert.

Die Maßnahmen für den Vogelschutz lösten eine lebhafte Aussprache aus. Die Württembergische Regierung hatte bereits im Herbst 1878 ein Vogelschutzgesetz erlassen und nun stand noch ein solches Reichsgesetz bevor, um dem Massenfang der Sing- und Zugvögel zu begegnen. Im Schutz der heimischen Vogelwelt sah der Verband eine besondere und wichtige Aufgabe. Zum Abschluß der Beratungen wurde der Stuttgarter Verein gebeten, eine Satzung für den Landesverband auszuarbeiten und den Entwurf den Vereinen zur Begutachtung zu übersenden.

Bei der Gründungsversammlung gab der Vorsitzende des Stuttgarter Vereins die Erklärung ab, daß sein Verein nach der Gründung des Landesverbandes auf seinen bisherigen Namen „Verein der Vogelfreunde in Württemberg" verzichte und sich künftig „Verein der Vogelfreunde Stuttgart" nennen werde.

Die erste Generalversammlung

Zur konstituierenden Generalversammlung am 30. November 1879 im „Bären" in Ludwigsburg waren folgende Vereine durch Abgeordnete vertreten: Esslingen, Geislingen, Heilbronn, Ludwigsburg, Öhringen, Reutlingen und Stuttgart. Den Vorsitz führte wieder Direktor Röhrich, Stuttgart, und zum Protokollführer wurde Carl Ritzert, Heilbronn, gewählt. Vom Stuttgarter Verein wurde der ausgearbeitete Satzungsentwurf vorgelegt, der mit geringfügigen Änderungen und Ergänzungen einstimmig angenommen wurde.

Nach der neuen Satzung des Landesverbandes gab es keinen besonderen Landesverbandsvorstand, sondern es wurde alljährlich aus den Mitgliedsvereinen ein Verein als „Vorort" gewählt. Dieser Vorortverein übernahm die Funktion eines Vorstandes, führte für ein Jahr die Geschäfte des Landesverbandes durch seinen

Vereinsvorstand in Gemeinschaft mit drei weiteren Vertretern anderer Vereine. Der Vorsitzende des Vorortvereins vertrat mit seinem Vorstand den Landesverband nach außen. Der Vorortverein führte auch die Kassengeschäfte des Landesverbandes und hatte vornehmlich die Beziehungen zur Königlichen Zentralstelle für die Landwirtschaft zu pflegen. Aufgaben des Vorortes waren es auch, von Zeit zu Zeit zu gemeinsamen Beratungen die Abgeordneten der Vereine und zu der jährlichen Generalversammlung einzuladen. Schließlich hatte der Vorsitzende des Vorortvereins bei der Generalversammlung einen Bericht über das abgelaufene Geschäftsjahr zu erstatten.

Reutlingen wird erster Vorort

Zum ersten Vorort wurde einstimmig der älteste Verein im Landesverband, Reutlingen, gewählt. Der Vorsitzende des Vorortes, Wilhelm Fuchs, Pfullingen, war von seinem Verein ermächtigt worden, auch die erste Verbandsausstellung für das Frühjahr 1880 in Reutlingen zu übernehmen. Im Laufe der Generalversammlung traf ein Telegramm von dem in der Gründung begriffenen Verein der Vogelfreunde Hall ein, in dem bedauert wurde, daß er an den Verhandlungen nicht teilnehmen konnte. Es wurde aber um Informationen über den Verlauf der Versammlung gebeten. Zum Abschluß der Versammlung wurde von den sieben anwesenden Vereinsvorständen, und zwar Carl Zillinger, Esslingen (280 Mitglieder); Abt, Geislingen (47 Mitglieder); Carl Ritzert, Heilbronn (160 Mitglieder); Maier, Ludwigsburg (110 Mitglieder); Grandgeier, Öhringen (63 Mitglieder), Wilhelm Fuchs, Reutlingen (48 Mitglieder), und Dr. Blanke, Stuttgart (280 Mitglieder), zum Verbandsorgan die von Carl Ritzert in Heilbronn herausgegebene „Vogelwelt" bestimmt. Vertreter der Vereine Ulm, Cannstatt, Gmünd und Göppingen waren bei dieser ersten Generalversammlung nicht anwesend, schlossen sich aber dem Landesverband an.

Zweck und Aufgaben des Verbandes

Nach der Satzung war es Zweck und Aufgabe des Verbandes, die Geflügelzucht durch einheitliche Bestrebungen zu heben, eine tatkräftige Vertretung ihrer Interessen bei der Obrigkeit zu schaffen und in den landwirtschaftlichen Kreisen eine Verbesserung der Geflügelzucht anzustreben. Diese Tätigkeit der Vereine und des Verbandes fand jedoch gerade in den Kreisen der Landwirtschaft nur wenig Beachtung. Ganz anders war es mit dem Schutz der nützlichen, heimischen Vogelwelt für die Land- und Forstwirtschaft. Das Bemühen und Wirken des Verbandes und der Vereine um den Natur- und Landschaftsschutz wurde als lobenswerter Schritt und besonderer Beitrag für die Landwirtschaft gewertet.

Erste Ausschußsitzung in Plochingen

Zur ersten Sitzung des Landesverbands-Ausschusses hatte der Vorort Reutlingen die Vertreter der Vereine nach Plochingen in den Gasthof „Waldhorn" für den 18. Februar 1880 eingeladen. Als Vertreter des Vorortes waren Vorsitzender Wilhelm Fuchs, Schriftführer A. Mayer und Kassierer Baumann erschienen. Von den Vereinen waren vertreten: Esslingen, Göppingen, Geislingen, Heilbronn, Ludwigsburg und Stuttgart. Nicht erschienen waren die Vertreter der Vereine von Cannstatt, Gmünd, Ulm und Öhringen. Bei der Sitzung wurde die erste Verbandsausstellung auf den 13. bis 15. März 1880 in Reutlingen im Gasthof „Löwen" festgelegt. Über die Höhe des Standgeldes gab es große Meinungsverschiedenheiten. So wurde von einem Vertreter aus Esslingen ein Standgeld für einen Stamm Hühner mit 1,2 Tieren mit 6 Mark, für Tauben 3 Mark und für Vögel 1 Mark vorgeschlagen, von dem Heilbronner Vertreter dagegen für Hühner und Tauben jeweils nur eine Mark und für Vögel sollte kein Standgeld erhoben werden. Der Heilbronner Vorschlag wurde schließlich angenommen.

Ein weiterer Beratungspunkt in Plochingen war die Wahl und Belohnung der Preisrichter für die Verbandsausstellung. Ausgebildete und geprüfte Geflügelpreisrichter gab es noch nicht. So mußten unparteiische, sachverständige Männer gefunden werden, die in ein solch ehrenwertes Amt zu berufen waren. Die Wahl als Preisrichter für Hühner fiel auf Direktor Sorge, Stuttgart; Eugen Rau, Stuttgart, und Josef Beck, Sündersbühl. Als Taubenpreisrichter wurden gewählt Stadtrat Johann Heinrich Dietz, Frankfurt am Main; August Bayer, Esslingen, und Paul Wörnle, Stuttgart. Als Preisrichter für Vögel wurden bestimmt Carl Ritzert, Heilbronn; Wilhelm Moesch, Stuttgart; Ludwig Grottenberger, Ulm, und Hans Millaues, Gmünd. Falls Ersatzrichter erforderlich würden, sollte diese der Verein Reutlingen aus seinen Reihen stellen. Die Preisrichter der einzelnen Gruppen richteten die Tiere gemeinsam. Wenn auch von einer Belohnung der Preisrichter Abstand genommen wurde, so wurden ihnen doch die Reisekosten aus der Verbandskasse vergütet. Die Aufenthaltskosten hatte der Vorort als Ausrichter der Schau zu tragen.

Schwierigkeiten bereitete die Aufstellung der Prämierungsgrundsätze für die Preisrichter. Einen einheitlichen Standard für die verschiedenen Rassen gab es noch nicht. Jeder Preisrichter hatte also nach eigenem Gutdünken ein Urteil zu fällen über Form, Farbe und die besonderen Merkmale der einzelnen Rassen. Daher war die Festlegung getroffen worden, daß die für jede Abteilung gewählten Preisrichter bei Hühnern und Tauben gemeinsam zu bewerten hatten und auch die Preise gemeinsam vergeben mußten. Die Vergabe der 1. und 2. Preise wurde in einem Protokoll festgehalten.

In einer nachfolgenden Sitzung des Landesverbandsausschusses am 25. April 1880 in der Gaststätte der Bierbrauerei von Paul Weiß in Stuttgart wurde eine Geschäftsordnung für die Sitzungen des Ausschusses beschlossen. Weiter wurde die Entschädigung der Abgeordneten der einzelnen Vereine bei den Sitzungen des Ausschusses festgelegt. Aufzukommen für die Entschädigung hatte jeweils der eigene Verein. Als Termin für die Generalversammlung wurde von dem Ludwigsburger Vertreter die Zeit des Cannstatter Volksfestes für 1880 vorgeschlagen und einstimmig gebilligt.

Generalversammlung zum Cannstatter Volksfest

Die zweite Generalversammlung des Landesverbandes fand am 26. September 1880 im Hotel Hermann in Cannstatt statt. Vertreten waren die Vereine Cannstatt, Esslingen, Geislingen, Heilbronn, Ludwigsburg, Öhringen, Reutlingen, Stuttgart und Ulm. Die Vereine Göppingen und Gmünd hatten keinen Vertreter entsandt. Vorausgegangen war eine Sitzung des Landesverbandsausschusses, wobei eine ausführliche Rechnungslegung durch den Vorortvertreter, Schriftführer A. Mayer, Reutlingen, erfolgte. Bei der Generalversammlung wurde über den nächsten Vorort entschieden. Hier hatte sich Stuttgart beworben, jedoch war noch nicht geklärt, ob dort auch die zweite Landesverbandsausstellung durchgeführt werden konnte. Der Stuttgarter Verein hatte vorgesehen, die Ausstellung mit der Landesgewerbeschau zu verbinden, jedoch lag hierzu noch kein befriedigendes Ergebnis vor. Da man eine Landesschau nur in einer größeren Stadt durchführen wollte, wurde beschlossen, von einer Ausstellung des Landesverbandes im Jahr 1881 abzusehen. Nach längerer Diskussion wurde dann Ludwigsburg zum nächsten Vorort gewählt.

Die Mitgliedsvereine des Landesverbandes

Der Landesverband hatte im März 1881 folgende 12 Mitgliedsvereine, wobei die Zahl der Mitglieder in Klammern angegeben sind: Cannstatt (40), Esslingen (154), Geislingen (48), Gmünd (148), Heilbronn (185), Hall (170), Ludwigsburg (144), Öhringen (67), Ravensburg (107), Reutlingen (51), Stuttgart (239) und Ulm (100). Diese 12 Vereine hatten 1 453 Mitglieder, die im Landesverband gemeldet waren.

Bei einer außerordentlichen Generalversammlung am 20. März 1881 in Heilbronn wurde auf Antrag des Stuttgarter Vereins diesem die Vorortschaft für 1881 übertragen. Die Verhandlungen wegen der Durchführung einer Landesverbandsausstellung in Verbindung mit der Landesgewerbeschau waren zu einem günstigen Abschluß gekommen. Als Termin wurde der 10. bis 12. Juni 1881 vorgesehen. Diese Schau wurde sehr gut beschickt und auch besucht, doch entstand dabei ein Defizit von 534 Mark, das allerdings vom Stuttgarter Verein getragen wurde. Das Defizit entstand durch die noble Geste des Vereins, allen Verbandsmitgliedern freien Eintritt und den Erlaß des Standgeldes zu gewähren.

Der Deutsche Geflügelzüchter-Klub wird gegründet

Vom Jahr 1869 an wurden von den größeren Geflügelzüchtervereinen in Deutschland Geflügelzüchtertage durchgeführt, um gemeinsame Fragen zu besprechen. Der erste Geflügelzüchtertag fand 1869 in Dresden statt. Weitere

Zusammenkünfte, bei denen es auch um die Gründung eines deutschen Dachverbandes ging, folgten 1875 in Dresden und Leipzig, 1876 in Braunschweig, 1878 in Leipzig und 1881 in Elberfeld. Es war dies der 6. Kongreß der Geflügelzüchtervereine Deutschlands, der vom 5. bis 7. März 1881 in der Stadthalle in Elberfeld stattfand. Am letzten Tage des Kongresses, dem 7. März 1881, fand die Gründungsversammlung des „Deutschen Geflügelzüchter-Klubs" durch 51 bekannte Geflügelzüchter statt. An der Gründung des Klubs waren süddeutsche Züchter nicht beteiligt.

In Württemberg hat man die Klubgründung nur wenig beachtet. Die Ziele des Klubs standen auch nicht im Einklang mit denen des Landesverbandes. Der Klub neigte immer mehr zur reinen Rassegeflügelzucht und vernachlässigte die ländlichwirtschaftliche Geflügelhaltung. Der Vogelschutz war für den Klub überhaupt kein Thema.

Der Vogelschutz als wichtige Aufgabe

Bei der Generalversammlung am 25. September 1881 in Stuttgart wurde von dem Vorsitzenden Julius Spring mit Nachdruck herausgestellt, daß der Vogelschutz eine wesentliche Aufgabe des Verbandes und aller angeschlossenen Vereine bleibt. Vogelfänger sollten künftig zur Anzeige gebracht und vor Gericht gestellt werden. Hierzu wurde der Vorort beauftragt, eine Eingabe an das Königliche Ministerium zu richten. Der Generalversammlung wurde mitgeteilt, daß der Verein der Geflügel- und Vogelfreunde Göppingen aus dem Landesverband ausgetreten sei. Als neues Mitglied hatte sich bei dem Landesverband der Verein Ravensburg angemeldet. Nächster Vorort für 1882 wurde Ludwigsburg. Dieser Verein übernahm auch für Mitte Juni 1882 die Landesverbandsausstellung, die der Kreisviehausstellung in Ludwigsburg angeschlossen wurde.

Die nächste Generalversammlung am 24. September 1882 in Ludwigsburg konnte als neuen Verein die Geflügel- und Vogelfreunde Sindelfingen und den Süddeutschen Kanarienzüchter-Bund in den Landesverband aufnehmen. Gleichzeitig wurde aber auch der Austritt des Vereins Öhringen aus dem Landesverband mitgeteilt. Zum Vorort für 1883 wurde Heilbronn gewählt.

Austritte aus dem Landesverband

Nach den Austritten der Vereine Göppingen und Öhringen meldeten 1883 weitere drei Vereine, und zwar Geislingen, Gmünd und Ulm, ihren Austritt aus dem Landesverband. Gründe hierfür wurden nicht angegeben, es ist aber anzunehmen, daß die Vereine mit der Regelung des Vorortsystems und dem jährlichen Wechsel des Vorortes nicht einverstanden waren. Die Austritte können aber auch mit der beabsichtigten Bildung von Gauverbänden innerhalb des Landesverbandes in Verbindung gebracht werden.

Der Ausschuß des Landesverbandes nahm in seiner Sitzung am 30. September 1883 im Gasthaus „Krone" im Vorort Heilbronn davon Kenntnis und versuchte, die Ursachen der Austritte zu ergründen. Der Landesverband hatte nun noch 9 Mitgliedsvereine. Es waren dies Cannstatt, Esslingen, Hall, Heilbronn, Ludwigsburg, Ravensburg, Reutlingen, Sindelfingen und Stuttgart. Zum Vorort für das Jahr 1884 wurde Ravensburg gewählt. Ein weiterer Beschluß war, daß künftig die Verbandsausstellungen alle zwei Jahre durchgeführt werden sollen.

Die Ansiedlung von Nachtigallen

Eine besondere Aktivität entwickelte der Stuttgarter Verein mit dem Versuch der Wiederansiedlung von Nachtigallen in den Königlichen Anlagen in Stuttgart. Nachdem auf die Eingabe des Vereins an den König von diesem die Erlaubnis zur Aufstellung von zwei großen Flugkäfigen erteilt wurde, schritt man zur Tat. Jeder Käfig hatte die Größe von zwei Metern im Geviert. Die Kosten hielten sich für den Verein in Grenzen, da zwei Mitglieder in uneigennütziger Weise dem Verein an die Hand gingen. Das Mitglied Stohrer lieferte das benötigte Drahtgeflecht unentgeltlich und Werkmeister Nill führte die Zimmerarbeiten zu einem ermäßigten Preis aus. Fünf Nachtigallenpaare wurden von einem Händler aus Prag bezogen. Zwei Paare fanden in den Käfigen, die über dichtem Buschwerk angebracht wurden, eine Unterkunft. Die restlichen drei Paare wurden in Reserve gehalten. Die Besucher der Königlichen Anlagen hatten viel Freude an dem herrlichen Gesang dieser Vögel.

Internationaler Ornithologen-Kongreß in Wien

Der Ausschuß des Landesverbandes bewies mit dem Beschluß am 9. April 1884 in Ravensburg, einen Delegierten zum Internationalen Ornithologen-Kongreß nach Wien zu entsenden, sein großes Interesse an einer solchen Tagung. Als Vertreter des Landesverbandes reiste das Mitglied des Stuttgarter Vereins, der Präparator Kerz, vom 16. bis 23. April 1884 nach Wien. Die Hälfte der Kosten in Höhe von 75 Mark trug die Königliche Zentralstelle für die Landwirtschaft in Stuttgart, den Rest übernahm der Landesverband. Bei dem Kongreß wurde der dem Berliner Reichstag vorliegende Entwurf eines internationalen Vogelschutzgesetzes beraten. Zu diesem Problemkreis hielt Dr. A. C. Eduard Baldamus, Coburg, Verfasser wertvoller Geflügelzuchtbücher, einen Vortrag über „Eine Studie über die Biologie der Vögel". Weiter wurden Vorträge gehalten über die Abstammung des Haushuhnes und über die zur Hebung der Geflügelzucht im allgemeinen zu tätigenden Schritte. Ein weiterer Beratungspunkt war eine Anregung zur Errichtung eines über die ganze bewohnte Erde sich ausdehnenden Netzes von ornithologischen Beobachtungsstationen.

Werbung um neu gegründete Vereine

Bei der Sitzung des Landesverbandsausschusses am 9. April 1884 in Ravensburg wurde mit Bedauern zur Kenntnis genommen, daß nun auch der Esslinger Verein aus dem Landesverband ausgetreten war. Der Vorstand hielt es im Hinblick auf diesen und andere Vorgänge für angebracht, daß der Vorort im Interesse der guten Sache sowohl die ausgetretenen Vereine, zu denen jetzt auch noch Heilbronn zählte, als auch die neu gegründeten Vereine in Heidenheim, Kirchheim und Schwenningen zum Eintritt bzw. Wiedereintritt in den Landesverband auffordern sollte. Bei der Sitzung wurden erstmals Geldprämien an Feldhüter und Landjäger, die Vogelfänger und Nesträuber zur Anzeige brachten, vergeben.

Nur noch 6 Vereine im Landesverband

Am 6. Dezember 1885 fand im Hotel Baumstark in Ulm die Generalversammlung des nur noch aus sechs Vereinen bestehenden Landesverbandes statt. Der Vorort Ravensburg und dessen Vorsitzender, Professor H. Schönleber, hatten Ulm als Tagungsort gewählt, um den Ulmer Verein zur Rückkehr in den Landesverband zu bewegen. Ein Vertreter dieses Vereins war jedoch zur Versammlung nicht erschienen. Die anwesenden Vereine wurden vertreten durch folgende Vorsitzende oder Stimmführer: Hall durch Forstmeister von Hügel, Ludwigsburg durch Zahlmeister C. Maier, Ravensburg durch Professor H. Schönleber und Kaufmann Weegmann, Reutlingen durch Restaurator Philipp Jakob Blankenhorn, Sindelfingen durch Fabrikant Wilhelm Dinkelacker und Stuttgart durch Carl Machtolff.

Die Versammlung beschloß auf Antrag von Ludwigsburg, im Jahr 1886 einen Stamm rassereiner Hühner auf Kosten des Landesverbandes zu kaufen. Der Vorort Ravensburg erledigte diesen Beschluß durch Ankauf eines Stammes Plymouth Rocks aus einer guten Zucht zum Preis von 50 Mark. Dieser Stamm wurde dem Gewinner aus einer Verlosung zugeteilt. Zum nächsten Vorort wurde Reutlingen gewählt. Da das Vereinsorgan „Die Vogelwelt" in den Besitz eines Herrn Kaiser in Kaiserslautern übergegangen war, wurde beschlossen, daß künftig die „Allgemeine Deutsche Geflügelzeitung" in Kaiserslautern als Verbandsorgan gelten sollte.

Mit der Verbandsausstellung am 27. und 28. März 1886 in Reutlingen war die Generalversammlung verbunden, der eine Ausschußsitzung vorgeschaltet war. Im Ausschuß wurde über Mittel und Wege beraten, wie der Landesverband wieder gestärkt und eine größere Tätigkeit entfaltet werden könne. Es wurde erwogen, ein geeignetes Zentralorgan für den Landesverband als Hauptbindeglied zu den Vereinen und Mitgliedern zu gründen. Die „Allgemeine Geflügelzeitung" in Kaiserslautern war für die württembergischen Züchter zu weit entfernt. Vorschläge hierzu waren, daß ein Verbandsorgan in Ludwigsburg bei Heinrich Ungeheuer gedruckt und die Redaktion von Professor Dr. Hofmann, Ludwigsburg, von der Königlichen Tierarzneischule Stuttgart übernommen würde.

Am 24. Oktober 1886 fand im Gasthof „Löwen" in Reutlingen eine zweite Generalversammlung unter dem Vorsitz von Dr. Otto Krimmel, Vorsitzender des Vorortvereins, statt. Dabei wurde Stuttgart als Vorort für das Jahr 1887 bestimmt.

Die Gewährung von Prämien wird neu geregelt

Mit Beginn des Jahres 1887 gehörten folgende Vereine nicht dem Landesverband an: Aalen, Geislingen, Göppingen, Gmünd, Heidenheim, Heilbronn, Leonberg, Öhringen, Ulm und Vaihingen. Dem Vorort war die schwierige Aufgabe gestellt, diese Vereine für den Landesverband zu gewinnen.

Bei einer Sitzung des Landesverbands-Ausschusses am 16. Oktober 1887 im Gasthaus von J. Nill in Stuttgart wurde beschlossen, künftig den Vereinen die Protokolle der Ausschußsitzungen und Generalversammlungen zur Verfügung zu stellen.

Bei der nachfolgenden Generalversammlung am 16. Oktober 1887 wurde die vom Stuttgarter Verein ausgearbeitete Eingabe an die Königliche Zentralstelle wegen einer Beteiligung der Geflügelzüchter an den landwirtschaftlichen Hauptfesten beraten und genehmigt. Als unvereinbar mit den Zielen des Landesverbandes wurde der in Reutlingen vorgetragene Wunsch abgelehnt, daß zwar alle württembergischen Züchter bei einem Hauptfest ausstellen dürften, aber nur die Aussteller von Mitgliedsvereinen des Landesverbandes Prämien erhalten sollten. Wegen der Schaffung eines Verbandsorganes hatte Heinrich Ungeheuer, Ludwigsburg, eine Unterhaltung mit Verleger Kaiser, Kaiserslautern, der zugesagt hatte, für die württembergischen Bezieher der „Allgemeinen Deutschen Geflügelzeitung", soweit eine Auflage von mindestens 1 000 Exemplaren erreicht würde, ein eigenes Kopfblatt zu schaffen. Es wurde auch ein Bezugspreis von 60 Pfennig pro Exemplar bei wöchentlichem Erscheinen angegeben. Nach Vorlage dieses Besprechungsergebnisses wurde der Vorsitzende des Vorortes Stuttgart, Eugen Rau, beauftragt, gemeinsam mit Professor Dr. Hofmann und Heinrich Ungeheuer in die weiteren, konkreten Verhandlungen mit Verleger Kaiser einzutreten.

Neue Vereinsgründungen

Am 8. Januar 1888 wurde der Verein der Vogelfreunde Pfullingen gegründet, der für den Landesverband besondere Bedeutung erlangen sollte. Es war der 20. Verein, der sich im Bereich des Landesverbandes gegründet hatte. Der Vorort Stuttgart hatte für den 30. September 1888 zur Ausschußsitzung und Generalversammlung nach Stuttgart in das Restaurant von J. Nill „Zum Tiergarten" eingeladen. Erstmals nahm an der Versammlung ein Vertreter des Metzinger Vereins teil, der als Mitglied dem Landesverband beigetreten war. Den Vorsitz in der Versammlung führte Eugen Rau vom Stuttgarter Verein. Zum nächsten Vorort wurde Ludwigsburg gewählt, mit der Maßgabe, im Jahr 1889 oder 1890 eine Verbandsausstellung durchzuführen. Einen ausführlichen Bericht über die 7. Geflügel- und Vogelausstellung während des Pferdemarktes in der Gewerbehalle in Stuttgart vom 15. bis 17. April 1888 erstattete der Vorsitzende des Stuttgarter Vereins, Eugen Rau, wobei er sich für die Unterstützung durch die Königliche Zentralstelle und den Landesverband bedankte.

Protokollvermerke über die Tätigkeit des Landesverbandes und des Vorortes Ludwigsburg liegen nicht vor. Die nächsten Aufzeichnungen in dem sonst lückenlosen Protokollbuch sind vom 11. Mai 1890 über eine Ausschußsitzung und die Generalversammlung in Ludwigsburg. Den Vorsitz führte der Vorsitzende des Vereins der Vogelfreunde Ludwigsburg, Gemeinderat Heinrich Ungeheuer. Den Rechenschaftsbericht erstattete Kassierer Stiefelmaier, der die Rechnungslegung vornahm. Dem Ausschuß hatten die Vereine Ludwigsburg und Stuttgart eine überarbeitete Verbandssatzung vorgelegt, die mit unwesentlichen Änderungen angenommen wurde. Danach nannte sich der Verband künftig „Verband der Geflügelzucht- und Vogelschutzvereine Württemberg". Die neue Satzung wurde in 1 000 Exemplaren gedruckt. Leider gibt es von dieser Satzung keine Ausfertigung mehr. Bei der Generalversammlung gab der Verein Metzingen die Anregung, bei Ausstellungen jüngeren, talentierten Züchtern zu gestatten, sich den Preisrichtern anzuschließen, um sich hierdurch zu tüchtigen Preisrichtern heranzubilden. Ein Stimmrecht wurde ihnen nicht zugebilligt. Bei der Generalversammlung waren die Vereine Hall, Metzingen, Ravensburg, Reutlingen, Rottenburg, Sindelfingen, Stuttgart und der gastgebende Vorortverein Ludwigsburg durch Abgeordnete vertreten. Aus Ludwigsburg waren auch eine große Anzahl Mitglieder erschienen, um sich über das Verbandsgeschehen zu informieren. Zum neuen Vorort wurde für die folgenden zwei Jahre Rottenburg gewählt.

8. Geflügel- und Vogelausstellung 1890 in Ludwigsburg

Die 8. Landesverbandsausstellung wurde vom Samstag, 24., bis Montag, 26. Mai 1890, in Ludwigsburg durchgeführt. In der Turnhalle wurden 311 Ausstellungsnummern gezeigt. Dem Katalog war ein Verzeichnis der Verbandsvereine und deren Mitgliederzahlen beigefügt:

Ludwigsburg .... 263 Mitglieder
Stuttgart .... 210 Mitglieder
Hall .... 134 Mitglieder
Ravensburg .... 130 Mitglieder
Reutlingen .... 110 Mitglieder
Rottenburg .... 102 Mitglieder
Metzingen .... 50 Mitglieder
Sindelfingen .... 24 Mitglieder

Auch die Namen der 263 Mitglieder des Vereins der Vogelfreunde Ludwigsburg waren im Katalog angegeben. Bei den Hühnern und Enten waren die Ausstellungsnummern meist mit 1,2 Tieren besetzt, Zwerghühner, Perlhühner und

Puten standen mit 1,1 Tieren in den Käfigen. Auch die Tauben wurden nur paarweise gezeigt. Bei den Schmuck- und Singvögeln waren die Zahlen unterschiedlich. Insgesamt waren es etwa 1 000 lebende Tiere, die in Ludwigsburg zur Schau gestellt wurden. Dazu gesellten sich noch ausgestopfte Vögel und andere Tiere.

Rottenburg wird 1891 Vorort

Am 15. Dezember 1890 wurde der Verein der Vogelfreunde des Bezirks Balingen in den Landesverband aufgenommen. Vorsitzender war Pfarrer Moser, Ostdorf Post Balingen. Der Vorort Ludwigsburg richtete am 24. Februar 1891 als Abschluß seiner zweijährigen Tätigkeit ein Schreiben an die Vereine der Vogel- und Geflügelfreunde in Aalen, Geislingen, Göppingen, Heidenheim, Heilbronn, Gmünd, Ulm und Vaihingen/Enz mit der Bitte um Beitritt zum Landesverband.

Der neue Vorort des Landesverbandes, der Verein der Vogelfreunde Rottenburg, wurde nunmehr für die nächsten beiden Jahre tätig. Er hatte am 1. März 1891 seine Arbeit aufgenommen und für den 15. März 1891 zu einer Ausschußsitzung und zur Generalversammlung eingeladen. Die Zusammenkunft fand im Gasthaus zum Bären in Rottenburg statt. Vertreten waren die Vereine Balingen, Hall, Ludwigsburg, Metzingen, Ravensburg, Reutlingen, Sindelfingen und Stuttgart. Bei der Versammlung ging es vorrangig um den Eierversand mit der Post, wobei eine größere Vorsicht erbeten wurde. Weiter einigten sich die Vereine darauf, Eier nicht mehr nach der Anzahl, sondern nur noch nach dem Gewicht zu verkaufen. Rottenburg wurde gleichzeitig für die Jahre 1893 und 1894 zum Vorort gewählt.

Gründung der „Süddeutschen Tier-Börse"

Der 29jährige Verleger Otto Weber, Heilbronn, gründete am 1. August 1892 unter dem Namen „Süddeutsche Tier-Börse" eine Zeitschrift für Kleintierzüchter. Schon fünf Jahre zuvor beschäftigte sich Otto Weber als aufstrebender junger Geschäftsmann mit der Gründung einer Zeitschrift. So erfolgte am 30. Oktober 1887 die erste Herausgabe einer Wochenzeitschrift unter dem Titel „Allgemeiner Sonntags-Anzeiger". Der im ländlichen Raum aufgewachsene junge Verleger hatte ein Herz für die Tierzucht und Landwirtschaft und so widmete er Landwirtschaft und Kleintierzucht einen ungewöhnlich großen Raum in seinem Sonntagsblatt. Namentlich war es sein Bestreben, die kleinbäuerlichen Verhältnisse und damit auch die Kleintierzucht, vornehmlich die Geflügelhaltung, zu verbessern, deren wirtschaftliche Bedeutung er schon frühzeitig erkannt hatte. Bald aber stellte sich heraus, daß dieses Ziel mit dem Sonntagsblatt nicht in dem Maße zu erreichen war, wie es sich Otto Weber in seinen Plänen erdacht hatte. Sollte wirklich die Geflügelzucht, die in Norddeutschland schon in hoher Blüte stand, auch im Süden energisch gefördert werden, dann war es nötig, ein eigenes Fachblatt zu schaffen. So entschloß sich Otto Weber mit Energie und Tatkraft zur Herausgabe einer besonderen Zeitschrift für die Kleintierzucht, um die Arbeit der süddeutschen

Die Fachzeitschrift „Süddeutsche Tier-Börse", Vorläuferin des „Deutschen Kleintier-Züchters", wurde im Jahr 1892 gegründet.

Landesverbände, Gaue und Bezirke, insbesondere aber auch der vielen Geflügelzucht- und Vogelschutzvereine, tatkräftig zu unterstützen.

Die Gründung von Gauverbänden 1892

Als neuer Verein trat Hechingen im Jahr 1892 dem Landesverband bei. Nun schlossen sich auch Vereine in verschiedenen Landschaftsbezirken zusammen und bildeten Gauverbände. So entstand im Jahr 1892 durch die Vereine Esslingen, Kirchheim, Nürtingen und Metzingen der Gauverband der Vereine der Vogelfreunde vom mittleren Neckar. Dieser Gauverband hielt vom 1. bis 4. April 1893 in den Räumlichkeiten der Bierbrauerei zur Sonne in Nürtingen seine erste Vogel- und Geflügelausstellung ab. Für den Besuch dieser Ausstellung wurde mit dem nachfolgend wiedergegebenen farbigen Plakat geworben. Ausrichter dieser Ausstellung war der 1889 gegründete Verein der Vogelfreunde Nürtingen.

Reutlingen übernimmt 1893 die Landesschau

Der Vorort Rottenburg hielt die Generalversammlung des Landesverbandes am 5. Februar 1893 im Gasthof zum Löwen in Reutlingen ab. Der Grund hierfür war, daß der vorgesehene Vorort Ravensburg in diesem Jahr keine Verbandsausstellung durchführen konnte. Die Abtretung der Ausstellung an den Verein Reutlingen wurde von der Generalversammlung gutgeheißen und ein Zuschuß für die Ausstellung in Höhe von 130 Mark aus der Verbandskasse gewährt. Zusätzlich erhielt der Reutlinger Verein als vorgezogene Jubiläumsgabe für sein 25jähriges Bestehen einen Betrag von 20 Mark bewilligt. Die Geschäfte des Vorortes hat

Mit diesem Plakat, dessen Original heute das Züchterheim des KlZV Bad Urach schmückt, wurde 1893 für eine Gauausstellung in Nürtingen geworben.

Reutlingen für das Jahr 1893 übernommen, da Ravensburg erst ab 1894 in diese Tätigkeit eintreten konnte.

„Süddeutsche Tier-Börse" wird Verbandsorgan

Bei der Generalversammlung am 5. Februar 1893 wurde noch ein Punkt behandelt, der von entscheidender Bedeutung für die künftige Verbandsarbeit wurde. Von dem Präparator Jäger vom Stuttgarter Verein wurde der Wunsch ausgesprochen, „der Vorort soll an die Verbandsvereine ein Zirkular erlassen und die in Heilbronn erscheinende ‚Süddeutsche Tier-Börse', welche Anerkennenswertes leistet, als Vereinsorgan anschaffen und durch Annoncen von Vereinen und den einzelnen Mitgliedern unterstützen." Dieser Hinweis wurde von den Vereinen des Landesverbandes und auch von den dem Verband noch nicht angehörenden Vereinen und Mitgliedern sowie von den bestehenden Gauverbänden verstärkt genutzt. Der Landesverbandsausschuß erklärte zum 1. Januar 1894 die „Süddeutsche Tier-Börse" zum Verbandsorgan. In der ersten Januar-Ausgabe wurde bereits die Einladung zur Ordentlichen Generalversammlung des Landesverbandes am 4. Februar 1894 veröffentlicht.

Der Generalversammlung am 4. Februar 1894 in Reutlingen ging am 3. Februar eine Ausschußsitzung voraus, bei der die Preisrichter für die nächste Landesverbandsausstellung gewählt wurden. Gleichzeitig wurde dem Ausstellungstermin vom 31. März bis 2. April 1894 in Ravensburg zugestimmt.

Der Verlag der „Süddeutschen Tier-Börse" hatte mit den Vereinen, die die Zeitschrift als Vereinsorgan bezogen, eine Vereinbarung abgeschlossen, wonach für Inserate nur der halbe Tarifpreis berechnet wurde. Im Bereich des Landesverbandes waren dies folgende Vereine: Balingen, Bietigheim, Donaueschingen, Ehingen, Friedrichshafen, Geislingen, Göppingen, Hall, Hechingen, Heidenheim, Heilbronn, Kirchberg, Laupheim, Ludwigsburg, Nürtingen, Öhringen, Pfullingen, Ravensburg, Rottenburg, Schorndorf, Stuttgart und Ulm. Die Vereine Aalen, Reutlingen und Schrozberg nahmen die angebotene Preismäßigung nicht in Anspruch, obwohl die „Tier-Börse" ihr Vereinsorgan war.

Aktivitäten der Gauverbände

Deutliche Fortschritte machten auch die Gauzusammenschlüsse im Bereich des Landesverbandes. Der im Jahr 1893 gebildete Gau der Geflügel- und Vogelzüchtervereine des Württembergischen und Badischen Schwarzwaldes und von Hohenzollern hielt vom 17. bis 19. März 1894 in Rottweil seine erste Gauausstellung ab. Vorsitzender dieses Gaues war der Buchdruckereibesitzer Heinrich Eller aus Rottweil. Zur Beteiligung wurde in der „Süddeutschen Tier-Börse" Nr. 8 vom 23. Februar 1894 eingeladen.

1. Große Gauausstellung
der
Geflügel- und Vogelzüchtervereine des Württ. u. Badischen
Schwarzwaldes und Hohenzollern
am 17., 18. und 19. März 1894
zu Rottweil a. N.
verbunden mit Prämiirung und Lotterie.
Programme und Anmeldebogen, ebenso Loose à 50 Pf., auf 12 ein Freiloos, können bezogen werden von   1873
Heinr. Eller, Gauvorstand in Rottweil.

Und so wurde 1894 in der „Süddeutschen Tier-Börse" zur Gauausstellung in Rottweil geladen.

11. Landesverbandsausstellung in Ravensburg 1894

Der Vorsitzende des Vorortvereins Ravensburg, Professor H. Schönleber, hatte in der Nr. 10 der „Tier-Börse" vom 9. März 1894 zur 4. Vereinsschau und zugleich zur 11. Landesverbandsschau vom 31. März bis 2. April 1894 nach Ravensburg eingeladen.

Die Verbandsausstellung war für den Ravensburger Verein und für den Landesverband ein sehr schöner Erfolg, zumal die Schau auch von Züchtern beschickt und besucht wurde, deren Vereine sich dem Landesverband noch nicht angeschlossen hatten. Der Gauverband Mittlerer Neckar traf sich am 15. Juli 1894 in Kirchheim zu einer Gauausschußsitzung, bei der die Generalversammlung des Gauverbandes für den 26. August 1894 in Metzingen vorbereitet wurde. Bei der Ausschußsitzung wurde der Wunsch vom Verein Metzingen vorgetragen, im Jahr 1895 die Gauausstellung mit der Ausstellung des Landesverbandes, vorbehaltlich der Genehmigung des Landesverbandes, zu verbinden und in Metzingen durchzuführen.

Der Gauverband der Vereine der Vogelfreunde von Aalen, Geislingen, Gmünd, Göppingen, Heidenheim und Schorndorf trat am 22. Juli 1894 zu einer Generalversammlung in Aalen zusammen.

Die Petition für Vogelschutz an den Reichstag 1894

Der Verein der Vogelfreunde Stuttgart hat auf Veranlassung seines Mitgliedes, Medizinalrat Dr. Hedinger, und mit Unterstützung des Landesverbandes und anderer Verbände und Vereine eine Petition an den Reichstag gerichtet auf Verbesserung des Vogelschutzgesetzes. Diese Petition wurde in der Plenarsitzung des Reichstages vom 13. April 1894 beraten und genehmigt.

Der Aufruf an die Vereine für den Beitritt zum Landesverband

Am 13. November 1894 beschloß der Landesverbandsausschuß in Ravensburg, einen Aufruf zum Beitritt in den Landesverband der noch außerhalb stehenden Vereine innerhalb des Verbandsgebietes ergehen zu lassen. Dem Landesverband gehörten nur noch 10 Vereine an, so daß es dringend notwendig wurde, die im Land noch bestehenden Vereine organisatorisch zu vereinen. Der Vorsitzende des Vorortes Ravensburg, Professor H. Schönleber, erließ den gewünschten Aufruf an alle Vereine der Geflügel- und Vogelfreunde, sich dem Landesverband anzuschließen. Der Aufruf wurde in der „Süddeutschen Tier-Börse" vom 23. November 1894 mit folgendem Wortlaut veröffentlicht:

„Seit dem Jahre 1879 besteht in Württemberg ein Landesverband der Vogelfreunde Württembergs, dem gegenwärtig nur 10 Vereine angehören (Balingen, Hall, Hechingen, Ludwigsburg, Metzingen, Ravensburg, Reutlingen, Rottenburg, Sindelfingen und Stuttgart), obwohl die Zahl derselben mit der Zeit auf 25 bis 30 gestiegen ist. Die noch ausstehenden Vereine haben teils Gauverbände gebildet, teils stehen noch viele vereinzelt da. Gewiß muß zugegeben werden, daß die einzelnen Vereine im kleineren Kreise und die Gauverbände in größeren Bezirken ihre volle Berechtigung haben und zur Hebung der Geflügelzucht und zum Schutze unserer gefiederten Welt viel beitragen, um aber einer guten Sache in größeren und weiteren Gesichtskreisen dienen zu können, dazu gehört ein gemeinsames Zusammengehen aller derer, die dasselbe Ziel sich vor Augen gesteckt haben. Deshalb mögen die vielen Vereine, die noch außerhalb des Landesverbandes stehen, mit demselben in Verkehr treten, ihre Wünsche und Ansichten austauschen, um einen Verband zu bilden, der alle Vereine der Vogelfreunde Württembergs einschließt, spezielle Aufgaben können ja die Gauverbände und einzelne Vereine sich dennoch stellen. Der Nutzen und die Vorteile, die der Verband in seiner jetzigen Ausdehnung schon darbietet, sollen in kurzem angeführt werden.

Die Verbandsausstellungen wurden bis jetzt alle Jahre evtl. 2 Jahre abgehalten, und zwar abwechselnd in den verschiedenen Landeskreisen. Die Verbandskasse lieferte die Diplome und leistete außerdem noch einen Betrag von 130–150 Mark. Sodann wird von der Kgl. Zentralstelle für die Landwirtschaft regelmäßig ein Beitrag von 200 bis 300 Mark gegeben, während Separatausstellungen solche Beiträge nicht erhalten. Mitglieder des Landesverbandes zahlen für ausgestellte Tiere kein Standgeld. Die Ausstellungen des Verbandes haben sowohl was Reichhaltigkeit der Ausstellungs-Gegenstände anbelangt, als namentlich auch bezüglich der Qualität derselben von Jahr zu Jahr erfreuliche Fortschritte gemacht. Jedes Jahr werden aus der Verbandskasse 50 Mark zur Anschaffung rassechten Geflügels unter den beteiligten Vereinen verlost und zwar derart, daß nach und nach jeder Verein gewinnt. Was den Vogelschutz anbelangt, so wird zwar hier jeder Verein für sich in seinem Kreise ersprießliches leisten können, der Verband zahlt aber auch Prämien für Anzeigen von Vogelfängern in den Bezirken, in welchen keine Vogelschutzvereine bestehen. Wenn es sich um wichtige Fragen und um allgemeine Maßregeln auf diesem Gebiete handelt, besonders wenn die Mitwirkung der Behörden, die Zustimmung der Volksvertretung erforderlich ist, dann wird ein gut organisierter Verband, sofern er die Absichten und den Willen sämtlicher Vereine des Landes vertritt, mit größerem Gewichte für die gute Sache eintreten können, als dies einem einzelnen Verein und wenigen zusammen möglich ist. Bei dem ersten internationalen ornithologischen Kongreß in Wien im April 1884 war der Verband durch einen Abgeordneten vertreten und hat die Kgl. Zentralstelle für die Landwirtschaft, welche die Vertretung lebhaft wünscht in dankenswertester Weise die Hälfte des Kostenaufwandes für den Abgeordneten übernommen. Auch bei den vor einigen Jahren in Berlin tagenden Vereinen Deutschlands zur Hebung der Geflügelzucht und des Vogelschutzes war der Verband durch einen Delegierten vertreten.

Diesen Vorteilen, welche der Landesverband jetzt schon bietet und in noch höherem Maße bieten könnte, wenn seine Mitglieder zahlreicher werden, steht als Last die Entrichtung von 25 Pfg per Jahr und Mitglied gegenüber, welche die Einzelkassen an die Verbandskasse zu entrichten haben, und welcher Beitrag noch vermindert werden könnte. Es ist gewiß der Mühe wert, daß die verehrlichen Vereine der Vogelfreunde Württembergs die angeregte Angelegenheit überlegen und mit dem gegenwärtigen Vorort Ravensburg deshalb in Verbindung treten."

Bei einer Ausschußsitzung am 3. März 1894 in Ravensburg wurde mitgeteilt, daß der Verein Crailsheim dem Landesverband beigetreten ist. Die Vereine Ehingen und Laupheim haben zwar ihr Interesse an einem Beitritt zum Landesverband bekundet, jedoch lag dem Landesverband noch kein Aufnahmeantrag vor. Bei der Sitzung wurde beschlossen, die nächste Generalversammlung des Landesverbandes in Ulm durchzuführen, um den dortigen Verein zu einem Wiedereintritt in den Landesverband zu ermutigen.

Die Gründung des Landesverbandes Hohenzollernscher Geflügelzuchtvereine 1894

Einen Tag vor der Ausschußsitzung in Ravensburg am 2. Dezember 1894 haben sich die drei Geflügelzuchtvereine Hohenzollerns, die Vereine Haigerloch, Hechingen und Sigmaringen, anläßlich einer Delegiertenversammlung in Hechingen im Gasthaus „Zum Löwen" zu einem Landesverband vereinigt. Dies war das abschließende Ergebnis der seit September 1894 geführten Verhandlungen. Die drei Vereine hatten zusammen rund 200 Mitglieder. Obwohl die einzelnen Vereine zum Teil bei den größeren Verbänden der Nachbarländer Württemberg und Baden Aufnahme gefunden hatten, war es ihr Wunsch, sich in Hohenzollern enger zu verbinden.

Es wurden von den drei Vereinen, die den Landesverband bildeten, auch Statuten beschlossen, in denen der Verbandszweck und die Bildung des Vorstandes geregelt wurde. Jeder Verein wählte zwei Mitglieder und einen Stellvertreter in den Vorstand des Verbandes, der dann den Vorsitzenden und den Schriftführer zu wählen hat. Der Schriftführer war zugleich Kassierer. Die Wahlen erfolgten auf drei Jahre. Der Jahresbeitrag an den Landesverband betrug für jeden Verein 20 Mark. Die Satzungen besagten weiter, daß der Verband solange bestehen bleibt, solange er noch zwei Vereine als Mitglieder hat.

Die Gauverbände reformieren den Landesverband

Die vier Gauverbände Oberer Neckargau, Mittlerer Neckargau, Unterer Neckargau und Hohenstaufengau vereinbarten mit den Herren Schönleber, Ravensburg; Jäger, Stuttgart; Mayer, Ludwigsburg, und Dr. Wörner, Hechingen, eine Aussprache wegen des derzeit unzureichenden und unzweckmäßigen Vorortsystems des Landesverbandes und die jährlich oder alle zwei Jahre wechselnde Verantwortlichkeit durch die jeweiligen Vorstände der Vororte. Um dem Landesverband für die Zukunft eine bessere Möglichkeit zur fortschrittlichen Entwicklung zu geben, sollte die Vorortverwaltung abgeschafft werden. Damit war dann auch eine Änderung der Statuten erforderlich, um einen ständigen Landesverbandsvorstand und Ausschuß an die Spitze des Landesverbandes wählen zu können. Diese gemeinsame Aussprache fand am 13. Januar 1895 im Gasthaus „Waldhorn" in Plochingen statt und brachte in den grundsätzlichen Fragen eine Übereinstimmung.

Den ersten Schritt zu grundlegenden Veränderungen und Reformen in der Führung des Landesverbandes brachte die Generalversammlung am 3. Februar 1895 in Ulm, Hotel „Württembergischer Hof". Zu dieser Versammlung hatten die Mitgliedsvereine Balingen, Crailsheim, Hechingen, Ludwigsburg, Metzingen, Ravensburg, Reutlingen, Rottenburg, Sindelfingen und Stuttgart ihre Vertreter entsandt. Als Gäste waren anwesend von Ulm der Vereinsvorstand und sechs Mitglieder, von Heidenheim der Vereinsvorstand und zwei Mitglieder, der Vorsitzende von Nürtingen, zugleich als Vertreter des Gauverbandes Mittlerer Neckar, und der Vorsitzende von Hall. Der Versammlung lagen von Stuttgart und

Hechingen Anträge auf Änderung der Verbandsstatuten vor, gemäß dem in Plochingen erreichten Beratungsergebnis. Es wurde eine Kommission gebildet, die aus 9 Personen bestand und der die Aufgabe zufiel, für den Landesverband neue Statuten zu entwerfen. Der Kommission gehörten vier Vertreter des Landesverbandes an, und zwar die Herren Schönleber, Jäger, Mayer und Dr. Wörner. Die Gauverbände wurden gebeten, zur nächsten Sitzung der Kommission am 24. März 1895 je einen Vertreter nach Plochingen zu entsenden. Als Vertreter der noch nicht dem Landesverband angehörenden Vereine wurde ein Mitglied des Vereins aus Friedrichshafen zugezogen. Die Generalversammlung vergab wunschgemäß die nächste Landesausstellung nach Metzingen, die mit der Gauausstellung des Mittleren Neckargaues verbunden werden wollte. Schließlich wurde der Vorort Ravensburg beauftragt, die Geschäfte des Landesverbandes bis zur endgültigen Beschlußfassung über die neuen Statuten weiterzuführen.

Die Vorortverwaltung wird 1895 beendet

Eine Beratung der neuen Landesverbandsstatuten durch die Kommission erfolgte am 24. März 1895 in Plochingen. Man war sich grundsätzlich darüber einig, daß die Vorortverwaltung des Landesverbandes abgeschafft werden sollte und ein Landesverbandsvorstand und -ausschuß aus der Mitte der Landesverbandsversammlung zu wählen seien. Das Ergebnis der Beratungen wurde einer außerordentlichen Generalversammlung am 19. Mai 1895 im Hotel Merz in Cannstatt unterbreitet. Die Versammlung wurde von Professor Schönleber, Ravensburg, als Vorsitzender des Vorortes geleitet und war von 23 Vereinen besucht. Es waren die Vereine von Esslingen, Friedrichshafen, Geislingen, Gmünd, Göppingen, Hall, Heidenheim, Heilbronn, Kirchberg an der Jagst, Kirchheim u. Teck, Laupheim, Ludwigsburg, Metzingen, Nürtingen, Ravensburg, Reutlingen, Rottweil, Schorndorf, Schwenningen, Sindelfingen, Stuttgart, Ulm und Vaihingen a. d. Enz.

Der Entwurf der neuen Satzung, in der als besondere Neuerung die Wahl eines Landesverbandsausschusses durch die Generalversammlung verankert war, wurde einstimmig angenommen. Damit gehörte die Vorortverwaltung des Landesverbandes der Vergangenheit an und der Weg war frei zu den Wahlen eines Landesverbandsausschusses, dem die Aufgabe zufiel, einen Landesvorsitzenden zu wählen. Nach dem Beschluß der neuen Statuten traten neun Vereine dem Landesverband als Mitglieder bei. Nunmehr hatte der Landesverband folgende Mitgliedsvereine: Balingen, Crailsheim, Esslingen, Friedrichshafen, Hall, Heilbronn, Kirchberg u. d. Jagst, Kirchheim u. Teck, Laupheim, Ludwigsburg, Metzingen, Nürtingen, Ravensburg, Reutlingen, Rottenburg, Rottweil, Sindelfingen, Stuttgart, Ulm und Vaihingen a. d. Enz. Der Hohenstaufengau mit den Vereinen Aalen, Geislingen, Göppingen, Gmünd, Heidenheim und Schorndorf wartete mit seiner Beitrittserklärung noch bis zur Vorlage eines Gaubeschlusses, der im Juni in Wiesensteig zu erwarten war.

Professor Schönleber wird Landesvorsitzender

Erstmals in der Geschichte des Landesverbandes wurde bei der außerordentlichen Generalversammlung in Cannstatt am 19. Mai 1895 ein Landesverbandsausschuß auf die Dauer von drei Jahren gewählt. Dabei entfielen auf die Bewerber, die aus der Mitte der Versammlung vorgeschlagen wurden, folgende Stimmen: Eugen Rau, Stuttgart (15); Professor H. Schönleber, Ravensburg (15); Oberförster Erhardt, Hall (14); Hilfslehrer Daibler, Laupheim (12); Stolz, Heilbronn (10); Architekt Carl Zillinger, Esslingen (10), und Heinrich Eller, Rottweil (9).

Aus diesem Personenkreis wurden in den geschäftsführenden Vorstand gewählt:

Professor H. Schönleber, Ravensburg, als Landesverbandsvorsitzender;
Eugen Rau, Stuttgart, als stellvertretender Landesverbandsvorsitzender;
Hilfslehrer Daibler, Laupheim, als Schriftführer
und Buchdruckereibesitzer Heinrich Eller, Rottweil, als Kassierer.

28 Vereine im Jahr 1895 im Landesverband

Die Entscheidung, die Verbandsführung in feste Hände zu legen, war vom Weitblick der verantwortlichen Männer getragen und sicherte dem Landesverband eine gute Weiterentwicklung und erfolgreiche Zukunft. Bei einer Sitzung des Landesverbandsausschusses am 20. Oktober 1895 im Hotel „König von Württemberg" in Stuttgart zeigte sich bereits ein deutlicher Fortschritt in der Mitgliederzahl des Landesverbandes. Bis zu diesem Termin hatte nach einem Bericht des Vorsitzenden Schönleber der Landesverband 28 Mitgliedsvereine mit 4 005 Mitgliedern. Vereine unter 100 Mitglieder waren es 14 mit 932 Mitgliedern, von 101 bis 200 Mitglieder waren es 6 mit 930 Mitgliedern, mit 201 bis 300 Mitglieder waren es 5 mit 1 182 Mitgliedern und drei Vereine hatten über 300 Mitglieder mit 961 Mitgliedern. Es waren dies die Vereine in Göppingen mit 340 Mitgliedern, Ludwigsburg (316) und Nürtingen mit 300. Über 250 Mitglieder hatten die Vereine Heilbronn (280) und Stuttgart (256).

Die meistgehaltenen Geflügelrassen in den einzelnen Vereinen waren Cochin, Brahma, Langschan, Plymouth Rocks, Italiener, Andalusier, Minorka, Bergische Kräher und Spanier. Bei den Enten waren es meist die Rouen-, Aylesbury- und Pekingenten. Als häufigste Gänserassen wurden Toulouser, Emdener, Pommern- und Landgänse gehalten. Über die beliebtesten Taubenrassen gibt es keine Aufzeichnungen, jedoch wurden süddeutsche Taubenrassen gerne gehalten. Zuchtstationen waren bereits bei 6 Vereinen eingerichtet.

38 Vereine im Jahr 1896 im Landesverband

Bei der Generalversammlung am 14. Juni 1896 im Nillschen Garten in Stuttgart gab Landesvorsitzender H. Schönleber seinen ersten Jahresbericht. 27 Vereine hatten sich zur Versammlung eingefunden. Vorsitzender Schönleber erklärte in seinem Jahresbericht die Gründe für eine notwendig gewordene Neuordnung des Landesverbandes, die sich nach einem Jahr als eine glückliche und richtige Entscheidung erwiesen hätte. Im Laufe des ersten Geschäftsjahres sind 18 Vereine dem Landesverband beigetreten. Es waren dies der Zeitfolge nach Ehingen, Giengen, Schwenningen, Biberach, Bietigheim, Ebingen, Trossingen, Brettheim, Waldsee, Öhringen, Nagold und Esslingen. Dazu gesellten sich noch sechs Vereine des Hohenstaufengaues, und zwar Aalen, Geislingen, Gmünd, Göppingen, Heidenheim und Schorndorf. Dem Landesverband gehörten nunmehr 38 Vereine mit über 5 000 Mitgliedern an.

Die Vergabe der Landesausstellung für 1897 erfolgte nach Hall. Auch der Stuttgarter Verein hatte sich um die Übertragung der Landesausstellung aus Anlaß seines 25jährigen Bestehens beworben, unterlag jedoch bei der schriftlichen Abstimmung gegenüber Hall. Es wurde auch ein Zuschuß in Höhe von 270 Mark für die Ausstellung bewilligt. Für die Zuchtstationen wurden Prämien in Höhe von 400 Mark bereitgestellt.

Steigende Mitgliederzahlen im Landesverband

Bei der Sitzung des Landesverbandsausschusses am 17. Januar 1897 im Hotel „König von Württemberg" in Stuttgart konnte Vorsitzender Schönleber mitteilen, daß dem Landesverband nunmehr 42 Vereine angehören. Auch die Königliche Zentralstelle für die Landwirtschaft nahm die Aufwärtsentwicklung des Landesverbandes wohlwollend zur Kenntnis und erhöhte den Jahresbeitrag für das Jahr 1897 auf 500 Mark. Dieser Betrag war überwiegend für die Einrichtung von Zuchtstationen und deren Unterstützung vorgesehen. Bisher hatten 15 Vereine auf ihre Kosten sowie 16 Mitglieder uneigennützig Zuchtstationen eingerichtet. Diese Stationen lieferten insbesondere an die Landwirte Bruteier, Küken und Jungtiere aus rassereinen Leistungsstämmen.

Die am 6. Juni 1897 in Hall, Gasthof zur Eisenbahn, durchgeführte Generalversammlung wurde von Delegierten und Gästen von 27 Vereinen besucht, darunter auch die neu aufgenommenen Vereine Balingen, Böblingen, Eislingen und Leonberg. Als weiterer Mitgliedsverein hatte sich ab 1. Januar 1898 Altensteig angemeldet. Am 25. Januar 1898 erklärte Oberndorf seinen Beitritt zum Landesverband und weiter folgten Rechberghausen, Leutkirch, Winnenden und Waiblingen. Ungebrochen galt für den Landesverband die Hilfe und Betreuung heimischer Vogelarten und insbesondere deren besonderer Schutz in Wald und Flur. So erhielten auch alle Vereine des Landesverbandes aus der Verbandskasse jährlich Beiträge für ihre Tätigkeit auf dem Gebiet des Vogelschutzes in Höhe von 10 bis 25 Mark, jeweils nach der Höhe ihrer Aufwendungen.

Eugen Rau †

Mehr als 100 Personen und Vertreter von 28 Vereinen waren zur Generalversammlung am 29. Mai 1898 in Ludwigsburg erschienen. Wegen Abwesenheit des Schriftführers Daiber übernahm die Protokollführung Amtsnotar Eugen Stellrecht aus Ditzingen als Vertreter des Stuttgarter Vereins. Vor Eintritt in die Tagesordnung gedachte Vorsitzender Schönleber des verstorbenen zweiten Landesverbandsvorsitzenden und Vorsitzenden des Stuttgarter Vereins, Eugen Rau, und würdigte dessen Verdienste um den Verband. Für den Verstorbenen war G. Autenrieth, Stuttgart, erschienen. Der Antrag des Vereins Nagold, „die Generalversammlung möge den Ausschuß des Landesverbandes ersuchen, in einer Eingabe an das Königliche Ministerium des Innern darauf hinzuwirken,

1. daß bei sporadisch auftretendem Geflügelsterben solche Seuchen einer amtlichen Anzeigepflicht zu unterliegen haben und
2. daß die Geflügelhändler einer veterinärpolizeilichen Aufsicht unterstellt werden möchten",

wurde einstimmig angenommen.

Zur Durchführung künftiger Landesverbandsausstellungen wurden folgende Beschlüsse gefaßt:

1. Bei den Ausstellungen des Landesverbandes dürfen auch Geflügel und Tauben von Nichtwürttembergern ausgestellt werden.
2. Hühnerstämme mit 1,1 Tieren können keine I. Preise erhalten, wohl aber II. und III. Preise.

Der Wunsch nach einem Standard für schwäbische Farbentauben

Sorgen um die schwäbischen Farbentauben machte sich der Taubenzüchter Hamberger aus Reutlingen. Er richtete deshalb einen Antrag an den Landesverband, daß dieser rasch eingreifen möge, um zur Erhaltung der schwäbischen Farbentauben beizutragen. Eine Kommission sollte möglichst rasch einen Standard für diese schönen heimatlichen Tauben aufstellen. Hierzu beschloß die Generalversammlung vom 29. Mai 1898, Hamberger möge sich mit einigen tüchtigen Taubenkennern in Verbindung setzen, mit ihnen gemeinsam einen Standard aufstellen und diesen der nächstjährigen Generalversammlung vorlegen.

Wie ernst es um den Bestand der schwäbischen oder süddeutschen Farbentauben bestellt war, entnehmen wir einer im Jahr 1914 erschienenen Schrift „Die süddeutschen Farbentauben in Wort und Bild" von Apotheker H. Bayer, Ulm. Dort wird darauf hingewiesen, daß 1899 der Verein schwäbischer Taubenzüchter gegründet wurde, der sich zur Aufgabe stellte, außer der Pflege und Vervollkommnung der Rassetaubenzucht speziell die annähernd dem Aussterben nahe Zucht der süddeutschen Farbentauben zu pflegen, zu heben und wieder zu Ehren zu bringen.

Weiter beschloß die Versammlung auf Antrag von Ravensburg, bei den künftigen Landesausstellungen in der Taubenabteilung die Klassenprämiierung einzuführen. Wenn nicht ganz triftige Gründe vorliegen würden, sollten die Landesausstellungen spätestens bis Mitte März abgehalten werden.

Die Wiederwahl des Landesvorstandes

Bei den anstehenden Wahlen wurden per Akklamation die seitherigen Ausschußmitglieder wiedergewählt. Es waren dies die Herrn Eller, Erhardt, Schönleber, Stolz und Zillinger. Neu hinzugewählt wurden Fabrikant Hartmann, Heidenheim, und Fabrikant Dinkelacker, Sindelfingen.

Gegen Ende des Jahres 1898 teilten die Vereine von Calw, Tuttlingen und Marbach ihren Beitritt zum Landesverband ab 1. Januar 1899 mit. Im Januar 1899 folgte der Verein Blaubeuren und im Februar der Verein Saulgau. Der Beitrag der Königlichen Zentralstelle für die Landwirtschaft an den Landesverband wurde auf 600 Mark erhöht. Dies nahm der Landesverbandsausschuß in den Sitzungen am 3. Januar und 26. März 1899 zur Kenntnis. Als Nachfolger für den verstorbenen zweiten Vorsitzenden des Landesverbandes, Eugen Rau, wurde vom Ausschuß Oberförster Erhardt, Hall-Steinbach, gewählt, der zugleich die Aufgaben des Schriftführers übernahm.

11 000 Tiere werden ein Opfer der Geflügel-Cholera von 1898

Am 26. März 1899 fand in Ebingen die Generalversammlung des Landesverbandes statt, bei der 30 Vereine vertreten waren. In seinem Jahresbericht teilte Vorsitzender Professor Schönleber mit, daß 1898 der Geflügel-Cholera 11 000 Tiere zum Opfer gefallen seien. Von einer diesbezüglichen Eingabe an das Ministerium lag noch keine Antwort vor, jedoch hatte sich Minister von Pischeck persönlich gegenüber dem Landesvorsitzenden dahingehend geäußert, daß er von der Notwendigkeit einer Anzeigepflicht beim Auftreten der Seuche überzeugt sei. Die Geflügelhändler einer dauernden Kontrolle zu unterziehen, fand der Minister als zu weitgehend.

Der Landesverband zählte nunmehr 51 Vereine mit 6 500 Mitgliedern. Um die Durchführung der Landesausstellung hatten sich für den Beginn des 20. Jahrhunderts die Vereine Nürtingen, Heilbronn und Ravensburg beworben. Den Zuschlag erhielt Ravensburg. Über die Klasseneinteilung und Prämiierung der Tauben bei den künftigen Verbandsausstellungen hielt Herr Kenngott aus Ravensburg ein Referat. Er wünschte an Stelle von 21 Klassen für Farbentauben nur 10 Klassen. Apotheker H. Bayer, Ulm, empfahl die Züchtung nach dem Farbentauben-Standard, der vom Verein schwäbischer Taubenzüchter erarbeitet wurde. Vorsitzender Schönleber erklärte hierzu, daß der Landesverband bemüht sei, auch den Interessen der Taubenzüchter nach Kräften gerecht zu werden. Er bat den Verband schwäbischer Taubenzüchter, die nächste Verbandsausstellung zahlreich zu beschicken. Bei der Generalversammlung wurden noch Referate gehalten über die Tätigkeit des Verbandes auf dem Gebiet der Kanarienzucht und über Vogelschutzfragen.

Die Landesverbandsausstellung in Ebingen war vom 25. bis 27. März 1899 in der Turnhalle ausgezeichnet untergebracht. es waren ausgestellt: 224 Nummern Hühner, 7 Nummern Truthühner, 65 Nummern Wassergeflügel, 156 Nummern Tauben, 38 Kanarienvögel und 11 Exoten. Mit den Gerätschaften und Futterproben waren es insgesamt 536 Ausstellungsnummern. Es wurden 38 erste, 100 zweite und 172 dritte Preise vergeben.

Aus dem Schramberger Protokollbuch

Die Angaben über die Landesausstellung in Ebingen konnten wir dem Protokollbuch des Vogel- und Geflügelzuchtvereins Schramberg entnehmen, das uns freundlicherweise zur Verfügung gestellt wurde. Dieser Verein hatte als Delegierten seinen Schriftführer Reinhard Fichter aus Ebingen entsandt, der in seiner originellen Art ausführlich über die Ausstellung und was er auch sonst noch erlebte, berichtet hat. Da viele heute diese altdeutsche Schrift nicht mehr entziffern können, nachfolgend einige Auszüge, die einen Ausstellungsbesuch am Ende des 19. Jahrhunderts lebendig werden lassen. Reinhard Fichter schrieb in das Protokollbuch u. a.:

„Am Samstag, dem 25. März (Maria Verkündigung), frühmorgens 6 Uhr 10, habe ich die Reise nach Ebingen per Bahn angetreten über Freudenstadt, Eutingen, Horb, Tübingen, Hechingen, Balingen nach Ebingen. Daselbst um 12 Uhr 29 in der festlich beflaggten Stadt Ebingen angekommen, von einigen Mitgliedern am Bahnhof empfangen, ging es der Stadt zu. Ich mit meinem Kohldampf resp. langen Magen begab mich gleich in das Gasthaus zur Linde und habe dort kräftig dem Mittagessen zugesprochen, Appetit war genug vorhanden. Nach dem Essen war es meine erste Pflicht, mich um ein Nachtquartier umzusehen, welches ich ebenfalls auch in dem Gasthaus zur Linde bekommen habe. Nachmittags etwa um 2 Uhr ging ich zur Turnhalle, in welcher die Ausstellung darin stattgefunden hat. Beim Eintritt in die Ausstellung habe ich meine Karte, die mir vom Verein Ebingen zugeschickt war, vorgezeigt, weil jedem Aussteller freier Eintritt gewährt wurde, kaufte mir einen Katalog und habe mit dem Rundgang angefangen."

Es folgte nun ein ausführlicher Bericht über die ausgestellten Tiere und schließlich wurde der allgemeine Erfahrungsbericht fortgesetzt:

„Was die gesamte Ausstellung anbelangt resp. das Geflügel, waren sehr schöne Tiere ausgestellt sowie auch Gerätschaften und Futterproben. Was das Innere der Ausstellung sowie dessen Arrangement anbetrifft, muß man dem Verein Ebingen alles Lob geben und haben es verstanden, die Sache ganz geschmackvoll einzuteilen. Die Felsengruppe im Hintergrund mit Wasserfall und Springbrunnen waren ganz dem Zweck entsprechend prachtvoll eingerichtet. Es war auch ein feines Restaurant vorhanden, in welchem ich mich auch von einer schönen, sauberen Kellnerin habe servieren lassen."

Nach der Aufzählung aller Züchter aus dem Schramberger Verein, die mit Preisen bedacht wurden, schrieb Reinhard Fichter weiter:

„Nach 5 Uhr habe ich mich entfernt aus der Ausstellung, dem guten Geschmack und des Geschreies ganz satt, ging ich in das Gasthaus zum Adler und habe ein Vesper eingenommen, saure Nierle mit gerösteten Kartoffeln, welches mir vortrefflich geschmeckt hat. Nachher wollte ich etwas spazieren gehen, aber der Kälte wegen mußte ich den Spaziergang wieder aufgeben und blieb mir nichts anderes übrig, als ich mußte dem edlen Gerstensaft zusprechen, welches ich dann auch bis 12 Uhr nachts in einer gemütlichen Gesellschaft gründlich besorgt habe, natürlich in der Zwischenzeit auch zu nacht gespeist. Der Frau Lindenwirt muß ich einen ganz besonderen guten Eindruck gemacht haben, habe mich einige mal gemeldet zum Bettgehen, erhielt jedesmal die Antwort: ‚Bleiben Sie doch noch, es pressiert ja nicht so', bis es endlich 12 Uhr geworden ist, ließ mich dann aber nicht mehr länger halten. Habe ein schönes Zimmer und ein feines Bett gehabt, schade daß ich es nur so kurze Zeit benützen konnte. Am Sonntag, dem 26. März, etwa um halb 8 Uhr, habe ich das Bett verlassen, angezogen und herunter zum Kaffee, nachher habe ich die Ausstellung nochmal besucht, bis gegen 10 Uhr, dann habe ich mit dem besten Eindruck, vieles und schönes gesehen zu haben, die Ausstellung verlassen, ging in die ‚Linde', wo ich noch ein Vesper eingenommen habe. Endlich ist die Zeit herangerückt, 10 Uhr 30, wo mich das Dampfroß aus der Feststadt wieder der Heimat zuführte, nach Schramberg, wo ich um 5 Uhr 30 wohlbehalten wieder angekommen bin."

Die Beitritte zum Landesverband hielten auch im Jahr 1899 an. Daran zeigte sich deutlich, wie richtig die Entscheidung im Jahr 1895 war, einem alle drei Jahre zu wählenden Ausschuß und einem Landesverbandsvorsitzenden die alleinige Verantwortung für die Geschäfte des Landesverbandes zu übertragen. Dem Landesverband schlossen sich 1899 noch die Vereine Herrenberg, Pfullingen, Groß-Süssen, Backnang, Salach, Holzheim, Ochsenhausen und Herbrechtingen an.

Wie notwendig eine weitere Ausbreitung der Geflügelzucht, insbesondere im Bereich der Landwirtschaft, in Deutschland war, zeigen die Geflügeleinfuhren im Jahr 1899. Es wurden 6 875 810 Gänse in Deutschland eingeführt, davon kamen allein aus Rußland 5 786 362 Stück, die restlichen aus Österreich-Ungarn, Italien und den Niederlanden. Die weiteren Geflügeleinfuhren sind nur nach Gewicht angegeben. An lebenden Hühnern waren es 89 256 Doppelzentner. Eier und Eigelb wurden 1 125 786 Doppelzentner importiert. Um Devisen einzusparen, lohnte es sich schon, die Geflügelzucht und Haltung maßgeblich zu steigern und zu verbessern. Zur Lösung dieser Aufgabe hatte der Landesverband mit den Zuchtstationen und der damit verbundenen Unterstützung der Landwirtschaft bereits einen wesentlichen Beitrag geleistet, was von der Königlichen Zentralstelle für die Landwirtschaft als dankenswert anerkannt wurde.

Das Jahr 1900

In den ersten drei Monaten des Jahres 1900 erklärten 11 Vereine den Beitritt zum Landesverband. Es waren dies nach der Reihe ihres Eintritts Bitz, Mössingen, Neuenbürg, Donzdorf, Wangen bei Göppingen, Faurndau bei Göppingen, Feuerbach, Böhmenkirch, Thuningen, Schramberg und Freudenstadt. Im Laufe des Jahres traten noch dem Landesverband bei der Geflügelzuchtverein „Germania" Esslingen und Umgebung, der Geflügel- und Vogelverein Uhingen und der Bezirksverein der Geflügel- und Vogelfreunde Cannstatt.

Bei der Generalversammlung am 15. April 1900 im Gasthof „Lamm" in Ravensburg waren von den 62 Mitgliedsvereinen 37 durch Delegierte vertreten. Von besonderem Interesse war hier ein Antrag des Vereins Göppingen, der zwar abgelehnt wurde, aber einen fortschrittlichen Gedanken enthielt. Dieser Antrag zielte auf eine Änderung der Verbandsstatuten in bezug auf das Abstimmungsverfahren hin und hatte folgenden Wortlaut: „Die Generalversammlung besteht aus den Ausschußdelegierten und den Delegierten der den Verband bildenden Vereine. Die Vereine sollen bei einer Mitgliederzahl bis zu 50 Mitgliedern einen Delegierten, bis zu 150 zwei, bis zu 250 drei und über 251 vier Delegierte haben." Bisher hatte jeder Verein, gleich wieviele Mitglieder er hatte, nur eine Stimme. Die Ablehnung dieses Antrages erfolgte mit der Begründung, daß die kleineren Vereine durch eine solche Neuregelung des Abstimmungsverfahrens benachteiligt würden.

Der Verein Sindelfingen setzte sich in einem Antrag für die Bildung einer Eierverkaufsgenossenschaft im Landesverband ein. Der Antrag lautete: „Der Landesverband möge dahin wirken, daß sich die Eierverkaufsgenossenschaften der Vereine zusammenschließen und, ähnlich wie der wirtschaftlich ausgerichtete Deutsche Geflügelverein vorangegangen ist, im Lande eine Zentrale errichten." Auf Vorschlag des Vorsitzenden Professor Schönleber sollen alle Erfahrungen mit den Genossenschaften gesammelt und dem Ausschuß vorgelegt werden. Der Ausschuß wollte dann auch die Transportmöglichkeiten prüfen und Anträge auf Frachtermäßigung stellen. Ein Antrag des Stuttgarter Vertreters Eugen Stellrecht auf Änderung der Satzungen des Landesverbandes zum Zweck der Eintragung in das Vereinsregister wurde auf ein Jahr verschoben.

Nachdem das Ausschußmitglied Stolz, Stuttgart, wegen angegriffener Gesundheit sein Mandat niedergelegt hat, rückte Herr Schweizer aus Nürtingen in den Landesverbandsausschuß nach. Dies beschloß der Ausschuß in seiner Sitzung am 10. Januar 1901 im „Charlottenhof" in Stuttgart. Wie bei dieser Ausschußsitzung war auch bei der folgenden Sitzung am 3. Februar 1901 der Vorsitzende Professor Schönleber wegen Krankheit nicht anwesend. Den Vorsitz in den Ausschußsitzungen führte Oberförster Erhardt und als Schriftführer wurde Bezirksnotar Eugen Stellrecht zugezogen.

Professor Schönleber legt 1901 den Vorsitz nieder

Bei der Generalversammlung am 3. Februar 1901 im Gasthaus zu den drei Königen in Aalen waren von den 76 Vereinen, die dem Landesverband angehörten, 47 durch Delegierte vertreten. An der Versammlung nahmen etwa 150 Personen teil. Nach der Eröffnung der Versammlung wurde von Oberförster Erhardt ein Schreiben von Professor Schönleber vom 2. Februar 1901 verlesen, in dem dieser von seinen gesundheitlichen Schäden Mitteilung machte und auf Anraten seiner Ärzte sein Amt als Vorsitzender niederlegte. Der amtierende Vorsitzende, Oberförster Erhardt, würdigte die großen Verdienste des seitherigen Vorsitzenden um den Aufbau des Landesverbandes und stellte den Antrag, ihm den Dank dadurch zum Ausdruck zu bringen, daß ihn die Generalversammlung zum Ehrenvorsitzenden ernennt. Dieser Antrag wurde einstimmig angenommen.

Um die Landesausstellung 1902 hatten sich die Vereine Heilbronn und Tuttlingen beworben. Hier konnte der Vorsitzende auf die Statuten des Landesverbandes verweisen, wonach die jährlichen Landesausstellungen abwechselnd in den vier Kreisen des Landes zu veranstalten seien. Ausstellungen in den letzten Jahren waren 1898 in Ludwigsburg (Neckarkreis), 1899 in Ebingen (Schwarzwaldkreis), 1900 in Ravensburg (Donaukreis) und 1901 in Aalen (Jagstkreis). Nun sollte ohne erhebliche Gründe von dieser Ordnung nicht abgegangen werden. Demnach käme für 1902 wieder der Neckarkreis an die Reihe und aus diesem Kreis liege die Bewerbung Heilbronns vor. Die Generalversammlung erklärte sich mit diesen Ausführungen einverstanden und übertrug dem Heilbronner Verein die Landesschau 1902.

Zur Gestellung der Preisrichter für die Landesausstellung wurde folgender Beschluß gefaßt: „Von der Generalversammlung werden Preisrichter gewählt, für Großgeflügel 4, für Tauben 3 und für Vögel 2. Außerdem hat der ausrichtende Verein für Großgeflügel und für Vögel je noch einen weiteren Preisrichter vom Ort oder der Umgebung zu wählen." Der Grund für diesen Beschluß war, dem Verein die Vermehrung der Preisrichter für Großgeflügel ohne größere Kosten zu ermöglichen.

Neuwahl des Landesverbandsausschusses

Die wichtigste Entscheidung der Generalversammlung in Aalen war die Wahl der Mitglieder des Verbandsausschusses, die dann aus ihren Reihen einen Vorsitzenden wählten. Von den 49 anwesenden Stimmberechtigten erhielten Oberförster Erhardt, Hall-Steinbach, 47 Stimmen; Bezirksnotar Eugen Stellrecht, Ditzingen, 44 Stimmen; Buchdruckereibesitzer Heinrich Eller, Rottweil, 42 Stimmen; Dr. Heinrich Zwiesele, Stuttgart, 28 Stimmen; Verwalter Georg Roller, Balingen, 18 Stimmen; und Apotheker H. Bayer, Ulm a. d. Donau, 18 Stimmen. Weitere Stimmen entfielen auf Fick, Stuttgart (16), Hoch (15), Dinkelacker (14), Schweizer (14), Haering (12), Baumann (11), und vereinzelte Stimmen auf andere Persönlichkeiten.

Das Ergebnis der Wahl wurde während des Festessens im Hotel „Harmonie" bekanntgegeben. Darauf erklärte Oberförster Erhardt, eine Wahl zum ersten Vorsitzenden nicht annehmen zu können. Auch Bezirksnotar Eugen Stellrecht lehnte zunächst mit Rücksicht auf seine Amtsgeschäfte ab, erklärte sich aber dann doch bereit, eine auf ihn fallende Wahl anzunehmen. Hierauf konstituierte sich der Ausschuß wie folgt:

1. Vorsitzender: Eugen Stellrecht, Ditzingen, Mitglied des Vereins der Vogelfreunde Stuttgart;

2. Vorsitzender und Schriftführer: Oberförster Erhardt, Hall-Steinbach, Mitglied des Vereins Hall;

Kassierer: Heinrich Eller, Rottweil:

Mitglieder ohne Amt wurden Apotheker H. Bayer, Ulm; C. Fick, Stuttgart; Georg Roller, Balingen, und Dr. Heinrich Zwiesele, Stuttgart.
Der Verein der Vogel- und Geflügelfreunde Aalen hat vom 1. bis 4. Februar 1901 die großartig aufgebaute und vorbildlich ausgestattete 13. Landesausstellung nach neuen Grundsätzen durchgeführt.

Rege Verbandsarbeit auf allen Gebieten

Mit der Landesausstellung in Aalen hatte der Landesverband einen geglückten Start in das Jahr 1901. Dem Verband gehörten zu Beginn des Jahres 76 Vereine mit 7 704 Mitgliedern an. Im Laufe des Jahres traten dem Landesverband noch weitere Vereine bei. Die Arbeit des Vorstandes beschränkte sich nicht nur auf die Ausschußsitzungen, sondern wurde meist auf dem Zirkulationsweg erledigt. Dabei ging es um die Verbesserung bestehender und Neueinrichtung von Zuchtstationen und deren Überprüfung. Am Ende des Jahres 1901 befanden sich im Verbandsgebiet 29 Zuchtstationen bei den Vereinen und 636 bei den Mitgliedern. Von den Zuchtstationen der Vereine waren 21 für Hühner mit 46 Stämmen, 2 für Gänse und 6 für Enten. Bei den Mitgliedern waren es 406 Stämme für Hühner, 56 für Gänse, 155 für Enten und 19 für Truthühner. Aus allen Zuchtstationen wurden Bruteier und Küken an die Züchter und die landwirtschaftliche Bevölkerung besonders preiswert abgegeben. In den Zuchtstationen wurden folgende Rassen gehalten: Hühner = Italiener in 5 Farbenschlägen, schwarze Minorka, Langschan, Hamburger in verschiedenen Farben, Andalusier, Plymouth Rocks in verschiedenen Farben, Augsburger, Spanier, Bergische Kräher, Ramelsloher, Wyandotten, Cochin, La Flèche, Paduaner, Ostfriesische Möwen, Houdan, Dominikaner, Holländer, Orpington, Crève-Cœur und Faverolles. Dazu gesellten sich noch Elsässer Landhühner, Landhühner und Kreuzungen. Bei den Gänsen waren folgende Rassen vertreten: Italienergänse, Riesengänse, Höckergänse, Emdener Gänse, Toulouser Gänse und Kreuzungen aus Italienergans und Landgans. Die Enten waren in folgenden Rassen in den Zuchtstationen vorhanden: Laufenten, Pekingenten, Rouenenten, Aylesburyenten, Türken-, Schweden- und Cayugaenten.

Die Arbeit des Landesverbandes und der Vereine zur Verbesserung der Geflügelbestände im Land Württemberg wurde im Jahr 1901 von der Königlichen Zentralstelle für die Landwirtschaft durch Bewilligung eines Staatsbetrages in Höhe von 1 200 Mark unterstützt, der reiche Früchte trug. Dies wurde besonders deutlich durch folgende Zusammenstellung der Resultate der Zählungen in den letzten 27 Jahren:

Zählung	Gänse	Enten	Hühner	zusammen
10. Jan. 1873	216 639	112 337	1 418 460	1 747 436
10. Jan. 1883	181 947	121 857	1 660 450	1 964 254
1. Dez. 1892	232 778	139 332	1 939 325	2 311 435
1. Dez. 1897	252 723	170 330	2 326 756	2 749 809
1. Dez. 1900	237 556	181 531	2 479 777	2 898 864

Mit einer Eingabe vom 26. April 1901 an das Königliche Ministerium des Innern wurde um Schutzmaßregeln gegen die Einschleppung und Verbreitung der Geflügelcholera, insbesondere durch Verbot des Handels im Umherziehen und durch wirksamere tierärztliche Überwachung der angelangenden Transporte sowie der Händler, gebeten. Der Erfolg des Landesverbandes war, daß durch Verfügung vom 24. Mai 1901 die tierärztliche Kontrolle der aus dem Ausland eintreffenden Geflügelsendungen auf den Entladestationen sowie das Verbot des Handels mit Geflügel im Umherziehen, letzteres auf die Zeit bis 30. Juni 1901, angeordnet worden ist.

Die Geflügelcholera war in Württemberg im Jahr 1901 besonders stark verbreitet. Die Seuche brach in 221 Gemeinden und 1 339 Gehöften aus. Im Jahr zuvor wurde die Cholera in 53 Gemeinden und 207 Gehöften festgestellt. Angesichts der erschreckenden Ausbreitung dieser gefährlichen Seuche war das energische Bemühen des Landesverbandes, an deren Bekämpfung unablässig mitzuwirken.

Die Verbesserung der Eierverkaufs-Genossenschaften in den Gemeinden war ein weiteres Anliegen des Landesverbandes, das finanziell von der Königlichen Zentralstelle unterstützt wurde. Die Bemühungen um eine Frachtermäßigung für den Eierversand mit der Eisenbahn hatten jedoch keinen Erfolg. Auf eine Eingabe des Landesverbandes vom 26. April 1901 erging am 31. Mai ein Bescheid der Königlichen Generaldirektion der Staatseisenbahnen dahin, daß die Aufnahme des Artikels „Eier" in den Spezialtarif für bestimmte Eilgüter in den letzten Jahren den Gegenstand eingehender Verhandlungen in der ständigen Tarifkommission der deutschen Eisenbahn gebildet habe, ein dahin gehender Antrag aber abgelehnt wurde, weil ein allgemeines Bedürfnis hierfür nicht anerkannt werden konnte, und hauptsächlich auch aus dem Grund, weil eine solche Vergünstigung in erster Linie der ohnehin schon drückenden Konkurrenz der ausländischen Einfuhr zugute kommen und dadurch die einheimische Landwirtschaft geschädigt würde.

Mit Unterstützung des Landesverbandsvorstandes hat das Verbandsorgan, die „Süddeutsche Tier-Börse", in den vergangenen Jahren fest Fuß gefaßt. Von den Verbandsvereinen bezogen nunmehr 73 die Zeitschrift für ihre sämtlichen Mitglieder auf Grund besonderer Vereinbarungen mit dem Verlag. Diese Vereinbarungen waren aber sehr verschieden und für kleinere Vereine teilweise hart, so daß eine einheitliche Regelung um so mehr dringend wünschenswert erschien. Hier war der Landesverbandsvorstand besonders gefordert, als der Verlag angesichts der gesteigerten Geschäftsunkosten erklärte, unter 50 Pfennig pro Exemplar und unfrankiert nicht mehr liefern zu können und auch sonstige Vergünstigungen einschränken zu müssen. Dies führte zu einer neuen Vereinbarung, die lautete:

1. Der Verlag liefert in Sammelpaket das Exemplar der „Süddeutschen Tier-Börse" mit allen Beilagen pro Jahr, für 50 Pfennig, Porto zu Lasten der Vereine und gewährt für Inserate den Verbandsvereinen $3/4$, ihren Mitgliedern $2/4$ Ermäßigung.

2. Alle Bekanntmachungen des Verbandes sind frei.

Durch den Vorstand wurde aber auch ein neues Faltblatt angekündigt. Das längst empfundene Bedürfnis, ein amtliches Organ für ganz Deutschland zu haben, sei dadurch einen Schritt weitergekommen, daß zu dem in Forst i. L. her-

Vor der Umbenennung: Originalurkunde des Landesverbandes
der Vereine der Vogelfreunde Württemberg (Archiv P. Klumpp).

*Geräte um 1900
für die Geflügelzucht.*

Futtertröge für Hühner und Küken.

Preise:
Große Sorte, 90 cm lang, Mk. 10.—, Verp. Mk. 1,—
Kleine „ 60 „ „ „ 7,—, „ „ 0,75
Für Küken „ 1,75, „ „ 0,50

Freilandglucke „Germania".

Automatisches Saufgefäß.
Inhalt 4 Liter.

Preis Mk. 4,—, Verp. Mk. 0,75.

Mit Auslauf und Sauf- und Futtereinrichtung
für ca. 60 Küken Mk. 45,—, Verp. Mk. 4,—
„ „ 120 „ „ 65,—, „ „ 5,—
„ „ 250 „ „ 100,—, „ „ 6,—

Diese Glucke kann beliebig im Freien aufgestellt werden und hat eine verdeckt stehende, vom Wind nicht zu verlöschende Lampe. Der ganze Apparat erfüllt alle an eine künstliche Glucke zu stellende Anforderungen im höchsten Maße.
Die Größe für 250 Küken wird mit 2 Lampen geheizt, sie besteht aus 2 Abteilungen, deren jede einen Auslauf hat.

ausgegebenen Fachblatt „Der Deutsche Geflügelhof" eine amtliche Beilage erscheinen sollte, in der alle geflügelzüchterischen Maßnahmen und amtlichen Bekanntmachungen Aufnahme fänden.

Neuer Verteilungsmodus für Prämien

Bei der Sitzung des Ausschusses am 19. Januar 1902 im Gasthaus zum Charlottenhof in Stuttgart wurde ein neuer Verteilungsmodus für die Zahlung von Beiträgen und Prämien für Zuchtstationen beschlossen. Durch die sprunghaft angestiegene Zahl der Stationen bei den Vereinen und Züchtern war es dem Landesverbandsausschuß nicht mehr möglich, diese zu überprüfen und gerecht zu belohnen. Künftig wurden die Prämien nur noch an die Vereine gezahlt und die Verwendung der Gelder ihnen überlassen. Ende Januar 1902 wurden an 84 Vereine insgesamt 1 470 Mark gezahlt.

Besuch bei der „Süddeutschen Tier-Börse"

Der Ausschuß des Landesverbandes versammelte sich am 1. März 1902 zu einer Versammlung im Gasthaus „Zehnder" in Heilbronn, um die Tagesordnung für die am nächsten Tag stattfindende Generalversammlung zu besprechen. Danach waren die Ausschußmitglieder von der „Süddeutschen Tier-Börse" zu einem Abendessen eingeladen und verlebten mit Herausgeber Otto Weber, den Angestellten und Mitarbeitern einige frohe Stunden.

Am 2. März 1902 konnte bei der Generalversammlung im Heilbronner Ratskeller von den 90 Vereinen des Landesverbandes 56 Delegierte von Vereinen begrüßt werden. Vor Eintritt in die Tagesordnung begrüßte der Oberbürgermeister von Heilbronn, Hegelmaier, die Versammlung, wobei er betonte, daß es sich die Stadt zur Ehre angerechnet habe, dem Landesverband vor allem in bezug auf die Ausstellung entgegenzukommen. Er hob die hohe Bedeutung der Geflügelzucht, insbesondere für die Landwirtschaft, hervor, was auch die Regierung zu schätzen wisse.

In seinem ersten Geschäftsbericht, den der Landesvorsitzende Eugen Stellrecht der Generalversammlung erstattete, konnte er alle wichtigen Ereignisse des Jahres 1901 vortragen. Der Bericht wurde in wörtlicher Wiedergabe im Druck nachgereicht. Der Verein Leonberg ist infolge Auflösung aus dem Landesverband ausgeschieden. Die 90 Vereine hatten 8 215 Mitglieder.

Der Vogelschutz als vorrangige Aufgabe

Über die Bestrebungen des Landesverbandes auf dem Gebiet des Vogelschutzes erklärte Vorsitzender Stellrecht, daß es sich bei dem vom Verband gewollten und ausgeübten Vogelschutz nicht um eine Liebhaberei handle, sondern um die Mitarbeit an der Lösung einer nationalökonomischen Frage, deren große Bedeutung meist unterschätzt würde. Am Ende seines umfangreichen Geschäftsberichtes drängte es den Landesvorsitzenden, sich auch bei der Königlichen Zentralstelle für die Landwirtschaft für die dem Landesverband gewährte Unterstützung zu bedanken. Nicht nur habe die Zentralstelle durch Bewilligung von Geldbeträgen für den Verband und die Eierverkaufs-Genossenschaft die Erfüllung der Aufgaben ermöglicht, sondern auch durch die Übernahme der Kosten für Vorträge über die Geflügelzucht, durch Unterstützung der Eingaben des Landesverbandes wegen der Geflügelcholera und Frachtermäßigung für Trinkeier ein reges Interesse an den Bestrebungen des Landesverbandes gezeigt.

Festsetzung der Entschädigung für Preisrichter

Auf einen Antrag von Christian Schweizer, Nürtingen, über die Festsetzung der Diäten und Reisekosten der Preisrichter für Landesgeflügelschauen wurde beschlossen, den Preisrichtern pro Tag 8 Mark und 2 Mark für Übernachtung sowie Entschädigung für freie Fahrt 3. Klasse nebst einem erforderlichen Zuschlag zu gewähren.

Anträge zur Sitzung des Ausschusses am 24. 1. 1903

Am 13. Januar 1903 richtete das Mitglied des Landesverbandsausschusses, Lehrer C. Fick, Stuttgart, an den Vorsitzenden des Landesverbandes ein Schreiben, das zwei Anträge enthielt. Der erste Antrag befaßte sich mit der Nationalen Rassegeflügelschau des Klubs deutscher und österreichisch-ungarischer Geflügelzüchter, zu der künftig ein Vertreter des Landesverbandes abgeordnet werden sollte, wenn die Ausstellung in verhältnismäßiger Nähe stattfindet. Der zweite Antrag betraf die Zeitschrift „Der deutsche Geflügelhof". Hier wünschte C. Fick, daß diese allen Ausschußmitgliedern zugestellt oder vom Verband geliefert würde.

Diese beiden Anträge wurden in der Sitzung des Ausschusses am 24. Januar 1903 im „Charlottenhof" in Stuttgart beraten. Auf Vorschlag des Vorsitzenden Stellrecht wurde der Antrag bezüglich der Nationalen Geflügelausstellung und die engere Fühlungnahme mit den anderen Landesverbänden vorerst ruhen gelassen bis zur etwaigen Gründung einer süddeutschen Vereinigung der Geflügelzüchtervereine. Außerdem sei die nächste Nationale Geflügelausstellung in Frankfurt am Main vom 19. bis 23. Februar 1903 zum gleichen Termin wie die Landesausstellung in Tuttlingen. Hierzu sei noch vermerkt, daß zu jener Zeit die Landesverbände noch nicht Mitglied im Klub deutscher und österreichisch-ungarischer Geflügelzüchter werden konnten, sondern nur Einzelmitglieder aufgenommen wurden.

Der zweite Antrag wegen der Zeitschrift „Der deutsche Geflügelhof" wurde vom Antragsteller zurückgezogen, nachdem ihm mitgeteilt wurde, daß diese Fachzeitschrift von dem Landesvorsitzenden Stellrecht privat bezogen und auch von ihm bezahlt würde. Dem Landesverband standen keine kostenlosen Exemplare zur Verfügung.

Abgelehnt wurde auch ein Antrag der schwäbischen Kaninchenzüchtervereine auf Aufnahme in den Landesverband, da dies mit den Verbandsstatuten unvereinbar sei. Den Ausschußmitgliedern wurde weiter mitgeteilt, daß das Ersuchen, Emdener und Italiener-Gänse unter die vom Verband empfohlenen Nutzrassen aufzunehmen, bei der Königlichen Regierung auf keine Gegenliebe gestoßen sei.

Die Hauptversammlung in Tuttlingen im Februar 1903

Mit gespannten Erwartungen haben die Züchter die Reise nach Tuttlingen zur Landesausstellung und Hauptversammlung am 21. und 22. Februar 1903 angetreten. Die Stadt war festlich geschmückt und in der neu erbauten Turn- und Festhalle war genügend Raum für etwa 850 Nummern Geflügel. Bei den Tauben hatte das zeitliche Zusammenfallen der Verbandsausstellung mit der Nationalen einen ungünstigen Einfluß ausgeübt, indem das beste Material nach Frankfurt am Main geschickt wurde. Die Industrieausstellung wurde allgemein gelobt. In der „Süddeutschen Tier-Börse" vom 25. Februar 1903 wurden bereits alle Preisrichterurteile veröffentlicht, eine besonders lobenswerte Leistung der Preisrichter, Berichterstatter und des Verlags.

Die Hauptversammlung des Landesverbandes am 22. Februar 1903 im Gasthaus „Krone" in Tuttlingen war von 70 Delegierten und vielen Gästen besucht worden. Verbandsvorsitzender Eugen Stellrecht konnte mit besonderer Freude den Präsidenten der Königlichen Zentralstelle für die Landwirtschaft und den Ehrenpräsidenten des Landesverbandes, Professor H. Schönleber, nach Wiederherstellung seiner Gesundheit begrüßen. Besonders hervorgehoben wurde auch die Anwesenheit einer größeren Anzahl von Züchtern aus Baden. Nicht nur freundnachbarliche Gefühle waren es, betonte der Landesvorsitzende, sondern auch der gemeinsame Zweck der Bestrebungen der Züchter aus Baden und Württemberg habe sie fester verbunden und den Grenzpfahl des engeren Vaterlandes beseitigt. Aus dem Geschäftsbericht des Landesvorsitzenden war zu entnehmen, daß im Jahr 1902 weitere acht Vereine mit 555 Mitgliedern dem Landesverband beigetreten sind. Ausgeschieden ist der Verein Wangen bei Göppingen wegen Auflösung. Am 1. Januar 1903 hatte der Verband 97 Mitgliedsvereine mit 8 798 Mitgliedern. Da bis zur Hauptversammlung noch weitere drei Vereine dem Verband beigetreten waren, konnte Vorsitzender Eugen Stellrecht mit besonderer Freude den 100. Verein im Landesverband begrüßen.

Die Zuchtstationen der Vereine und einzelner Mitglieder wurden weiter ausgebaut und rassemäßig verbessert. Eierverkaufs-Genossenschaften bestanden bei 16 Vereinen, die vom Landesverband und der Zentralstelle in jeder Hinsicht unterstützt und gefördert wurden. Auf dem Gebiet des Vogelschutzes haben die Vereine eine ersprießliche Tätigkeit entfaltet. Das Verbandsorgan „Süddeutsche Tier-Börse" hat breiten Eingang in die Züchterkreise gefunden. Der Verlag von Otto Weber hat erstmals im Jahr 1902 für die Ausstellungen der Vereine, die die Zeitschrift bezogen hatten, eine Ehrenpreis-Medaille prägen lassen.

Der Landesverbandsausschuß legte der Hauptversammlung den Entwurf einer neuen Satzung vor. Zu dem Entwurf konnten die Vereine bis zum 1. April 1903 ihre Stellungnahme abgeben. Eine wichtige Neuregelung war in dem Satzungsentwurf enthalten, daß die Preisrichter künftig nicht mehr von der Mitgliederversammlung, sondern vom Vorstand gewählt und vom Landesverband honoriert werden sollen.

Die Eingabe an den Württembergischen Landtag vom Mai 1903

Der Württembergische Landtag beschäftigte sich am 22. Mai 1903 mit einer Eingabe des Landesverbandes der Geflügelzucht- und Vogelschutzvereine Württembergs, in der die Bitte ausgesprochen wurde um Errichtung einer Landesgeflügelzucht- und Lehranstalt in Hohenheim. Gleichzeitig wurde um Bewilligung eines höheren Staatsbeitrages für die Geflügelzucht sowie um einen besonderen Beitrag für den Schutz landwirtschaftlich nützlicher Vögel gebeten. Der Berichterstatter, Abgeordneter Haug, erläuterte dem Plenum die Eingabe des Verbandes mit ungewöhnlicher Sachkenntnis, was nachfolgend einige Auszüge aus seiner Rede belegen:

„Die früher ziemlich entwickelte Geflügelzucht in Württemberg ist infolge von Seuchen, Inzucht usw. sehr zurückgegangen, während sich andererseits die Bedürfnisse an Geflügelprodukten außerordentlich erhöht haben und es ist höchste Zeit, daß auch Württemberg, den anderen deutschen Staaten nachfolgend, der Geflügelzucht ein höheres Interesse zuwendet, soll nicht die landwirtschaftliche Produktionsfähigkeit und die Vermehrung des Volksvermögens erheblich zurückbleiben. Welch bedeutenden Faktor die Geflügelzucht in der Volksernährung und Volkswirtschaft darstellt, ersehen wir aus den Darlegungen der Deutschen Landwirtschafts-Gesellschaft, welcher ein unparteiisches und kompetentes Urteil gewiß zugetraut werden darf. Dieselbe hat für Preußen (leider fehlen uns für Württemberg die betreffenden Zahlen) berechnet, daß sämtliches Geflügel mit einem Verkaufswert von 71 Millionen Mark alljährlich menschliche Nahrungsmittel für 333 Millionen Mark liefert, während der gesamte Rindviehbestand mit 2 089 Millionen Mark Verkaufswert 1 376 Millionen Mark an Nahrungsmitteln aufbringt. Für Württemberg haben zuverlässige und absichtlich niedrig gehaltene Berechnungen auf Grund der Viehzählung vom 1. Dezember 1900 ergeben, daß dem Kapitalwert des Geflügels von $5\frac{1}{4}$ Millionen Mark eine Gesamtwerterzeugung von über 20 Millionen Mark gegenübersteht. Bisher war für die Geflügelzucht im Staatshaushalt ein Betrag von 1 000 Mark ausgesetzt, der nicht nur nach unseren Erfahrungen absolut nicht ausreicht, sondern auch zu den Verwilligungen anderer deutscher Staaten in keinem richtigen Verhältnis steht."

Zum Vergleich nannte der Abgeordnete Haug, was in anderen Ländern für die Geflügelzucht getan wird:

„1. In Preußen sind zur Förderung und Unterstützung der Geflügelzucht 100 000 Mark in den Staatshaushalt für 1902 eingestellt und ein zusammen etwa gleich hoher Betrag wird dazu noch von den einzelnen Landwirtschaftskammern bewilligt.
2. Der Verband bayerischer Vereine für Geflügelzucht erhält vom Staat jährlich 4 000 Mark für die Errichtung von Zuchtstationen und 500 Mark Beitrag zu den Kosten seiner Verwaltung.

3. In Baden sind im Staatshaushalt jährlich 5 000 Mark zur Förderung der Geflügelzucht ausgeworfen, welche in Beträgen von 50 bis 500 Mark an Vereine zur Verfügung gelangen.
4. Das Großherzogtum Hessen-Darmstadt hat für den gleichen Zweck jährlich 5 000 Mark in seinem Haushalt vorgesehen.
5. In Sachsen und Elsaß-Lothringen findet sehr bedeutende Unterstützung der Geflügelzucht statt, doch sind uns die Beträge derzeit nicht authentisch bekannt."

Daraus folgerte der Abgeordnete, daß dem Landesverband, nachdem ihm nahezu alle württembergischen Vereine angehören, auch die erweiterte Unterstützung zuteil werden müsse. Er hielt auch den Landesverband als die berufene Vertretung der Geflügelzuchtinteressen innerhalb des Landes für richtig. In Norddeutschland bestünde fast in jeder Provinz eine besondere staatliche Geflügelzuchtanstalt, die mit bedeutenden Staatsmitteln errichtet und unterhalten würde. Diese Einrichtungen dienten nicht nur der Abhaltung mehrmonatlicher und kürzerer Kurse, sondern die gewonnene Nachzucht finde auch zur Hebung der Geflügelzucht auf dem Lande Verwendung.

Als nicht zu unterschätzender Nebenzweig der Landwirtschaft gehöre das Studium und die praktische Übung der Geflügelzucht in einem Institut zu den Notwendigkeiten einer modernen Ausbildung. Für die Förderung der Geflügelzucht im Lande würde eine solche Einrichtung in Hohenheim zu einem wirklichen Segen, sofern durch Abhaltung von Spezialkursen für Geflügelzucht und Geflügelhaltung das Interesse geweckt werden könnte. Die Angliederung einer den Verhältnissen entsprechenden und vorläufig auch genügenden Anstalt für Geflügelzucht in Hohenheim sei mit verhältnismäßig geringen Kosten möglich. Der Landtag konnte, trotz dieser positiven Berichterstattung, mit Rücksicht auf die Finanzlage bei der Landwirtschaftlichen Akademie und Ackerbauschule in Hohenheim eine Geflügelzucht- und Lehranstalt in den Jahren 1903 und 1904 nicht einrichten. Der Staatsbeitrag für die Förderung der Geflügelzucht im Land wurde auf 3 000 Mark erhöht. Ein weiterer Betrag von 1 000 Mark für Vogelschutzmaßnahmen wurde im Haushalt nicht eingestellt.

Erste gemeinsame Beratungen mit Bayern und Hohenzollern

Bei der Vorstandssitzung am 28. Juni 1903 in Stuttgart wurde die neue Satzung beraten. Änderungswünsche der Vereine waren ausschließlich redaktioneller Natur. Einem Antrag der Vogelfreunde Esslingen, wonach künftig die Prämiierungen durch Einzelrichter stattfinden sollte, wurde mit der Maßgabe zugestimmt, daß jeder Einzelrichter am Schluß seiner Bewertungsarbeit durch sämtliche Preisrichter kontrolliert wird, um zu einer einheitlichen Bewertung zu kommen. Kreuzungstiere werden in Zukunft nicht mehr prämiiert.

Im Anschluß an die Sitzung des Vorstandes fand eine gemeinsame Beratung mit den Delegierten aus Bayern und Hohenzollern statt. Die bayerische Delegation wurde von dem Möbelfabrikanten Rauscher aus Bamberg und die aus Hohenzollern von Bezirkstierarzt Deubel aus Hechingen angeführt. Der Vertreter aus Baden, Zuchtinspektor Hink, mußte kurzfristig absagen und konnte keinen Vertreter mehr bestellen. Zu dem gemeinsamen Gespräch hatten die Züchter aus

Baden die Initiative ergriffen. Vorsitzender Stellrecht begrüßte die Gäste zu dem Gespräch über eine geplante engere Zusammenarbeit und Zusammenschluß, insbesondere im Interesse der Förderung der wirtschaftlichen Geflügelzucht, die stark im Aufblühen sei. Das Gespräch verfolgte auch den Zweck der Erleichterung des Absatzes der Geflügelerzeugnisse nach Gewicht sowie der Verbilligung der Fracht. Auch die Abwehr fremder Einfuhren wurde beraten. Von besonderem Interesse waren die Ausführungen des bayerischen Vertreters Rauscher über die Organisation und finanzielle Bezuschussung der Zuchtstationen in Bayern. Seine Ausführungen wurden von C. Fick wohlwollend zur Kenntnis genommen, zumal dieser sich um eine Verbesserung der Förderungsmaßnahmen durch die Regierung von Württemberg besonders bemühte.

Das Ergebnis der Beratungen war, daß die einzelnen Verbände nun die Frage des Zusammenschlusses in ihren Mitgliederversammlungen vortragen sollten, denn die Vereine hätten letztlich über ein solches Vorgehen zu entscheiden.

Der Vorstand des Landesverbandes bestand im Jahr 1903 aus folgenden Personen:
1. Vorsitzender Eugen Stellrecht, Ditzingen,
2. Vorsitzender und Schriftführer Oberförster Erhardt, Hall-Steinbach,
Kassierer Heinrich Eller, Rottweil,
Beisitzer. H. Bayer, Ulm a. d. D.; C. Fick, Stuttgart; Georg Roller, Balingen, und Dr. Heinrich Zwiesele, Stuttgart.

Mit Schreiben vom 12. September 1903 hat C. Fick, Stuttgart, seinen Austritt aus dem Vorstand des Landesverbandes angekündigt. Als Nachfolger hat der Vorstand in seiner Sitzung vom 24. Januar 1904 Freiherr Pergler von Perglas, Oberkolbenhof, der kommenden Hauptversammlung vorgeschlagen.

25 Jahre Landesverband

Mit dem Eintritt in das Jahr 1904 konnte der Landesverband sein 25jähriges Bestehen feiern. In den vergangenen 25 Jahren ernster und fruchtbringender Tätigkeit hatte der Landesverband die Nutz- und Rassegeflügelzucht, aber auch den Vogelschutz, in Württemberg auf einen beachtlichen Stand gebracht. Dies ging auch deutlich aus einer in der Fachzeitschrift „Allgemeiner Bayerischer Tierfreund" am 7. Februar 1904 veröffentlichten Denkschrift über die Geflügelzucht in Bayern und Württemberg hervor, wobei über den württembergischen Teil die Königliche Zentralstelle für die Landwirtschaft berichtete. Darin lesen wir u. a.:

„In Württemberg wurde der Geflügelzucht früher keine besondere Aufmerksamkeit geschenkt. Man beschränkte sich auf dem Lande darauf, die für den eigenen Haushalt erforderlichen Eier zu erzeugen, den etwaigen Überschuß an Eiern, sowie an jungem und älterem Geflügel in die benachbarten Städte zu verkaufen. Nur in einzelnen Gegenden, wie in den Bezirken Neresheim, Ellwangen wurde schon länger die Aufzucht jungen Geflügels gewerbsmäßig betrieben. Das deutsche Landhuhn hatte durch lange, fortgesetzte Inzucht, durch schlechte Auswahl des Zuchtmaterials, durch schlechte Fütterung und ungeeignete Stallräume einen großen Teil seines wirtschaftlichen Wertes eingebüßt. Seit Mitte des vorigen Jahrhunderts entstanden in den Städten Geflügelzuchtvereine, welche aber, da sie bald zu Sportvereinen ausarteten und sich mehr mit Einführung von Ziergeflügel als von Nutzgeflügel befaßten, auf dem Lande keinen Boden und keinen Einfluß auf die Geflügelzucht gewannen. Erst in den letzten Jahrzehnten wurde der Geflügelzucht mehr und mehr Aufmerksamkeit geschenkt."

Trotz des in beiden Ländern festzustellenden Aufschwunges der Geflügelzucht, in Bayern waren es 77 Prozent und in Württemberg 65 Prozent, war diese noch nicht imstande, den einheimischen Bedarf an Geflügel und Eiern zu decken. Hierzu nähere Angaben aus der Denkschrift:

„Außer den ungeheuren Mengen von Eiern, welche alljährlich, insbesondere aus Italien und Ungarn, nach Deutschland kamen, wird auch Geflügel in großer Zahl eingeführt. Die Gesamteinfuhr nach Deutschland betrug beispielsweise im Jahr 1902 an lebenden Gänsen 7 254 145 Stück, an sonstigem lebendem und totem Federvieh 199 781 Doppelzentner im Werte von 47,3 Millionen Mark. An Eiern von Geflügel und Eigelb 1 281 538 Doppelzentner im Werte von 115 Millionen Mark."

Durch das Zolltarifgesetz vom 25. Dezember 1902 wurden erhöhte Zölle für die Einfuhr von Geflügel, Eiern und Federn eingeführt. Es wurde angenommen, daß als Folge dieser Maßnahmen die Landwirtschaft bessere Preise für die Erzeugnisse der Geflügelzucht erzielen könne und daß sie hierdurch zu einem ausgedehnteren und intensiveren Betrieb veranlaßt würde. Hier mußte allerdings erst einmal mit der weit verbreiteten Ansicht, die Geflügelzucht nur als einen untergeordneten Nebenbetrieb zu behandeln, gebrochen werden.

Ein Schwerpunkt der züchterischen Arbeit im Landesverband sei die Errichtung und der Betrieb von Zuchtstationen gewesen. Auch der genossenschaftliche Absatz der Erzeugnisse sei ein besonderes Anliegen des Landesverbandes gewesen. „Aus öffentlichen Mitteln wurden zur Förderung des ländlichen Nutzgeflügelwesens in Württemberg während der letzten sechs Jahre dem Landesverband 6 127 Mark aus Mitteln der Zentralstelle bewilligt, außerdem wurden seitens der Zentralstelle in den letzten Jahren zur Förderung des genossenschaftlichen Absatzes der Eier den Eierverkaufs-Genossenschaften Beiträge zu den Kosten ihrer erstmaligen Einrichtung in Höhe von einem Drittel der Kosten gewährt." Mit der Denkschrift wurde die Bedeutung der Verbandsarbeit anerkannt und im Jubiläumsjahr besonders herausgestellt.

Die Landesjubiläumsschau

Aus allen Gauen Württembergs hatten die Geflügelzüchter ihre Zuchtergebnisse in das Filstal zur Landesjubiläumsschau nach Göppingen geschickt. Was in den Tagen vom 27. Februar bis 1. März 1904 zu sehen war, war dazu angetan, das Herz der Geflügelzüchter mit Freude zu erfüllen. Dem Göppinger Verein, der die Ausstellung gerne in der neuen Turnhalle untergebracht hätte, wurde dies vom Gemeinderat versagt. So mußte die Ausstellung in den Räumen des Gasthofes „Zum Schockensee" stattfinden. Aber auch hier kam eine Jubiläumsausstellung zustande, die ihrem Namen alle Ehre machte. Ausgestellt waren 435 Stämme

Großgeflügel, 276 Nummern Tauben, 173 Nummern Kleinvögel und 52 Nummern Gerätschaften und Zubehör. Ehrenpräsident der Ausstellung war Stadtschultheiß Allinger.

Die Verbandsversammlung am 1. März 1904 war von 81 Delegierten und vielen Gästen besucht worden. Dem Landesverband gehörten 106 Vereine mit 9 154 Mitgliedern an, also eine weitere Steigerung gegenüber dem Vorjahr. Verbandsvorsitzender Eugen Stellrecht konnte als besondere Gäste den Ehrenpräsidenten Schönleber, den Präsidenten der Königlichen Zentralstelle für die Landwirtschaft, Freiherr von Ow, und den Stadtschultheiß Allinger begrüßen.

Rückblick auf 25 Jahre Verbandsarbeit

Verbandsvorsitzender Stellrecht hatte einen umfassenden Rückblick über 25 Jahre Verbandsarbeit verfaßt, der in der Hauptversammlung von dem Ausschußmitglied H. Bayer auszugsweise vorgetragen wurde. Es kam immer wieder zum Ausdruck, daß in dem Stuttgarter Verein der Stammvater des Verbandes zu erblicken sei und daß dieser Verein entscheidende Anregungen zur Weiterentwicklung des Verbandes gegeben hat.

Bei der Verbandsversammlung am 1. März 1904 erfolgten auch Neuwahlen zum Vorstand mit folgenden Ergebnissen: Eugen Stellrecht erhielt 62 Stimmen, Apotheker H. Bayer 53, Heinrich Eller 53, Freiherr Pergler von Perglas 51, C. Wünsch 34, Georg Roller 32, Erhardt 29 Stimmen.

Ursprungszeugnisse für Ausstellungen

Am 9. März 1904 machte der Landesverband in einer Bekanntmachung in der „Süddeutschen Tier-Börse" auf eine Verfügung des Ministeriums des Innern, betreffend Maßnahmen zur Bekämpfung der Geflügelcholera vom 20. Februar 1904, aufmerksam, wonach bei Beschickung von Ausstellungen, die nicht ausschließlich mit Tieren eines Ortes oder eines kleineren Bezirkes beschickt werden, den Sendungen zur Ausstellung Ursprungszeugnisse beigegeben werden müssen, die eine Bezeichnung der einzelnen Tiere und die polizeiliche Bescheinigung enthalten müssen, daß der Herkunftsort der Tiere zur Zeit seuchenfrei ist und daß in dem Gehöft, aus dem das Geflügel stammt, seit 6 Wochen weder die Geflügelcholera noch die Hühnerpest geherrscht haben.

Am 31. März 1904 fand im Hotel Dierlamm in Stuttgart die erste Sitzung des neugewählten Vorstandes statt. Neu aufgenommen in den Verband wurden die Vereine aus Bonlanden, Bissingen, Wiernsheim, Aldingen, Zuffenhausen, Neckarsulm, Weikersheim und Weinsberg. Mitglied wurde auch der Klub Süddeutscher Italienerzüchter. Ein neuer Vorsitzender konnte bei dieser Vorstandssitzung nicht gewählt werden, da sich keines der Vorstandsmitglieder für dieses Amt zur Verfügung stellte. Hierauf erklärte Eugen Stellrecht, der dieses Amt gerne in andere Hände gelegt hätte, die Verbandsgeschäfte solange in provisorischer Weise und unter Ablehnung jeder Verantwortung für nicht rechtzeitige Erledigung von

Schriftstücken solange weiterzuführen, bis sich ein anderer Vorsitzender gefunden habe. Gefunden wurde keiner und so führte Eugen Stellrecht, mit der gleichen Gründlichkeit wie zuvor, die Verbandsgeschäfte. Im Vorstand wurden weiter Fragen der Zuchtstationen und die Wahl von Preisrichtern erörtert, wobei künftig von der Berufung nichtwürttembergischer Preisrichter abgesehen wird.

Am 20. Oktober 1904 erklärte Freiherr Pergler von Perglas, Oberkolbenhof, seinen Rücktritt als Mitglied des Landesvorstandes, da er infolge Verpachtung seines Gutes die Geflügelzucht aufgegeben und sein Interesse nun anderen Zweigen der Landwirtschaft zugewendet habe. Die Nachfolge trat mit der nächsthöchsten Stimmenzahl Schlossermeister Friedrich Baumann, Kirchberg a. d. Jagst, am 29. Januar 1905 an. Bei der ersten Vorstandssitzung im Jahr 1905 wurde geklärt, daß ein Züchter aus Baden die von der Zentralstelle für die Landwirtschaft gewährten Zusatzpreise zur Hebung der landwirtschaftlichen Nutzgeflügelzucht in Württemberg nicht erringen könne. Der Geflügelzuchtverein Rechberghausen erklärte seinen Austritt aus dem Landesverband wegen Mangel an Mitgliedern. Neu in den Verband aufgenommen wurde der Minorkazüchterklub. Der Vorstand nahm weiter zur Kenntnis, daß zwei Gauausstellungen, im Hohenstaufengau in Salach und im Donaugau in Laupheim, stattgefunden haben und bewilligte den üblichen Verbandsbeitrag von je 10 Mark. Die Zentralstelle hat nach wiederholten Eingaben des Landesverbandes einen Betrag von 500 Mark für Vogelschutzmaßnahmen bewilligt.

Hohe Auszeichnung für den Landesvorsitzenden

Am 25. und 26. Februar 1905 trafen sich die Mitglieder des Landesverbandes in Ulm zur Landesgeflügelausstellung und zur ordentlichen Mitgliederversammlung. Für die schon am Samstag eingetroffenen Besucher war abends eine gesellige Unterhaltung in der Bierhalle „Zum Hecht" veranstaltet worden, an der sich etwa 90 Herren beteiligten. Vorstandsmitglied Heinrich Eller aus Rottweil machte dabei die Mitteilung, daß dem verdienstvollen Vorsitzenden des Landesverbandes, Eugen Stellrecht, aus Anlaß des Geburtstagsfestes Seiner Majestät des Königs von Württemberg am 24. Februar 1905 die Verdienstmedaille verliehen wurde.

Die Landesverbandsausstellung war in den städtischen Markthallen mustergültig untergebracht. Es war die erste größere Schau dieser Art in Ulm und des Ulmer Vereins. Mühen und Arbeit wurde den Ulmer Freunden durch eine gute Beschickung aus dem ganzen Land belohnt. Es wurden 810 Nummern Geflügel aller Art in den geräumigen Hallen gezeigt. Auch die Industrie, Literatur, Kunst und Futtermittelfirmen waren stark vertreten. Die Ausstellung war liebevoll dekoriert und am Eingang war ein Wasserziergeflügelpark zur Freude und Erbauung der vielen Besucher eingerichtet. In der Mitte der Ausstellung war ein größerer Pavillon aufgestellt, der Truthühner, Fasanen und Phönixhühner beherbergte.

Die Qualitätsbewertung wird eingeführt

Zur ordentlichen Mitgliederversammlung konnte am Sonntag, dem 26. Februar 1905, im Saalbau Landesvorsitzender Eugen Stellrecht wieder als Ehrengast den Präsidenten der Königlichen Zentralstelle für die Landwirtschaft, Staatsrat Freiherr von Ow, und als Vertreter des Oberbürgermeisters der gastgebenden Stadt Ulm Hofrat Wacker begrüßen. Freiherr von Ow versicherte der Versammlung das Wohlwollen der Regierung, das ja auch dadurch zum Ausdruck komme, daß im neuen Etat der Beitrag für den Landesverband abermals in einer erhöhten Summe eingestellt worden sei. Er erinnerte ferner daran, daß das Interesse der ihm unterstellten Zentralstelle für die Landwirtschaft dadurch erwiesen sei, daß die neue Einrichtung über die Prämiierung bäuerlicher Geflügelhöfe eingeführt und dem Wunsch des Landesverbandes wegen Gründung einer Landes-Geflügelzucht-Anstalt näher getreten worden sei. Die dem Vorsitzenden Eugen Stellrecht zuteil gewordene Auszeichnung möge die Versammlung als Anerkennung für die Tätigkeit sowohl des Vorsitzenden als auch der des Landesverbandes auffassen.

Der vom Landesvorsitzenden Stellrecht vorgetragene Geschäftsbericht des Vorstandes war aufschlußreich. Am 1. Januar 1905 bestand der Landesverband aus 113 Vereinen, denen 9 566 Mitglieder angehörten. Bis zur Mitgliederversammlung sind weitere fünf Vereine mit 150 Mitgliedern dem Landesverband beigetreten. Namentlich aufgeführt ist nur der Verein Oedheim bei Heilbronn. Von den 118 Mitgliedsvereinen waren 86 durch Delegierte vertreten. Aus dem Jahresbericht war zu entnehmen, daß auf dem Gebiet der Geflügelzucht das Bestreben verstärkt wurde, die ländlichen Geflügelbestände zu vermehren und zu verbessern. Dieses Ziel wurde mit den 174 Zuchtstationen innerhalb des Landesverbandes erreicht. Zur Bekämpfung der Geflügelseuchen äußerte sich der Vorsitzende zuversichtlich, dank des energischen Eingreifens der Regierung. Aus dem Bericht ging weiter hervor, daß sich 70 Vereine uneigennützig am Vogelschutz beteiligten. Eine weitere Verbreitung des Verbandsorgans, der „Süddeutschen Tier-Börse" Heilbronn, wurde festgestellt, denn es wurde mittlerweile von über 8 000 Verbandsmitgliedern bezogen.

Bei den zur Beratung anstehenden Anträgen ging es um den Absatz der Erzeugnisse durch die vereinseigenen Eierverkaufs-Genossenschaften. Ein Antrag des Vereins Truchtelfingen forderte die Einführung einer Qualitätsbewertung. Es sollten bei den Verbandsausstellungen künftig sämtliche prämiierungsfähigen Stämme je nach Qualität bewertet werden. Der Antrag wurde von Lehrer Schempp begründet, indem er die Nachteile des bisherigen Systems beleuchtete. Er stellte den Zusatzantrag, daß die Qualitäts-Prämiierung notfalls auf die gegenwärtig gehandhabte Klassen-Prämiierung übertragen werden soll. Mit diesem Zusatzantrag wurde der Antrag angenommen.

Grundsätze für die Prämiierung bäuerlicher Geflügelhöfe

In der „Süddeutschen Tier-Börse" vom 15. März 1905 veröffentlichte die Königliche Zentralstelle für die Landwirtschaft die Grundsätze für die Prämiierung bäuerlicher Geflügelhöfe, da im laufenden Jahr eine Anzahl guter bäuerlicher Geflügelhaltungen, die für die Einrichtung und den Betrieb vorbildlich sein können, mit Geldpreisen bedacht werden sollten. Danach war die Zuerkennung von Prämien in der Hauptsache an folgende Bedingungen geknüpft:

1. Die Geflügelhaltung muß mit einem landwirtschaftlichen Betrieb in Verbindung stehen und sich dessen Umfang anpassen.

2. Es muß eine der in den Vorschriften des Landesverbandes der Geflügelzucht- und Vogelschutzvereine für Zuchtstationen vorgesehenen Nutzgeflügelrassen gehalten werden, nämlich bei Hühnern: Italiener aller Farben, Minorka, Langschan, Mechelner Kuckuckssperber oder Brahma, bei Gänsen: pommersche Riesen, Emdener oder Italiener, bei Enten: Peking-, Rouen-, Aylesbury- oder Laufenten.

3. Der Bestand des Geflügelhofes darf bei Hühnern nicht unter 25, bei Wassergeflügel nicht unter 10, bei Haltung beider Arten zusammen nicht unter 25 Stück sein.

4. Die Größe der Stallung und des Auslaufs müssen dem Bestand entsprechen, die Einrichtung des Stalles muß eine praktische, die Wartung und Pflege der Tiere eine gute sein.

5. Neues weibliches Geflügel darf in der Regel nicht hinzugekauft werden, vielmehr ist alljährlich mindestens ein Drittel des Bestandes selbst nachzuziehen. Werden hierzu Eier von eigenem Geflügel verwendet, so sind die männlichen Tier alljährlich aus einem anderen Geflügelhof zu beschaffen.

6. Über den Eierertrag sind Tagestabellen zu führen und der Verkauf an Brut- und Gebrauchstieren sowie der Erlös daraus gesondert anzugeben, ebenso die eigene Nachzucht und der Erlös aus verkauftem Geflügel. Bei Wassergeflügel ist der Ertrag der Federn nach Gewicht anzugeben.

7. Das Gewicht und der Wert der einzelnen, aus dem eigenen Betrieb verwendeten Futterarten sowie alle baren Aufwendungen auf die Geflügelhaltung sind aufzuschreiben.

8. Diejenigen Geflügelhalter, die sich unter Erfüllung dieser Bedingungen für 1905 um eine Prämie bewerben wollen, haben dies unter Angabe von Art und Zahl des Geflügels, Größe des Stalles und des Auslaufs durch den landwirtschaftlichen Bezirksverein bei der Kgl. Zentralstelle für die Landwirtschaft vor dem 15. Mai 1905 anzuzeigen und die in Ziffer 6 und 7 verlangten Aufzeichnungen vor dem 1. November 1905 einzureichen. Die Zuerkennung der Preise erfolgt auf Grund einer im Laufe des Jahres vorzunehmenden Besichtigung.

Am 7. Dezember 1905 starb das sich erst 11 Monate im Amt befindliche Vorstandsmitglied Friedrich Baumann, Kirchberg a. d. Jagst. Als Vereinsvorsitzender und Preisrichter hatte er sich um die Förderung der Geflügelzucht große Verdienste erworben.

Bei der ersten Vorstandssitzung im neuen Jahr am 7. Januar 1906 im Hotel Dierlamm in Stuttgart wurde als nächster nach der Stimmenzahl der Schreinermeister Christian Schweizer, Nürtingen, in den Vorstand berufen. Der Vorstand setzte sich nunmehr wie folgt zusammen:

Pekingeintagsentchen
vorzüglich zur Mast, bei billigster Berechnung.
Aus meiner Leistungszucht wfz. am. Leghorn schw. Schlages
Eintagsküken und Bruteier
Baldgefl. Bestellungen erbeten, da im Vor- [808
jahr mancher Auftrag keine Erledigung fand.
Bernh. Hellmann, Welver

Barneveder Leghorn. Leistungsz.
Tancred-Bl., best. Abst., Leistg.
durchschn. 189 Eier. Tiere haben
fr. Ausl. Gebe Bruteier u. Ein-
tagsf.ab. Nur Naturbr.m.Puten
b. Anfr. m. Rückp. Auch Bronze-
Puten- u. Berlhühner-Bruteier.
Geflügelzucht Thomas Wagener
Rudersdorf, Kr. Siegen. [974

Wß. Wyandottes
hochf. Rasse, u. anerk.
Stammbaumzucht
höchstleistungen
H. Gathmann [882
Greifenhagen (Pomm.)

Einheimische Firmen werben um die Gunst der Geflügelzüchter.

Geflügelfarm
„ALT-WÜRTTEMBERG"
Ludwigsburg am Kugelberg
Stammzucht-Lehrwirtschaft und Leistungs-
zuchtstation der Württemb. Landw.-Kammer
5000 Tiere
Weiße amerikan. Leghorn
Rebhuhnfarbige Italiener
Bruteier / Eintagsküken
Junghennen / Zuchthähne [871
Lohnbrut
Fordern Sie ausführlichen Prospekt!

Sehr wichtig für Geflügelhalter! [405
Ist der deutsche Maisbau. Er ist sehr frühreif u. ertragf., bringt
22—24 Ztr. Körner pro ¼ ha. Probesack 1.—, für ¹⁄₄ ha 5.— Mk.
Barnevelder, wß. Leghorn, Blutführung Schofeld, Wil-
helmina u. Beckhard. Keine Treibfütterung u. Beleuchtung.
Kleine Farm, kein Massen- u. Lohnbetrieb. Zweijähr. Zuchttiere, strengste Fallnachkontr. Bruteier, Eintagsküken u. Jungtiere. **Altdeutsche Kröpfer.** Anfragen Rückporto erbeten.
Fredy Bargmann, Grindau b. Schwarmstedt, Bez. Lüneburg.

Flügelmarken

in vollendeter Ausführung mit
wetterfester Schrift

Geflügelringe

in allen Größen und Farben
zu besonders günstigen Preisen

Robert Fey, Celluloidwarenfabrik
Weinsberg (Württemberg) [439

Dick's Knochenmühle Nr. 1

=== Modell 1915 ===

mit neuer, unverwüstlicher Mahlscheibe D.R.G.M. 618149 verarbeitet frische oder gekochte Knochen unterschiedslos zu einem feinen Knochenmehl. Einfachste, leistungsfähigste und auf die Dauer billigste Maschine für den **Haushalt und kleine Hühnerhöfe. Keine Reparaturen,** da ohne empfindliche Teile.

Dick's Knochenmühlen === für Kraftbetrieb ===

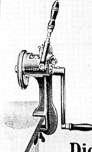

Sie sind hervorragend solid und dauerh. gebaut, weshalb neb. der ausserord. Einfachheit und Stabilität Reparaturen bei sachgemäss. Behandlung so gut wie ausgeschl. sind.

werden in verschiedenen Grössen gebaut und bilden das älteste u. vollkommenste System, in welchem die Erfahrungen vieler Jahre verkörpert sind.

Verlangen Sie Prospekte Nr. 505W u. 506W.

Dick's Knochenmühle verarbeitet frische und gekochte Knochen, hart od. weich.

Dick's Knochenmühle ist von der Deutschen Landwirtschaftsges. (Hauptprüfung 1912) als die beste Kraft-Knochenmühle anerkannt.

Friedr. Dick, Esslingen a. N. (Wttbg.)

Ueber 700 Arbeiter.　　85 Medaillen u. Diplome.　　Gegründet 1778.

Knochenmühle REKORD

für Hand- und Kraftbetrieb

Eugen Spith, Oberesslingen
Maschinenbau

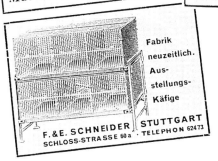

Fabrik neuzeitlich. Ausstellungs-Käfige

F. & E. SCHNEIDER STUTTGART
SCHLOSS-STRASSE 60a · TELEPHON 62473

1. Vorsitzender: Eugen Stellrecht, Ditzingen,
2. Vorsitzender und Schriftführer: Erhardt, Hall-Steinbach,
Kassierer: Heinrich Eller, Rottweil,
Beisitzer: H. Bayer, Ulm; Georg Roller, Balingen; Christian Schweizer, Nürtingen, und Hofuhrmacher C. Wünsch, Ludwigsburg.
Der Vorstand bewilligte für Gauausstellungen des Schalkburggaues in Balingen, des Donaugaues in Ehingen und des Schwarzwaldgaues in Rottweil jeweils 10 Mark als Beitrag zu den Kosten für die Preisrichter. Für Kontrollen der Zuchtstationen wurden im Jahr 1905 insgesamt 339,60 Mark ausgegeben.

Mitgliederversammlung und Ausstellung mit Zuchtstämmen im Februar 1906

Die ordentliche Mitgliederversammlung wurde für Freitag, 16. Februar 1906, nach Stuttgart in den Restaurationssaal von Nills zoologischem Garten eingeladen. Da sich im Vorjahr kein Verein beworben hatte, konnte 1906 keine Landesausstellung abgehalten werden. Dafür fand im angrenzenden Gartensaal des Tagungslokales vom 16. bis 18. Februar 1906 eine Ausstellung von Zuchtstationstieren statt.

Bei der Mitgliederversammlung trug Verbandsvorsitzender Eugen Stellrecht in seinem Jahresbericht bezüglich der Landes-, Gau- und Lokalausstellungen neue Gedanken vor, die nachfolgend wiedergegeben werden: „Wir halten heute unsere 27. Jahresmitgliederversammlung. In einer langen Reihe von Jahren finden wir nur 5 Jahre, nämlich 1885, 1887, 1889, 1892 und 1896, in denen mit der Jahresversammlung nicht auch zugleich eine Ausstellung verbunden war. Welche Ursachen dies früher hatte, läßt sich nicht mehr feststellen, der diesjährige Ausfall hat aber darin seinen einfachen Grund, daß sich voriges Jahr kein Verein gemeldet und ein nachträglich aufgetauchter Bewerber zurückgetreten ist. Es würde sich sehr empfehlen, wenn die kleinen Lokalausstellungen mehr eingeschränkt und dafür eine bessere direkte Unterstützung tüchtiger Züchter treten würde. In jedem Gau eine Ausstellung und alle drei Jahre eine Verbandsausstellung würden genügen. Auch in Norddeutschland kommt man bei der Nutzgeflügelzucht mehr und mehr von den Ausstellungen ab und unterstützt dagegen die Leistungen im Haus mehr als bisher. Hier steht der ganze Bestand, Stallung, Haltung und Betrieb vor Augen und zur Beurteilung, bei Ausstellungen aber nur 2 bis 3 oder gar nur ein einzelnes Tier."

Am 1. Januar 1906 bestand der Landesverband aus 122 Vereinen mit 9 739 Mitgliedern. Zuchtstationen bestanden noch 151. Der Rückgang um 44 Stationen gegenüber dem Vorjahr erfolgte wegen Verkauf, Umbau oder durch geänderte Familienverhältnisse. Mit den Eierverkaufs-Genossenschaften, einem Zweig der Vereins- und Verbandstätigkeit, konnte es nach dem Bericht des Landesverbandes auch nicht so recht vorwärtsgehen. Auch hier mußte ein Rückgang der Umsätze festgestellt werden. Hierfür gab es viele Gründe, insbesondere im Transportproblem. Der Ein- und Verkauf nach Gewicht fand nur schwer Eingang, trotz der offensichtlichen Vorteile für Verkäufer und Käufer.

Auch im Vogelschutz hatten sich die Verhältnisse geändert. Der Verband hatte bis vor wenigen Jahren die Interessen über den Schutz der Vogelwelt allein wahrgenommen. Nachdem nun speziell für den Vogelschutz arbeitende Vereinigungen ins Leben gerufen wurden und diese im Land sehr verbreitet waren, ist eine weniger rege Tätigkeit der Verbandsvereine auf dem Gebiet des Vogelschutzes zutage getreten. Dies wurde von dem Landesvorsitzenden bedauert, denn nach seiner Meinung sei jeder richtige Geflügelzüchter auch ein Freund und Schützer der Vogelwelt.

Mit einem Antrag des Vereins Kirchheim u. Teck wurde eine Unsitte in einigen Dörfern verdeutlicht, wonach die Schultheiße ihre Feldhüter angewiesen hatten, feldernde Tauben abzuschießen. Der Landesverband konnte jedoch wegen der in den Ortschaften unterschiedlichen Flugsperre für Tauben nicht helfend eingreifen. Ein Antrag des Vereins Gablenberg, jedem dem Landesverband angehörenden Verein ein Diplom für die beste Leistung in der Geflügelzucht zur Verfügung zu stellen, fand keine Zustimmung, da sonst der Landesverband auch die Preisrichter hätte benennen müssen. Ein Antrag des Vereins Gaisburg, die Bruteierpreise aus den Zuchtstationen für Hühner auf 15 Pfennig zu erhöhen, war nur vom Vereinsschriftführer und nicht von dem Vereinsvorsitzenden unterzeichnet und wurde daher nicht behandelt.

Am Abend des 16. Februar 1906 fand im Hotel „Royal" in Stuttgart ein Vortragsabend statt über Nutzgeflügel und dessen Rentabilität und über die Entwicklung, Tätigkeit und Ziele des Landesverbandes. Der letztgenannte Vortrag wurde von dem Verbandsvorsitzenden Eugen Stellrecht gehalten und in einem Sonderdruck der „Süddeutschen Tier-Börse" veröffentlicht. Darin streifte Stellrecht eingehend die Entwicklungsgeschichte des Landesverbandes von 1872 bis 1906. Dem Landesverband gehörten jetzt 123 Vereine mit 9 777 Mitgliedern an.

Mit der Ausstellung von Tieren der Zuchtstationen verfolgte der Landesverband den Zweck, den zur Versammlung und den Vorträgen erschienenen Mitgliedern und Gästen etwas Besonderes zu bieten. Die Ausstellung wurde vom Verein der Vogelfreunde Stuttgart mit dessen Käfigmaterial aufgebaut. Zur Ausstellung kamen 41 Stämme Hühner mit je 1,3 Tieren, 5 Paar Gänse, 6 Stämme Enten mit je 1,3 Tieren und drei Paar Puten.

Die Gründung der Dachorganisation für die Landesverbände 1906

Vom 16. bis 19. Februar 1906 feierte der Klub deutscher und österreichisch-ungarischer Geflügelzüchter mit der 11. Nationalen Rassegeflügelschau in Frankfurt am Main sein 25jähriges Bestehen.

Am 1. Juli 1906 versammelten sich im Hotel „Stadt Hamburg" in Halle an der Saale die elf deutschen Geflügelzuchtverbände und 42 Vertreter von Einzelvereinen, um einen allgemeinen Dachverband zu gründen. Die neu gegründete Vereinigung hatte ein 8-Punkte-Programm aufgestellt, das in den wichtigsten Grundforderungen den Zielsetzungen des württembergischen Landesverbandes entsprach. Da in den Vorstand dieser Vereinigung auch führende Mitglieder des Klubs deutscher und österreichisch-ungarischer Geflügelzüchter, wie Präsident Hugo du Roi und Vorstandsmitglied Emil Schachtzabel, gewählt wurden, wird leicht verständlich, daß dieser Vereinigung keine lange Lebensdauer beschieden war.

Ein von der Zentralstelle zugewiesener Beitrag zu den Kosten des Vogelschutzes in Höhe von 500 Mark wurde wieder an die Vereine weitergegeben, die hierfür Aufwendungen nachgewiesen hatten. Der Vorstand beschloß weiter eine Beteiligung an der im Juni 1908 in Cannstatt stattfindenden 22. Wanderausstellung der Deutschen Landwirtschafts-Gesellschaft.

Vorsitzender Eugen Stellrecht berichtete dem Vorstand über die Verhandlungen zur Errichtung einer staatlichen Geflügelzucht- und Lehranstalt in Hohenheim. Die Königliche Zentralstelle für die Landwirtschaft hatte sich in einer Sitzung des Gesamtkollegiums, an der auch der Landesvorsitzende Stellrecht teilnahm, mit dem Antrag des Landesverbandes auf Errichtung einer solchen Anstalt beschäftigt. Zunächst hatte man sich dahingehend ausgesprochen, den Antrag bis zur Errichtung einer Landwirtschaftskammer zurückzustellen. Bei den Verhandlungen gewann der Landesvorsitzende den Eindruck, daß die Beiräte der Zentralstelle den gleichen Standpunkt eingenommen hatten, der auch bei der bäuerlichen Bevölkerung vorherrschend war, nämlich daß sie der Geflügelzucht ablehnend gegenüberstanden. Sie wurde als belanglos und verlustbringend bezeichnet. Es wurde vom Beirat auch nicht anerkannt, daß die landwirtschaftliche Geflügelzucht den gleichen Stellenwert erhält und nach den gleichen Grundsätzen behandelt wird wie andere landwirtschaftliche Zuchten. Den Hauptausschlag für die ablehnende Haltung des Kollegiums gab schließlich die Erklärung von Direktor Ströbel, Hohenheim, daß eine Angliederung einer Geflügelzuchtanstalt an das Institut wegen Mangel an Lehrkräften derzeit unmöglich sei. Landesvorsitzender Stellrecht empfahl dem Vorstand den weiteren Ausbau der Zuchtstationen, bis die Staatsbehörden mehr Einsicht zeigen würden. Bis dahin sollten die Zuchtstationen möglichst durch Fallnestkontrollen verbessert werden.

Verbandsversammlung in Tuttlingen

Die für die ordentliche Mitgliederversammlung am 9. Februar 1907 in Tuttlingen eingebrachten Anträge wurden im Vorstand beraten. Zur Wahl des Landesverbandsvorsitzenden brachte Eugen Stellrecht einen neuen Gedanken ins Spiel. Nach § 9 der Satzungen wurde der Vorsitzende des Landesverbandes bisher von den Vorstandsmitgliedern gewählt. Da viele Vereine die Wahl des Vorsitzenden gerne in der Hauptversammlung sehen würden, sprach sich Vorsitzender Stellrecht für diesen Gedanken aus und empfahl, dies auch so zu handhaben.

Die Ordentliche Mitgliederversammlung am Samstag, dem 9. Februar 1907, im Hotel zum Badischen Hof in Tuttlingen hatte eine umfassende Tagesordnung zu erledigen. Da die Versammlung auf die Abendstunden anberaumt war, waren nur 58 Verbandsvereine vertreten. Am 1. Januar 1907 gehörten dem Verband 130 Vereine mit 9 886 Mitgliedern an. Es war also nicht einmal die Hälfte der Vereine präsent. Der Antrag des Hohenstaufengaues, das Augsburger Huhn zur Teilnahme an Staatsunterstützungen zuzulassen, konnte nicht behandelt werden, da kein Gauvertreter bereit war, eine Begründung abzugeben.

Auf Grund eines besonderen Vorkommnisses in Trossingen faßte die Versammlung einmütig den Beschluß, daß ein in einem Ort sich bildender zweiter Verein in den Verband nicht aufgenommen wird. Der Geflügelzüchterverein Trossingen gehört seit 1896 dem Verband an. Infolge von Differenzen trat ein Teil der Mitglieder 1905 aus dem Verein aus und gründete unter dem Namen „Geflügelzucht- und Tierschutzverein" einen neuen Verein, der im Verband um Aufnahme nachsuchte, was aber abgelehnt wurde.

Die Landesausstellung in Tuttlingen war vom 9. bis 11. Februar 1907 in der städtischen Turnhalle wieder mustergültig untergebracht. Sie fand an den Ausstellungstagen regen Zuspruch. In vier langen Doppelreihen fanden Hühner, Wassergeflügel und Tauben mit insgesamt 528 Ausstellungsnummern eine sehr gute Zurschaustellung. Alle Bewertungsergebnisse und Schauberichte wurden bereits in der Ausgabe der „Süddeutschen Tier-Börse" vom 13. Februar 1907, also zwei Tage nach der Schau, veröffentlicht.

Die Gründung des Oberschwäbischen Gauverbandes 1907

Bei einer für den 10. Februar 1907 nach Tuttlingen einberufenen Versammlung wurde von den Vereinen Altshausen, Biberach, Buchau, Friedrichshafen, Ochsenhausen, Ravensburg und Saulgau der Oberschwäbische Gauverband für Geflügelzüchter gegründet. Vorsitzender wurde Louis Adler, Bahnhofsverwalter in Altshausen. Satzungen für den Gauverband wurden am 10. März 1907 in Aulendorf beschlossen.

Durch einen Umlaufbeschluß innerhalb des Vorstandes des Landesverbandes wurde den Gauverbänden Hohenlohe, Donau, Hohenstaufen, Schwarzwald und Groß-Stuttgart im November 1907 je 10 Mark als Ausstellungsbeitrag bewilligt.

Am 19. Januar 1908 traf sich der Vorstand in Kirchheim u. Teck im Hotel „Post". Hier wurden weitere Vorberatungen für die Beteiligung an der 22. Wanderausstellung in Cannstatt getroffen. Nachdem ein Zeltbau von der Ausstellungsleitung nicht genehmigt wurde, beschloß der Vorstand die Einrichtung eines großen Geflügelstalles mit 25 Freiläufen, die mit Stämmen aus den Zuchtstationen besetzt werden sollten.

Bei einer Vorstandssitzung am 29. Februar 1908 im Hotel „Kaiserhof" in Ravensburg erfolgte die Vorberatung der abends einberufenen Ordentlichen Mitgliederversammlung. Diese wurde mit einer Ansprache des Ehrenpräsidenten Professor H. Schönleber eröffnet. Von 68 Vereinen waren Delegierte in Ravensburg erschienen. Dem Landesverband gehörten am 1. Januar 1908 136 Vereine mit 10 334 Mitgliedern an. Bis zum Termin der Mitgliederversammlung waren weitere acht Vereine dem Landesverband beigetreten. Nach dem vom Vorsitzenden erstatteten Jahresbericht wurde im Jahr 1907 eine weitere Verbesserung der Zuchtstationen angestrebt. Großen Wert legte der Vorstand darauf, daß bei den Zuchtstationen auch ein Grasauslauf vorhanden war.

Die Errichtung einer Landesgeflügelzucht- und Lehranstalt in Hohenheim ist nach den Worten des Vorsitzenden zum Jahresende in ein neues Stadium getreten. Nach erneuten Eingaben des Landesverbandes hat das Gesamtkollegium der

Königlichen Zentralstelle für die Landwirtschaft in einer Sitzung vom 30. Dezember 1907 die Errichtung einer solchen Anstalt gutgeheißen.

Eine neue Aufgabe stellte sich dem Landesverband im Jahr 1908 durch die vom 25. bis 30. Juni in Stuttgart-Cannstatt stattfindende Wanderausstellung der Deutschen Landwirtschafts-Gesellschaft.

Erstmals wurden vom Vorstand in dem Jahresbericht auch die Gauverbände erwähnt, über die folgende Übersicht zu geben ist:

Name des Gaues	Zahl der Vereine	Zahl der Mitglieder
Brenzgau	5	363
Donaugau	4	339
Fildergau	7	348
Groß-Stuttgartgau	3	184
Hohenlohergau	7	557
Hohenstaufen Städtegau	6	848
Hohenstaufen Landgau	13	615
Mittlerer Neckargau	7	480
Unterer Neckargau	5	482
Oberschwäbischer Gau	12	1 076
Rosensteingau	4	128
Schalksburggau	6	669
Mittlerer Schwarzwaldgau	5	555
Württbg.-Bad. Schwarzwaldgau	7	624
Zusammen:	91	7 268

Die einem Gau, nicht aber auch dem Landesverband angehörigen Vereine sind hierbei unberücksichtigt geblieben.

Die Königliche Zentralstelle für die Landwirtschaft war nach einem Erlaß vom 28. Februar 1908 damit einverstanden, daß in der Liste der als landwirtschaftliches Nutzgeflügel anerkannten Rassen an Stelle der Mechelner Kuckuckssperber die weißen Wyandotten und an Stelle der Brahma die gelben Orpington aufzunehmen sind. Weiter wurde der Verkaufspreis der Bruteier von Hühnern und Enten der als landwirtschaftliches Nutzgeflügel anerkannten Rassen aus den Zuchtstationen des Verbandes von 10 auf 15 Pfennig erhöht.

Jubiläumsausstellung in Stuttgart 1909

Im Jahr 1909 bestand der Landesverband 30 Jahre. Eine Jubiläumsausstellung wurde vom 26. bis 28. Februar 1910 in der städtischen Gewerbehalle in Stuttgart durchgeführt. Die Ausstellung wurde vom Verein der Vogelfreunde Stuttgart und vom Geflügelzüchterverein Cannstatt durchgeführt. Eröffnet wurde die Ausstellung von Staatsminister Dr. von Pischek in Anwesenheit vieler hoher Ehrengäste. Seine Majestät der König hatte einen prächtigen goldenen Pokal gestiftet für die beste Gesamtleistung, der dem Besitzer des Geflügelhofes in Kirchheim u. T., Eugen Faber, zugefallen war. Die Stadt Stuttgart stiftete 150 Mark, die für den Ankauf von drei Sätzen zu je 12 silbernen Löffeln mit Etui verwendet wurden.

Neuer Modus für Wahlen zum Vorstand

Bei der Ordentlichen Mitgliederversammlung am Samstag, dem 26. Februar 1910, wurde der bisherige Modus für die Wahlen zum Vorstand dahingehend geändert, daß von den vier Kreisen jeweils drei Bewerber in den Vorstand einziehen. Der Jahresbericht des Vorstandes wurde in der letzten Ausgabe vor der Versammlung in der „Süddeutschen Tier-Börse" in vollem Wortlaut veröffentlicht, so daß Vorsitzender Stellrecht nur noch einen kurzen Auszug geben mußte. Danach erklärte der Landesvorsitzende seinen Rücktritt.

Vor den Wahlen wurde von der Versammlung der Beschluß gefaßt, daß künftig sämtliche Farbenschläge der Wyandotten mit Staatsehrenpreisen ausgezeichnet werden können. Die Wahlen des neuen Vorstandes brachten folgende Ergebnisse (in Klammern jeweils die erreichten Stimmenzahlen der Bewerber):

Neckarkreis:
1. Wilhelm Reinwald, Heilbronn (102),
2. Karl Mack, Stuttgart (72),
3. M. Kaiser, Feuerbach (66),
Ersatz = Keil (54), Wünsch (47).

Jagstkreis:
1. Erhardt, Hall-Steinbach (89),
2. G. Kramer, Giengen/Br. (82),
3. Otto Kramer, Mariä-Kappel (77),
Ersatz = Schwarz (61), Winter (39).

Schwarzwald-Kreis:
1. Georg Roller, Balingen (110),
2. Heinrich Eller, Rottweil (64),
3. Christ. Schweizer, Nürtingen (61),
Ersatz = Racker (53), Feihl und Zeller (21).

Donaukreis:
1. H. Bayer, Ulm (98),
2. Louis Adler, Altshausen (86),
3. Hoffmann, Ehingen (55),
Gottlieb, Kirchheim (55),
Ersatz = Denkinger (54), Harnisch (35).

Als Vorsitzender wurde Oberstleutnant Hoffmann, Ehingen a. d. Donau, vorgeschlagen. Dieser erklärte, daß er mit der geringsten Stimmenzahl gewählt worden sei und daher die Wahl als Vorsitzender nicht annehmen könne. Da ein anderes Vorstandsmitglied zur Annahme des Amtes als Vorsitzender nicht bereit war, wurde auf Vorschlag des Vorstandes einstimmig beschlossen, den Vorsitzenden als 13. Mitglied des Vorstandes in einem besonderen Wahlgang zu wählen. Als einziger wurde Oberstleutnant Hoffmann, Ehingen a. d. Donau, vorgeschlagen und von der Versammlung in offener Wahl zum Verbandsvorsitzenden gewählt.

Eugen Stellrecht wird Ehrenvorsitzender

Auf Vorschlag des Vorstandsmitgliedes H. Bayer, Ulm, wurde der bisherige Vorsitzende Eugen Stellrecht zum Ehrenvorsitzenden ernannt. Dieser bedankte sich für die hohe Ehrung, war jedoch der Meinung, daß als Ehrenvorsitzender Professor Schönleber fungiere und er auch mit der Ehrenmitgliedschaft zufrieden sei. Wenige Tage nach der Mitgliederversammlung überreichte der Vorsitzende die Urkunde als Ehrenvorsitzender des Landesverbandes, so daß auch hier Klarheit über die ausgesprochene Ehrung bestand.

Dem Vorstand des Landesverbandes gehörten nunmehr an:
Ehrenvorsitzender H. Schönleber, Ravensburg
Ehrenvorsitzender Eugen Stellrecht, Ditzingen
Vorsitzender Hoffmann, Ehingen a. d. Donau
und als Kreisvertreter:
Donaukreis: Louis Adler, Altshausen; H. Bayer, Ulm, und Gottlieb, Kirchheim u. T.
Jagstkreis: Erhardt, Hall-Steinbach; G. Kramer, Giengen a. d. Brenz, und Otto Kramer, Mariä-Kappel.
Neckarkreis: M. Kaiser, Feuerbach; Karl Mack, Stuttgart, und Wilhelm Reinwald, Heilbronn.
Schwarzwaldkreis: Heinrich Eller, Rottweil; Georg Roller, Balingen, und Christian Schweizer, Nürtingen.
In einer Sitzung des Vorstandes am 27. Februar 1910 wurden zum stellvertretenden Vorsitzenden Forstmeister Ehrhardt, Hall-Steinbach, zum Schriftführer Bahnhofsverwalter Louis Adler, Altshausen, und zum Kassierer Ortssteuerbeamter M. Kaiser, Feuerbach, gewählt.

Am Ende des Jahres 1910 mußte der Landesverband einen schmerzlichen Verlust hinnehmen. Der langjährige Vorsitzende und Ehrenvorsitzende, Professor H. Schönleber, hatte nach längerer Krankheit für immer die Augen geschlossen.

Obwohl die Zentralstelle in Stuttgart für die Zuchtstationen nunmehr 1 000 Mark bewilligte, hatte der Landesverband immer noch Geldsorgen. Diese bestanden schon einige Jahre und wurden von Jahr zu Jahr größer. Es wurde deshalb im Vorstand beschlossen, ab 1911 keine Beiträge mehr an neu eintretende Vereine zu zahlen. Die Beträge für Gauausstellungen sollten jedoch weiter gewährt werden.

Die erste Ordentliche Mitgliederversammlung unter dem neuen Vorstand fand am 25. Februar 1911 im Hotel „Schiff" in Ebingen statt. Die Versammlung war von 69 Delegierten und vielen Gästen besucht, darunter auch Stadtschultheiß Spanagel. Am 1. Januar 1910 gehörten dem Verband 158 Vereine mit 11 541 Mitgliedern an. Im Laufe des Jahres sind 15 Vereine dem Landesverband beigetreten und 6 Vereine ausgetreten. Es waren dies die Vereine Cannstatt durch Vereinigung mit dem Stuttgarter Verein sowie Deggingen, Faurndau, Rommelsbach und Winnenden, die sich aufgelöst haben. Der Verein Gaisburg wurde wegen Beitragsverweigerung aus dem Landesverband ausgeschlossen. Danach zählte der Landesverband zu Beginn des Jahres 1911 bereits 167 Vereine und 11 354 Mitglieder.

Von der Zentralstelle für die Landwirtschaft sind als Nutzrassen anerkannt und zur Staatsprämierung zugelassen: Italiener in 7 Farbenschlägen, Minorka in 3 Farbenschlägen, weiße Orpington und weiße Wyandotten. Bei den Enten sind es Aylesbury-, Lauf- und Pekingenten und bei den Gänsen Emdener, Italiener und Pommersche Gänse. Alle anderen Rassen und Farbenschläge galten als nicht anerkanntes Nutzgeflügel und damit als reines Rassegeflügel, das nur vom Landesverband ausgezeichnet werden konnte, nicht aber mit Staatsehrenpreisen bedacht werden durfte.

Die Leistungszuchtstationen, für die von der Zentralstelle jährlich 1 000 Mark bereitgestellt wurden, sollen in erster Linie für die landwirtschaftliche Bevölkerung Nutzgeflügel, vorwiegend gesunde, wetterharte und legefreudige Hühner, heranzüchten. Hier wurden im ersten Legejahr mindestens 120 Eier gefordert, was durch Fallnestkontrolle festzustellen war. Alle Italienerstämme brachten es auf ein durchschnittliches Jahresergebnis von 125 Eiern, die Minorka auf 120 und die Orpington auf 119 Eier. Die Wyandotten, die bei den Zuchtstationen auch im Wettbewerb standen, blieben weit unter der geforderten Norm.

Bei der Mitgliederversammlung am 25. Februar 1911 ging es vorwiegend um die Zuchtstationen. Hier fand der Vorschlag, die Kontrolle den Gauverbänden zu übertragen, nur wenig Gegenliebe. In weiteren Anträgen befaßte sich die Versammlung mit Satzungsänderungen und Schutzmaßnahmen gegen die überhandnehmende Rodung von Hecken. Hierzu wurde von Oberförster Dr. Schinzinger, Dozent in Hohenheim, eine Eingabe verfaßt zur Weiterleitung an die Staatsregierung.

Aufteilung der Arbeit im Landesverband

Seit der Übernahme des Vorsitzes durch Oberstleutnant Hoffmann liefen die Verbandsgeschäfte nicht mehr so zügig wie unter dem Vorsitz von Eugen Stellrecht, der alle Arbeiten allein und präzise erledigte. So war der Kassierer des Landesverbandes noch mit der Auszahlung der Zuchtstations- und Vogelschutzprämien, aber auch mit der Stiftung der „Süddeutschen Tier-Börse" für 1910 und 1911 im Rückstand. Ihm fehlten zum Teil die Auszahlungsbelege, teils waren es Meinungsverschiedenheiten mit dem Vorsitzenden. Kassierer Kaiser bemängelte auch, daß er auf Schreiben an den Vorsitzenden längere Zeit ohne Antwort geblieben ist.

Bei der Sitzung des Vorstandes am 15. Oktober 1911 waren die kassenmäßigen Unterlagen soweit zusammen, daß nunmehr die Beiträge für 1910 zur Auszahlung kommen konnten. Für die Beiträge für das Jahr 1911 war dies noch nicht der Fall. Auf Antrag des Schriftführers Louis Adler wurden innerhalb des Vorstandes eine Finanzkommission, Zuchtkommission und Ausstellungskommission gebildet. Der Finanzkommission gehörten als Mitglieder an: M. Kaiser, Feuerbach; G. Kramer, Giengen an der Brenz, und Georg Roller, Balingen. Mitglieder der Kommission für Zucht- und Leistungsstationen wurden Ferdinand Schweizer, Nürtingen; Otto Kramer, Mariä-Kappel, und Wilhelm Reinwald, Heilbronn. Der Kommission für das Ausstellungswesen gehörten H. Bayer, Ulm; Gottlieb, Kirchheim u.T., und Karl Mack, Stuttgart, an. Diese Kommission war auch für den Vogelschutz zuständig. Obmann der einzelnen Kommissionen war der jeweils Erstgenannte.

In dieser Vorstandssitzung wurde auch beschlossen, für Gau- und sonstige Ausstellungen keine Beiträge mehr zu zahlen. Neu aufgenommen wurde in den Landesverband der Klub Württembergischer Wyandottenzüchter.

Die Kommissionen im Landesvorstand bewähren sich

Zur Vereinfachung der Mitgliederversammlung am 17. Februar 1912 im Gasthof zum Löwen in Reutlingen wurde eine Woche zuvor wieder der Geschäfts- und Jahresbericht des Vorstandes in der „Süddeutschen Tier-Börse" veröffentlicht. Danach hat sich die Bildung der drei Kommissionen im Landesvorstand bewährt. Dem Vorsitzenden des Landesverbandes wurde hierdurch eine wesentliche Unterstützung in der Führung der Verbandsgeschäfte zuteil. Nach dem Geschäftsbericht sind im Jahr 1911 fünf Vereine aus dem Landesverband ausgetreten und zwei hinzugekommen. Am 1. Januar 1912 waren es 164 Vereine mit 12 295 Mitgliedern. Im Geschäftsbericht setzte sich Vorsitzender Hoffmann sehr für eine verstärkte Nutzgeflügelzucht ein und forderte bessere Kontrollen in den Zuchtstationen. Auf dem Gebiet des Vogelschutzes konnten durch das Anlegen von Vogelschutzgehölzen große Fortschritte erzielt werden.

Als Ehrengäste wurden Ehrenvorsitzender Eugen Stellrecht und der Oberbürgermeister von Reutlingen begrüßt. Es wurde beschlossen, daß die anerkannten Gauverbände aus der Kasse des Landesverbandes künftig Ehrenpreise erhalten. Neu in den Landesverband aufzunehmende Gauverbände müssen mindestens fünf Gauvereine umfassen.

Die Landesausstellung vom 17. bis 19. Februar 1912 in Reutlingen umfaßte 686 Ausstellungsnummern. Die Ausstellung war fein und übersichtlich in der Turnhalle aufgebaut und das Tiermaterial von besonderer Güte. Besonders eindrucksvoll war die Kataloggestaltung mit einer kleinen Übersicht über die Geschichte und Sehenswürdigkeiten der Feststadt Reutlingen.

In der „Süddeutschen Tier-Börse" Nr. 8 vom 21. Februar 1912 veröffentlichte der Landesverband die Bestimmungen für allgemeine Zuchtstationen und die Verteilung der von der Zentralstelle für die Landwirtschaft für die Landesausstellung in Reutlingen zur Verfügung gestellten Staatsehrenpreise von insgesamt 400 Mark.

Die neuen Ausstellungsvorschriften von 1912

Die neue Bearbeitung der Ausstellungsvorschriften des Landesverbandes erfolgte gemäß Beschluß der Mitgliederversammlung von 1912 durch die Ausstellungskommission und wurde am 11. September 1912 in der „Süddeutschen Tier-Börse" veröffentlicht. Die Vorschriften umfaßten 12 Paragraphen und wurden in der Sitzung des Vorstandes am 1. September angenommen. Darin wurde u. a. geregelt, daß die Durchführung der Ausstellungen das Risiko der Vereine ist. Die Ausstellungen müssen vor dem 15. März und nicht vor Anfang Februar stattfinden. Innerhalb von 14 Tagen vor und nach der Landesausstellung darf im Landesverband keine Ausstellung stattfinden. Ausstellungsberechtigt sind nur württembergische Züchter sowie die dem Landesverband angeschlossenen Spezialvereinigungen und deren Mitglieder, auch wenn diese außerhalb von Württemberg ihren Wohnsitz haben. Alle Tiere müssen einen geschlossenen Fußring tragen, und zwar den CR-Ring vom Klub deutscher und österreichisch-ungarischer Geflügelzüchter oder den DLG-Ring der Deutschen Landwirtschafts-Gesellschaft. Weiter wurde festgeschrieben, daß dem Verbandsvorsitzenden vier Wochen vor der Ausstellung für jeden Verbandsverein eine Eintrittsdauerkarte für die Ausstellung zuzusenden ist. Auch die Höhe des Standgeldes wurde geregelt und eine evtl. notwendig werdende Rückvergütung bei Ausfall der Ausstellung. Über vier Jahre alte Tiere wurden künftig von der Ausstellung ausgeschlossen.

Die Preisrichter werden von der Mitgliederversammlung des Landesverbandes bestimmt und erhalten Ersatz für ihre Auslagen an Fahrtkosten und ein Tagegeld von 12 Mark. Die Übernachtungskosten zahlt der Landesverband. Die Spezialvereinigungen können Spezialrichter auf ihre Kosten bei den Landesausstellungen stellen. In den Ausstellungsvorschriften sind noch die Art der Prämierung und die Zuteilung der Preise geregelt. Wird bei ausgestellten Tieren irgend eine absichtlich vorgenommene Fälschung bemerkt, werden die Tiere nicht prämiert und dem Züchter sämtliche Auszeichnungen entzogen. Der Name des Ausstellers und die Fälschung werden am Käfig vermerkt.

Vier neue Ehrenmitglieder 1913

Der Jahresbericht für das abgelaufene Jahr 1912 wurde wieder vor der Mitgliederversammlung in der „Süddeutschen Tier-Börse" veröffentlicht. Danach sind 1912 aus dem Landesverband sechs Vereine ausgetreten oder ausgeschlossen worden. Fünf Vereine traten dem Landesverband bei. Am 1. Januar 1913 zählte der Landesverband 163 Vereine mit 12 126 Mitgliedern.

Die Ordentliche Mitgliederversammlung am 1. Februar 1913 im Hotel „Kaiserhof" in Ravensburg wurde mit Grußworten des Vorsitzenden des örtlichen Vereins, Alber, eröffnet. Vor Eintritt in die Tagesordnung ernannte Verbandsvorsitzender Hoffmann einige verdiente, langjährige Vorstandsmitglieder zu Ehrenmitgliedern, und zwar Forstrat Erhardt, Hall-Steinbach; Krankenhausverwalter Georg Roller, Balingen; Schreinermeister Christian Schweizer, Nürtingen, und Hofuhrmacher Karl Wünsch, Ludwigsburg.

Die Wahl des Vorstandes wurde nach der Beratung eines Antrages auf Satzungsänderung, der nicht angenommen wurde, vollzogen. Da dieser Antrag von tiefgreifender Bedeutung gewesen wäre, hier einige kurze Angaben darüber: Gestellt wurde der Antrag vom Verein für Geflügelzucht und Vogelschutz Ravensburg und vom Verein der Vogelfreunde Balingen. Der Antrag verfolgte eine Entlastung des Landesvorsitzenden und des Vorstandes. Alle wichtigen Funktionen sollten auf die Gauverbände übertragen werden und diese damit stärken. Alle Anträge der Vereine, die bisher in der Mitgliederversammlung des Landesverbandes beraten wurden, sollten künftig in Gauversammlungen erledigt werden. Die Entscheidungen werden dann dem Landesvorstand mitgeteilt. Dies würde bedeuten, daß der Landesvorstand nur noch über die Gauverbände Kontakt zu den Ortsvereinen haben würde. Für die Mitgliederversammlung des Landesverbandes blieben dann nur noch belehrende Vorträge und Aussprachen über züchterische Probleme, für Anfragen auf allen Gebieten der Geflügelzucht und des Vogelschutzes. Was nicht zu verkennen war: die Antragsteller verfolgten auch eine wünschenswerte Vereinigung aller Vereine in den Gauverbänden, denn von den 163 derzeitigen Vereinen gehörten 69 keinem Gauverband an. Gegen den Antrag sprach M. Kaiser vom Stuttgarter Verein. Er führte aus, daß die heute bestehenden Gaue zum größten Teil von den Kaninchenzüchtern beherrscht würden und deshalb als Landesverbandsgaue überhaupt nicht in Frage kommen könnten. Da auch weitere Delegierte sich gegen die Einteilung des Landesverbandes in Gaue aussprachen und die allgemeine Stimmung gegen eine Gaueinteilung war, zogen die Antragsteller ihren Antrag zurück.

Nach den jetzt gültigen Satzungen wurde der Landesverbandsvorstand nicht mehr direkt gewählt, wie dies früher der Fall war, sondern die Versammlung wählte lediglich die 12 Vertreter, aus jedem Kreis drei Vertreter, die vorher in den Kreisveranstaltungen gewählt wurden. Die dann gewählten 12 Vertreter wählen dann aus ihrer Mitte den engeren Vorstand. Es wurden gewählt für den

Donaukreis: Apotheker H. Bayer, Ulm a. d. D. (74 Stimmen), Louis Adler, Altshausen (63), Gottlieb, Kirchheim u. T. (59).

Jagstkreis: G. Kramer, Giengen a. d. Brenz (67), Otto Kramer, Mariä-Kappel (62), Munz, Hall (49).

Neckarkreis: M. Kaiser, Feuerbach (72), Karl Mack, Stuttgart (55), Wilhelm Reinwald, Heilbronn (45)

Schwarzwaldkreis: Georg Roller, Balingen (61), Tierarzt Solger, (51), Wolff, Tuttlingen (32).

Im weiteren Verlauf der Versammlung wurden ein Antrag des Mittleren Neckargaues über „Schadenlaufendes Geflügel" und die hiergegen zur Anwendung kommenden Polizeimaßregeln behandelt. Das gültige Polizeistrafgesetz besagte hierzu: „Die Polizeibehörde ist in den Fällen der Ziffer 1 befugt, die schadenstiftenden Tiere durch den Feldschützen oder andere hierzu beauftragte Personen wegschießen zu lassen." Es wurde in der Versammlung eine Eingabe an die Königliche Regierung beschlossen, um diese zu ersuchen, einheitliche Bestimmungen für das ganze Land zu erlassen, zwecks Aufhebung der vielen unterschiedlichen ortspolizeilichen Vorschriften und insbesondere um Abschaffung der rigorosen Anweisungen einzelner Ortspolizeibehörden, wonach alles freilaufende Geflügel ohne weiteres durch Flurschützen getötet werden darf.

M. Kaiser wird Vorsitzender

Am nächsten Vormittag fand eine Sitzung des neugewählten Vorstandes statt. Dabei wurde der Ortssteuerbeamte M. Kaiser, Feuerbach, zum 1. Vorsitzenden des Landesverbandes gewählt. Zweiter Vorsitzender wurde der Krankenhausverwalter Georg Roller, Balingen. Als Schriftführer wählte der Vorstand aus seiner Mitte den Bahnhofsverwalter Louis Adler, Altshausen, und zum Kassierer den Kaufmann Otto Kramer, Mariä-Kappel. In die Finanzkommission wurden G. Kramer, Giengen a. d. Brenz; Otto Kramer, Mariä-Kappel, und Munz, Hall, in die Kommission für Zuchtstationen Wilhelm Reinwald, Heilbronn, Solger und Wolff, Tuttlingen, und in die Kommission für das Ausstellungswesen und Vogelschutz H. Bayer, Ulm; Gottlieb, Kirchheim u. T., und Karl Mack, Stuttgart, gewählt.

Am 12. März 1913 war in der „Süddeutschen Tier-Börse" zu lesen, daß das Mitglied des Landesvorstandes, Apotheker H. Bayer, nach München verzogen ist. Den Vorstand im Ulmer Verein übernahm Hans Schäfer, Zum Fürsteneggerhof. Apotheker Bayer behielt noch einen Wohnsitz in Ulm und blieb auch im Vorstand des Landesverbandes.

In der Vorstandssitzung vom 15. Juni 1913 wurde die Stiftung der „Süddeutschen Tier-Börse" an ausgewählte Vereine verteilt. Es wurde auch eine neue Gauordnung beschlossen.

Der für die Ordentliche Mitgliederversammlung am 31. Januar 1914 in Giengen a. d. Brenz ausgearbeitete Jahresbericht des Vorstandes wurde wieder in vollem Umfang in der „Süddeutschen Tier-Börse" veröffentlicht. Danach sind dem Landesverband im Jahr 1913 sechs Vereine beigetreten. Der Verein Plochingen erklärte seinen Austritt aus dem Landesverband. Nunmehr gehörten dem Landesverband 166 Vereine mit 12 626 Mitgliedern an. Es waren dem Landesverband 137 Zuchtstationen für Hühner, 27 für Enten, zwei für Gänse und je eine für Truthühner und Perlhühner gemeldet. Von der zuständigen Kommission des Vorstandes mußten alle Stationen jährlich überprüft und begutachtet werden. Viele Zuchtstationen entsprachen noch nicht den Vorstellungen der Kommissionsmitglieder, so daß 25 Stationen ausgeschieden wurden. Von der Zentralstelle für die Landwirtschaft wurden im Jahr 1913 für die allgemeinen Zuchtstationen 2 100 Mark zur Verfügung gestellt.

Bei einigen Gauen wurde festgestellt, daß mit den Gauausstellungen allgemeine Ausstellungen verbunden wurden, die auch von Züchtern außerhalb des Gaues und auch außerhalb des Landesverbandes beschickt werden konnten. Der Vorstand vertrat die Meinung, daß Gauausstellungen das sein und bleiben sollen, was sie dem Namen nach sind. Im allgemeinen habe die Nutz- und Rassegeflügelzucht und das Ausstellungswesen in den letzten Jahren erfreuliche Fortschritte gemacht. Die große Süddeutsche Geflügelausstellung in Heilbronn habe Württemberg einen guten Ruf in der Züchterwelt gebracht. Was Güte und Schönheit des in Heilbronn und auch in Tuttlingen ausgestellten Geflügels anbelange, so Verbandsvorsitzender M. Kaiser, könne sich der Landesverband damit getrost neben den norddeutschen Züchtern sehen lassen. Auch die Nutzgeflügelzucht schreite weiter vorwärts, wobei die Initiative des Bezirks Vaihingen an der Enz hervorgehoben wurde. Dort hat man unter der Leitung von Pfarrer Leitze, Unterriexingen, und mit Unterstützung des landwirtschaftlichen Bezirksvereins durch gemeinsamen und waggonweisen Einkauf von Futtermitteln Vorzügliches geleistet. Auch für den Vogelschutz wurde in den meisten Vereinen eine vorbildliche Arbeit vermerkt.

Die Ordentliche Mitgliederversammlung am 31. Januar 1914 im Saal des Gasthofes zum Rößle in Giengen a. d. Brenz wurde mit Grußworten von dem Vorsitzenden des örtlichen Vereins, G. Kramer, eröffnet. Landesvorsitzender M. Kaiser gab einen kurzen Tätigkeitsbericht. Danach begann die Beratung der eingegangenen Anträge. Hier ging es vorwiegend um Änderungen und Ergänzungen der Satzungen und um die gerichtliche Eintragung des Landesverbandes in das Vereinsregister. Bei der Wahl des Ortes für die nächste Landesausstellung siegte Vaihingen a. d. Enz knapp vor Stuttgart.

Die Verbandsausstellung in Giengen war für alle Besucher ein unvergeßliches Erlebnis. Die festlich geschmückte helle Turnhalle und eine Großvoliere mit Ziergeflügel entfalteten eine große Anziehungskraft für jung und alt. Das alles bildete den Hintergrund für die ausgestellten 615 Ausstellungsnummern aller Geflügelarten, wobei das Wassergeflügel so reichlich wie noch nie bei einer Ausstellung vertreten war. Sehr hübsch aufgebaut war auch die Taubenabteilung mit den vielen schwäbischen Farbentauben. Die großartige Arbeit, die der Klub süddeutscher Taubenzüchter unter dem Vorsitz von Apotheker Bayer in aller Stille geleistet hat, wurde bei dieser Ausstellung sichtbar. Nach der Meinung des Berichterstatters in der „Süddeutschen Tier-Börse" war es wirklich an der Zeit, daß mit Nachdruck auf die wirtschaftliche Bedeutung der Taubenzucht hingewiesen wurde.

Die süddeutschen Farbentauben in Wort und Bild

In seinem Münchener Domizil schrieb im Jahr 1914 Apotheker H. Bayer, Vorsitzender des 1899 gegründeten Vereins schwäbischer Taubenzüchter, ein kleines, aber bedeutungsvolles Werk mit 76 Seiten über die süddeutschen Farbentauben in Wort und Bild mit einem Anhang über Taubenkrankheiten und ihre Behandlung. Die Schrift erschien im Verlag von Dr. Paul Trübenbach in Chemnitz. In dem Vorwort schrieb Bayer, daß sich der 1899 gegründete Verein schwäbischer Taubenzüchter zur Aufgabe gemacht habe, außer der Pflege und Vervollkommnung der Rassetauben speziell die dem Aussterben nahe Zucht der süddeutschen Farbentauben besonders zu pflegen, wieder zu Ehren zu bringen und aus dem kleinen Restbestand etwas Gutes herauszuzüchten. Hier sei vermerkt, daß im Jahr 1920 eine verbesserte zweite Auflage notwendig wurde, da die erste Ausgabe sehr rasch vergriffen war und Änderungen in der Musterbeschreibung erfolgten sowie neue Zuchterfahrungen verschiedene Textverbesserungen notwendig machten. Bayer zählte zu den süddeutschen Farbentauben die fränkischen Bernhardiner Schecken, Blassen, Brüster (Latztauben), Forellentauben, Gimpeltauben, Fränkischen Herzschecken, Mohrenköpfe, Mönche (Schecken), Mondtauben, Nürnberger Lerchen, Nürnberger Mehllichten, Schildtauben (Dachen, Samtschilder), Schnippen (Farbenschnippen), Schwalbentauben (Nürnberger Samtfeen), Startauben in allen Varietäten und die Weißschwänze (breithaubige) und beschrieb sie alle sehr ausführlich.

Die Geflügelzucht in Deutschland während des Krieges

Bis zum Beginn des ersten Weltkrieges stand die Geflügelzucht in ganz Deutschland in großer Blüte. Der Landesverband der Geflügelzucht- und Vogelschutzvereine Württemberg hatte in mühevoller Arbeit eine Organisation aufgebaut, die der Rasse- und Nutzgeflügelzucht im Lande gute Dienste geleistet hat, was als besonderer Fortschritt auch in landwirtschaftlichen Kreisen anerkannt wurde. Durch den Ausbruch des ersten Weltkrieges begann für den Landesverband, seine Vereine und die einzelnen Züchter eine besonders schwere Zeit. Viele Züchter wurden zu den Fahnen gerufen. Die Hauptlast der Geflügelhaltung lag nun in den Händen der Frauen. Die Geschäfte des Landesverbandes und insbesondere Zuchtstationen mußten weitergeführt werden, sollten nicht der Rassegeflügelzucht schwere Wunden geschlagen werden. Es ging auch um die Erhaltung jahrzehntelanger Aufbauarbeit im Dienst der Rasse- und Nutzgeflügelzucht.

Durch das Kriegsgeschehen wurde der bisherige gute Kontakt des Landesvorstandes mit den örtlichen Vereinen empfindlich gestört. So hatten einige Vereine gleich nach Kriegsausbruch das Verbandsorgan abbestellt oder es wurde nicht mehr gelesen. Bis zum Ende des Jahres 1914 bestanden 181 allgemeine Zuchtstationen, davon waren 12 als Leistungszuchtstationen anerkannt. Große Sorge bereitete dem Landesvorstand der bald auftretende Mangel an Futtermittel und eine Folge war, daß die Geflügelbestände stark gelichtet wurden.

Trotz allen Kriegsgeschehens und der damit verbundenen allgemeinen Verschlechterung in allen Lebensbereichen wurde das Verbandsgeschehen nicht unterbrochen. Verbandsvorsitzender Kaiser konnte sogar für Sonntag, den 9. Mai 1915, eine Ordentliche Mitgliederversammlung nach Stuttgart in den „Charlottenhof" einberufen. Diese erste Kriegs-Jahresversammlung war den Umständen entsprechend von 50 Vereinen aus allen Teilen des Landes recht gut besucht. Am 1. Januar 1915 gehörten dem Landesverband 171 Vereine mit 11 868 Mitgliedern an. Bei der Versammlung in Stuttgart wurde fast ausschließlich über die Beschaffung von Geflügelfutter beraten, jedoch konnte der Landesverband in dieser Sache nicht tätig werden. Eine Ausstellung des Landesverbandes gab es 1915 nicht. Der Vorstand vertrat in Übereinstimmung mit den Vereinen die Meinung, daß es in Kriegszeiten nicht angetan sei, große Ausstellungen abzuhalten.

Im Laufe des Jahres 1915 lichteten sich die Reihen der Mitgliedsvereine. Acht Vereine traten aus dem Landesverband aus, die teils aufgelöst wurden oder die Vereinstätigkeit eingestellt hatten. Es waren die Vereine Birkach, Bitz, Enzberg, Kleinsüßen, Lomersheim, Münster am Neckar, Schelklingen und Sillenbuch. Vier neue Vereine traten dem Landesverband bei, so daß der Verband am 1. Januar 1916 noch 167 Vereine mit 11 576 Mitgliedern zählte. Die Zahl der Zuchtstationen ging auf 129 zurück, sicherlich auch wegen der Beschwernisse in der Futterbeschaffung. Auch die Tätigkeit der Vereine auf dem Gebiet des Vogelschutzes hatte unter den Kriegsereignissen stark zu leiden.

Trotz der schweren Zeit hielt der Landesverband am 2. April 1916 im Charlottenhof in Stuttgart wieder eine Ordentliche Mitgliederversammlung ab, bei der 65 Vereine vertreten waren. Die Gründe hierfür waren leicht zu erkennen, denn alle Vereine hatten große Sorgen wegen der Futtermittelbeschaffung. Ehrenvorsitzender Eugen Stellrecht begeisterte die Anwesenden mit einer großartigen, über einstündigen Begrüßungsrede, wobei er die Sorgen der Züchter um den Bestand ihrer liebgewordenen Tiere besonders hervorhob. Dank sagte der Ehrenvorsitzende den Frauen, die unter großen Opfern und Mühen zu Hause die Zuchten durchhalten würden.

Der gedruckte Jahresbericht für 1915 wurde an alle Versammlungsbesucher verteilt, aber auch noch kurz mündlich mit einigen Anmerkungen vorgetragen. Nach dem Kassenbericht wurden im Jahr 1915 rund 600 Mark erspart, so daß jetzt ein Kassenbestand von 1 200 Mark vorhanden war.

In dem verwüsteten Ostpreußen herrschte großer Mangel an Geflügel aller Art. Hier war Hilfe dringend notwendig. Der Landesvorsitzende M. Kaiser hatte Verbindung mit dem Landesverbandsvorsitzenden Ostpreußischer Geflügelzüchter aufgenommen und einen Geldbetrag in Höhe von 400 Mark zur Verfügung gestellt, mit dem im Norden eingewöhntes Geflügel eingekauft und an notleidende Landwirte abgegeben wurde. Kaiser rief auch die Verbandsvereine zu weiteren Spenden auf, die darauf auf 950 Mark erhöht werden konnten.

Der bekannte Rasse- und Wirtschaftsgeflügelzüchter Major Schmahl, Baden-Baden, hatte vielleicht gerade wegen dieser Notzeiten eine Broschüre herausgebracht „Soll das Ei ein Luxus werden?" Jeder Verein erhielt von dieser Schrift auf Kosten des Landesverbandes ein Exemplar.

Die im Jahr 1916 fällig gewordenen Neuwahlen zum Vorstand wurden bis zum Jahr 1917 vertagt, zumal kurz vor der Mitgliederversammlung der Landesverbandskassierer Otto Kramer zum Kriegsdienst einberufen wurde. Der Vorsitzende des Landesverbandes, M. Kaiser, hatte vorerst die Kassengeschäfte mit übernommen.

Es ist mehr als verständlich, daß sich die Versammlung fast ausschließlich nur mit der Frage der Beschaffung von Futtermitteln befaßte. Ein Antrag sah sogar vor, daß in Anbetracht der hohen Futterpreise der Landesverband den Einkauf von Futtermitteln im Großen und deren Verteilung an die Vereine übernehmen sollte. Doch dies konnte weder der Vorstand noch sonst eine dafür einzusetzende Person übernehmen, zumal hierzu jede Voraussetzung fehlte. Die Sorge um die Beschaffung des Geflügelfutters blieb also bei den Vereinen oder, besser ausgedrückt, bei jedem einzelnen Züchter.

Kurz nach der Mitgliederversammlung verbreitete die „Süddeutsche Tier-Börse" Heilbronn am 26. April 1916 die Nachricht vom plötzlichen Ableben ihres Herausgebers Otto Weber.

Beitritt des Landesverbandes zum Bund Deutscher Geflügelzüchter 1916

Der Vorstand des Landesverbandes hat sich in der Sitzung vom 29. Oktober 1916 mit der Frage beschäftigt, dem Bund Deutscher Geflügelzüchter und der Deutschen Landwirtschafts-Gesellschaft als Mitglied beizutreten. Die Anmeldung zum Bund Deutscher Geflügelzüchter (BDG) erfolgte durch den Vorsitzenden M. Kaiser und wurde von dem 2. Schriftführer des BDG, Dietzsch, über die Fachpresse am 22. November 1916 bestätigt. Der Deutschen Landwirtschafts-Gesellschaft traten der Verband und der Vorsitzende M. Kaiser als persönliches Mitglied bei. Eine Landesausstellung wurde auch 1917 nicht durchgeführt.

Am 18. März fand im Charlottenhof in Stuttgart wieder die Ordentliche Mitgliederversammlung für 1917 statt. Von der Zentralstelle für die Landwirtschaft konnte Vorsitzender Kaiser den Landwirtschaftsinspektor Haakh und als Gast aus Baden Major Schmahl begrüßen. Bei der Erläuterung des Jahresberichtes stellte Vorsitzender Kaiser besonders heraus, daß der Landesverband der DLG und dem Bund Deutscher Geflügelzüchter als Mitglied beigetreten sei. Wichtig war auch die Mitteilung, daß an Stelle der Langschan die Rhodeländer unter die in Württemberg staatlich zugelassenen Geflügelrassen aufgenommen wurden.

Nach den Archivunterlagen bestand im Jahr 1917 noch ein Bund der Rassegeflügelzüchter von Württemberg und Hohenzollern. Vorsitzender war E. Schukraft, Heilbronn; Schriftführer Schultheiß Hörnle, Calmbach, und Kassierer Stadtschultheiß Häselin, Vaihingen a. d. Enz. Es handelte sich dabei um eine Art Bezirksverein, der wegen der politischen Zugehörigkeit von Hohenzollern seit 1849 zu Preußen nicht direkt Mitglied des Landesverbandes sein konnte.

Für das verstorbene Vorstandsmitglied des Landesverbandes, Gottlieb aus Kirchheim u.T., zog der Züchter Kleinknecht aus Geislingen in den Vorstand ein. Der alte bewährte Vorstand wurde in der Versammlung am 18. März 1917 in großer Einmütigkeit wiedergewählt.

Bedingt durch das langanhaltende Kriegsgeschehen wurde die Versorgungslage für die Bevölkerung immer kritischer und damit auch die Beschaffung von Geflügelfutter. Immer schwieriger wurde auch die Verbandsführung. Es gab zwar noch zwei Vorstandssitzungen am 29. Juli 1917 und am 7. April 1918, wobei es immer wieder um Beschaffung von Futtermitteln, aber auch um finanzielle Beihilfen für alle Verbandstätigkeiten ging.

Schließlich konnte es Verbandsvorsitzender M. Kaiser noch ermöglichen, zu einer Ordentlichen Mitgliederversammlung für den 2. Juni 1918 nach Stuttgart in den „Charlottenhof" einzuladen. Hier ging es hauptsächlich um die Beratung und Verabschiedung neuer Satzungen, vorwiegend darum, daß der Verband in das Vereinsregister eingetragen wird, und um die Bildung von Bezirksvereinen als Ersatz der bisherigen Gauverbände. Der vorgelegte Satzungsentwurf wurde von allen anwesenden Vertretern der Vereine angenommen.

Das bittere Ende des Krieges

Am 5. Oktober 1918 erfolgte auf Drängen der obersten deutschen Heeresleitung von deutscher Seite ein Waffenstillstandsangebot an die alliierten Streitkräfte. Am 11. November 1918 trat der Waffenstillstand in Kraft. Zwei Tage zuvor wurde in Deutschland die Republik ausgerufen. Kaiser Wilhelm II. dankte ab und bezog ein Exil in den Niederlanden. Das mörderische Völkerringen wurde am 28. Juni 1919 im Spiegelsaal des Schlosses zu Versailles mit einem sogenannten Friedensvertrag beendet. Dieser Friedensvertrag forderte von Deutschland enorme finanzielle, wirtschaftliche und gebietsmäßige Opfer, die alle als ungewöhnliche Lasten auf der neuen Republik und den einzelnen Ländern ruhten. Die Länder Baden und Württemberg wurden Freistaat, wodurch jedoch in der Führung des Landesverbandes keine Änderung eintrat. Die Zentralstelle für die Landwirtschaft gab es nach 1918 nicht mehr und an ihre Stelle trat die Landwirtschaftskammer.

Der Wiederaufbau der Rassegeflügelzucht nach dem Ersten Weltkrieg

Die Arbeit des Landesverbandes konnte nach Beendigung des Weltkrieges sofort wieder aufgenommen werden. Die bereits 1895 durchgeführte enge Zusammenarbeit mit den landwirtschaftlichen Behörden konnte auch nach 1918 reibungslos fortgesetzt werden. Die Aufgaben des Verbandes galten nunmehr verstärkt dem Wiederaufbau der Rassegeflügelzucht unter starker Anlehnung an die Interessen der landwirtschaftlichen Bevölkerung.

Die erste Sitzung des Vorstandes fand am 15. Juni 1919 im „Charlottenhof" in Stuttgart statt. Bei dieser Sitzung ging es vorwiegend um die Beschaffung von Geflügelfutter, die Beibehaltung der Vorschriften über die Eierversorgung, die Bildung von Bezirksverbänden und um eine Eingabe an die Regierung mit der Bitte um Zuteilung eines Sitzes in der neugebildeten Landwirtschaftskammer. Sorgen machte sich der Vorstand auch um die Erhaltung und Unterstützung der Zuchtstationen, wozu wieder ein Staatsbeitrag in Höhe von 3 000 Mark erbeten wurde.

Die erste Ordentliche Mitgliederversammlung fand im Anschluß an die Vorstandssitzung in Stuttgart in Anwesenheit von 75 Vereinsvertretern statt. Es entwickelte sich eine ausgedehnte Aussprache über die vergangene und künftige Tätigkeit des Landesverbandes. Ein Antrag von Beßler, Freudenthal-Besigheim, wurde angenommen, wonach unter die Arbeitsziele des Landesverbandes aufgenommen wurde, für die Geflügelzucht einen Antrag auf Errichtung eines Lehrstuhles für Kleintierzucht in Hohenheim zu stellen. Weiter beschloß die Versammlung eine Eingabe an die Regierung, die Zwangsbewirtschaftung der Eier aufzuheben.

Am 5. September 1919 billigte der Vorstand die vom Vorsitzenden Kaiser ausgearbeiteten Vorschriften für die Leistungsstationen. Gleichzeitig wurde bestimmt, daß bei der Verbandsausstellung in Spaichingen ausschließlich nach Qualität gerichtet wird. Die seitherige Klassenprämiierung kam vollständig in Wegfall.

Der Geschäfts- und Kassenbericht für die Ordentliche Mitgliederversammlung am 21. Februar 1920 in Spaichingen im Saale zu den sieben Winden wurde wieder, wie dies früher der Fall war, in der „Süddeutschen Tier-Börse" vorab veröffentlicht. Bei der Versammlung waren 72 Vertreter der Vereine anwesend. Die Wahlen zum Vorstand erfolgten auf drei Jahre. Es wurden gewählt:

Donaukreis: Louis Adler, Altshausen (72 Stimmen), Apotheker H. Bayer, München/Ulm (62), Heinrich Rückert, Laupheim (61).
Jagstkreis: Otto Kramer, Mariä-Kappel (71), Friedrich Greiner, Langenburg (70), Karl Plankenhorn, Esslingen (52).
Neckarkreis: M. Kaiser, Feuerbach (77), E. Schukraft, Heilbronn (57), Wilhelm Stoll, Hohenheim (53).

Schwarzwaldkreis: L. Wolff, Onstmettingen (71), Johannes Schmid, Tailfingen (66), Georg Roller, Balingen (46).

Bei der am folgenden Tag durchgeführten Vorstandssitzung erfolgte die Wahl des engeren Vorstandes und der Kommissionsmitglieder. Die Vorstandswahl hatte folgendes Ergebnis:
1. Vorsitzender: M. Kaiser, Feuerbach; 2. Vorsitzender: Georg Roller, Balingen; Schriftführer: Louis Adler, Altshausen; Schatzmeister: Otto Kramer, Mariä-Kappel.

In die Zuchtstationskommission wurden berufen die Vorstandsmitglieder Wolff, Stoll und Greiner, in die Finanzkommission Roller, Schmid und Rückert und in die Kommission für Ausstellungen und Vogelschutz Bayer, Schukraft und Plankenhorn. Für den Schatzmeister wurde eine jährliche Belohnung von 200 Mark zuerkannt.

Eine besondere Aufgabe des Vorstandes war es, die Vereine aufzufordern, den neu gebildeten Bezirksverbänden beizutreten. Wenn sie dies ablehnen sollten, würden sie aus dem Landesverband ausgeschlossen.

Erste Versammlung der Bezirksvorstände

Am 1. Mai 1921 fand die erste Versammlung der Bezirksvorstände des Landesverbandes im „Charlottenhof" in Stuttgart statt. Es war dies der Ersatz für die bisherigen Ordentlichen Mitgliederversammlungen. Anwesend waren 49 Vertreter der Bezirksverbände, vier Vertreter der Züchtervereinigungen und 12 Vorstandsmitglieder. Um die Arbeit der Bezirksverbände rechtlich und satzungsmäßig abzusichern, waren wieder einmal einige Satzungsänderungen erforderlich. Dazu gehörte auch die Festlegung des Beitrages an den Landesverband, den die Mitglieder der einzelnen Vereine über den Bezirksverband abzuführen hatten. Der Beitrag wurde auf 30 Pfennig pro Mitglied festgesetzt, wobei pro Verein mindestens ein Betrag von 10 Mark zu entrichten war.

An einer Vorstandssitzung am 28. Januar 1922 in Göppingen im Gasthof „Zu den 12 Aposteln" nahmen als Vertreter der Landwirtschaftskammer die Ökonomieräte Mangold und Scheerer teil. Es wurde beschlossen, die Rheinländer, Rhodeländer und gesperberten Italiener der Landwirtschaftskammer zur Aufnahme in die Liste der anerkannten Rassen zu empfehlen. Es wurde weiter der Vorschlag gemacht, die „Südwestdeutsche Geflügelzeitung" neben der „Süddeutschen Tier-Börse" als Vereinsorgan zuzulassen. Der Vorstand beschloß weiter, daß den hohenzollerischen Vereinen der Anschluß an den Landesverband nach Möglichkeit gewährt wird.

Neue Ausstellungsbestimmungen

In der Versammlung der Bezirksvorstände am 29. Januar 1922 im Saal des „Goldenen Rades" in Göppingen referierte das Vorstandsmitglied H. Bayer über die Ausstellungsbestimmungen des Landesverbandes, die nunmehr in Druck gegeben werden sollten. Vorsitzender Kaiser machte der Versammlung den Vorschlag, daß nur alle zwei Jahre eine Landesausstellung und in dem dazwischen liegenden Jahr in jedem der vier Kreise, dem Donaukreis, Jagstkreis, Neckarkreis und Schwarzwaldkreis, eine Kreisausstellung veranstaltet wird.

Für den Landesverbandsvorstand bedeutete die Aufteilung der Verbandsarbeit auf die Bezirksvorstände eine wesentliche Entlastung. Dadurch waren auch weniger Vorstandssitzungen erforderlich, da die Kommissionen ihre Aufgaben selbständig erledigten. So war auch nach der Zusammenkunft mit den Bezirksvorständen am 29. Januar 1922 erst die nächste Vorstandssitzung am 6. Januar 1923 im Kreuzkeller in Aalen. Hier wurde die Bezirksversammlung am 7. Januar 1923 vorbereitet. Wegen der steigenden Geldentwertung mußte der Mitgliedsbeitrag pro Vereinsmitglied erhöht werden. Bei der Bezirksversammlung fanden auch die Wahlen zum Vorstand statt, die jedoch keine Veränderung brachten. Der bisherige Vorstand mit M. Kaiser als Vorsitzender wurde einmütig auf drei weitere Jahre wiedergewählt. Es wurde dann noch der Vorstandsbeschluß bestätigt, daß die Vereine aus Hohenzollern in den Landesverband aufgenommen werden können. Da dies bisher nach den Landesverbandssatzungen nicht möglich war, mußte auch hier wieder eine Satzungsänderung beschlossen werden. Schließlich beschloß die Versammlung noch, daß die „Süddeutsche Tier-Börse" weiterhin einziges Verbandsorgan bleibt.

Landesvorsitzender M. Kaiser †

Nur wenige Tage nach der Versammlung der Bezirksvorstände in Aalen wurde Landesvorsitzender M. Kaiser, Feuerbach, durch einen allzufrühen und plötzlichen Tod aus seiner segensreichen Arbeit für die württembergische Rasse- und Nutzgeflügelzucht gerissen. Kaiser hatte in der schwierigsten Zeit den Landesverband vom 2. Februar 1913, über die Kriegs- und Nachkriegszeit hinweg, bis zu seinem letzten Atemzug vorbildlich zu hoher Blüte geführt. Die jährlich gestiegenen Mitgliedsvereine sind ein hervorragender Beweis seiner unermüdlichen Tätigkeit. Für den Vorstand des Landesverbandes war es besonders schwierig, einen geeigneten Nachfolger zu finden.

Dies zeigte sich auch bei der Vorstandssitzung am 22. April 1923 in Stuttgart, als kein Mitglied des Vorstandes sich bereit erklären konnte, dieses schwere Erbe anzutreten. So gab es nur die Möglichkeit, einen Mann zu finden, der zwar von keinem der vier Kreise vorgeschlagen oder gewählt war. Ein solcher Mann war Direktor Felix Beßler, Feuerbach, der von den Vorstandsmitgliedern vorgeschlagen wurde. Er wurde fernmündlich zum Versammlungsraum gebeten, wo ihm die Wahl des Vorstandes bis zur nächsten Versammlung der Bezirksverbände unterbreitet wurde. Direktor Beßler nahm das Anerbieten des Vorstandes an.

In der Vorstandssitzung vom 2. Februar 1924 mußte der stellvertretende Vorsitzende Georg Roller mitteilen, daß vor wenigen Tagen das Vorstandsmitglied, Apotheker H. Bayer in München, in die Ewigkeit abgerufen wurde. Auch dies war für den Vorstand und den Landesverband ein schmerzlicher Verlust.

Am 3. Februar erstattete Georg Roller in der Versammlung der Bezirksvorstände den Jahresbericht und erläuterte die Situation im Vorstand und die Berufung von Direktor Beßler zum Vorsitzenden. Die Versammlung berief dann auch als außergewöhnliche Notsituation Direktor Beßler in den Vorstand. Ergänzt wurde der Vorstand durch Zuwahl von Karl Kail, Stuttgart, für den Neckarkreis und H. Recknagel, Ulm, für den Donaukreis. Mit der Wahl in den Vorstand war auch die Wahl von Direktor Beßler als Vorsitzender bestätigt.

Glanzvolle Landesausstellung in Stuttgart 1924

Ein Glanzlicht auf dem Gebiet des Ausstellungswesens in Württemberg setzte der Verein der Geflügel- und Vogelfreunde Stuttgart mit der Landesverbandsausstellung am 2. und 3. Februar 1924 in der städtischen Gewerbehalle. Nach den neuen Ausstellungsbestimmungen erfolgte Einzelbewertung der ausgestellten Tiere durch 10 Preisrichter aus Württemberg und einem aus Halle a. d. S. Ausgestellt waren 931 Einzeltiere, 111 Zuchtstämme mit je 1,4 Tieren und zwei Volieren, besetzt mit Rheinländern, Tauben und Fasanen. Die Landesausstellung war mit der des Bundes der Rassegeflügelzüchter von Württemberg und Hohenzollern verbunden. Das Protektorat hatte der Stuttgarter Oberbürgermeister Dr. Lautenschlager übernommen. Ausstellungsleiter und für alles verantwortlich war Karl Keil vom Stuttgarter Verein. Bei den Hühnern wurde achtmal die Note „vorzüglich" vergeben, bei den Zwerghühnern viermal, bei den Gänsen und Puten je einmal und achtmal bei den Tauben. Bei den Zuchtstämmen errangen Karl Mack, Degerloch, mit weißen Wyandotten und H. Meeh, Wurmberg, mit Zwerg-Cochin die Höchstnoten.

Richtlinien für die Preisrichterausbildung

Am 11. Mai 1924 beschloß der Vorstand, die Kommission für das Ausstellungswesen zu beauftragen, einen Entwurf über den Nachweis der Befähigung als Preisrichter des Landesverbandes auszuarbeiten. Vorsitzender Beßler berichtete dem Vorstand, daß es mit der Einteilung der Bezirksverbände immer noch Anstände gebe und daß hier eine Änderung herbeigeführt werden müßte. Der Vorstand beschloß dann, daß Gaue in den Landesverband an Stelle von Bezirksverbänden aufgenommen werden können, diese sollen jedoch den Namen „Bezirksverband" tragen.

Staatspräsident Bazille bei der Landesschau

Am 17. und 18. Januar 1925 war in Stuttgart wieder der Treffpunkt der Züchter aus dem ganzen Land, aber auch aus Baden, Bayern und Hessen. Anziehungspunkt war die Landesverbandsausstellung in den altehrwürdigen, dem Abbruch geweihten Hallen des früheren Stuttgarter Hauptbahnhofes. Auch diese Ausstellung war wieder mit der des Bundes der Rassegeflügelzüchter von Württemberg und Hohenzollern verbunden. Angegliedert war auch eine Ausstellung des Kreisverbandes der Kleintierzüchter von Stuttgart und Umgebung. Ausrichter war der Verein der Geflügel- und Vogelfreunde Stuttgart, Ausstellungsleiter Karl Keil, Stuttgart. Die Eröffnung der Ausstellung war ein großes gesellschaftliches Ereignis unter der Anwesenheit des Staatspräsidenten Bazille, des Direktors der Landwirtschaftskammer, des Oberbürgermeisters der Stadt Stuttgart, zahlreicher Ehrengäste und der Mitglieder des Vorstandes des Landesverbandes. Diese Landesverbandsschau war eine großartige Repräsentation der württembergischen Rasse- und Nutzgeflügelzucht. Es waren 938 Hühner ausgestellt, verbunden mit einer Sonderschau des Verbandes der Rhodeländerzüchter, Gau Württemberg und Hohenzollern. Einer der bekanntesten württembergischen Rhodeländerzüchter, Oberlehrer Digel, Kleinsachsenheim, zeigte 2,6 Tiere seiner Leistungszucht und errang damit zweimal die Höchstnote „vorzüglich", ein Siegerband und sechs Ehrenpreise. Der Landesschau waren ferner eine Sonderschau des Süddeutschen Minorka-Züchter-Klubs sowie eine Sonderschau des Klubs rebhuhnfarbiger Italiener angeschlossen. Die Zwerghühner waren mit 113 Tieren verschiedener Rassen vertreten. Hier hatte der Süddeutsche Zwerghuhnzüchter-Klub von 1911 mit dem Sitz in Stuttgart ebenfalls eine Sonderschau angegliedert. Das Wassergeflügel war mit 73 Tieren und die Puten und Perlhühner mit 13 Exemplaren präsent. Zuchtstämme mit 1,4 Hühnern wurden 97 vorgestellt, ebenso 8 Stämme mit 1,1 Puten, 17 Stämme mit 1,2 Enten und 7 Stämme mit 1,1 Gänsen. Tauben wurden 569 zur Schau gestellt und 121 Reisebrieftauben in einer Sonderschau. Erstmals wurden bei einer Landesausstellung auch 390 Kaninchen durch die Beteiligung des Kreisverbandes der Kleintierzüchter Stuttgart ausgestellt. Die 400 Aussteller der Geflügelarten und die 129 Kaninchenaussteller brachten insgesamt 2 317 Tiere in die Käfige. Eine so stark beschickte Landesschau hatte es in der Geschichte des Landesverbandes Württemberg und Hohenzollern noch nie gegeben.

Am 17. Januar 1925 fand in Stuttgart im oberen Museum des alten Bahnhofes eine Mitgliederversammlung des Landesverbandes statt. Hierzu konnte Landesvorsitzender Felix Beßler den Vertreter der Landwirtschaftskammer, Landwirtschaftsrat Scheerer, und als Vertreter des Landwirtschaftlichen Hauptverbandes Generalsekretär Hummel begrüßen. Beßler lobte die wohlgelungene Ausstellung und sprach die Hoffnung aus, daß die gewonnenen Erfahrungen von Stuttgart möglichst bei den größeren Ausstellungen in Deutschland, der Nationalen Rassegeflügelschau des Bundes Deutscher Geflügelzüchter, verwertet werden.

Der Jahresbericht für das Jahr 1924 wurde mit viel Beifall aufgenommen. Die Versammlung der Bezirksvorstände fand am 18. Januar 1925 im „Charlottenhof" statt. Anwesend waren die Mitglieder des Landesvorstandes, 46 Vertreter der

Bezirksverbände und 4 Vertreter der Spezialvereine. Alle anderen Vereinsmitglieder hatten hier keinen Zutritt. Der vorher veröffentlichte Entwurf über den Nachweis der Befähigung als Preisrichter wurde von den Delegierten angenommen. Die erste Preisrichterprüfung sollte 1926 mit der Landesausstellung stattfinden. An der 31. Wanderausstellung der Deutschen Landwirtschafts-Gesellschaft vom 18. bis 23. Juni 1925 in Stuttgart wollte sich der Landesverband beteiligen.

Eine eingehende Erörterung folgte über die Neuordnung und Organisation des Landesverbandes. Die bisherige Organisation und Abgrenzung der Bezirksverbände, die sich eng an die politischen Grenzen der Oberämter angeschlossen hatten, hatte sich nach den Worten von Vorsitzendem Beßler nicht bewährt. So mußte der Landesvorstand zu einer neuen Einteilung der Bezirksorganisationen schreiten. Dabei sollte den Vereinen die freie Wahl des Anschlusses an einen Bezirksverband gewährleistet werden. Wenn ein Einzelverein den Anschluß an einen Bezirksverband nicht finden kann, darf er auch als Einzel-Bezirksverein dem Landesverband angehören. Die noch vereinzelt bestehenden Gaue können in die Verbandsorganisation als „Bezirksverbände des Landesverbandes" anerkannt werden. Es wurde ihnen gestattet, die Unterbezeichnung „Gau" zu führen. Als Beispiel nannte Vorsitzender Beßler: Der Gau Oberschwaben wäre dann ein „Bezirksverband Gau Oberschwaben". Die vom Vorstand vorgetragenen Richtlinien wurden mit 36 Stimmen gegen 6 Stimmen und bei 2 Enthaltungen angenommen. Dies alles bedeutete wiederum eine Satzungsänderung.

Disput über Satzungen

Anläßlich der Wanderschau der Deutschen Landwirtschafts-Gesellschaft in Stuttgart wurde eine Versammlung der Bezirksvorstände für den 20. Juni 1925 in den „Charlottenhof" einberufen. Für die Nationale Rassegeflügelausstellung in Nürnberg vom 4. bis 6. Dezember 1925 wurden vier Ehrenpreise zu 15 Mark und zwei zu 10 Mark zur Verfügung gestellt. In Verbindung mit der Landesausstellung in Metzingen am 16. und 17. Januar 1926 sollte erstmals eine Prüfung für Preisrichter stattfinden. Weiter wurde mitgeteilt, daß die Reichsbahn den von der Württembergischen Landwirtschaftskammer anerkannten Züchtervereinigungen auf Antrag frachtfreien Rücktransport des Ausstellungsgeflügels von der Ausstellungsstation bis zur Heimatstation gewährt.

Bei der Vertreterversammlung am 17. Januar 1926 im Hotel Sprangel in Metzingen kam es vor den Neuwahlen zum Vorstand zu einer längeren Aussprache über die Satzungen. Der Vorstand hatte den seitherigen Wortlaut für die Wahlen, wonach aus den vier Kreisen Württembergs je 3 Mitglieder zu wählen sind, gestrichen. Diese Festlegung sollte in Ausführungsbestimmungen zu den Satzungen aufgenommen werden. Die Versammlung beschloß, daß dies auch künftig eingehalten werden muß. Vorstandsmitglied Heinrich Rückert, Laupheim, stellte den Antrag, daß dem Neckarkreis, dem der Landesvorsitzende angehört, statt 3 jetzt 4 Vorstandsmitglieder zugesprochen werden. Nach eingehender Begründung wurde in diesem Sinne auch von der Versammlung beschlossen. Der Landesvorsitzende gab noch bekannt, daß für Hohenzollern als weiteres Vorstandsmitglied

M. Mayer, Bisingen, vorgeschlagen wird. Die Wahlen brachten dann folgendes Ergebnis, wobei die Stimmenzahlen in Klammern angegeben sind:

Donaukreis: Heinrich Rückert, Laupheim (64), Louis Adler, Altshausen (50), Albert Allmendinger, Göppingen (33).

Jagstkreis: Friedrich Greiner, Langenburg (63), Otto Kramer, Mariä-Kappel (63), Karl Plankenhorn, Esslingen (63).

Neckarkreis: Felix Beßler, Feuerbach (64), Wilhelm Stoll, Hohenheim (63), Karl Kail, Stuttgart (60), E. Schukraft, Heilbronn (60).

Schwarzwaldkreis: Johannes Schmid, Tailfingen (62), Georg Roller, Balingen (59), L. Wolff, Onstmettingen (42).

Hohenzollern: M. Mayer, Bisingen (51).

Über die Ausstellung in Metzingen am 16. und 17. Januar 1926 gibt es keinerlei Aufzeichnungen.

Die langjährige enge Zusammenarbeit mit dem Bund Deutscher Geflügelzüchter wurde dem Landesverband gelohnt. Der BDG stiftete dem Landesverband einen Betrag von 500 Mark zum Ankauf von 1,9 Rassehühnern. Es wurden aus einer Leistungszucht schwarze Italiener erworben und in die Obhut des Verbandskassierers Otto Kramer, Mariä-Kappel, gegeben. Die Wahl des engeren Vorstandes erfolgte am 25. Juli 1926 bei einer Vorstandssitzung in Stuttgart. Vor der Wahl erklärte Schriftführer Alois Adler, daß er dieses Amt nicht mehr annehmen könne. An seiner Stelle wurde Heinrich Rückert, Laupheim, gewählt. In die Finanzkommission wurden berufen Georg Roller, Heinrich Rückert und Johannes Schmid. Der Zuchtkommission gehörten nunmehr Friedrich Greiner, Wilhelm Stoll und L. Wolff und der Ausstellungskommission Karl Keil, Karl Plankenhorn und E. Schukraft an. Aus dem Vorstand war inzwischen der Vertreter von Hohenzollern, M. Mayer, ausgeschieden. Für ihn trat Fabrikant Brütsch, Jungingen, in den Vorstand ein. Vom Heilbronner Verein lag ein Antrag vor, die Süddeutsche Geflügelausstellung mit der Landesausstellung zu verbinden. Der Vorstand stimmte zu mit der Maßgabe, daß die Ausstellung zuerst als Landesverbandsschau bezeichnet wird und im Untertitel die Süddeutsche Geflügelausstellung und die Ausstellung des Bundes der Rassegeflügelzüchter von Württemberg und Hohenzollern genannt werden. Als Termin wurde der 8. und 9. Januar 1927 festgelegt. Der Ausstellung sollte eine Spezialschau des Süddeutschen Zwerghuhnzüchter-Klubs von 1911, Sitz Stuttgart, angeschlossen werden.

Die ersten geprüften Preisrichter

Der Vorsitzende der Ausstellungskommission, Karl Kail, teilte dem Vorstand bei der Sitzung am 25. Juli 1926 mit, daß zwei Prüflinge bei der Landesausstellung in Metzingen die Prüfung bestanden hätten. Es waren dies Heinrich Kindler, Sindelfingen, und K. Nabholz, Alpirsbach, und damit die ersten geprüften Preisrichter im Landesverband Württemberg und Hohenzollern.

Über die Sitzung des Vorstandes, der Mitgliederversammlung und die Landesausstellung in Heilbronn am 8. und 9. Januar 1927 gibt es keine verwertbaren Hinweise im Protokollbuch.

Bei einer Vorstandssitzung am 31. Juli 1927 in Stuttgart wurde festgelegt, daß die Reihenfolge der vier Kreise für die Durchführung der Landesausstellung künftig streng eingehalten werden soll. Die Reihenfolge wäre 1928 Neckarkreis, 1929 Schwarzwaldkreis, 1930 Jagstkreis und 1931 Donaukreis. Verzichtete ein Kreis auf die Übernahme der Landesausstellung, so mußte er mit der Übertragung einer Ausstellung warten, bis er wieder an der Reihe ist.

Zu Delegierten für die Bundesversammlung in Hannover anläßlich der Junggeflügelschau im Oktober 1927 wurden Karl Keil, Otto Kramer und Karl Plankenhorn gewählt. Es war dies sicher wieder ein Zeichen der Dankbarkeit gegenüber dem Bund Deutscher Geflügelzüchter, der dem Landesverband wieder eine Spende in Höhe von 1 000 Mark zukommen ließ.

Auf Antrag von E. Schukraft wurde im Vorstand noch über die Einstellung eines Geschäftsführers des Landesverbandes diskutiert, da die Geschäfte vom Vorsitzenden Felix Beßler nicht mit der nötigen Eile erledigt wurden. Es wurde nach kurzer Beratung beschlossen, daß der stellvertretende Vorsitzende Georg Roller dem Vorsitzenden Beßler nahelegen sollte, auf die Geschäftsführung des Landesverbandes zu verzichten und ihm nur die repräsentativen Aufgaben zu überlassen.

Georg Roller wird 1927 neuer Vorsitzender

In der Vorstandssitzung am 27. November 1927 in Stuttgart, zu der Landesvorsitzender Beßler nicht erschienen war, berichtete Georg Roller über den negativen Verlauf seiner Gespräche mit dem 1. Vorsitzenden. Es wurde beschlossen, einen neuen Vorsitzenden zu wählen, und zwar vorerst bis zur nächsten Vertreter- oder Mitgliederversammlung. Nach kurzem Meinungsaustausch wurde der zweite Vorsitzende Georg Roller für das Amt des ersten Vorsitzenden vorgeschlagen, der sich auch bereit erklärte, dieses Amt bis zur nächsten Vorstandswahl anzunehmen. Zum zweiten Vorsitzenden wurde Malermeister Karl Kail, Stuttgart, gewählt. Die Aufgaben eines Geschäftsführers, der auch die Kassengeschäfte führt, wurden Otto Kramer, Mariä-Kappel, übertragen. Ihm wurde als Geschäftsführer und Kassierer eine jährliche Entschädigung von 800 Mark gewährt. In dieser Sitzung wurde der Kleintierzuchtverband Neckarsulm wieder in den Landesverband aufgenommen. In einem Brief vom 28. November 1927 erklärte Direktor Beßler seinen Austritt aus dem Vorstand.

Neue BDG-Ausstellungsbestimmungen

Der Bund Deutscher Geflügelzüchter hatte eine neue Ausstellungsbestimmung beschlossen, wonach mindestens 40 % des Standgeldes in den Qualitätspreisfonds einzufließen habe. Der Landesvorstand vertrat die Meinung, daß auch für die Landesausstellungen diese Bundesbestimmungen anzuwenden seien. Hierzu lagen auch bereits entsprechende Anträge zur Vertreterversammlung am 21. Januar 1928 in Sindelfingen vor, die im Gasthof „Linde" durchgeführt wurde. Vorsitzender Georg Roller gab der Versammlung einen ausführlichen Bericht über den notwendig gewordenen Wechsel im Vorsitz des Landesverbandes. Seinen ersten Geschäftsbericht für das Jahr 1927 gab Geschäftsführer Otto Kramer. Die Versammlung gab ihr uneingeschränktes Einverständnis zu den Wahlen des Vorstandes und bestätigte ausdrücklich die Wahl von Georg Roller zum ersten Vorsitzenden und Otto Kramer zum Geschäftsführer. Wichtigster Punkt der Tagesordnung der Vertreterversammlung war die Verabschiedung der neuen Satzungen.

Die Landesverbandsausstellung am 21. und 22. Januar 1928 war im Städtischen Saalbau und in der Turnhalle in Sindelfingen sehr gut untergebracht. Ausrichter war der Verein der Geflügel- und Vogelfreunde Sindelfingen. Ausstellungsleiter war der erste geprüfte Geflügelpreisrichter im Landesverband und langjährige Vereinsvorsitzende von 1915 bis 1921, Heinrich Kindler, der sich die Aufgabe mit dem Vereinsvorsitzenden Fritz Ohngemach teilte. Das Protektorat hatte Stadtschultheiß Hörmann übernommen. Ausgestellt waren von 320 Ausstellern insgesamt 1 559 Tiere, darunter 1 103 Hühner. An der Ausstellung haben sich beteiligt der Süddeutsche Minorkazüchter-Klub und der Gau Württemberg-Hohenzollern der Rhodeländerzüchter.

Erster Züchtertag in Ulm 1928

Am 30. Juni 1928 fand in Ulm auf der Wilhelmshöhe eine Vorstandssitzung aus Anlaß des ersten Landeszüchtertages statt. Diese neue Veranstaltung des Landesverbandes hatte den Sinn und Zweck, die Züchter aus dem ganzen Verbandsgebiet einmal zu einem gemütlichen, geselligen Treffen zusammenzuführen. An der Vorstandssitzung nahmen von der Landwirtschaftskammer Landesökonomierat Mangold und Tierzuchtinspektor Maier teil. Eine weitere Vorstandssitzung folgte am 25. November 1928 in Stuttgart. Wobei insbesondere die Landesausstellung und die Vertreterversammlung für den 5. Januar 1929 vorberaten wurde. Dabei ging es um die Vorbereitung des 50jährigen Jubiläums des Landesverbandes und die Durchführung einer Jubiläumsausstellung in Stuttgart, die für das Ende des Jahres 1929 vorgesehen war. Der Stuttgarter Verein der Geflügel- und Vogelfreunde hatte sich bereit erklärt, diese Ausstellung zu übernehmen.

Verschlechterung der wirtschaftlichen Lage

Der Geschäftsbericht für das Jahr 1927/1928, aufgestellt von Geschäftsführer Otto Kramer, wurde wieder in der „Süddeutschen Tier-Börse" veröffentlicht. Dieses Geschäftsjahr wurde geprägt von einer schwierigen wirtschaftlichen Lage, einer großen Arbeitslosigkeit und einem prekären Geldmangel, was sich auch auf die Zuchten und die Organisation auswirkte. Erstmals ist aus dem Jahresbericht zu entnehmen, daß der Landesverband aus 29 Bezirksverbänden, 13 Bezirksvereinen mit zusammen 280 Vereinen und drei Sondervereinigungen mit insgesamt 10 788 Mitgliedern besteht. Zu den Kosten für die Geschäftsführung gab die Landwirtschaftskammer einen Zuschuß in Höhe von 500 Reichsmark und weitere 500 Reichsmark für die Landesausstellung in Sindelfingen. Noch keine Entscheidung hatte die Landwirtschaftskammer über die Anerkennung weiterer Geflügelrassen, wie die Rhodeländer, schwarzen Wyandotten und Silberbrakel, getroffen. Der Bund Deutscher Geflügelzüchter hatte dem Landesverband aus dem Erlös der verkauften Bundesringe einen Betrag von 1 800 Reichsmark zukommen lassen.

Geschäftsführer Otto Kramer machte sich in seinem Bericht auch Gedanken über die Organisation und das Verbandsorgan, indem er schrieb: „Was die Zukunft anbelangt, so verfolgen wir das Ziel, im Rahmen des Landesverbandes in Gemeinschaft mit der Württembergischen Landwirtschaftskammer und dem Bund Deutscher Geflügelzüchter eine lebendige Züchtergemeinschaft zu schaffen. Sind wir auf dem Wege hierzu, so sind wir zufrieden. Das Ziel ist aber nur mit Hilfe einer gut geleiteten Fachpresse erreichbar. Es gereicht uns zur Genugtuung, feststellen zu dürfen, daß unser Verbandsorgan, die ‚Süddeutsche Tier-Börse' in Vaihingen, unter der neuen Leitung in erfreulicher Aufwärtsentwicklung begriffen ist. Leider findet die Presse nicht den genügenden Rückhalt in Züchterkreisen." Kramer richtete einen Appell an die Vereine und ihre Mitglieder, die Fachzeitschrift zu halten und zu lesen. Nur so habe jeder Züchter einen untrüglichen Ratgeber in seinen Bestrebungen und der Landesverband die Gewähr, das Ohr des Vereins und seiner Mitglieder zu finden, denn die Fachpresse sei nun einmal das Bindeglied zwischen dem Verband und der Basis.

Das Jubiläumsjahr 1929

In der Vorstandssitzung am 5. Januar 1929 in Reutlingen wurde der Geschäftsbericht gebilligt und von der Vertreterversammlung am gleichen Tag mit Beifall aufgenommen. Anwesend waren 62 stimmberechtigte Vertreter. Als besondere Ehrengäste konnte Verbandsvorsitzender Georg Roller den Präsidenten des Bundes Deutscher Geflügelzüchter, Emil Schachtzabel, Halle a. d. Saale, und die Vertreter der Landwirtschaftskammer Stuttgart begrüßen. Zu der am 21. Januar 1928 beschlossenen Landesverbands-Satzung wurden noch einige Änderungen angebracht. Der Name des Landesverbandes lautet in Zukunft: „Landesverband der Geflügelzucht- und Vogelschutzvereine in Württemberg und Hohenzollern e. V."

Die Jubiläumsausstellung des Landesverbandes wurde auf Antrag von Karl Kail dem Verein der Geflügel- und Vogelfreunde Stuttgart übertragen. Auf Anfrage wegen der Versicherung der Tiere bei einer Ausstellung teilte BDG-Präsident Emil Schachtzabel mit, daß alle Aussteller beim BDG gegen Feuer usw. bis zu einem Betrag von 30 RM pro Tier versichert seien. Weiter wies der Präsident darauf hin, bei Ausstellungen des Landesverbandes den Bundesringzwang einzuführen. Tiere mit anderen Ringen müßten von der Prämiierung ausgeschlossen werden.

Bei den anstehenden Wahlen wurde Georg Roller einstimmig wieder zum ersten Vorsitzenden des Landesverbandes gewählt. Die geheime Wahl der Vorstandsmitglieder hatte folgendes Ergebnis:

Donaukreis: Heinrich Rückert, Laupheim (60), Alois Adler, Saulgau (59), Albert Allmendinger, Göppingen (59).

Jagstkreis: Otto Kramer, Mariä-Kappel (60), Friedrich Greiner, Langenburg (58), Karl Plankenhorn, Essingen (58).

Neckarkreis: Wilhelm Stoll, Hohenheim (57), Karl Kail, Stuttgart (56), E. Schukraft, Heilbronn (43).

Schwarzwaldkreis: Johannes Schmid, Tailfingen (59), Ludwig Wolf, Mühlheim a. D. (58), Maier Balingen (32).

Hohenzollern: Heinrich Brütsch, Jungingen (58).

Die Landesausstellung in Reutlingen 1929

Die Landesgeflügelausstellung in Reutlingen am 5. und 6. Januar 1929 war mustergültig vorbereitet und glänzend von dem ältesten Verein des Landesverbandes durchgeführt. Beschickt war die Ausstellung mit 1 547 Nummern. Die Landwirtschaftskammer hatte für Ehrenpreise 300 RM und der Landesverband 425 RM zur Verfügung gestellt. Von dieser Landesausstellung berichtete der „Reutlinger General-Anzeiger" am 7. Januar 1929 in großer Aufmachung u. a.: „Mensch und Tier gehören zusammen. Beide sind das Produkt ein und derselben wundersamen Schöpfung und wer als Mensch Tiere nicht lieben kann, der ist einer von jenen Armen, die ihr Menschentum nicht voll erkennen dürfen. Haustiere sind Hausgenossen. Kinder spüren dies vielleicht sicherer als wir Alten, denn ihnen ist das Tier Spielkamerad, Inhalt ihres sonnigen Daseins. Wohl dem Kinde, das den Umgang mit Tieren nicht zu vermissen braucht, und Lob den Eltern, die den erzieherischen Wert des Umgangs ihrer Kinder mit Tieren erkennen und danach handeln. Ein Eckchen in Haus und Hof läßt sich auch in der städtischen Mietwohnung für das so überaus bescheidene Kleintier finden. Wo der Wille ist, findet sich auch ein Weg."

Über die Ausstellung schrieb der „Reutlinger General-Anzeiger": „Mehr als 1 550 Käfigzellen zeigten die Tiere in allen Größen, Farbenschattierungen und züchterischen Eigenarten. Wer Sinn und Herz für eine derartige konzentrierte Schau hat, der konnte seine helle Freude an dem ausgestellten Material haben. Und diese Freude wurde mehr als 5 000 Menschen, die aus Stadt und Land durch die Ausstellungsräume gingen und damit ihr besonderes Interesse für diese Federviehschau bewiesen, zuteil."

In einer besonderen Abteilung wurde auch noch eine Eierausstellung als Werbung für das deutsche Frischei durchgeführt. „Die hervorragend organisierte Ausstellung lag in den Händen des Geflügelzuchtvereins Reutlingen unter dem Vorsitz und der Mitleitung der Herren Gustav Lamparter, Gottlieb Keppler und Johannes Braune, die sich durch ihre selbstlose Arbeit im Interesse der Sache ein besonderes Verdienst erworben haben."

Die Ausstellung wurde am Samstag um 12 Uhr durch verschiedene Ansprachen eröffnet. Als Vorsitzender des Landesverbandes sprach Krankenhausverwalter Georg Roller, Balingen, herzliche Grußworte. Der Protektor der Ausstellung, Oberbürgermeister Hepp, Reutlingen, dankte dem Verband dafür, daß diese Ausstellung nach Reutlingen verlegt wurde. Oberlandwirtschaftsrat Scheerer, Stuttgart, überbrachte die Grüße der Landwirtschaftskammer und der Präsident des

Bundes Deutscher Geflügelzüchter, Emil Schachtzabel, sprach über die Notwendigkeit der Rassezucht. Was früher, insbesondere bei den Behörden, als Spielerei angesehen worden sei, sei heute in seinem volkswirtschaftlichen Wert anerkannt.

Verein der Geflügelpreisrichter gegründet

Am 6. Januar 1929 wurde anläßlich der Landesausstellung in Reutlingen im Hotel „Kronprinz" der Verein der Geflügelpreisrichter in Württemberg und Hohenzollern gegründet. Das Vorstandsmitglied des Landesverbandes, Baumeister Ernst Schukraft, Heilbronn, erläuterte den zahlreich erschienenen Preisrichtern die Notwendigkeit und den Zweck eines solchen Zusammenschlusses. Er konnte auch mitteilen, daß die württembergischen Richter alle ihren Beitritt erklärt hätten. Der vorbereitete Satzungsentwurf wurde angenommen und beschlossen, dem Bund Deutscher Geflügelzüchter, dem Verband Deutscher Geflügelpreisrichter und dem Landesverband Württemberg und Hohenzollern beizutreten. Der Vorstand setzte sich nach den Wahlen wie folgt zusammen:
1. Vorsitzender: Ernst Schukraft, Heilbronn
2. Vorsitzender: Karl Plankenhorn, Esslingen
Geschäftsführer: Alois Wolf, Ellwangen
Der Jahresbeitrag wurde auf 5 RM festgesetzt.

Zweiter Landeszüchtertag in Heilbronn

Der zweite Züchtertag des Landesverbandes in Heilbronn am 15. Juni 1929 war von mehr als 100 Personen besucht worden. Mit dem Züchtertag war wieder eine Sitzung des Landesvorstandes verbunden. Hier erfolgten die Neuwahlen des zweiten Vorsitzenden, des Geschäftsführers und des Schriftführers. Änderungen gab es dabei nicht. Auch in der Besetzung der drei Kommissionen änderte sich nichts. Da bei dem ersten Züchtertag sich die Ulmer Freunde so ausgezeichnet bewährt hatten, wurde ihnen vom Landesverband ein Zuschuß in Höhe von 100 RM als Unkostenbeitrag bewilligt. Der Vorstand bildete einen Ehrenrat, dem die Herren Roller, Kramer und Mangold als Mitglieder angehörten.

Festschrift zum 50jährigen Jubiläum

Die Vorbereitungen für das 50jährige Jubiläum des Landesverbandes wurden in der Vorstandssitzung am 10. November 1929 im Weinrestaurant „Krug" in Stuttgart getroffen. Die Feierlichkeiten wurden mit der Jubiläumsschau und der Vertreterversammlung verbunden. Für die Jubiläumsschau spendete die Landwirtschaftskammer 500 RM zur freien Verfügung der Ausstellungsleitung und dazu noch 10 Ehrenpreise zu 25 RM.
Der Geschäftsbericht für das Jubiläumsjahr 1929 wurde wieder in der „Süddeutschen Tier-Börse" veröffentlicht, aus dem zu entnehmen war, daß dem Lan-

desverband nunmehr 31 Bezirksverbände, 7 Bezirksvereine und vier Spezialvereinigungen mit 285 Vereinen und 11 001 Mitgliedern angehörten. Der Bund Deutscher Geflügelzüchter hatte im Jahr 1929 dem Landesverband einen Gesamtbetrag von 5 950 RM als Beihilfen zukommen lassen. Das Geschäftsjahr 1928/1929, das am 30. September 1929 abgelaufen war, schloß mit einem ansehnlichen Überschuß ab.

1879–1929
50 Jahre Landesverband der Geflügelzucht- und Vogelschutzvereine in Württemberg und Hohenzollern

Bis zum Ende des Jahres 1929 war die Festschrift kostenlos für den Landesverband fertiggestellt. Sie enthielt Grußworte des Württembergischen Staatspräsidenten Bolz und des Direktors der Württembergischen Landwirtschaftskammer, Dr. Ströbel. In der Festschrift berichtete Geschäftsführer Otto Kramer über die Geschichte des Landesverbandes und seine Tätigkeit in den vergangenen 50 Jahren. Oberlandwirtschaftsrat Scheerer schrieb über Entwicklung, Stand und Förderung der Württembergischen Geflügelzucht seit 1870 und Diplomlandwirt Teutschländer, Stuttgart, über die genossenschaftliche Eierverwertung in Württemberg. Die Festschrift wurde kostenlos an alle Mitglieder der dem Verband angeschlossenen Vereine verteilt.

Bei der Vorstandssitzung am 4. Januar 1930 im Stadtgartenhotel in Stuttgart gaben die zur Bundesversammlung delegierten Vorstandsmitglieder ihre Berichte. Im gleichen Lokal fand anschließend die Vertreterversammlung statt. Nach der Wahl der Preisrichter für die Landesausstellung in Hall mußte die Versammlung abgebrochen werden, denn im Anschluß fand eine Mitgliederversammlung statt, bei der der Jahresbericht vorgetragen, die Beschlüsse des Vorstandes und der Vertreterversammlung bekanntgegeben und erläutert wurden. Bei der abendlichen Jubiläumsfeier anläßlich des 50jährigen Bestehens des Landesverbandes wurden von der Landwirtschaftskammer die nachfolgend genannten Geflügelzüchter, die sich um die Geflügelzucht besonders verdient gemacht und seit 35 Jahren und länger in ihren Geflügelzuchtvereinen mitgewirkt hatten, durch Verleihung der bronzenen Plakette „Für Verdienste um die Geflügelzucht" ausgezeichnet:

Alois Adler, Eisenbahnoberinspektor i. R., Saulgau; Eugen Berg, Privatier, Geislingen a. d. Steige; Wilhelm Dinkelacker, Fabrikant, Sindelfingen; Adolf Jetter, Fabrikant, Göppingen; Christian Kaithel, Mechaniker, Schorndorf; Robert Lindemann, Kaufmann, Stuttgart; Adolf Nill, Tierarzt, Stuttgart; Wilhelm Reinwald, Gärtnereibesitzer, Heilbronn; Georg Roller, Verwalter a. D., Balingen; Julius Schmid, Händler, Reutlingen; Karl Schwandner, Schmiedemeister, Göppingen; Christian Schweizer, Schreinermeister, Nürtingen; Josef Speth, Vermessungsrat, Laupheim; Ludwig Staudenraus, Bäckermeister, Laupheim; Eugen Stellrecht, Gerichtsnotar a. D., Stuttgart; Karl Wünsch, früher Hofuhrmacher, Ludwigsburg.

Der Landesvorstand setzte sich im Jubiläumsjahr aus folgenden Persönlichkeiten zusammen:

Adler, Saulgau
Allmendinger, Göppingen
Brütsch, Jungingen
Greiner, Langenburg
Kail, Stuttgart
Kramer, Geschf. d. LV

Maier, Balingen
Mangold
Plankenhorn, Essingen
Roller, 1. Vors., Balingen
Rückert, Laupheim
Scherer

Schmid, Tailfingen
Schukraft
Stellrecht, Stuttgart
Stoll, Hohenheim
Wolf, Mühlheim

Die Teilnehmer des 2. Landeszüchtertages 1929 in Heilbronn

Die Jubiläumsausstellung im Januar 1930

Höhepunkt und zugleich Abschluß des Jubiläumsjahres bildete die mit größter Sorgfalt und liebevoll ausgestattete Landesausstellung vom 4. bis 6. Januar 1930 in der Städtischen Gewerbehalle in Stuttgart.

Bei dieser Mustergeflügelschau zeigten 514 Aussteller 2 620 Tiere, was bisher bei einer Landesschau noch nie erreicht wurde. Mit Sonderschauen beteiligten sich der Reichsverband der Rhodeländer-Züchter-Vereine Deutschlands, Gau Württemberg und Hohenzollern, der Reichsverband der Rheinländerzüchter Deutschlands, Gau Württemberg und Hohenzollern, die Vereinigung Süddeutscher Minorkazüchter, Gau Württemberg, und die Vereinigung der Züchter schwarzer

Italiener Süddeutschlands. Finanziell wurde die Jubiläumsausstellung unterstützt von Staatspräsident Dr. Bolz, dem Württembergischen Arbeits- und Ernährungsministerium, dem Direktor der Landwirtschaftskammer, Dr. Ströbel, der Württembergischen Landwirtschaftskammer, dem Bund Deutscher Geflügelzüchter, dem Gauverband Oberschwaben, den Bezirksverbänden Böblingen, Erms- und Neckargau, Göppingen, Heilbronn, Gerabronn, Kirchheim u. T., Saulgau, Groß-Stuttgart, Württembergischer Schwarzwaldgau und dem Rems- und Murrtal. Weiter beteiligten sich mit Ehrenpreisstiftungen die „Geflügel-Börse" Leipzig, sowie viele Geflügelzuchtvereine und Gönner.

Die Schirmherrschaft hatte Direktor Ströbel von der Landwirtschaftskammer Stuttgart übernommen und ausgerichtet hat diese wohl bisher einmalige Geflügelausstellung der Verein der Geflügel- und Vogelfreunde Stuttgart. In dem mustergültig ausgestatteten Katalog waren als Preisrichter aufgeführt:

Hans Digel, Oberlehrer, Heutingsheim; Erich Klein, Nußdorf; Paul Klein, Nußdorf; J. Kolter, Nauheim; Otto Kramer, Mariä-Kappel; Johannes Schmid, Tailfingen; E. Schukraft, Heilbronn; L. Steffan, Lampertheim; Wilhelm Stoll, Hohenheim; G. Weber, Weinheim i. B.; Ludwig Wolff, Mühlheim a. D.; Hammer, Sondershausen i. T.; J. Jauch, Schwenningen; G. Kramer, Giengen a. d. Brenz; Karl Plankenhorn und A. Wolf, Ellwangen.

Sein 50jähriges Bestehen feierte der Landesverband Württemberg-Hohenzollern im Jahr 1930 mit einer Jubiläumsschau in der Städtischen Gewerbehalle in Stuttgart.

Im Katalog waren viele Anzeigen enthalten, darunter auch zwei von Fachzeitschriften, der „Süddeutschen Tier-Börse", Vaihingen, und der „Geflügel-Börse", Leipzig, die unsere besondere Aufmerksamkeit fanden:

Süddeutsche Tier-Börse

(Kopfblatt: Deutsche Geflügel-Zeitung) 38. Jahrgang

Erscheinungsort: Vaihingen-Enz

Hervorragende Fachzeitschrift für die Geflügel- und Kleintierzucht

Hauptschriftsteller: **Erich Klein**, Vaihingen an der Enz

Erscheint wöchentlich

Vierteljahrsbezug RM. 2.10 durch jede Postanstalt
Fachartikel erstklassiger Mitarbeiter / Ausstellungsberichte / Briefkasten
Sektionsgutachten / Vereinsnachrichten / Marktberichte / Kleine Notizen

Ausgezeichnetes Insertions-Organ,
da im ganzen Reiche in den maßgebenden Züchterkreisen eingeführt

Probenummern kostenlos vom Kleintierzucht-Verlag, Vaihingen-Enz

---

Die führende deutsche Geflügelzucht-Zeitung

ist die Geflügel-Börse

welche **2 mal wöchentlich** in großem Umfang reich illustriert erscheint.

Abonnementspreis pro Monat: Mk. 1.40 Allgemeine Ausgabe. Mk. 1.65 Versicherungs-Ausgabe
m. günstiger Sterbegeld- u. Unfallversicherung. Verl. Sie Probenummern gratis.
Geschäftsstelle der Geflügel-Börse / Leipzig / Salomonstraße 16

Gelegentlich des 3. Schwäbischen Züchtertages in Tuttlingen fand am 24. Mai 1930 eine Verbandsvorstandssitzung im Evangelischen Vereinshaus statt, an der Major Schmahl, Baden-Baden, als Vertreter des BDG teilnahm. Vorsitzender Georg Roller gab Kenntnis von dem Ableben des Vorstandsmitgliedes Karl Plankenhorn, Esslingen. Auf Antrag von E. Schukraft beschloß der Vorstand, in das

Protokollbuch die beiden Ausgaben der „Süddeutschen Tier-Börse" einzukleben, in denen über die 50jährige Jubiläumsfeier berichtet wurde. Dies ist leider nicht erfolgt und wir sind damit um eine sicherlich sehr interessante Information ärmer. Der Verein Hall gab an den Vorstand den Auftrag zurück, die nächste Landesgeflügelausstellung durchzuführen. Der Züchtertag soll künftig zur Bewerbung ausgeschrieben werden, wobei die Auswahl der Bewerber dem Vorstand überlassen werden soll. Dem Verein Tuttlingen, der den Züchtertag auf eigene Rechnung durchführen wollte, wurde ein Zuschuß in Höhe von 300 RM bewilligt.

Die Vertreterversammlung am 25. Mai 1930 fand ebenfalls im Evangelischen Vereinshaus statt und war von 43 Bezirks- und Vereinsvertretern sowie vom Verbandsvorsitzenden besucht. Für den Bezirksverband Ludwigsburg begründete Gottlieb Scheib, Hoheneck, einige Anträge über die Durchführung der Landesausstellungen, die Beschaffung von preisgünstigem Geflügelfutter und um die Übertragung des vierten Züchtertreffens nach Ludwigsburg. In der Vertreterversammlung wurde auch eine Kommission gebildet, die sich mit Ausstellungs- und Futterfragen näher befassen soll. Aus jedem Kreis soll der Kommission ein Vertreter angehören. Es wurden gewählt: Johannes Schmid, Tailfingen; Heinrich Rükkert, Laupheim; Hermann Brütsch, Jungingen; E.Schukraft, Heilbronn; Karl Keil, Stuttgart, und Otto Kramer, Mariä-Kappel.

Die Kommission tagte am 17. August 1930 im Lokal „Pilsner Urquell" in Stuttgart. Nach den bereits vorliegenden Anmeldungen wurden von der Kommission die Landesausstellungen für die nächsten drei Jahre an folgende Vereine übertragen: 1930/31 = Gmünd (Jagstkreis), 1931/32 = Waldsee (Donaukreis), 1932/33 = Böblingen (Neckarkreis) und für 1933/34 fällt die Ausstellung an den Schwarzwaldkreis. In der Futterfrage wurde mit dem Landesverband Baden eine Vereinbarung getroffen, daß das badische Verbandsfutter auch nach Württemberg und Hohenzollern geliefert wird.

Im Vorstand, der sich mit der Arbeit und der Veröffentlichung der Kommission in seiner Sitzung am 12. Oktober 1930 im „Charlottenhof" in Stuttgart beschäftigte, erhoben sich einige Zweifel und er hielt es für notwendig, diese Anträge nochmals zu veröffentlichen und zum Ausdruck zu bringen, daß sie der Vertreterversammlung zum Beschluß vorgelegt werden.

Karl Kail wird neuer Vorsitzender

Die Vertreterversammlung am 17. Januar 1931 im Stadtgarten in Schwäbisch Gmünd gedachte des verstorbenen Vorstandsmitgliedes Albert Allmendinger, Göppingen. Es waren 56 Bezirks- und Vereinsvertreter und 13 Vorstandsmitglieder anwesend. Vom Bund Deutscher Geflügelzüchter nahm Präsident Emil Schachtzabel, Halle, und von der Landwirtschaftskammer Oberlandwirtschaftsrat Scheerer an der Versammlung teil. Wichtigster Punkt waren die Wahlen zum Vorstand, nachdem Vorsitzender Georg Roller aus gesundheitlichen Gründen nicht mehr bereit war, dieses schwere Amt zu übernehmen. Der Bezirksverein Heilbronn hatte als neuen Vorsitzenden E. Schukraft vorgeschlagen. Weitere Vorschläge aus der Versammlung waren Karl Kail, Stuttgart, und Hans Digel, Heutingsheim. In geheimer Wahl wurden 28 Stimmen für Malermeister Karl Kail, 21 Stimmen für Schukraft und 18 Stimmen für Oberlehrer Digel abgegeben. Damit war Malermeister Karl Kail, Stuttgart, zum neuen Landesverbandsvorsitzenden gewählt. In einem weiteren Wahlgang wurden Alois Wolf, Ellwangen, für den Jagstkreis, Hans Gmehlin, Jebenhausen, für den Donaukreis und Oberlehrer Hans Digel, Heutingsheim, für den Neckarkreis gewählt.

Den Bericht der Kommission über die Beschlüsse vom 17. August 1930 gab E. Schukraft, der eine längere Diskussion auslöste. Es ging um die Frage, ob die Landesausstellung in Stuttgart zentralisiert wird oder ob sie eine Wanderschau bleibt. Die Abstimmung ergab für eine Wanderausstellung 42 Stimmen und für Stuttgart 27 Stimmen. Der Vorschlag der Kommission, die Landesausstellung auf drei Jahre im voraus zu vergeben, wurde fallen gelassen, aber an der vorgeschlagenen Reihenfolge änderte sich nichts.

Georg Roller wird Ehrenvorsitzender

Auf Vorschlag des Vorsitzenden Karl Kail wurde der seitherige Vorsitzende, Georg Roller, Balingen, einstimmig zum Ehrenvorsitzenden des Landesverbandes ernannt. Zwei andere verdiente Vorstandsmitglieder, Oberinspektor a. D. Alois Adler, Saulgau, und der Gastwirt Wilhelm Stoll, Hohenheim, wurden zu Ehrenmitgliedern des Landesverbandes ernannt. Leider mußte die Vertreterversammlung wegen der allgemeinen wirtschaftlichen Notlage den vorgesehenen Züchtertag für 1931, um den sich Ludwigsburg beworben hatte, ausfallen lassen.

Der Vorstand traf sich am 18. Januar 1931 im „Gmünder Hof", um die Vorstandsämter festzulegen. Zum 2. Vorsitzenden wurde E. Schukraft, Heilbronn, gewählt. Er blieb auch Vorsitzender der Ausstellungskommission, in die noch Otto Kramer, Mariä-Kappel, und Alois Wolf, Ellwangen, gewählt wurden. In die Futterkommission wurden berufen Karl Kail, Stuttgart; Hans Digel, Heutingsheim, und Hans Gmehlin, Jebenhausen. Mit dem Auftrag, eine neue Satzung auszuarbeiten, wurde eine Kommission gebildet, der Sparkassenleiter Wilhelm Maier, Balingen; Hans Digel, Heutingsheim, und E. Schukraft, Heilbronn, angehörten. Um Sparmaßnahmen durchführen zu können, schlug OLR Scheerer von der Landwirtschaftskammer vor, einen geschäftsführenden Ausschuß zu bilden, so daß bei jeder Vorstandssitzung nicht 13, sondern nur 5 Herren zu den Sitzungen herangezogen werden müßten, wenn nichts Außergewöhnliches vorliege. Dem Vorschlag wurde zugestimmt und für den Neckarkreis E. Schukraft, Jagstkreis Otto Kramer, Donaukreis Heinrich Rückert und den Schwarzwaldkreis Wilhelm Maier vorgeschlagen. Für jeden Kreis wurde noch ein Ersatzmann gewählt. Geschäftsführer Otto Kramer erklärte sich bereit, 10 Prozent seiner Besoldung kürzen zu lassen als Beitrag zu den Sparmaßnahmen.

Nach diesen Beschlüssen gehören dem geschäftsführenden Vorstand an:
1. Vorsitzender: Karl Kail, Stuttgart; 2. Vorsitzender: E. Schukraft, Heilbronn; Geschäftsführer: Otto Kramer, Mariä-Kappel; Schriftführer: Heinrich Rückert, Laupheim; Beisitzer: Wilhelm Maier, Balingen.

Der Gesamtvorstand setzte sich wie folgt zusammen: Ehrenvorsitzender: Georg Roller, Balingen; 1. Vorsitzender: Karl Kail, Stuttgart; 2. Vorsitzender: E. Schukraft, Heilbronn (Neckarkreis); Geschäftsführer: Otto Kramer, Mariä-Kappel (Jagstkreis); Schriftführer: Heinrich Rückert, Laupheim (Donaukreis), und den Kreisvertretern aus dem Donaukreis: Alois Adler, Saulgau; Hans Gmehlin, Jebenhausen; Jagstkreis: Friedrich Greiner, Langenburg; Alois Wolf, Ellwangen; Neckarkreis: Wilhelm Stoll, Hohenheim; Hans Digel, Heitingsheim; Schwarzwaldkreis: Johannes Schmid, Tailfingen; Ludwig Wolff, Mühlheim a. D.; Wilhelm Maier, Balingen; Hohenzollern: Heinrich Brütsch, Jungingen. Dem Gesamtvorstand gehörten noch an: Oberlandwirtschaftsrat Scheerer; Landesökonomierat Mangold und Tierzuchtinspektor Maier.

50 Jahre Bund Deutscher Geflügelzüchter

Das Jahr 1931 war gekennzeichnet von einem Niedergang der deutschen Wirtschaft. Schwere Erschütterungen rüttelten an der Einheit und Geschlossenheit der deutschen Züchterfamilie. In dieser schweren Zeit feierte der Bund Deutscher Geflügelzüchter sein goldenes Jubiläum, das mit einer großartigen Nationalen Geflügelausstellung in Leipzig vom 9. bis 11. Januar 1931 verbunden war. Aussteller bei der Jubiläumsschau aus dem Landesverband waren: Heinrich Bauer, Stuttgart-Gablenberg (Gimpeltauben); Bohler, Stuttgart (Pfaffentauben); Martin Demmler, Illertissen (helle Brahma, Indische Zwerg-Kämpfer); Alwin Digel, Heitingsheim (Nürnberger Lerchen); Paul Eckstein, Stuttgart (Römertauben); Erich Fetzer, Feuerbach (rebhuhnfarbige Zwerg-Wyandotten); Albrecht Fristling, Giengen a. d. B. (Gimpeltauben); Ludwig Gminder, Ebingen (Brünner Kröpfer); Willi Hellener, Sindelfingen (rebhuhnfarbige Italiener); Adam Huttenlocher, Vaihingen/Filder (dunkle Zwerg-Wyandotten); Albert Kaefer, Ludwigsburg (Schönheitsbrieftauben); Wilhelm Letsch, Bitz bei Ebingen (Minorka); Heinrich Meeh, Wurmberg bei Mühlacker (rebhuhnfarbige Italiener); Reinhold Reiß, Öhringen (Laufenten); Albert Schäfer, Schwaigern (Schönheitsbrieftauben); Karl Schmid, Stuttgart-Wangen (dunkle Wyandotten und Zwerg-Wyandotten, Elstertümmler); Hans Schreiner, Heilbronn (weiße Bantam); Albert Steegmüller, Stuttgart (Schwalbentauben); Reinhard Storz, Schramberg (Süddeutsche Latztauben); Alois Wolf, Bietigheim (Starblassen); Ludwig Wolff, Mühlheim a. D. (rebhuhnfarbige Italiener).

Unter den Preisrichtern befand sich nur ein Württemberger, und zwar Johannes Jauch, Schwenningen, der Farbentauben zu bewerten hatte.

Sorge um den Erhalt der „Süddeutschen Tier-Börse"

Eine außerordentliche Vorstands- und Vertreterversammlung fand am 13. September 1931 im „Charlottenhof" in Stuttgart statt. Grund für die Einberufung der außerordentlichen Sitzung war ein Schreiben des Verlags der „Süddeutschen Tier-Börse", Vaihingen, an den Verbandsvorsitzenden, worin zur Erhaltung der Wirtschaftlichkeit und zur Vermeidung der Einstellung der Fachzeitschrift für alle Vereine der Pflichtbezug der Zeitschrift eingeführt werden müsse. Bei den am 23. und 24. August 1931 in Stuttgart und in Vaihingen a. d. Enz stattgefundenen Besprechungen wurde einmütig festgestellt, daß tatsächlich die Möglichkeit besteht, die „Süddeutsche Tier-Börse" am Leben zu erhalten. Zwei Voraussetzungen allerdings sind es:
1. Dem Verlag raschmöglichst Mittel zur Fortführung der Zeitschrift über die nächsten schweren Monate zu beschaffen;
2. Eine ausgedehnte Werbetätigkeit zur weiteren Verbreitung der „Süddeutschen Tier-Börse" auch durch die einzelnen Vereine einzuleiten und durchzuführen.

Die Aufbringung der Mittel ist gedacht durch Ausgabe von Schuldscheinen über 5,– RM (auf der Grundlage: eine Reichsmark gleich dem Preis von 1/2 790 kg Feingold) durch den Verlag der „Süddeutschen Tier-Börse" gegen die Bestellung entsprechender Sicherheiten und unter der Kontrolle des Landesverbandes.

Die Vertreterversammlung in Stuttgart konnte sich nicht mit dem Gedanken befreunden, in der augenblicklichen Notzeit das Verbandsorgan als Pflichtbezug einzuführen. Im Auftrag des Verlags trug Redakteur Erich Klein, Vaihingen/Enz, den Standpunkt des Verlegers vor, daß, sofern die Abonnentenzahl nicht wesentlich erhöht werden könne, die „Süddeutsche Tier-Börse" ihr Erscheinen einstellen müsse. Wilhelm Maier erläuterte den Antrag, der als Entschließung angenommen wurde und dem geschäftsführenden Vorstand wurde alles überlassen, weitere Schritte zu unternehmen.

Die neuen Verbandssatzungen von 1931

Die Vertreterversammlung am 12. Dezember 1931 im Gasthof zum Bären in Waldsee war von 67 Stimmberechtigten sehr gut besucht. Vor Eintritt in die Tagesordnung konnte der Landesvorsitzende Karl Kail der Versammlung die erfreuliche Mitteilung machen, daß das Vorstandsmitglied Johannes Schmid, Tailfingen, zum Ehrenbürger seiner Heimatstadt ernannt worden war.

Aus dem Geschäftsbericht, der von Geschäftsführer Otto Kramer vorgetragen wurde, war zu entnehmen, daß dem Landesverband 32 Bezirksverbände, 8 Bezirksvereine und 5 Spezialvereinigungen angehören. Den Bezirksverbänden sind 286 Vereine angeschlossen. Mit den Bezirksvereinen und Spezialvereinigungen hatte der Landesverband nunmehr 11 720 Mitglieder. Über die Landesausstellung in Gmünd war in dem Geschäftsbericht 1930/1931 nur vermerkt, daß dank der Opferwilligkeit des jungen Vereins „Gamundia" die Landesausstellung durchgeführt werden konnte, die als wohlgelungen bezeichnet wurde. Die Landwirtschaftskammer hat für das Geschäftsjahr wieder 500 RM bewilligt und unterstützte die Landesschau in Gmünd mit 500 RM. Der Bund Deutscher Geflügelzüchter hat dem Landesverband die Summe von 2 400 RM als Beihilfe zukommen lassen. Trotz der allgemeinen Geldknappheit und der außergewöhnlichen Notlage hatte der Landesverband am Ende des Geschäftsjahres am 30. September 1931 einen Überschuß in Höhe von 3 532 RM erwirtschaftet.

Nach dem Vortrag des Geschäftsberichtes trat die Versammlung in die Beratung und Beschlußfassung über die neuen Satzungen ein. Sie wurde bis auf den Paragraphen 11 einstimmig angenommen. Bei diesem Paragraphen ging es um die Zahl der Vorstandssitze, wozu verschiedene Anträge vorlagen. Die Satzungskommission hatte für die Verteilung der Vorstandssitze auf die vier Kreise eine Mitgliederzahl von 1 200 Mitglieder für einen Sitz im Vorstand vorgeschlagen, weitere Anträge sahen 800 und 1 000 Mitglieder vor. Nach längerer Debatte entschied sich die Versammlung auf eine Mitgliederzahl von 1 200, so daß den einzelnen Kreisen folgende Vorstandssitze zufielen:

Neckarkreis	4 293 zahlende Mitglieder	3 Sitze;
Schwarzwaldkreis	3 278 zahlende Mitglieder	2 Sitze;
Donaukreis	2 639 zahlende Mitglieder	2 Sitze;
Jagstkreis	1 371 zahlende Mitglieder	1 Sitz.

Die Satzungen mit den drei Anlagen,

1. Bestimmungen über den Aufgabenkreis und die Verwaltung der Bezirksverbände im Landesverband der Geflügelzucht- und Vogelschutzvereine in Württemberg und Hohenzollern e. V., Mitglied des BDG;

2. Geschäftsordnung für die Vertreterversammlung des Landesverbandes der Geflügelzucht- und Vogelschutzvereine in Württemberg und Hohenzollern e. V., Mitglied im BDG;

3. Ausstellungsbestimmungen des Landesverbandes der Geflügelzucht- und Vogelschutzvereine in Württemberg und Hohenzollern e. V., Mitglied des BDG; wurden gegen die Stimme des Vertreters Erb, Ravensburg, angenommen. Die Satzungen mit den drei Anlagen traten am 1. Januar 1932 in Kraft.

Nach der neuen Satzung führte der Landesverband den Namen „Landesverband der Geflügelzucht- und Vogelschutzvereine in Württemberg und Hohenzollern – Mitglied des BDG". Dem Landesverband können als Mitglieder die Bezirksverbände, Bezirksvereine und besondere Züchtervereinigungen beitreten. Jedem Bezirksverband stehen bis zu 299 Mitgliedern eine Stimme und jede weitere 150 Mitglieder eine weitere Stimme zu.

Nach der neuen Satzung wurde der bisherige Vorsitzende Karl Kail, Stuttgart, einstimmig wiedergewählt. Nach den Mitgliederzahlen wurden dann die Vorstandsmitglieder aus den vier Kreisen in geheimer Wahl ermittelt. Die Stimmen entfielen auf folgende Mitglieder:

Neckarkreis: Oberlehrer Digel, Heutingsheim (64); Kaufmann Otto Kramer, Mariä-Kappel (63); Baumeister E. Schukraft, Heilbronn (40). Schwarzwaldkreis: Stadtrat Johannes Schmid, Tailfingen (66); Sparkassendirektor Wilhelm Maier, Balingen (50). Donaukreis: Kaufmann Heinrich Rückert, Laupheim (61); Hans Gmehlin, Jebenhausen (58). Jagstkreis: Gastwirt Friedrich Greiner, Langenburg (57).

Auszeichnung verdienter Mitglieder

Am Abend des 12. Dezember fand in Waldsee im Gasthaus zur Post eine Mitgliederversammlung statt, an der als Vertreter des Bundes Deutscher Geflügelzüchter das Verwaltungsratsmitglied Otto Höpping aus Maua in Thüringen teilnahm. Er konnte auf Antrag des Landesvorsitzenden einige Mitglieder mit der goldenen und silbernen Ehrennadel des BDG für ihre besonderen, langjährigen Verdienste um die Rassegeflügelzucht auszeichnen. Am Sonntag, dem 13. Dezember 1931, trat der neugewählte Vorstand zusammen, um die einzelnen Vorstandsämter zu verteilen. Hier gab es harte Auseinandersetzungen über die Geschäfts- und Kassenführung. Vorstandsmitglied Wilhelm Maier forderte mehr Einfluß in diesem Bereich. Nach einer längeren Aussprache kam der Vorstand zu folgendem Ergebnis über die Zusammensetzung des geschäftsführenden Vorstandes:

1. Vorsitzender: Karl Kail, Stuttgart; 2. Vorsitzender: E. Schukraft, Heilbronn; Schriftführer: Heinrich Rückert, Laupheim; Kassierer: Wilhelm Maier, Balingen; Geschäftsführer: Otto Kramer, Mariä-Kappel.

In die Tierbörsen-Kommission wurden die Herren Kail, Stuttgart; Maier, Balingen, und Kramer, Mariä-Kappel, berufen. Sparkassendirektor Maier wurde zum Treuhänder des Landesverbandes in den Fragen der „Süddeutschen Tier-Börse" bestellt.

Die erste Sitzung des geschäftsführenden Vorstandes fand am 17. April 1932 in Böblingen statt. Es wurde die Festhalle besichtigt, in der die Landesausstellung stattfinden sollte. Verbandskassierer Maier berichtete dem Vorstand über das Ergebnis der Aktion „Tierbörse", für die bis jetzt 620 Darlehensscheine gezeichnet wurden, was einem Betrag von 3 100 RM entsprach. Der Erfolg blieb also weit hinter den Erwartungen zurück. Mit Verlagsleiter W. Wimmershof wurde über die Sicherstellung des Darlehens, das aus Mitteln des Landesverbandes um 1 000 RM erhöht wurde, gesprochen und dies ordnungsgemäß geregelt. Der Vorstand stimmte zu, daß der Landesverband für 1 000 RM Schuldscheine übernimmt.

Mit dem Vorsitzenden des Vereins Urach, Zeller, der zu der Sitzung eingeladen war, wurden Einzelheiten über die Durchführung der Vertreterversammlung am 28. und 29. Mai 1932 besprochen und das Programm festgelegt. Die Vertreterversammlung findet am Sonntag im Hotel am Berg statt.

Vertrauen zum Bund Deutscher Geflügelzüchter

An den Sitzungen in Urach nahm wieder der Präsident des Bundes Deutscher Geflügelzüchter, Emil Schachtzabel, teil. Als Ehrengäste wurden bei der Vertreterversammlung noch Ehrenvorsitzender Georg Roller, Balingen, und der Bürgermeister der Stadt Urach, Gerstenmeier, begrüßt. Ein ehrendes Gedenken galt den verstorbenen Freunden Christian Schweizer, Nürtingen, und G. Kramer, Giengen a. d. Brenz.

Der Vertreterversammlung, die von 63 Stimmberechtigten besucht war, berichtete Kassierer Maier über die Tierbörsen-Aktion. Die Firma Kleintierzuchtverlag W. Wimmershof in Vaihingen a. d. Enz erhielt vom Landesverband ein

Darlehen von 4 000 RM, das abgesichert wurde. Die Mitgliederzahl war im vergangenen Geschäftsjahr um etwa 1 000 zurückgegangen, was ausschließlich der wirtschaftlichen Notlage zuzuschreiben war. Für die nächste Vertreterversammlung wurde Geislingen a. d. Steige ausgewählt. Weiter wurde festgelegt, daß die Landesausstellung 1933/34 ausfällt, da im Januar 1934 die Nationale Rassegeflügelschau in Stuttgart durchgeführt wird. Präsident Schachtzabel berichtete über den „Zeitungskrieg", der durch die Übernahme der „Geflügel-Welt" von Dr. Paul Trübenbach durch den Bund Deutscher Geflügelzüchter entstanden war. Der Reichsverband Deutscher Taubenzüchter und der Reichsverband Deutscher Hühnerzüchter nahmen dies letztlich zum Anlaß, aus dem BDG auszutreten. Landesvorsitzender Karl Kail sprach dem Präsidenten und dem BDG das volle Vertrauen des Landesverbandes aus.

Süddeutscher Beitrag zur Rassegeflügelzucht

Der Redakteur der „Süddeutschen Tier-Börse", Erich Klein, Vaihingen, veröffentlichte im Dezember 1932 in seiner Zeitschrift und in der „Geflügel-Welt" Hannover einen Beitrag über die Rasseschöpfungen in Süddeutschland als Gradmesser züchterischer Befähigung und züchterischen Hochstandes. Hierzu stellte er zunächst fest: „Wenn wir von diesem Gesichtspunkt aus die süddeutsche Geflügelzucht betrachten, so könnte es zuerst fast scheinen, als ob Süddeutschland verhältnismäßig weniger geleistet habe als der Norden. Das sieht aber nur so aus, wenn man die Bevölkerungszahl außer acht läßt. Halten wir uns vor Augen, daß von den mehr als 60 Millionen Deutschen nur ungefähr 15 Millionen in Süddeutschland wohnen, dann erkennen wir sofort, daß wir alles, was in Süddeutschland geleistet wurde und geleistet wird, mit 3 vervielfältigen müssen, um einen Vergleich mit norddeutschen Ergebnissen ziehen zu können.

Allerdings muß eines gleich festgestellt werden, daß Süddeutschland auf dem Gebiet der Rassenschöpfung in der Hühner- und Wassergeflügelzucht weniger produktiv war. Seine Stärke beruht in der Taubenzucht, ähnlich wie dies auch in Sachsen der Fall ist. Diese Tatsache ist vielleicht auf die für die Geflügelzucht teilweise nicht so günstigen Verhältnisse zurückzuführen, wie wir sie besonders in Nordwestdeutschland finden. Rasseschöpferisch hat sich nämlich auch im Norden nur der westliche Teil stärker betätigt, wenn wir von den Zwergen absehen, die ihre Geschichte für sich haben."

„Leider muß festgestellt werden, daß der züchterischen Fähigkeit der süddeutschen Geflügelzüchter ihre Befähigung in der Propaganda nicht ganz entsprochen hat. Keine der süddeutschen Hühnerrassen hat es zu einiger Geltung gebracht und doch verdient sie es, ganz anders gepflegt und gehegt zu werden, als dies jetzt der Fall ist. Selbst in Süddeutschland trifft man die süddeutschen Hühnerrassen nur ganz selten und selbst auf den großen Schauen, wie Würzburg, Nürnberg und Frankfurt a. M., fehlen sie gänzlich. Sie fristen nur in den Händen weniger Liebhaber ihr Dasein und wurden dann oftmals auf kleinen Schauen, ja selbst auf Lokalschauen, in hervorragender Qualität gezeigt. Das ist besonders bei den Sundheimern der Fall, von denen es vor ungefähr zehn Jahren einmal schien, als ob sie zu größerer Bedeutung gelangen sollten ... Sie können jedenfalls den Vergleich mit mancher, mit großem Geschrei eingeführten ausländischen Rasse aushalten."

Erwähnt wurden von Erich Klein noch das Augsburger Huhn und die Nassauer Masthühner. Als Rasse unserer engeren Heimat berichtete er über das Schwarzwaldhuhn: „Zu erwähnen wäre schließlich von süddeutschen Hühnerrassen noch das Schwarzwälder Huhn, das nur im rebhuhnfarbigen Schlag vorkommen soll. Nach seiner Musterbeschreibung stimmt es mit den rebhuhnfarbigen Rheinländern überein. Es scheint allerdings fast ausgestorben zu sein, denn wir haben es im Schwarzwald, wo es doch beheimatet ist, noch nie zu Gesicht bekommen."

In der Zwerghuhnzucht und in der Entenzucht hat nach Meinung von Erich Klein Süddeutschland rasseschöpferisch versagt, jedoch in der Gänsezucht seien einige Lokalschläge in Bayern entstanden. Wesentlich anders liege es aber in der Taubenzucht, denn hier habe Süddeutschland außerordentlich viel geleistet. Klein erinnerte an die Nürnberger und Steinheimer Bagdetten und die Hessischen Kröpfer. Besonders leistungsfähig sei aber Süddeutschland in der Zucht der Farbentauben gewesen: „Im Gegensatz zum sächsischen Züchter bevorzugen die süddeutschen die glattfüßigen oder doch nur schwach belatschten Spielarten. Zu den süddeutschen Farbentauben gehören vor allem die Startauben, die man aber hier nur in Schwarz liebt, die Nürnberger Rassetauben, von denen Nürnberger Lerchen, Nürnberger Samtschwalben und Fränkische Schilder am bekanntesten geworden sind, ferner die Süddeutschen Weißschwänze, die Blassen, die Schnippen oder Schnällen und die Süddeutschen Schildtauben oder Dachen. Auch Schwalben sind in Süddeutschland glattfüßig verschiedentlich gezüchtet worden. Um sie streiten aber mit den süddeutschen Züchtern die Thüringer um das Urheberrecht."

„Süddeutsche Tier-Börse" in Ulm

Weder bei der Vertreterversammlung am 29. Mai 1932 im Hotel am Berg in Urach noch bei der Sitzung des Gesamtvorstandes im „Charlottenhof" in Stuttgart am 9. Oktober 1932 wurde bekanntgegeben, daß der Verlagsleiter W. Wimmershof, Vaihingen, die „Süddeutsche Tier-Börse" an die Ebner'sche Buchdruckerei in Ulm abgegeben oder verkauft hatte. Dies muß im Einvernehmen mit dem Landesvorstand erfolgt sein, denn am 9. Oktober 1932 erklärte Vorsitzender Kail, daß die Tierbörse um vieles besser geworden sei. Außerdem ist in dem Ausstellungskatalog der Landesgeflügelschau in Böblingen vom 7. und 8. Januar 1933 ein Inserat der „Süddeutschen Tier-Börse" Ulm enthalten mit der Abbildung einer Ulmer Ausgabe vom 28. Juli 1932.

Die Landesgeflügelausstellung in Böblingen war wieder einmal eine Musterschau. Sie war zweiteilig untergebracht, das Großgeflügel in der Städtischen Turnhalle und die Tauben im Bärensaal. Ausrichter war der Geflügelzuchtverein von 1896 Böblingen. Der Ausstellung waren 10 Sonderschauen angeschlossen, darunter auch die des Süddeutschen Zwerghuhnzüchter-Klubs. Die von 416 Ausstellern beschickte Schau zeigte 2 151 Tiere und wurde von 10 Preisrichtern bewertet. Es gab wieder sehr viele Ehrenpreisstiftungen, darunter auch einen von der „Süddeutschen Tier-Börse" Ulm und vom Verein der Geflügelpreisrichter in Württemberg und Hohenzollern 3 Ehrenpreise. Vorsitzender der Preisrichter war Baumeister Erwin Schukraft, Heilbronn. Bei der Eröffnung der Ausstellung durch Bürgermeister Kraut, Böblingen, erklärte Landesvorsitzender Karl Kail, daß Tiere mit einem anderen als dem BDG-Ring in dem Landesverband nicht zugelassen werden.

Die Geflügelzucht im III. Reich bis zum Ende des Zweiten Weltkrieges

Keine Einigung im Bund Deutscher Geflügelzüchter

Im Bund Deutscher Geflügelzüchter wurde im Januar 1933 eine Einigungskommission gebildet, bei der auch der Vorsitzende des Landesverbandes von Württemberg und Hohenzollern aktiv mitarbeitete. Anläßlich der Cypria-Ausstellung in Berlin vom 28. bis 31. Januar 1933, die mit der Grünen Woche verbunden war, fand auch eine Sitzung des Bundesvorstandes mit allen Landesverbänden statt, um die Einheit aller deutschen Züchter wieder herzustellen. Die Verhandlungen mit den Gegnern des BDG zogen sich einige Tage hin. Die Ernennung Hitlers zum Reichskanzler war für die Gegner des BDG das Signal zum Abbruch der Verhandlungen. Nach den Neuwahlen zum Reichstag am 5. März 1933 nahm das Schicksal seinen Lauf.

Der geschäftsführende Vorstand des Landesverbandes trat am 26. März 1933 im Stern in Geislingen zusammen, um das Programm für den Züchtertag und die Vertreterversammlung aufzustellen. Zur Vorbesprechung über die 31. Nationale Geflügelausstellung in Stuttgart vom 5. bis 7. Januar 1934, der ersten Bundesschau im Bereich des Landesverbandes, die von dem Bezirksverband der Geflügelzüchter-Vereine Groß-Stuttgart durchgeführt wurde, wurde Ausstellungsleiter Anton Rieger, Stuttgart, zugezogen.

Nun überstürzten sich die Ereignisse im Bund und in den Landesverbänden. Der Bund Deutscher Geflügelzüchter wurde von den neuen Machthabern aufgelöst. Am 23. Mai 1933 wurde die Gründung des Reichsverbandes der Geflügelwirtschaft verkündet und es folgte eine Neugliederung aller früheren Organisationen der Geflügel- und Rassegeflügelzucht nach Fachschaften. In der Fachschaft 1 wurde die landwirtschaftliche Geflügelhaltung zusammengefaßt, in der Fachschaft 2 die Rassegeflügelzucht, in der Fachschaft 3 die Reichsherdbuchzucht und in der Fachschaft 4 die Reisebrieftauben. Der Fachschaft 2 der Rassegeflügelzüchter mußten sich alle Verbände, Vereine und Züchter anschließen. Man nannte das Gleichschaltung. Die Landes- und Provinzialverbände wurden Landesfachgruppen und mußten Neuwahlen durchführen, die von dem jeweilgen Gauleiter der NSDAP bestätigt werden mußten.

Entschließung zur Gleichschaltung 1933

Der Vertreterversammlung am 28. Mai 1933 im „Frühlingsgarten" in Geislingen a. d. Steige ging eine Sitzung des Vorstandes am Vortag voraus, in der ein Aufruf des Reichsverbandes der Geflügelwirtschaft verlesen wurde. Nach einer länge-

ren Diskussion wurde vom Vorstand nachfolgende Entschließung beschlossen:
„Der Landesverband der Geflügelzucht- und Vogelschutzvereine in Württemberg und Hohenzollern e. V. begrüßt mit voller Genugtuung und Freude das großzügige Einigungswerk in der Geflügelwirtschaft, wie es in dem Aufruf des Reichsverbandes der Geflügelwirtschaft in die Wege geleitet ist. Er stellt sich namens der Rassegeflügelzüchter Württembergs einmütig und geschlossen als Fachgruppe für Rassegeflügelzucht, getreu seiner mehr als 50jährigen Tätigkeit, hinter den Reichsverband und will freudig mitarbeiten an dem langersehnten Einigungswerk und am Wiederaufbau des neuen Deutschland."

Bei der Vertreterversammlung wurde der Versammlung der Aufruf des Reichsverbandes zur Kenntnis gebracht, mit dem Hinweis auf die neue Zeit und die neue Führung. Der Landesverband, jetzt „Gau Württemberg" genannt, war bereits in die Fachschaft 2 Rassegeflügelzucht eingegliedert. Bei den Neuwahlen wurde Malermeister Karl Kail, Stuttgart, zum ersten Vorsitzenden und Baumeister Ernst Schukraft, Heilbronn, zum zweiten Vorsitzenden einstimmig gewählt. Sie mußten aber noch von dem Gauleiter bestätigt werden. Die anderen Vorstandsmitglieder blieben, bis auf Oberlehrer Hans Digel, Heutingsheim, der sein Mandat vor der Versammlung niederlegte, vorerst im Amt, bis von dem Reichsverband oder der Fachgruppe die Wahlfragen geklärt wurden.

Karl Kail wird zum neuen Vorsitzenden bestellt

Am 29. Juni 1933 wurde von der Fachschaft 2 für den Gau Württemberg als Vorsitzender Karl Kail, Stuttgart, und als Beisitzer Felix Zeller, Urach, und Wilhelm Maier, Balingen, bestellt. Damit war auch über das weitere Schicksal des seitherigen Vorstandes entschieden, denn einen solchen gab es außer den drei bestellten Vorstandsmitgliedern nicht mehr. Wenn nun Vorstandssitzungen stattfanden, dann war dies nur eine Besprechung des Vorsitzenden mit seinen beiden Beisitzern. Eine solche Sitzung fand am 7. August 1933 in Tübingen statt, bei der beschlossen wurde, Baumeister Ernst Schukraft aufzufordern, daß sich der Klub der Rassegeflügelzüchter von Württemberg und Hohenzollern mit sofortiger Wirkung dem Gau Württemberg anzuschließen habe. Schukraft war Vorsitzender dieses Klubs. Er folgte dem Beschluß des Vorstandes nicht, sondern schloß sich der Fachschaft 1 Landwirtschaftliche Geflügelhaltung an. Dies wurde von der Fachschaft 2 Rassegeflügelzucht nicht geduldet. Bei einer Sitzung der Fachschaft 2 am 5. Januar 1934 anläßlich der 31. Nationalen in Stuttgart im Hotel Banzhaf erklärte Fachschaftsvorsitzender Artur Riedel dem Klubvorsitzenden Erwin Schukraft, daß, wenn nun nicht Ruhe einkehre, er den Klub unnachsichtlich auflösen werde.

Die letzte Nationale Rassegeflügelausstellung 1934

Die 31. Nationale Deutsche Geflügelausstellung vom 5. bis 7. Januar 1934 war für Stuttgart die erste und für die deutschen Rassegeflügelzüchter für lange Zeit die letzte Nationale. Die letzte Nationale wurde vom Bezirksverband der Geflügelzüchter-Vereine Groß-Stuttgart durchgeführt. Schirmherr war Reichsstatthalter Wilhelm Murr, Stuttgart, und im Ehrenausschuß waren u. a. Ministerpräsident Professor Dr. Mergenthaler, Innenminister Dr. Schmid, Wirtschaftsminister Professor Dr. Lehnich, Finanzminister Dr. Dehlinger, der Oberbürgermeister von Stuttgart, Dr. Strölin, und der Ehrenpräsident des Reichsverbandes, Emil Schachtzabel, sowie die Ehrenvorsitzenden des ehemaligen Landesverbandes Württemberg, Eugen Stellrecht und Georg Roller. Ausstellungsleiter waren Karl Kail und Anton Rieger vom Verein der Geflügel- und Vogelfreunde Stuttgart.

Die Nationale war von 1 037 Ausstellern mit etwa 7 000 Tieren beschickt worden. Die nahezu 3 000 Klassen waren alle einzeln numeriert, also die gesamte Schau nicht durchgehend, wie dies sonst üblich war. Die komplizierte Klassenaufteilung der einzelnen Rassen wird besonders deutlich durch die Klasseneinteilung der Rhodeländer in 78 Klassen mit Verkaufspreisen von 20 bis 200 RM und darüber. An der Nationalen beteiligten sich 44 Sondervereine für Hühner, 13 für Zwerghühner, einer für Puten, 5 für Wassergeflügel und 34 für Tauben. Für die Bewertung der 7 000 Tiere waren 54 Preisrichter eingesetzt, davon waren nur fünf aus dem Gau Württemberg, und zwar Erich Fetzer; Feuerbach; Johann Jauch, Schwenningen; Otto Kramer, Calw; Wilhelm Stoll, Hohenheim, und Ludwig Wolff, Mühlheim an der Donau. Unter den Stiftern von Ehrenpreisen waren auch die Fachzeitschriften genannt, und zwar die „Süddeutsche Tier-Börse" Ulm, „Geflügel-Börse" Leipzig, „Westdeutsche Allgemeine Geflügelzeitung" Bochum, „Norddeutscher Geflügelhof" Oldenburg und die Hamburger „Geflügelzeitung". Da früher wie auch heute die Bezirksverbände nicht aufgeführt waren, sind die Angaben in dem Katalog über die Ehrenpreisstiftungen der Bezirksverbände von Interesse. Es haben gestiftet die Bezirksverbände des Gaues Württemberg: Groß-Stuttgart, Balingen, Böblingen, Erms-Neckar, Esslingen, Geislingen a. d. Steige, Gerabronn, Gmünd, Göppingen, Heilbronn, Kirchheim/Teck, Ludwigsburg, Laupheim, Maulbronn, Nagoldtal, Neckarsulm, Neuenburg, Oberschwaben, Ravensburg, Reutlingen, Untere Filder, Unterer Schwarzwald, Vaihingen a. d. Enz und Welzheim.

Anfang 1934 gab es eine Veränderung in der Führung der Vereinigung der Preisrichter in Württemberg und Hohenzollern. Neuer Vorsitzender wurde Paul Klein, Vaihingen/Enz, dem als Beisitzer Alois Wolf, Bietigheim, und Otto Kramer, Calw, beigegeben wurden.

In der „Süddeutschen Tier-Börse" vom 5. April 1934 gab Landesfachgruppenvorsitzender Karl Kail bekannt, daß er auf Weisung der Fachschaft 2 den Vorsitzenden der Rassegeflügelzüchter von Württemberg und Hohenzollern, Ernst Schukraft, Heilbronn, von seinem Posten abberufen habe. Nachdem es Johannes Schmid, Tailfingen, und Gottlieb Keppler, Pfullingen, abgelehnt hatten, eine Versammlung einzuberufen und einen geeigneten Mann als Vorsitzenden vorzuschla-

31. Nationale Deutsche Geflügel-Ausstellung in Stuttgart.

gen, bestimmt Vorsitzender Kail Erich Fetzer, Feuerbach, als zweiten Beisitzer des Klubs die Geschäftsführung zu übernehmen und bis zum 10. April dem Gau einen geeigneten Mann als ersten Vorsitzenden vorzuschlagen.

Schwäbischer Züchtertag in Öhringen

Am 12. und 13. Mai 1934 versammelten sich die württembergischen Züchter in Öhringen zu ihrem Züchtertag. Direktor Maier, Balingen, hielt dem alten Landesverband eine Leichenrede, da er im Vereinsregistesr gelöscht wurde. Auch die Satzungen mußten in verschiedenen Punkten geändert und der Neuzeit entsprechend festgesetzt werden. Dies war erforderlich, so der Beisitzer Maier, da der Führerstandpunkt im Gau Württemberg restlos durchgeführt wird.

Erste Landesgruppenschau in Urach 1934

Die erste Rassegeflügelschau der Landesgruppe Württemberg im neuen Gefüge des Reichsverbandes Deutscher Kleintierzüchter am 8. und 9. Dezember 1934 in der Städtischen Turn- und Festhalle, im Saale zum Waldhorn und im Hotel am Berg in Urach stand ganz im Zeichen der neuen Änderungen des Reichsverbandes. Veranstalter war der Geflügelzucht- und Vogelschutzverein Urach. Wie bei der Nationalen in Stuttgart, wurden auch bei dieser Ausstellung in Urach die 2 626 Klassen nicht durchnumeriert, so daß die genaue Zahl der von 417 Züchtern ausgestellten Tiere nur mit etwa 3 500 angegeben werden kann. Eingesetzt waren 16 Preisrichter, und zwar Otto Kramer, Calw; Heinrich Kindler, Sindelfingen; Karl Kail, Stuttgart; Karl Binnhammer, Sontheim; Johannes Schmid, Tailfingen; Paul Klein, Vaihingen/Enz; Philipp Rummel, Birkenfeld; August Bauer, Kornwestheim; Erich Klein, Vaihingen/Enz; Karl Schmid, Stuttgart-Wangen; Adolf Heinz, Stuttgart; Christian Bechthold, Schwenningen; Karl Schlecht, Bernhausen; Albert Käfer, Heilbronn; Gerhard Scholder, Biberach/Riß, und Tierzuchtinspektor Mayer, Stuttgart. Als Obmann für Geflügel war Paul Klein und für Tauben Erich Klein eingesetzt.

Karl Kail †

Am 20. Februar 1935 verschied, nur wenige Tage vor der Vollendung seines 70. Lebensjahres, nach überstandener Operation an einer Lungenentzündung der Vorsitzende der Landesfachgruppe Württemberg, Karl Kail, Stuttgart. Der Verstorbene widmete sein ganzes Leben erfolgreich der Rassegeflügelzucht; die Liebe zu dem edlen Geflügel war ihm Lebensbedürfnis. Für seine nimmermüde Tätigkeit im Landesverband und im Bund Deutscher Geflügelzüchter wurde ihm die Ehrennadel des Bundes verliehen.

Karl Kail führte den Landesverband als Vorsitzender von 1933 bis zu seinem Tod im Jahr 1935

Gottlieb Keppler wird neuer Vorsitzender

Nach dem Ableben des Vorsitzenden Karl Kail übernahm Felix Zeller, Urach, den Vorsitz der Landesfachgruppe kommissarisch. Bei einer Sitzung des Vorstandes mit den Kreisfachgruppenvorsitzenden anläßlich des Züchtertages in Vaihingen/Enz am 18. Mai 1935 im Saale zur Rose wurde Gottlieb Keppler, Bankdirektor in Pfullingen, als neuer Vorsitzender vorgeschlagen. Nach langer Diskussion, ob für Geflügel- und Kaninchenzüchter ein gemeinsamer Vorsitzender bestellt werden könne, entschied man sich für eine solche Möglichkeit. Die für Ulm vorgesehene Landesgeflügelausstellung konnte dort nicht stattfinden und wurde nach Stuttgart verlegt.

Am Sonntag versammelten sich mehr als 400 Züchter aus allen Teilen des Landes zu einer allgemeinen Kundgebung der Landesfachgruppe. Hierbei wurde Gottlieb Keppler als neuer Vorsitzender der Landesfachgruppe vorgestellt. Keppler war ein bekannter und erfolgreicher Rhodeländerzüchter. Nach der Ehrung verdienter älterer Mitglieder hielt Erich Klein einen Schulungsvortrag für Aussteller, Preisrichter und Ausstellungsleiter. Die Vereinigung der Geflügelpreisrichter im Bezirk Württemberg zählte 39 Mitglieder und vier Anwärter. Vorsitzender der Vereinigung war Paul Klein, Vaihingen/Enz, Beisitzer Alois Wolf, Bietigheim, und Otto Kramer, Calw.

Am 25. Juli 1935 erließ Landesvorsitzender Gottlieb Keppler einen Aufruf zur Gründung von Jugendgruppen in den örtlichen Vereinen sowie eines Sondervereins für Ziergeflügelzüchter.

Ernst Schukraft †

Am 3. August 1935 starb an den Folgen einer am Vortag vorgenommenen Magenoperation der langjährige Vorsitzende des im Jahr 1912 gegründeten Klubs der Rassegeflügelzüchter in Württemberg und Hohenzollern, Mitglied des Landesvorstandes und Vorsitzender der am 6. Januar 1929 in Reutlingen gegründeten Preisrichter-Vereinigung Württemberg und Hohenzollern.

Vom 20. bis 23. September 1935 beteiligte sich die Landesfachgruppe, wie viele Jahre zuvor, mit einer Ausstellung an dem Landwirtschaftlichen Hauptfest auf dem Cannstatter Wasen. Aufgebaut und ausgerichtet wurde diese Werbeausstellung von dem Verein der Geflügel- und Vogelfreunde Stuttgart.

Felix Zeller legt sein Mandat nieder

Am 3. Oktober 1935 teilte Vorsitzender Gottlieb Keppler in der „Süddeutschen Tier-Börse" mit, daß der erste Beisitzer der Landesfachgruppe, Felix Zeller, Urach, mit sofortiger Wirkung sein Amt niedergelegt hatte. Keppler übernahm dessen Aufgaben als Geschäftsführer bis zur Berufung eines neuen Beisitzers.

Die 2. Landesausstellung in Stuttgart 1935

Die 2. Rassegeflügelausstellung der Landesgruppe Württemberg in der Städtischen Gewerbehalle in Stuttgart am 7. und 8. Dezember 1935 hatte keinen Ausstellungsführer, sondern einen „Wegweiser" durch die Schau. Sie wurde von der Kreisfachgruppe Stuttgart durchgeführt. Ausstellungsleiter war Anton Rieger vom Verein der Geflügel- und Vogelfreunde. Die 583 Aussteller zeigten 3 254 Tiere, die von 24 Preisrichtern bewertet wurden. Als Obmänner waren eingesetzt für Großgeflügel und Hühner Paul Klein, Vaihingen; Otto Kramer, Calw, und Karl Weber, Weinheim; für Zwerghühner Wilhelm Müller, Magdeburg; Albert Lauer, Ansbach/Bayern, und Karl Schmid, Stuttgart-Wangen, und für Tauben Wilhelm Bremer, München; Alois Wolf, Bietigheim, und Christian Bechthold, Schwenningen. Der Ausstellung waren 25 Sondervereinsschauen angeschlossen, darunter auch die Deutsche Zwerghuhnschau, die unter dem Namen „Sonderverein der Zwerghuhnzüchter" angegliedert war. Die Reichsfachgruppe Ausstellungsgeflügelzüchter stiftete 60 Ehrenpreise zu je 10 RM, die Landesfachgruppe 40 zu 10 RM und folgende Kreisfachgruppen Ehrenpreise in gleicher Höhe: Balingen, Böblingen, Ellwangen, Esslingen, Geislingen, Gmünd, Göppingen, Heidenheim, Heilbronn, Kirchheim, Ludwigsburg, Maulbronn, Mössingen, Neckarsulm, Oberschwaben, Öhringen, Reutlingen, Schwarzwald, Schwenningen, Vaihingen/Enz und Stuttgart. Ehrenpreise wurden noch von 90 Vereinen zur Verfügung gestellt. Die Stadt Stuttgart unterstützte die Ausstellung mit 5 Ehrenpreisen zu je 15 RM mit jeweils einer silbernen Plakette und 13 Ehrenpreisen zu 10 RM mit einer bronzenen Plakette. Die Ausstellung in der Stuttgarter Gewerbehalle war wieder mustergültig aufgebaut und mit viel Grünzeug und Blumengebinden verschönt.

Die Tierqualität war auffallend gut, doch hielten sich die Preisrichter mit der Vergabe der Höchstnote sehr zurück. Nur an eine weiße Täubin der Amsterdamer Kröpfer des Züchters Kurt Herrmann, Radebeul, wurde von Sonderrichter Theodor Leißl, Augsburg, die Höchstnote vergeben.

Mit der Landesausstellung waren auch die Versammlung der Sondervereine der Zwerghuhnzüchter, das war der frühere Verband der Zwerghuhnzüchter-Vereine, verbunden, sowie eine Feier aus Anlaß des 25jährigen Bestehens des Süddeutschen Zwerghuhnzüchter-Klubs von 1911 mit dem Sitz in Stuttgart. An der Versammlung nahmen unter dem Vorsitz von Wilhelm Müller, Magdeburg, der Vorsitzende der Landesfachgruppe Württemberg, Gottlieb Keppler, Preisrichter Dr. E. Renold, Glion bei Montreux (Schweiz), und weitere Ehrengäste sowie über 100 Zwerghuhnzüchter aus dem ganzen Reichsgebiet teil.

Eugen Stellrecht †

Kurz vor der Landesausstellung starb der frühere Landesvorsitzende Eugen Stellrecht, Ditzingen, der den Landesverband von 1901 bis 1911 leitete und ihn zur großen Blüte brachte. Er arbeitete sehr eng mit dem Landtag, der Landesregierung und der Zentralstelle für die Landwirtschaft zusammen. Die erfolgreiche Arbeit des Verstorbenen innerhalb des Landesverbandes wird besonders dadurch deutlich, wenn man die Mitgliederzahlen vergleicht. Im Jahr 1901 hatte der Landesverband 76 Vereine mit 7 704 Mitgliedern, die bis zum Jahr 1910 auf 158 Vereine mit 11 541 Mitgliedern angehoben wurde. Eugen Stellrecht, dem bis zu seinen letzten Lebenstagen das Wohl des Landesverbandes eine Herzensangelegenheit war, hatte sich durch seine unermüdliche Arbeit um den Landesverband und die Hebung der Rassegeflügelzucht in Württemberg verdient gemacht.

Der Züchtertag in Herrenberg 1936

Zum Züchtertag trafen sich die Kreis- und Ortsvereine am 16. und 17. Mai 1936 in Herrenberg. Die Verbandstagungen gewannen in den letzten Jahren immer mehr an Bedeutung. Das Interesse und die Besucherzahlen wurden immer größer. Bei der Versammlung der Kreisvorsitzenden am 16. Mai in der Bahnhofsgaststätte ging es um die Nichtzulassung von Züchtern zur Landesausstellung, die keinem Ortsverein angehörten. Nach der Satzung der Reichsfachschaft 2 gab es nach den Worten des Vorsitzenden Gottlieb Keppler keine Beschränkungen für Ausstellungen. Auch ein weiterer Antrag, daß die württembergische Landesschau nur von württembergischen Züchtern beschickt werden dürfe, fand keine Zustimmung. Für die Landesgeflügelausstellung gibt es künftig einen eigenen Namen. Nach dem Willen der Versammlung wird sie ab 1936 „Schwabenschau" benannt. Auch in der Jugendarbeit ist der Landesverband einen Schritt weitergekommen. Der Versammlung wurde der von dem Landesvorsitzenden am 1. Februar 1936 bestellte Landesjugendobmann Karl Ogger jr., Schwäbisch-Gmünd, vorgestellt. Am Sonntag gab es keine allgemeine Versammlung, sondern eine Kundgebung der Landesfachschaftgruppe Württemberg, an der als Ehrengäste der Ehrenvorsitzende Georg Roller, Balingen; Landrat Dr. Zeller und Tierzuchtinspektor Mayer, Stuttgart, teilnahmen. Vorsitzender Gottlieb Keppler konnte erfreut feststellen, daß nach mehrjährigem Rückgang der Mitgliederzahlen in diesem Jahr zum ersten Male wieder ein Zugang von 120 Mitgliedern zu verzeichnen sei. Die Zahl der Mitglieder ist damit auf 10 081 angestiegen. Bei der Kundgebung wurde Philipp Rummel, Birkenfeld, mit der goldenen Ehrennadel der Reichsfachgruppe ausgezeichnet. Für die Jugendgruppen wurde bestimmt, daß diese künftig immer getrennt von den anderen Züchtern ausstellen, was durch ein Schild „Jugendgruppe" kenntlich zu machen ist.

Die erste Schwabenschau in Heilbronn

Der Verein der Geflügel- und Vogelfreunde Heilbronn führte mit der Landesgeflügelausstellung am 12. und 13. Dezember 1936 in der Festhalle in Heilbronn zugleich auch die Deutsche Zwerghuhnschau, die Reichssonderschau der Schönheitsbrieftaubenzüchter und 15 weitere Sonderschauen durch. Es war die erste „Schwabenschau" mit 711 Ausstellern und über 4 500 Tieren. Die Deutsche Zwerghuhnschau war an der Ausstellung mit 1 100 Tieren beteiligt. Unter den 30 Preisrichtern befanden sich solche, die im ganzen Reichsgebiet als hervorragende Fachpreisrichter bekannt waren, so Georg Beck, Sprendlingen; Wilhelm Bremer, München; Otto Herbst, Merseburg; Albert Lauer, Ansbach/Bayern; Wilhelm Müller, Magdeburg; Dr. E. Renold, Glion bei Montreux (Schweiz); Walter Rüst, Nowawes, und Wilhelm Woith, Berlin. Als Obleute waren eingesetzt für Puten, Gänse und Enten Otto Kramer, Calw; Wilhelm Bremer, München; Franz Runge, Hohnstedt über Kreiensen; für Hühner Paul Klein, Vaihingen; Jean Kolter, Bad Nauheim, und Franz Runge, für Zwerghühner Wilhelm Müller, Magdeburg; Albert Lauer, Ansbach, und Wilhelm Woith, Berlin, für Tauben Wilhelm Bremer, München; Otto Herbst, Merseburg; Alois Wolf, Bietigheim, und Christian Bechthold, Schwenningen. Als württembergische Preisrichter kamen noch zum Einsatz Erich Fetzer, Feuerbach; Erich und Paul Klein, Vaihingen; Tierzuchtinspektor Mayer, Stuttgart; Gustav Mödinger, Stuttgart; Philipp Rummel, Birkenfeld; Albert Schäfer, Heilbronn; Karl Schlecht, Bernhausen, und Karl Schmid, Stuttgart-Wangen.

Mit der Schau war auch eine Versammlung der Sondervereine der Zwerghuhnzüchter, der frühere Reichsverband Deutscher Zwerghuhnzüchter wurde nun so benannt, verbunden als besondere Feier des 25jährigen Bestehens des Süddeutschen Zwerghuhnzüchter-Klubs von 1911. Die Versammlung war im Festsaal des Liederkranzhauses von über 100 Zwerghuhnzüchtern aus allen Teilen des Reiches besucht.

Die „Deutsche Geflügel-Zeitung" 1937

Das Verbandsorgan der Landesfachgruppe Württemberg der Rassegeflügelzüchter, die „Süddeutsche Tier-Börse", hatte ab 1. Januar 1937 ihr Gesicht verändert. Sie nannte sich nunmehr „Deutsche Geflügel-Zeitung" mit dem Untertitel „Süddeutsche Tier-Börse". Herausgeber blieb die Ebner'sche Buchdruckerei in Ulm a. d. Donau und auch der Schriftleiter Erich Klein, Vaihingen/Enz, behielt seine verantwortungsvolle Aufgabe. Der Verlag hielt die Veränderung der Titelseite als zeitgemäße Maßnahme für erforderlich, um damit deutlich zu machen, daß diese Fachzeitschrift nicht nur für württembergische Züchter da sein möchte, sondern für alle Rassegeflügelzüchter im ganzen Reichsgebiet.

Änderungen am laufenden Band

Mit Beginn des Jahres 1937 traten auch im Verbandsgeschehen einige organisatorische Änderungen ein. So wurde das Geschäftsjahr vom 1. April bis 31. März verlegt. Für das ganze Reichsgebiet wurde die Beitragsfrage einheitlich geregelt. Von jedem Verein war für jedes Mitglied, auch von Ehrenmitgliedern, ein Beitrag in Höhe von 60 Pfennig zu zahlen. Davon waren 30 Pfennig an die Landesfachgruppe abzuführen und 30 Pfennig waren für die Kreisfachgruppe bestimmt. Die Beiträge an die Landesfachgruppe mußten bis 1. Mai bei dem Landesfachgruppenkassierer eingegangen sein. Der aufgelöste Klub der Rassegeflügelzüchter in Württemberg und Hohenzollern, der im Vereinsregister in Stuttgart eingetragen war, wurde am 16. Januar 1937 gelöscht.

Mit dem Jahr 1937 begann auch die Planung der Neuorganisation der Kreisverbände. Im Zuge dieser geplanten Neuordnungsmaßnahmen wurde bereits am 1. April 1937 wegen Erkrankung des Vorsitzenden der Kreisfachgruppe Nagoldtal, Christian Claus, Bad Liebenzell, im Einvernehmen mit dieser Fachgruppe eine Vereinigung mit der Kreisfachgruppe Schwarzwald-Nord vollzogen.

Züchtertag in Balingen

Die württembergischen Geflügelzüchter trafen sich am 12. und 13. Juni 1937 in Balingen, der Heimatstadt des Ehrenvorsitzenden Georg Roller, zu ihrem Züchtertag. Wie alljährlich fand am Samstag nach vorausgegangener Vorstandssitzung eine Zusammenkunft der Kreisfachgruppenvorsitzenden statt. Es waren 30 Kreisfachgruppen vertreten. Vor Beginn der Versammlung gedachte die Versammlung der Toten des Jahres, besonders des langjährigen Schriftführers des früheren Landesverbandes, Heinrich Rückert, Laupheim. Aus persönlichen Gründen stellte Landesvorsitzender Gottlieb Keppler die Vertrauensfrage und bat um eine geheime Abstimmung. Ein Kreisvorsitzender teilte mit, daß er über die Gründe und den Sachverhalt nicht genügend aufgeklärt sei und sich deshalb der Stimme enthalten werde. Alle anderen 29 Vertreter der Kreisverbände sprachen Gottlieb Keppler ihr einmütiges Vertrauen aus.

Zur Frage der Beteiligung von Nichtwürttembergern an den Landesausstellungen hatte Vorsitzender Keppler in Berlin ein Gespräch mit dem Präsidenten der Reichsfachschaft Ausstellungsgeflügelzüchter, Artur Riedel, geführt. Dieser habe ihn darauf hingewiesen, daß es nicht möglich sei, die Rasseschauen der Landesgruppen für Mitglieder des Reichsverbandes Deutscher Kleintierzüchter, die außerhalb Württembergs ihren Wohnsitz hätten, zu verschließen, da andere Landesfachgruppen gerade auf die Beteiligung von „Ausländern" besonderen Wert legten. Außerdem müsse auch den Züchtern, die zufällig trotz ihres guten Tiermaterials, vielleicht wegen zu großer Jugend, ihre Tiere bei ihrer Landesfachgruppenschau den Titel „best" nicht erreichen konnten, die Möglichkeit gegeben werden, bei anderen Landesschauen diese Scharte auszuwetzen, damit sie ihre Tiere bei der Reichssiegerschau zeigen könnten. Zur Durchführung der neuen Aufgaben, die dem Landesverband von dem Reichsverband Deutscher Kleintierzüchter und der Reichsfachgruppe gestellt würden, sei es notwendig, eine Schulung der Züchter durchzuführen. Die Reichsfachgruppe werde im Reichsgebiet fünf Schulungsversammlungen durchführen, von denen eine in Stuttgart stattfinde, erklärte Vorsitzender Keppler.

Ausbildungslehrgang in Stuttgart

Der Ausbildungslehrgang des Reichsverbandes Deutscher Kleintierzüchter und der Reichsfachschaft Ausstellungsgeflügelzüchter fand am 21. und 22. August 1937 im Restaurant „Peterhof" in Stuttgart statt. Gottlieb Keppler konnte den Ausbildungsleiter des Reichsverbandes Dr. Kupsch, Präsident Artur Riedel und den Geschäftsführer der Reichsfachschaft 2, Matthias, den Vertreter der Landesbauernschaft, Tierzuchtinspektor Mayer, und weitere Ehrengäste begrüßen. Präsident Riedel sprach über die Aufgaben der Reichsfachgruppe Ausstellungsgeflügelzüchter im Vierjahresplan. Dr. Kupsch sprach über die Fütterung und Pflege der Tiere. Am zweiten Tage sprach ein Vertreter des Reichsverbandes über die verwaltungsmäßigen Aufgaben der Landes- und Kreisfachgruppen, sowie der örtlichen Vereine im Vierjahresplan. Die Vorträge wurden durch Lichtbilder verdeutlicht, die den Kreisfachschaftsgruppen zur Verfügung gestellt wurden. Der Lehrgang fand seine Fortsetzung in allen Kreisfachgruppen, um das in Stuttgart vermittelte Wissen an die Vereine und die Mitglieder weiterzugeben.

Über die Schwabenschau in der Städtischen Gewerbehalle in Stuttgart am 4. und 5. Dezember 1937 gibt es weder einen Katalog noch irgendwelche Aufzeichnungen. Es ist nur bekannt, daß 24 Preisrichter für diese Schau verpflichtet wurden. Am Rande vermerkt sei noch, daß es seit 1937 keine Aufzeichnungen mehr im Protokollbuch des Landesverbandes gibt.

Die neue Kreiseinteilung

Durch die Neueinteilung der politischen Kreise innerhalb von Württemberg war es notwendig geworden, auch die bestehenden Kreisfachgruppen neu einzuteilen. Es bestanden nunmehr 29 Kreisfachschaftsgruppen, und zwar für Aalen, Backnang, Balingen, Böblingen, Calw, Crailsheim, Ehingen/Donau, Esslingen, Freudenstadt, Geislingen, Göppingen, Heilbronn, Leonberg, Ludwigsburg, Nürtingen, Obere Fildern, Öhringen, Ravensburg, Reutlingen, Rottweil, Stuttgart, Schwäbisch Gmünd, Schwäbisch Hall, Tübingen, Ulm, Untere Fildern, Unterer Neckar, Vaihingen/Enz und Waiblingen.

Die „Deutsche Geflügel-Zeitung" in Reutlingen

In der Mitte des Jahres 1938 gingen die Verlagsrechte der „Deutschen Geflügel-Zeitung" von der J. Ebner'schen Buchdruckerei Ulm an den Verlag Oertel & Spörer in Reutlingen über. Schriftleiter wurde Werner Schmahl. Die „Deutsche Geflügel-Zeitung" blieb auch weiterhin das Verbandsorgan des Landesverbandes, ohne daß dadurch die anderen Fachzeitschriften benachteiligt wurden. Landesvorsitzender Gottlieb Keppler konnte nach dem Verlagswechsel von Ulm nach Reutlingen am 26. August 1938 die Rückzahlung aller Schuldscheine der „Süddeutschen Tier-Börse" bis zum 1. Oktober 1938 bekanntgeben.

Wegen der Seuchengefahr konnte 1938 der Züchtertag nicht durchgeführt werden. In der Fachpresse mußte Vorsitzender Gottlieb Keppler im September 1938 mitteilen, daß auf Grund der verbreiteten Maul- und Klauenseuche die Landesausstellung in Stuttgart ebenfalls nicht stattfinden konnte.

Landesausstellung in Tuttlingen

Für die Landesausstellung fand Vorsitzender Gottlieb Keppler rasch einen Ausweg. Sie wurde nach Tuttlingen verlegt und konnte am 10. und 11. Dezember 1938 in der Städtischen Turn- und Festhalle vom Geflügelzuchtverein Tuttlingen durchgeführt werden. Die Schirmherrschaft hatte Bürgermeister Haug übernommen. An der Ausstellung beteiligten sich acht Sondervereine. Die elf eingesetzten Preisrichter hatten von 349 Ausstellern 1 508 Tiere zu bewerten. Die Höchstnote wurde auf fünf Tauben und einen Leghornhahn vergeben. Mehr Tiere konnten in der Halle nicht untergebracht werden, so daß die Ausstellungsleitung eine große Zahl von Anmeldungen zurückweisen mußte.

„Süddeutscher Kleintier-Züchter"

Am 1. April 1939 gab es wieder eine Veränderung im Kopfblatt der „Deutschen Geflügel-Zeitung", die nunmehr in „Süddeutscher Kleintier-Züchter" umbenannt wurde. Im Untertitel war noch der frühere Name „Deutsche Geflügel-Zeitung" vermerkt. Diese Fachzeitschrift war eine gemischte Ausgabe und umfaßte alle Tierarten der Kleintierzucht. Verantwortlicher Schriftleiter war nun Carl Rupp, Mössingen. Die Auflagenhöhe betrug 5 600 Exemplare.

So sah der Kopf der 1939 umbenannten und in Reutlingen erscheinenden Fachzeitschrift aus

Der Züchtertag in Göppingen

Nach dem Ausfall des vorjährigen Züchtertages waren die Erwartungen für das Treffen am 17. und 18. Juni 1939 besonders groß. So war dann auch der Besuch in Göppingen zum Landeszüchtertag weitaus stärker als erwartet. Am Samstagnachmittag war eine Versammlung der Kreisvorsitzenden und Ausbildungsleiter, die von Gottlieb Keppler geleitet wurde. Dieser wies darauf hin, daß in dem nun auslaufenden Geschäftsjahr eine Neuorganisation der Kreisfachgruppen von der Landesbauernschaft zwangsweise durchgeführt wurde, gegen die sich etwaige Beschwerden völlig erübrigten, da auf Sonderwünsche keine Rücksicht genommen wurde. Es würden sich zunächst einige Härten ergeben, die aber bei gutem Willen zu beheben seien.

Am Abend fand im Apostelhotel ein groß aufgezogener Kameradschaftsabend statt, der sehr gut besucht war. Am Sonntagvormittag gab es wieder die übliche Kundgebung im Stadtgarten, an der etwa 350 Personen teilnahmen. Nach dem Vortrag des Jahres- und Kassenabschlusses wurde die geplante Landeskleintierschau erläutert. Am Nachmittag fand im Turnersaal der Brauerei „Goldenes Rad" eine Versammlung der württembergischen Preisrichter und der Anwärter statt. Hierbei gab es einen Schulungsvortrag von Erich Klein über die Aufgaben der Preisrichter im Vierjahresplan. In der Aussprache ging es aber nur um züchterische Fragen, die Bewertung bei Entartungserscheinungen wie verbogenes Brustbein und um die Bedeutung der Ausfärbung des Untergefieders bei Hühnern. Der Vorsitzende der Preisrichtervereinigung, Paul Klein, teilte mit, daß die Vereinigung 31 Mitglieder habe und um die Ausbildung von Preisrichteranwärtern bemüht bleibe. Zum 1. Beisitzer wurde wieder Karl Schmid, Stuttgart-Wangen, und zum 2. Beisitzer Otto Kramer, Calw, berufen.

Der Zweite Weltkrieg beginnt

Nur wenige Wochen nach den schönen Tagen in Göppingen, am 1. September 1939, brach mit dem deutschen Überfall auf Polen der zweite Weltkrieg aus. Alle Träume von einer glücklichen und friedvollen Zukunft der Rassegeflügelzucht waren zerronnen. Die meisten Züchter, bis auf die älteren Jahrgänge, wurden zum Kriegsdienst einberufen und mußten den Eltern oder der Ehefrau ihre Zuchten überlassen. Ausstellungen, wie Reichs-, Landes- oder Kreisschauen, konnten kaum mehr durchgeführt werden. Wenige Wochen später wurden die Reichsschauen und auch die Landesschau abgesagt und verboten.

In einem Aufruf, der in allen Fachzeitschriften am 22. September 1939 veröffentlicht wurde, wies Landesvorsitzender Gottlieb Keppler darauf hin, daß in der Arbeit der Landesfachgruppe kein Stillstand eintreten dürfe. Gerade der Beratung der nichtorganisierten Geflügelkleinhaltungen sei größte Aufmerksamkeit zu schenken. Er bat die Kreisfachschaftsvorsitzenden, darum besorgt zu sein, daß die Vereine arbeitsfähig bleiben. Wenn ein Vereinsvorsitzender zum Kriegsdienst eingezogen würde, müßte sofort eine geeignete Persönlichkeit beauftragt werden, die Stellvertretung zu übernehmen. Die Vereine bat Gottlieb Keppler, die Vereinsversammlungen wie seither regelmäßig durchzuführen. Die Mitglieder sollten auch weiterhin beraten werden, keine wertvollen Tiere abzuschlachten.

Lehr- und Werbeschau in Stuttgart

Trotz der schweren Zeit fand vom 27. April bis 5. Mai 1940 auf dem Gelände der Reichsgartenschau in Stuttgart eine Lehr- und Werbeschau für Kleintiere durch die zuständigen Landesverbände statt. Auch die Rassegeflügelzüchter beteiligten sich an dieser Ausstellung. Für Sonntag, den 28. April 1940, hatte Landesvorsitzender Gottlieb Keppler die Kreisvorsitzenden zu einer Sitzung in den Filmsaal der Reichsgartenschau eingeladen, um die notwendigen Verbandsangelegenheiten zu erledigen.

Ab dem Jahr 1941 wurden alle Ausstellungen, die über den örtlichen Rahmen hinausgingen, verboten. Der Vorsitzende des Landesverbandes blieb eifrig bemüht, das Verbandsleben durch eine enge Verbindung mit den Kreisverbänden und den örtlichen Vereinen zu erhalten. Er sorgte sich um die Beschaffung von Geflügelfutter, besuchte die Versammlungen der Kreisverbände und informierte die im Felde stehenden Mitglieder über alle verbandsinternen Geschehnisse über die Fachpresse.

Im Jahr 1942 wurde der Vorsitzende der Preisrichtervereinigung, Paul Klein, zum Kriegsdienst einberufen. Landesvorsitzender Keppler verfügte, daß für die Dauer der Abwesenheit sein Bruder Erich Klein die Geschäfte der Preisrichtervereinigung führte.

Das Kriegsgeschehen nahm einen immer weiteren Umfang an. Sparsamkeit und Einschränkungen auf allen Gebieten waren an der Tagesordnung. So wurden auch ab 9. April 1943 kriegsbedingt vier Fachzeitschriften zusammengelegt und erschienen in einer gemeinsamen Ausgabe, die im Verlag der „Geflügel-Börse" in Leipzig gedruckt wurde.

Sämtliche deutschen Fachzeitschriften wurden im Kriegsjahr 1943 aus Papiermangel zur Fachzeitschrift „Die Deutsche Geflügelzucht" zusammengelegt.

In vielen Gemeinden wurde das Vereinsleben immer stiller, ja, es kam teilweise zum Erliegen. Die Frauen konnten die Zuchten nicht mehr halten. Das nahe Ende des mörderischen Ringens zeichnete sich deutlich ab. Am 8. Mai 1945 schwiegen die Waffen. Unser Vaterland lag geschlagen am Boden und mußte sich den Siegermächten unterwerfen. Auch die einst blühende Rassegeflügelzucht war vernichtet und niemand glaubte an einen baldigen Wiederaufstieg in unserem Land.

Erneuter Wiederaufbau der Rassegeflügelzucht nach 1945

Nach dem 8. Mai 1945 wurde Deutschland in vier Besatzungszonen aufgeteilt und Militärregierungen eingerichtet. In Nord- und Südwürttemberg hatten die Amerikaner und Franzosen das Schicksal des Landes übernommen. Das ehemalige Gebiet von Hohenzollern wurde Südwürttemberg zugeteilt. Im Bereich des früheren Landesverbandes waren viele Züchterfreunde nicht mehr zurückgekehrt oder waren noch in Kriegsgefangenschaft. Es herrschte Wohnungsnot und die Versorgung mit Lebensmitteln war sehr mangelhaft. Futtergetreide für das Geflügel gab es überhaupt nicht. Es war daher verständlich, daß das Vereinsleben nur zögernd und mühsam aufgebaut werden konnte, soweit dies überhaupt von den Besatzungsmächten zugelassen wurde. Erst gegen Ende des Jahres 1945 und zu Beginn des Jahres 1946 begann in Vereinen und den Kreis- und Landesverbänden die Aufbauarbeit. Auch in Nord- und Südwürttemberg konnten Anzeichen eines Neubeginns festgestellt werden. Doch dies erfolgte streng getrennt nach den Besatzungszonen.

Fachzeitschriften erscheinen wieder

Am 5. April 1946 erschien in Leipzig die erste Nachkriegsausgabe der „Geflügel-Börse" mit der Erlaubnis der sowjetischen Militär-Administration. Am 15. Juni 1946 erhielt der Verlag Oertel & Spörer, Reutlingen, die Lizenz zur Herausgabe der Zeitschrift „Süddeutscher Kleintier-Züchter". Unter den Züchtern des früheren Landesverbandes Württemberg und Hohenzollern kam nun Mut und Hoffnung auf, die Rassegeflügelzucht wieder aufzubauen. Starke Impulse hierzu kamen von dem Verein der Geflügel- und Vogelfreunde Stuttgart und hier besonders von Gustav Mödinger und Alfred Blessing. In Südwürttemberg waren es Johann Schmid, Tailfingen, und Gottlieb Keppler.

Gustav Mödinger hatte die Kreisvorsitzenden der Rassegeflügelzüchter von Nord-Württemberg für Sonntag, den 28. Juli 1946, zu einer konstituierenden Hauptversammlung nach Stuttgart eingeladen. Es wurde eine Satzung beschlossen, wonach sich der Landesverband als Nachfolger des früheren Landesverbandes der Geflügelzucht- und Vogelschutzvereine in Württemberg und Hohenzollern betrachtete. Zum Vorsitzenden wählte die Versammlung Gustav Mödinger, Stuttgart, zu dessen Stellvertreter Paul Bausch, Sindelfingen, und zum Kassierer Gustav Hammeley, Ulm. Am gleichen Tag wurde in Stuttgart auf Betreiben von Alfred Blessing, Stuttgart-Weilimdorf, das Zuchtbuch für Rassegeflügel gegründet. In den Zuchtausschuß wurden gewählt Alfred Blessing, Paul Bausch, Gustav Mödinger, Erich Fetzer und Hans Digel.

Süddeutscher Kleintier-Züchter

Das illustrierte Fachblatt
für Geflügel-, Kaninchen-, Ziegen-, Bienen- und Hundezucht

Nr 1 / 1. Jahrgang   15. Juni 1946

Unsere Aufgabe

Dank des Entgegenkommens der französischen Militärregierung konnte nunmehr der „Süddeutsche Kleintierzüchter" aus der Taufe gehoben werden, ein Ereignis, das in den Kreisen der Kleintierzüchter sehnsüchtig erwartet und freudig begrüßt worden ist. Damit ist dem Kleintierzüchter nach nahezu 15 Monaten wieder ein Fachblatt in die Hand gegeben, bei dem er sich vielseitigen Rat holen kann. Dies trifft in besonderem Maße zu für die Neulinge in der Kleintierzucht, die in großer Zahl zu den alten Züchtern im Laufe der letzten Jahre gestoßen sind, besonders in der Geflügel- und Kaninchenzucht. Viele dieser neuen Züchter sind zwangsläufig auf diesem Gebiet Selbstversorger geworden, ohne für die Zucht und Haltung die so notwendigen Erfahrungen mitzubringen. Ihnen will der „Süddeutsche Kleintierzüchter" Ratgeber sein, ohne jedoch die älteren und erfahrenen Züchter zu vernachlässigen.

Die bisher bei Verlag und Redaktion eingegangenen zahlreichen Zuschriften aus Züchterkreisen beweisen, wie eng der Kleintierzüchter mit seinem Fachblatt verbunden ist. Wir werden deshalb unermüdlich bestrebt sein, alles zu tun, um das Vertrauen der Züchter zu ihrem Fachblatt zu rechtfertigen. Bekannte Mitarbeiter mit jahrzehntelangen reichen Erfahrungen werden durch den „Süddeutschen Kleintierzüchter" zu den Zuchtfreunden sprechen und ihnen wertvolle Hinweise geben.

Wenn die Fachzeitschrift vorerst in geringem Umfange 14tägig erscheint, so liegt das in den gegenwärtigen Verhältnissen begründet. Wir werden jedoch stets bemüht bleiben, den „Süddeutschen Kleintierzüchter" nach den gegebenen Möglichkeiten auszubauen.

Mögen die Kleintierzüchter in unserem Fachblatt einen treuen Freund sehen, dessen höchste Aufgabe es ist, zum Wohle der Kleintierzucht zu wirken.

Joh. Schmid.

Nach der Lizenzerteilung durch die französische Militärregierung erschien der „Süddeutsche Kleintierzüchter bereits im Juni 1946 wieder. Johannes Schmid, Tailfingen, widmete diesem Ereignis den obenstehenden Leitartikel.

Zum Zweck der Neuorganisation und Beschlußfassung über eine neue Satzung wurden von Gustav Mödinger die in Nord-Württemberg ansässigen Geflügelpreisrichter für Sonntag, den 5. Oktober 1946, nach Stuttgart-Wangen eingeladen. Die Versammlung wurde von Erich Klein, Vaihingen/Enz, dem letzten Vorsitzenden der Preisrichtervereinigung, eröffnet. Von ihm stammte auch der Satzungsentwurf, der angenommen wurde. Die Wahlen zum Vorstand brachten folgendes Ergebnis: 1. Vorsitzender wurde Karl Schlecht, Bernhausen; 2. Vorsitzender Philipp Rummel, Birkenfeld; 1. Schriftführer Johann Enk, Stuttgart-Wangen; Kassierer Karl Schmid, Stuttgart-Wangen; 2. Schriftführer Max Kenngott, Heilbronn; Beisitzer August Feuchter, Neckarsulm, und Adolf Heinz, Stuttgart-Heslach. Den Vorsitz im Ehrengericht der Preisrichtervereinigung übernahm Erich Fetzer, Geislingen. Für das sehr wichtige Amt der Schulung und Prüfung der Preisrichteranwärter konnte Erich Klein, Vaihingen/Enz, gewonnen werden.

In Süd-Württemberg, dem französisch besetzten Landesteil, war es der Tailfinger Fabrikant Johann Schmid, der zu einer Gründungsversammlung für den 21. September 1946 nach Tübingen in den Gasthof zum Bahnhof eingeladen hatte. Bis auf die Vorsitzenden der Kreisverbände Freudenstadt und Ehingen waren alle Kreisvorsitzenden anwesend. Gottlieb Keppler hatte schon einige Vorarbeiten geleistet, um dem Verband bei der Neugründung Hilfestellung zu leisten. So hatte er schon eine bereits von der französischen Militärregierung genehmigte neue Satzung zur Hand, konnte über die Wiederherausgabe des „Süddeutschen Kleintier-Züchters" berichten, war schon in der Futterbeschaffung für die Züchtergruppen erfolgreich tätig und bereits um die Fußringe für das Geflügel besorgt. Die Versammlung nahm die neuen Satzungen an, gab sich den Namen „Landesverband der Rassegeflügelzüchter für Süd-Württemberg" und wählte folgenden Vorstand: 1. Vorsitzender wurde Johann Schmid, Tailfingen; 2. Vorsitzender Philipp Rummel, Birkenfeld; Geschäftsführerin Anneliese Keppler, Pfullingen; Kassierer Wolfgang Holz, Tübingen; Beisitzer Christian Bechthold, Schwenningen. Bei der Gründungsversammlung kam der Wille der Mitglieder deutlich zum Ausdruck, daß Nord- und Süd-Württemberg in der Rassegeflügelzucht bald wieder vereint werden sollten.

Erste Nachkriegsausstellung in Schorndorf 1947

Einen erfreulichen Beweis des Aufbauwillens der süddeutschen Rassegeflügelzucht brachte die erste Landesgeflügelausstellung des Landesverbandes Nord-Württemberg nach Kriegsende. Sie fand am 11. und 12. Januar 1947 im Festsaal des Löwenkellers in Schorndorf statt und wurde vom Kleintierzuchtverein Schorndorf mustergültig durchgeführt. Der Ausstellung angeschlossen hatten sich mit Sonderschauen das Zuchtbuch Württemberg, der Süddeutsche Rhodeländerzüchter-Klub, der Sonderverein der Rheinländerzüchter Württemberg, die Zwerghuhnzüchter-Vereinigung Württemberg, der Verein süddeutscher Farbentaubenzüchter und der Taubenzüchterverein Groß Stuttgart. Eingesetzt waren 12 Preisrichter, die etwas über 1 200 Tiere von 224 Ausstellern zu bewerten hatten. Die Bewertungsergebnisse waren im Katalog nicht vermerkt; dazu wurde eine besondere Bewertungsliste herausgegeben. Die Preisrichter vergaben an fünf Tiere die Höchstnote, und zwar auf 0,1 Rhodeländer von Rudi Heimerdinger, Neckarsulm; 1,1 Zwerg-Cochin von Erich Fetzer, Geislingen; 1,0 Marmorstar von Karl Schlecht, Bernhausen, und 1,0 Mohrenkopf von Eugen Schickhardt, Stuttgart-Gaisburg.

Bei einer gemeinsamen Vorstandsbesprechung der Landesverbände für Geflügel und Kaninchen von Nord-Württemberg wurde Anfang März 1947 beschlossen, daß beide Verbände selbständige Organisationen bleiben.

Ehrung für verdiente Züchter

Bei der Hauptversammlung des Landesverbandes Nord-Württemberg am 24. August 1947 in Stuttgart, Gasthof „Hirsch", wurde das frühere Vorstandsmitglied des Verbandes der Geflügelzucht- und Vogelschutzvereine in Württemberg und Hohenzollern, Friedrich Greiner, Langenburg, zum Ehrenmitglied des Landesverbandes ernannt. Bei dieser Versammlung wurde auch beschlossen, daß künftig der Preisrichtervereinigung Stimmrecht im Landesverband zusteht.

Der Landesverband Süd-Württemberg ehrte bei seiner Hauptversammlung am 7. September 1947 in Tübingen seinen Landesvorsitzenden Johann Schmid, Tailfingen, mit der Verleihung der Ehrenmitgliedschaft für seine hohen Verdienste bei dem früheren und heutigen Landesverband. Johann Schmid vollendete am 21. September 1947 sein 75. Lebensjahr. Als einer der prominentesten und populärsten Züchter und Preisrichter der schwäbischen Rassegeflügelzucht wurden dem verdienstvollen Jubilar viele Anerkennungen, Lobes- und Dankesbezeichnungen zuteil. Mit seinem Geburtstag feierte Johann Schmid zugleich sein 25jähriges Jubiläum als Vorsitzender des Kreises Balingen-Hohenzollern.

Erfolgreiche Preisrichterschulung

Bei der ersten Preisrichterschulung im Mai 1947 in Vaihingen/Enz wurden von Preisrichtern 10 Fachvorträge über die Bewertung von Hühner-, Zwerghühner- und Taubenrassen gehalten. Bei der Preisrichterschulung am 29. September 1947 in Stuttgart-Wangen mußte zunächst eine organisatorische Angelegenheit erledigt werden. Der bewährte Erich Klein hatte mit Rücksicht auf seinen Gesundheitszustand um Entbindung von seiner Aufgabe als Schulungsleiter gebeten. Es war nicht möglich, eine Persönlichkeit zu finden, die wie Erich Klein diese Aufgabe allein bewältigte. So wurde für jede Gruppe ein besonders begabter Preisrichter gewählt, und zwar für Großgeflügel und Hühner Karl Schmid, Stuttgart-Wangen, für Wassergeflügel Adolf Heinz, Stuttgart-Heslach, für Zwerghühner Erich Fetzer, Geislingen, und für Tauben Karl Schlecht, Bernhausen.

Zwei Landesausstellungen an einem Wochenende

Es war ein unglückliches Zusammentreffen, daß die beiden Ausstellungen der Landesverbände Nord- und Süd-Württemberg am 10. und 11. Januar 1948 durchgeführt wurden. Hier hatte man eine entsprechende Abstimmung bei der sonst guten Zusammenarbeit vermißt. Dabei hatten beide Ausstellungen ihre liebe Not mit der ungünstigen Witterung. In Heidenheim standen annähernd 3 000 Tiere, die eine deutliche Verbesserung gegenüber dem Vorjahr zeigten. Ausstellungsleiter war Wilhelm Frey, der sich viel Mühe mit dem Aufbau und der Ausschmückung der Ausstellung gab. Dies betonte auch Landesverbandsvorsitzender Gustav Mödinger bei der feierlichen Eröffnung der Schau.

Die Ausstellung des Landesverbandes Süd-Württemberg in der Turn- und Festhalle in Tuttlingen war das große Ereignis für den südlichen Landesteil. Die Ausstellung wurde von etwa 5 000 Personen besucht, darunter Vertreter der französischen Militärregierung, Landwirtschaftsminister Dr. Weiß und Kultusminister Dr. Sauer.

Erich Klein †

Am 4. Mai 1948 schloß einer der größten Kenner aller Rassen, der große Organisator, Schriftsteller und Preisrichter Erich Klein, für immer die Augen. Mit ihm verloren die deutsche Rassegeflügelzucht, der Landesverband Nord-Württemberg und die Preisrichtervereinigung einen ihrer größten Förderer und Organisator.

Erich Klein wurde am 15. Februar 1881 in Berlin geboren. Er war schon als Schüler, erblich belastet durch seinen Vater und Großvater, ein begeisterter Tauben- und Zwerghuhnzüchter. Im Jahr 1898 mußte sein Vater der „Cypria" als Mitglied beitreten, um ihm als Schüler die Möglichkeit zu geben, die Versammlungen zu besuchen. 1902 wurde Erich Klein Mitglied der „Cypria" und des Geflügelzuchtvereins Steglitz. Seit 1906 war er ein gesuchter und gern gesehener Preisrich-

Erich Klein, Schriftsteller, Redakteur und Preisrichter, war einer der Großen der deutschen Rassegeflügelzucht.

Der 1948 verstorbene Georg Roller führte den Landesverband Württemberg-Hohenzollern von 1927 bis 1931.

ter. In den Jahren von 1906 bis 1912 studierte er Rechtswissenschaft in Berlin. Auch die Vorlesungen von Bruno Dürigen an der Landwirtschaftlichen Hochschule wurden von ihm regelmäßig besucht. Sein rheumatisches Leiden führte ihn regelmäßig nach Bad Nauheim. Als Gründungsmitglied des Berliner Zwerghuhnzüchtervereins von 1913 war Erich Klein ein enger und zuverlässiger Mitarbeiter von Walter Rüst, bis er zu Beginn des Jahres 1918 Berlin verlassen mußte. Am 1. Januar 1918 übernahm Erich Klein die Geschäftsführung des Bundes Deutscher Geflügelzüchter und zog nach Frankfurt am Main. In der Folgezeit besuchte er viele Zwerghuhnzüchter in Süddeutschland, darunter auch den Vorsitzenden des Süddeutschen Zwerghuhnzüchter-Klubs von 1911, Fabrikant Gustav Lamparter in Reutlingen. Nach dem Tod des BDG-Präsidenten Heinrich Kreutzer ging Erich Klein nach Chemnitz als Mitarbeiter der von Dr. Paul Trübenbach herausgegebenen „Geflügel-Welt". Mitte der zwanziger Jahre verlegte Erich Klein seinen Wohnsitz nach Vaihingen/Enz. Er wurde Mitglied im Süddeutschen Zwerghuhnzüchter-Klub und übernahm von 1930 bis 1945 den Vorsitz. Im Jahr 1929 wurde er Hauptschriftleiter der „Süddeutschen Tier-Börse" bis zum Jahr 1932. Im Jahr 1942 wurde er Vorsitzender der Preisrichtervereinigung der Landesfachschaft Württemberg. Nach 1945 übernahm er den Posten des Schriftführers im Süddeutschen Zwerghuhnzüchter-Klub und war Schulungsleiter der Preisrichtervereinigung des Landesverbandes Nord-Württemberg.

Eine weitere Trauerbotschaft kam aus Balingen. Dort wurde der Ehrenvorsitzende des Landesverbandes, Krankenhausverwalter a. D. Georg Roller, am 24. Juli 1948 zu Grabe getragen. Er starb im 95. Lebensjahr. Der Verstorbene führte den Landesverband vom 27. November 1927 bis zum 17. Januar 1931.

Aufwärtstrend beim Zuchtbuch

Bei der Jahreshauptversammlung des Zuchtbuches der Rassegeflügelzüchter von Nord-Württemberg am 5. September 1948 konnte Vorsitzender Alfred Blessing mitteilen, daß dem Zuchtbuch 209 Mitglieder mit 27 Rassen Hühner und 19 Rassen Zwerghühner angehörten.

Die Preisrichtervereinigung von Nord-Württemberg beschloß bei ihrer Jahreshauptversammlung am 10. Oktober 1948 im Gasthof zum Löwen in Stuttgart-Wangen eine Neufestsetzung der Preisrichtergebühren. Für kleine Schauen konnten 15,- DM und für große 20,- DM berechnet werden und für Übernachtungen 5,- DM. Es wurde vorgeschlagen, die beiden Preisrichtervereinigungen von Nord- und Süd-Württemberg zusammenzuschließen, was einstimmig angenommen wurde.

Landesausstellungen in Schorndorf und Reutlingen

Die Ausstellung des Landesverbandes Süd-Württemberg am 18. und 19. Dezember 1948 in der großen Turnhalle in Reutlingen wurde mit mehr als 1 000 Tieren beschickt. Ausstellungsleiter Johannes Braune hatte es verstanden, eine eindrucksvolle Schau zu präsentieren.

Mit der Landesausstellung von Nord-Württemberg war der Verband wieder zu Gast im Festsaal des Löwenkellers und einigen Nebenräumen in Schorndorf. Ausstellungsleiter Hermann Dannenmann und seine Vereinskameraden hatten die Ausstellung für den 8. und 9. Januar 1949 sehr gut vorbereitet. Die 260 Aussteller zeigten 1 500 Tiere, die von 13 Preisrichtern bewertet wurden. Für einen so starken Landesverband waren eigentlich mehr Tiere erwartet worden. Der Grund für die schwache Beschickung war, daß am 27. und 28. Oktober 1948 in Stuttgart Feuerbach eine Zuchtbuch-Ausstellung mit über 1 000 Tieren stattfand und daß der Sonderverein der Züchter Süddeutscher Farbentauben am 11. und 12. Dezember 1948 in Stuttgart-Wangen eine Sonderschau durchführte.

Zusammenschluß der Preisrichtervereinigungen 1949

Am 27. Februar 1949 trafen sich die Preisrichter von Nord- und Süd-Württemberg im „Deutschen Haus" in Reutlingen, um ihre Vereinigung zu beschließen. Die beiden Vorstände gaben Berichte über ihre bisherige Tätigkeit und die Kassierer legten ihre Jahresrechnung auf. Am Vormittag gab es Schulungsvorträge und Tierbesprechungen. Am Nachmittag wurde der offizielle Zusammenschluß einstimmig beschlossen. Der Name der Vereinigung lautete nunmehr „Preisrichtervereinigung der Rassegeflügelzüchter von Württemberg". Der Vereinigung gehörten jetzt 33 Mitglieder und 16 Preisrichter-Anwärter an. Die Wahlen zum Vorstand hatten folgendes Ergebnis:

1. Vorsitzender: Karl Schlecht, Bernhausen; 2. Vorsitzender: Philipp Rummel, Birkenfeld; Schriftführer und Geschäftsführer: Theodor Sperl, Scharnhausen; Kassierer: Karl Schmid, Stuttgart-Wangen; Beisitzer: Gustav Mödinger, Stuttgart; Gottlieb Keppler, Pfullingen. Zu Obleuten wurden gewählt:

Wassergeflügel: Adolf Heinz, Stuttgart-Heslach; Hühner: Gottlieb Keppler, Pfullingen; Zwerghühner: Karl Schmid, Stuttgart-Wangen; Tauben: Karl Schlecht, Bernhausen. Die Obleute waren auch zugleich Mitglieder des Prüfungsausschusses.

Der Bund Deutscher Rassegeflügelzüchter wird 1949 in Frankfurt am Main gegründet

Am 16. März 1949 versammelten sich die Vertreter der Landesverbände aller westlichen Besatzungszonen im Schneiderinnungsheim in Frankfurt am Main zum Zusammenschluß zu einer Bundesorganisation. Durch die Vertreter der Rassegeflügelzüchter aus den drei Zonen waren hinreichende Vorarbeiten getroffen worden, um für die 100 000 Mitglieder in Deutschland eine Dachorganisation wieder erstehen zu lassen. Die Vertreter der Landesverbände Nord- und Süd-Württemberg waren sehr positiv für eine Neugründung des ehemaligen Bundes Deutscher Geflügelzüchter eingestellt. Obwohl die beiden Verbände noch nicht vereint waren, hatten sie sich in dieser Hinsicht verständigt. So kam es dann in völliger Übereinstimmung mit allen Landesverbänden zur Gründung des Bundes Deutscher Rassegeflügelzüchter. Bei den Wahlen zum Präsidium wurde der frühere Landesvorsitzende Gottlieb Keppler, Pfullingen, als Beisitzer in das Präsidium gewählt. In den Ausschuß für Sondervereine wurden Erich Fetzer, Nord-Württemberg, und Gottlieb Keppler, Süd-Württemberg, gewählt.

In allen Städten und Gemeinden wurden nun wieder Ausstellungen in allen Größenordnungen durchgeführt. Dadurch begann eine Blütezeit für die Rassegeflügelzucht in ganz Deutschland. Die alten Traditionsschauen wie Hannover, Frankfurt oder Würzburg waren zu neuem Leben erwacht. Nun meldete sich in Württemberg auch eine altbekannte Ausstellung wieder an. Es war die Süddeutsche Allgemeine Geflügelausstellung in Heilbronn, die schon vor 1933 stark vertreten war. Der Verein der Geflügel- und Vogelfreunde Heilbronn lud aus Anlaß seines 70jährigen Bestehens zur Beschickung seiner traditionsreichen Ausstellung in die Käthchenstadt im Dezember 1949. Auch in Tuttlingen bereitete sich der schon immer rührige Geflügelzuchtverein auf die erste Junggeflügelschau in Süddeutschland für den 5. bis 6. November 1949 vor.

Die Vereinigung der Geflügelpreisrichter in Württemberg führte am 5. September 1949 im Gasthof zum Löwen in Stuttgart-Wangen einen Schulungskurs durch, wobei auch wichtige Entscheidungen für die Vereinigung getroffen wurden. Vorsitzender Karl Schlecht gab bekannt, daß ab 1. Oktober 1949 neue Entschädigungen für amtierende Preisrichter festgelegt wurden. Die Tagessätze betrugen jetzt für einen ganzen Tag 20,- DM und für einen halben Tag 10,- DM. Neben der Erstattung des Fahrgeldes wurden für Übernachtungen 8,- DM erstattet. Außerdem erhielt der Preisrichter am Richttag die Verpflegung vom Verein, der die Ausstellung durchführte. Für jede Nummer über 100, die ein Preisrichter zu bewerten hatte, war ein Sonderbetrag von 0,30 DM pro Nummer zu erheben.

Gottlieb Keppler wird neuer Vorsitzender des Landesverbandes Süd-Württemberg

Die 3. Rassegeflügelschau des Landesverbandes Süd-Württemberg und Hohenzollern am 10. und 11. Dezember 1949 in der städtischen Turnhalle in Rottweil, mit der auch die Vertreterversammlung verbunden war, brachte große Probleme und Überraschungen. Die Turnhalle war für die 1 100 Tiere viel zu klein, die Käfige waren teilweise vierfach aufgestockt und die Gänge viel zu eng. Ludwig Haller, Schwenningen, errang als einziger Aussteller gleich zweimal die Höchstnote auf einen Silberschuppentäuber und eine Silberschuppenmönchtäubin.

Mit der Landesausstellung wurde auch die Versammlung des Landesverbandes Süd-Württemberg am 10. Dezember 1949 durchgeführt. Landesvorsitzender Johann Schmid betonte in seinem Jahresbericht, daß die Rassegeflügelzucht trotz schwerer Verluste wieder einen Stand erreicht habe, den man vor zwei Jahren noch nicht für möglich gehalten hätte. Geschäftsführer Gottlieb Keppler streifte in seinem Geschäftsbericht die Gründung des Bundes Deutscher Rassegeflügelzüchter in Frankfurt am Main als wichtigstes Ereignis. Bei der Stiftung von Ehrenpreisen für die Landesschau hatte sich der Vorstand etwas ganz Besonderes einfallen lassen. Er stiftete 30 Versandkörbe, was von den Erringern besonders gelobt wurde. Die besondere Sorge des Landesverbandes galt dem Preisrichternachwuchs. Hier wurden vor allem die Vereinsvorsitzenden angesprochen, entsprechende junge Züchter für eine Ausbildung zu gewinnen. Keppler gab der Hoffnung Ausdruck, daß die Trennung der beiden Landesverbände nun bald der Vergangenheit angehören werde.

Landesvorsitzender Johann Schmid sah sich zu seinem Bedauern gezwungen, mit Rücksicht auf sein hohes Alter und seinen Gesundheitszustand den Vorsitz niederzulegen. Einstimmig wurde Gottlieb Keppler, Pfullingen, zum neuen Vorsitzenden gewählt. Neuer Geschäftsführer wurde Philipp Rummel, Birkenfeld. Schriftführer Johannes Braune, Reutlingen und Kassierer Wolfgang Holz, Tübingen, behielten ihre Ämter. Der seitherige verdienstvolle Vorsitzende Johann Schmid wurde einstimmig zum Ehrenvorsitzenden gewählt. Besondere Freude bereitete der Versammlung ein Telegramm des Präsidenten des BDRG, Wilhelm Ziebertz, das vom Vorsitzenden Gottlieb Keppler verlesen wurde: „Auf Grund seiner großen Verdienste um die deutsche Rassegeflügelzucht habe ich aus Anlaß seines vollendeten 77. Lebensjahres den langjährigen Vorsitzenden des Landesverbandes Süd-Württemberg, Fabrikant Johann Schmid, Tailfingen, zum Ehrenmeister der deutschen Rassegeflügelzucht ernannt. Wilhelm Ziebertz, Präsident."

Er schrieb Geschichte: Gustav Mödinger beim Richten.

Vorbildliche Landesschau in Ludwigsburg 1950

Die Landesverbandsschau von Nord-Württemberg fand am 7. und 8. Januar 1950 in der Stadt- und Festhalle in Ludwigsburg statt. In der gut gepflegten und unbeschädigten Stadt und in der für Konzerte und Ausstellungen eigens hergerichteten Festhalle waren alle Voraussetzungen für ein gutes Gelingen der Landesschau wie geschaffen. Die Ausstellungsleitung des Kleintierzuchtvereins Ludwigsburg mit Ernst Böhmer, Walter Reusch und Friedrich Schulz und einem kleinen Mitarbeiterstab nützte die gebotenen Möglichkeiten in vollem Umfang aus und bot eine optimale Ausstellung, wie man sie bisher noch nicht erlebt hatte. Von Oberbürgermeister Dr. Doch und der Stadtverwaltung erhielt die Ausstellungsleitung alle nur erdenkliche Hilfe und Unterstützung. Es blieb nicht aus, daß sich die Ludwigsburger Ausstellung in jeder Hinsicht von der in Rottweil abhob. Hier hatten 398 Aussteller insgesamt 2 312 Tiere gemeldet, doch leider konnten verschiedene Züchter aus der Nähe von Stuttgart und den Fildern wegen der kurz vorher ausgebrochenen Maul- und Klauenseuche die Ausstellung nicht beschicken. So fehlten etwa 120 Tiere. Bei der Landesschau konnten aber immerhin etwa 2 200 Tiere von 19 Preisrichtern bewertet werden. Zweimal wurde die Höchstnote vergeben. Erringer waren Philipp Wolf, Bietigheim, mit einem roten belatschten Süddeutsche-Blassen-Täuber und Wilhelm Friedrich, Neuenstadt am Kocher, mit einer dunklen Schautäubin.

Gustav Mödinger tritt zurück

Bei der Vertreterversammlung des Landesverbandes Nord-Württemberg am 2. April 1950 in Stuttgart gab der zweite Vorsitzende Alfred Blessing den Rücktritt des Landesvorsitzenden Gustav Mödinger bekannt. Zum Protokollführer wurde Landwirtschaftsrat Karl Mayer vom Verein der Geflügel- und Vogelfreunde Stuttgart bestimmt. Im Laufe der Versammlung wurden Wilhelm Riehle, Stuttgart-Wangen, und Anton Rieger, Stuttgart, zu Ehrenmitgliedern des Landesverbandes ernannt.

Eine längere Aussprache lösten die Anträge von Ulm und Heidenheim aus, die den Zusammenschluß der Landesverbände von Nord- und Süd-Württemberg forderten. Eine klare Zweidrittelmehrheit entschied sich für einen Zusammenschluß. Daher gab es auch keine Neuwahlen mehr. Der seitherige zweite Landesvorsitzende Alfred Blessing wurde beauftragt, die Geschäfte des Vorsitzenden bis zu einem Zusammenschluß, der in nächster Zeit erfolgen sollte, kommissarisch zu führen. Es wurde noch beschlossen, daß der Landesverband einen Gedenkstein für das Grab von Erich Klein beschafft.

In einer Presseveröffentlichung verkündeten die beiden Vorsitzenden der Landesverbände, Alfred Blessing und Gottlieb Keppler, den Wunsch der Verbandsmitglieder, die beiden Landesverbände zu einem großen Landesverband zu vereinen. Nach vorausgegangenen gemeinsamen Vorstandsbesprechungen fand am 21. Mai 1950 in Stuttgart die angekündigte gemeinsame Vertreterversammlung der beiden Landesverbände statt. Alfred Blessing als kommissarischer Vorsitzender des Landesverbandes Nord-Württemberg leitete die Versammlung, zu der alle Kreisverbände und Sondervereine ihre Vertreter entsandt hatten. Beide Landesvorstände gaben kurze Rechenschaftsberichte über ihre seitherige Tätigkeit und wünschten, daß es künftig zwischen Nord- und Süd-Württemberg keine Unterscheidungen mehr gebe. Nach dem einmütigen Beschluß, einen gemeinsamen Landesverband zu bilden, wurde in geheimer Wahl der neue Vorstand bestimmt. Aus der Wahl gingen hervor:

1. Vorsitzender: Gottlieb Keppler, Pfullingen; 2. Vorsitzender: Alfred Blessing, Stuttgart-Weilimdorf; Kassierer: Gustav Hammeley, Ulm; Schriftführer: Karl Mayer, Stuttgart; Obmann der Preisrichter-Vereinigung: Karl Schlecht, Bernhausen; Beisitzer: Friedrich Herrenbauer, Affaltrach/Heilbronn; Philipp Rummel, Birkenfeld; Wilhelm Erb, Ravensburg; Wolfgang Holz, Tübingen.

Die Ringverteilung übernahm ab 1. Oktober 1950 der Verbandskassierer. In den Ehrenrat wurden gewählt Wilhelm Erb, Minister Sauer und Edmund Zurth, alle Ravensburg.

Dem Landesverband gehörten 29 Kreisverbände mit 388 Vereinen und 11 836 Mitgliedern an. Nachfolgend die Kreisverbände und ihre Vorsitzenden:

Backnang: Fritz Harter, Winnenden; Balingen: Gotthilf Schmid, Tailfingen; Böblingen: Julius Klein, Böblingen; Calw: Peter Meier, Calw; Crailsheim: Friedrich Ley, Eichenau; Ehingen/Donau: Carl Alber, Ehingen; Esslingen: Josef Maucher, Wäldenbronn; Freudenstadt: Lorenz Weber, Freudenstadt; Geislingen: Karl Keller, Geislingen; Göppingen: Robert Klieber, Jebenhausen: Heidenheim-Aalen: Georg Appt, Schnaitheim; Heilbronn: Friedrich Herrenbauer, Affaltrach; Leonberg: Richard Ansel, Hirschlanden; Ludwigsburg: Gottlieb Scheib, Hoheneck; Nürtingen: Heinrich Schaufler, Weilheim; Obere Filder: Emil Eppler, Stuttgart-Vaihingen; Oberschwaben: Wilhelm Erb, Ravensburg; Öhringen: Georg Gutbrod, Öhringen; Reutlingen: Johannes Braune, Reutlingen; Rottweil: Christian Bechtold, Schwenningen; Schwäbisch Gmünd: Albert Schmid, Schwäbisch Gmünd; Schwäbisch Hall: Max Hofmann, Schwäbisch Hall; Stuttgart: Alfred Blessing, Stuttgart-Weilimdorf; Tübingen: Ernst Spöhr, Tübingen; Ulm: Robert Schuler, Illertissen; Untere Filder: Friedrich Fritz, Berkheim; Unterer Neckar: Franz Kieser, Bad Friedrichshall; Vaihingen/Enz: Hermann Eberle, Enzweihingen; Waiblingen: Hermann Klein, Endersbach.

Die nächste Verbandssitzung fand anläßlich des Züchtertages in Hechingen im Gasthaus zur Krone am 26. August 1950 statt. Als Tagegelder wurden innerhalb Württembergs künftig 15,– DM und außerhalb 20,– DM festgesetzt. Das Übernachtungsgeld blieb bei 8,– DM und ebenso der Fahrgeldersatz.

In dem früheren Landesverband Süd-Württemberg war es üblich, den vier besten Züchtern, die bei der Landesausstellung viermal die Note „sg" errangen, als Sonderpreis eine Freifahrt nach Hannover zu gewähren. Da dies aber meist die gleichen Züchter waren, beschloß der Landesvorstand, diese Regelung auch künftig beizubehalten, mit der Maßgabe, daß das Los die vier Züchter auswähle, die nach Hannover fahren.

Landeszüchtertag in Hechingen

Der für Samstag vorgesehene Züchterabend fiel buchstäblich ins Wasser. Ein starkes Gewitter hatte die meisten Teilnehmer von einem Besuch abgehalten. Doch am nächsten Tag lachte wieder die Sonne und viele Züchter kamen per Bus oder Bahn zum Züchtertag am 27. August 1950 nach Hechingen. Bei der Mitgliederversammlung gab Landesvorsitzender Gottlieb Keppler einen umfassenden Bericht, was alles in den beiden Verbänden nach 1945 geschaffen wurde. Die Versammlung wählte den vom Vorstand vorgeschlagenen Hans von Faber, Stuttgart, zum ersten Jugendobmann des Landesverbandes. Weiter wurde bekannt, daß Johann Schmid, Tailfingen, zum Ehrenmitglied der Preisrichter-Vereinigung von Württemberg und Friedrich Greiner, Langenburg, zum Ehrenmeister des Bundes ernannt worden war.

Die letzte eigenständige Landesschau der südwürttembergischen Züchter in Tübingen am 16. und 17. Dezember 1950 war mit etwas über 1 000 Tieren nur mäßig beschickt worden. Besonders gut gefallen konnte die Taubenabteilung. Altmeister Josef Haas aus Schramberg errang mit Silberschuppen die Höchstnote. Die von dem Landwirtschaftsministerium Tübingen zur Verfügung gestellten fünf Zuchtpreise errang Wolfgang Holz, Tübingen, mit Deutschen Lachshühnern, Gottlob Hörter, Dennach, mit Rhodeländern, Philipp Rummel, Birkenfeld, mit schwarzen Italienern, Anton Bechthold, Zepfenhan, mit silberfarbigen Italienern und Kurt Oehler, Friedrichshafen, mit Chinesentauben.

Die Landesverbandsschau am 6. und 7. Januar 1951 in der Viehzuchthalle in Blaufelden, der sieben Sonderschauen angeschlossen waren, wurde von dem Geflügelzuchtverein Blaufelden und einigen guten Freunden bestens ausgerichtet. Diese Ausstellung war weitaus besser beschickt als die in Tübingen. In der großen Fleckviehversteigerungshalle standen von 319 Ausstellern aus dem ganzen Landesverband 1 896 Tiere. Sie wurden von 18 Preisrichtern, darunter vier Nichtwürttemberger, bewertet. Hier wurde deutlich, wie dies auch in Tübingen der Fall war, daß gerade in Süddeutschland die Taubenzucht stark im Vormarsch ist. Auch in Blaufelden stand eine hervorragende Taubenkollektion. Hier errangen die Höchstnote Wilhelm Friedrich, Neuenstadt am Kocher, mit einer dunklen Schautäubin, Fritz Schlecht, Bernhausen, mit einem gelben Latztäuber, Fritz Ehalt, Nürnberg, mit einer schwarzen fränkischen Samtschildtäubin und Karl Schlecht, Bernhausen, mit einem Marmorstartäuber. Die Landesausstellung erbrachte ein Defizit in Höhe von 864,60 DM, der dadurch entstand, daß erst in letzter Stunde wegen verbreiteter Seuchengefahr die Genehmigung zur Durchführung der Ausstellung erteilt wurde. Im Umlaufverfahren übernahm der Landesverband den entstandenen Verlust in voller Höhe.

Johannes Schmid †

Am 6. Mai 1951 schloß einer der verdienstvollsten Männer der württembergischen Rassegeflügelzucht für immer die Augen. Das Züchterherz von Johannes Schmid, Tailfingen, Ehrenmeister des BDRG und Ehrenvorsitzender des Landesverbandes, hatte aufgehört zu schlagen. Ehrende Nachrufe kamen von dem BDRG-Präsidenten Wilhelm Ziebertz, dem Landesvorsitzenden Gottlieb Keppler, der Vereinigung der Italienerzüchter und der Fachpresse.

Landeszüchtertag in Göppingen

Der nach Göppingen vergebene Landeszüchtertag am 23. und 24. Juni 1951 war ausgezeichnet vorbereitet und wurde auch sehr gut besucht. Am Samstag war eine Sitzung des Vorstandes im „Goldenen Adler", der eine Vertreterversammlung im Schulersaal folgte. Hierbei wurden der Geschäfts- und Kassenbericht vorgetragen und Zuschüsse aus dem Bundesringverkauf verteilt. An den BDRG mußten 2,5 Pfennig pro Ring abgeliefert werden. Die Sondervereine und das Zuchtbuch erhielten je 750,- DM, die Preisrichtervereinigung 500,- DM, die Jugendgruppe 300,- DM und für die Landesausstellungen wurden 1 500,- DM für Ehrenpreise zur Verfügung gestellt.

Wegen der nunmehr bestehenden günstigen Ausstellungsmöglichkeiten in Stuttgart durch den Bau der Messehallen schlug Landesvorsitzender Keppler vor, künftig die Ausstellungen des Landesverbandes in Stuttgart durchzuführen, was einstimmig angenommen wurde. Zum neuen Jugendobmann wurde Willi Klagholz, Heilbronn, gewählt. Der verdienstvolle Vorsitzende des Geflügelzuchtvereins und des Kreisverbandes Ehingen, Carl Abler, wurde zum Ehrenmitglied des Landesverbandes ernannt.

Neue Verbandssatzungen wurden beschlossen

Hauptaufgabe der Vertreterversammlung in Göppingen war die Beratung und Verabschiedung der neuen Satzungen des Landesverbandes. Darin wurde die Gemeinnützigkeit des Verbandes festgeschrieben, sowie die Mitgliedschaft der Kreisverbände mit ihren Ortsvereinen, der Landesgruppen der Sondervereine oder der Sondervereine, die ihren Sitz im Gebiet des Landesverbandes haben, der Züchtergruppen des Zuchtbuches und der Preisrichtervereinigung. Die Regelung des Stimmrechtes für die Untergliederungen des Landesverbandes erfolgte in der Weise, daß für je 150 Mitglieder bei der Vertreterversammlung eine Stimme zusteht. Der Vorstand besteht nach der neuen Satzung aus dem ersten und zweiten Vorsitzenden, dem Kassierer und Schriftführer, dem Obmann der Preisrichtervereinigung, dem Landesjugendobmann und vier Beisitzern.

Bei der Jahreshauptversammlung am 30. September 1951 schlossen sich die beiden Zuchtbücher von Nord- und Süd-Württemberg zusammen. Vorsitzender wurde Alfred Blessing und Geschäftsführer Kurt Fischer, Stuttgart-Zuffenhausen. Hier wurde auch bekanntgegeben, daß am 1. Oktober 1952 der Wettlegehof in Stuttgart-Hohenheim vom Zuchtbuch mit 20 Stämmen zu je sieben Junghennen beschickt werden kann.

Die dritte Südwestdeutsche Junggeflügelausstellung vom 9. bis 11. November 1951 in der Turn- und Festhalle in Tuttlingen brachte die stolze Tierzahl von 1 400 in die Käfige. Schirmherr war Landwirtschaftsminister Dr. Weiß, Tübingen, der auch die Ausstellung eröffnete. Viele Besucher kamen aus der nahegelegenen Schweiz.

Die Landesgeflügelschau in Stuttgart 1951

Aus Anlaß des 80jährigen Bestehens des Vereins der Geflügel- und Vogelfreunde Stuttgart wurde diesem die Landesausstellung vom 14. bis 16. Dezember 1951 übertragen. Sie fand in den idealen Ausstellungshallen auf dem Killesberg statt. Die äußeren Bedingungen für die Landesschau wurden in jeder Hinsicht von Ausstellungsleiter Karl Mack genutzt, so daß in Stuttgart eine einmalig schöne und eindrucksvolle Schau geboten wurde. Vorsitzender des Ehrenausschusses war Landwirtschaftsminister Herrmann, Stuttgart, dem ferner sein Ministerkollege Dr. Franz Weiß aus Tübingen, Oberbürgermeister Dr. Klett, Stuttgart, Landesvorsitzender Gottlieb Keppler und die Ehrenmitglieder des Landesverbandes Wilhelm Riehle, Stuttgart-Wangen, und Anton Rieger, Stuttgart-Heslach, angehörten. Die 28 amtierenden Preisrichter hatten insgesamt 3 278 Tiere zu bewerten. Als Obleute waren eingesetzt Gottlieb Keppler, Pfullingen; Karl Schmid, Stuttgart-Wangen; Adolf Heinz, Stuttgart-Heslach, und Karl Schlecht, Bernhausen. Sie waren bei der durchweg sehr guten Tierqualität mit der Höchstnote sehr zurückhaltend. Diese errangen Richard Schäfer, Mühlacker, mit einer Rhodeländerhenne, Hans Mauthe, Trossingen, mit einer Süddeutsche-Mönch-Täubin und Hugo Karle, Friedrichstal, mit einer Kupfergimpeltäubin. Bemerkenswert war das erste größere Auftreten der Landesjugendgruppe mit 58 Tieren. Der Ausstellung war eine Lehrschau über anerkannte Herdbuch- und Vermehrungszuchten angeschlossen, mit der insbesondere landwirtschaftliche Geflügelzüchter angesprochen wurden.

Mit der Landesverbandsausstellung war am Samstagnachmittag eine Vertreterversammlung in der Gaststätte „Schönblick", in unmittelbarer Nähe der Ausstellungshallen, verbunden. Hier teilte Jugendobmann Willi Klagholz mit, daß im Landesverband 21 Jugendgruppen mit 228 Jungzüchtern bestehen. Er bat, den Jungzüchtern verbilligtes Standgeld und kostenlosen Eintritt bei den Landesschauen zu gewähren, jedoch wurde hierzu noch keine Entscheidung getroffen. An der DLG-Schau in München wird sich der Landesverband mit fünf Stämmen Hühner beteiligen. Der Landesverband gewährte pro Stamm einen Zuschuß von 20,– DM.

Erfolgreicher Züchtertag in Wasseralfingen

Der Züchtertag am 28. und 29. Juni 1952 in Wasseralfingen wurde von dem gastgebenden Kleintierzuchtverein mit der Feier seines 50jährigen Jubiläums verbunden. Der Schlegelsaal mit seinen Nebenräumen war hierfür bestens geeignet. Bei der Vertreterversammlung am Sonntag gab es eine lobenswerte Neuerung: Zur Vertreterversammlung konnte jedes Mitglied der dem Landesverband angeschlossenen Vereine kommen. Abstimmungsberechtigt waren allerdings nur die Delegierten. Als besonderen Ehrengast konnte der Landesvorsitzende Dr. Robert Gleichauf von der Bundesforschungsanstalt für Kleintierzucht in Celle begrüßen, der den Anwesenden über seine Reise nach Amerika einen eindrucksvollen Bericht gab. Zu Beginn der Tagung konnte Vorsitzender Keppler bekanntgeben, daß das Vorstandsmitglied Philipp Rummel, Birkenfeld, der am 6. Januar 1952 sein 70. Wiegenfest feiern konnte, vom Präsidenten des BDRG zum Ehrenmeister der deutschen Rassegeflügelzucht ernannt wurde.

Dem Jahresbericht des Vorsitzenden war zu entnehmen, daß dem Landesverband Württemberg und Hohenzollern 29 Kreisvereine mit 393 Vereinen, 12 Sondervereine, das Zuchtbuch der Züchtergruppen und die Preisrichtervereinigung mit insgesamt 12 332 Mitgliedern angehören. Der Vorsitzende des Zuchtbuches, Alfred Blessing, sprach über den Sinn und Zweck des Zuchtbuches. Der Jugendobmann des Landesverbandes, Willi Klagholz, gab einen Einblick in seine bisherige Arbeit. Es bestünden 35 Jugendgruppen in den örtlichen Vereinen, die noch bedeutend gesteigert werden müßten. Da der Vorsitzende des Landesverbandes zugleich Mitglied des Präsidiums des BDRG sei, sollen künftig zwei weitere Vorstandsmitglieder an der Bundesversammlung teilnehmen. Die Zuschüsse für die angeschlossenen Sondervereine, die Züchtergruppe, Preisrichtervereinigung und die Jugendgruppe wurden einheitlich auf jeweils 500,– DM festgelegt. Schließlich wurde noch eine Änderung der Satzungen über die Zusammensetzung des Vorstandes und Ausschusses beschlossen. Der Vorstand bestand demnach aus dem Vorsitzenden, seinem Stellvertreter, dem Kassierer und dem Schriftführer, der Ausschuß aus dem Vorstand und drei Beisitzern. Die Sachverständigen, wie der Preisrichterobmann und der Jugendobmann, sollen nur nach Bedarf zugezogen werden. Die anschließenden Wahlen brachten folgendes Ergebnis:

1. Vorsitzender: Gottlieb Keppler, Pfullingen; 2. Vorsitzender: Alfred Blessing, Stuttgart-Weilimdorf; Kassierer: Gustav Hammeley, Ulm; Schriftführer: Karl Mayer, Stuttgart; Beisitzer: Wilhelm Erb, Ravensburg; Philipp Rummel, Birkenfeld; Karl Schlecht, Bernhausen.

Satzung für Jugendmitglieder

Am Nachmittag hatte Landesjugendobmann Willi Klagholz die Kreisvorsitzenden und Jugendgruppenleiter zu einer Besprechung in den Gasthof „Stern" in Wasseralfingen eingeladen. Es ging um die Neugründung von Jugendgruppen in den örtlichen Vereinen und um eine vorbereitete Satzung für die Jugendmitglieder, die einstimmig genehmigt wurde. In dieser Satzung wurde auch festgelegt, daß Mitglieder der Jugendgruppen ein um 50 % ermäßigtes Standgeld bei Kreis- und Landesausstellungen gewährt wird und freien Eintritt bei diesen Schauen haben.

4. Landes-Rasse-Geflügel-Schau

am 16. und 17. Dezember
im Schloß Hohentübingen

AUSSTELLUNGSFÜHRER

4. Landes-Rassegeflügel-Schau von 1950.

6. Oberschwäbische Rassegeflügelschau

vom 27. bis 29. November 1954

LEUTKIRCH / ALLGÄU

1894 1954

JUBILÄUMSSCHAU

anläßlich des 60jährigen Bestehens des Geflügelzuchtvereins Leutkirch

Veranstalter: Geflügelzuchtverein Leutkirch

6. Oberschwäbische Rassegeflügelschau.

Die Landesgeflügelschau in Stuttgart 1952

Die Landesgeflügelschau fand vom 12. bis 14. Dezember 1952 wieder in den Hallen auf dem Stuttgarter Killesberg eine vorbildliche Unterbringung. Durchgeführt wurde die Ausstellung von dem Verein der Geflügel- und Vogelfreunde Stuttgart unter der bewährten Ausstellungsleitung von Karl Mack, Friedrich Krauß, Friedrich Kolb und Karl Mayer. Die 34 Preisrichter unter Obmann Karl Schlecht hatten 3 815 Tiere von 717 Ausstellern zu bewerten. Besonders erfreulich war das Auftreten der Jugendgruppe mit 126 Tieren. Hier zeigte sich deutlich das besondere Interesse der Jungzüchter für Tauben, von denen 81 in der Jugendgruppe standen. Bemerkenswert war auch die angeschlossene Industrieausstellung, der sich erstmals auch zwei Fachzeitschriften angegliedert hatten. Der Ausstellung war wieder eine Lehrschau angeschlossen, für die Landwirtschaftsrat Karl Mayer verantwortlich zeichnete. Vier Züchter errangen mit ihren Tieren die Höchstnote, und zwar Alfred Wittum, Ulm, mit 0,1 Silber-Wyandotten, Hermann Brütsch, Jungingen, mit 0,1 Rhodeländer, Erich Kienle, Dagersheim, mit 1,0 Süddeutsche Schildtauben und Karl Schlienz, Stuttgart-Münster, mit 1,0 Gimpeltauben.

Jugendgruppen im Vormarsch

Am 12. April 1953 trafen sich die Kreisjugendobmänner und Vereinsjugendleiter in Esslingen zu einer gemeinsamen Aussprache, die von Landesjugendobmann Willi Klagholz geleitet wurde. Seit dem vergangenen Jahr konnte der Jugendobmann auf eine ersprießliche Arbeit verweisen. Die Zahl der Jugendlichen innerhalb der Ortsvereine war auf 949 angestiegen. Für das Jahr 1954 wurde ein zweitägiges Landesjugendtreffen in Heilbronn geplant. Es wurden noch Fragen eines Bundesjugendringes besprochen und die Ausstellung von Jugendausweisen beschlossen.

Der Züchtertag in Freudenstadt

Die Züchtertage hatten mittlerweile im Landesverband eine feste Form angenommen. Jeder Verein bot nach seinen Möglichkeiten den Züchtern aus dem Verbandsgebiet ein oder zwei schöne Tage im Kreise guter Freunde. Am 27. und 28. Juni 1953 hatte der Landesverband nach Freudenstadt in den Schwarzwald eingeladen. Verantwortlich für die Vorbereitung und Durchführung war der dortige Kleintierzuchtverein. Bereits am Samstag fand eine Vorstandssitzung im Hotel „Kohlwälderpost" des Vereinsvorsitzenden Lorenz Weber statt, bei der in der Hauptsache die Beschlüsse für die Vertreterversammlung vorbereitet wurden.

Am Sonntag bei der Vertreterversammlung in der Turn- und Festhalle vertrat die Stadtverwaltung Kurdirektor Dr. Weidenbach. Vor Eintritt in die Tagesordnung nahm die Versammlung in einem ehrenvollen Gedenken Abschied von dem langjährigen Vorsitzenden des Kreisverbandes Stuttgart und Leiter vieler Stuttgarter Ausstellungen, Ehrenmeister Anton Wieger, Stuttgart. Nach dem Jahresbericht von Gottlieb Keppler hat der Landesverband 399 Vereine mit 12 141 Mitgliedern. Erfreulich war zu hören, was Landesjugendobmann Willi Klagholz zu berichten hatte. In den 29 Kreisverbänden sind 25 Kreisjugendgruppen gebildet worden und in 119 Ortsvereinen gibt es Jugendgruppen mit insgesamt 1 055 Jugendlichen. Bei der Vergabe der Landesverbands-Ehrenpreise an die Ortsvereine gab es wieder eine Neuregelung. Die Vergabe erfolgte nunmehr nach der Zahl der Mitglieder in den Vereinen. Es erhielten Vereine bis zu 30 Mitglieder einen LVE zu 10,- DM, von 31 bis 60 Mitglieder zwei LVE, von 61 bis 100 Mitglieder drei LVE und von 101 und mehr Mitgliedern vier LVE. Die Preisrichtervereinigung des Landesverbandes Württemberg und Hohenzollern hatte nunmehr 50 Mitglieder. Nach einem Beschluß der Vertreterversammlung werden bei der Vergabe der Landesverbandsehrenpreise die Junggeflügelausstellung in Tuttlingen und die Süddeutsche Allgemeine Ausstellung in Heilbronn so behandelt wie die Kreisverbände, also auf angefangene 100 Nummern ein LVE zu 10,- DM.

Über 4 000 Tiere in Stuttgart

Bei der Landesgeflügelausstellung auf dem Stuttgarter Killesberg zeigten vom 11. bis 13. Dezember 1953 698 Aussteller 4 086 Tiere. Die Schirmherrschaft hatte Landwirtschaftsminister Eugen Leibfried übernommen, der die Ausstellung auch eröffnete. Ausstellungsleiter Karl Mack hatte 12 Sonderschauen angenommen. Für die Bewertung der Tiere waren 35 Preisrichter eingesetzt. Die Jugendgruppen beteiligten sich mit 229 Tieren und einer Bastelschau, die von den Gruppen Bisingen/Hohenzollern, Heiningen, Neckargartach, Waiblingen und Neuwirtshaus/Zuffenhausen beschickt wurden. Die Höchstnote wurde 17mal vergeben. Die erfolgreichen Züchter waren Fritz Baum, Bietigheim, mit einem gelben Orpington-Hahn; Erwin Heeb, Winzerhausen, mit 1,0 New Hampshire; Karl Gölz, Holzheim, mit 1,0 Wyandotten, weiß; Alfred Wittum, Ulm, mit 0,1 Silber-Wyandotten; Arnold Becker, Mülheim/Ruhr, mit 1,0 und 0,1 Rhodeländer; Emil Gräber, Zell bei Esslingen, mit 0,1 Rhodeländer; Eduard Thum, Nürnberg, mit 1,0 Italiener, goldfarbig; Karl Rösch, Geislingen/Steige, mit 0,1 Rheinländer; Johannes Tobler, Filzingen, mit 0,1 Wyandotten, weiß; Otto Popp, Sprendlingen, mit 0,1 Zwerg-Wyandotten, dunkel; Erich Gläser, Bietigheim, mit 0,1 Coburger Lerchen; Christian Scheurer, Betzgenried, mit Deutschen Schautauben; Ernst Schmidt, Brettenfeld, mit 0,1 Süddeutsche Mohrenköpfe; Balthasar Küchle, Ebingen, mit 1,0 Süddeutsche Schildtauben; Erich Kienle, Dagersheim, mit 1,0 Süddeutsche Schildtauben und Fritz Schlecht, Bernhausen, mit 1,0 Nürnberger Schwalben.

Am 12. Dezember 1953 trat der Vorstand des Landesverbandes im Gasthaus „Holzwurm" in unmittelbarer Nähe der Messehallen zusammen. Vorsitzender Keppler konnte mitteilen, daß die Mitgliederzahl auf 13 051 angestiegen sei. Kassierer Hammeley gab den Kassenbericht. Daraus war zu entnehmen, daß bei dem Ringverkauf 3 000 Hühnerringe und 2 000 Taubenringe nicht abgesetzt werden konnten. Für den Züchterabend bewilligte der Vorstand dem Verein der Geflügel- und Vogelfreunde Stuttgart einen Zuschuß in Höhe von 500,- DM. Jugendobmann Willi Klagholz konnte einen weiteren Zuwachs bei den Jugendmitgliedern teilen, die auf 1 398 angestiegen waren. Abschließend gab der Landesvorsitzende bekannt, daß sich die Kreisverbände für Geflügel und Kaninchen in Heilbronn zu einem Kreisverband der Kleintierzüchter zusammengeschlossen hatten. Der Kreisverband bestand aus 24 gemischten Vereinen, zwei Geflügelzuchtvereinen und drei Kaninchenzuchtvereinen.

Eine weitere Vorstandssitzung fand am Ostermontag, 19. April 1954, in Plochingen, Hotel Henzler, statt. Für das Landwirtschaftliche Hauptfest 1954 in Fellbach hat das Landwirtschaftsministerium mitgeteilt, daß sich die Rassegeflügelzüchter mit 24 Stämmen beteiligen können. Für Geflügel- und Kleintierzüchter stellt das Ministerium einen Betrag von 3 000,- DM zur Verfügung. Für das Jugendtreffen in Heilbronn wurden 1 000,- DM bewilligt.

Erstes Jugendtreffen in Heilbronn 1954

Das erste Jugendtreffen der Jungzüchter beider Landesverbände fand am 5. und 6. Juni 1954 in Heilbronn statt. Es wurde von dem Kreisverband Heilbronn, Kreisvorsitzender Willi Klagholz, zugleich Landesjugendobmann für Geflügel, ausgerichtet. Über 500 Jungzüchter beteiligten sich an dem Treffen. Nach einer Stadtführung am Samstag und einer Besprechung der Jugendobmänner gab es einen Festabend im Waldheim beim Jägerhaus. In seiner Begrüßungsrede erklärte Jugendobmann Willi Klagholz den tieferen Sinn und Zweck der Jugendarbeit in der Kleintierzucht. Das Sonntagsprogramm begann bereits um 7 Uhr mit einer Bootsfahrt auf dem Neckar bis Bad Wimpfen, einer Besichtigung der historischen Fachwerkbauten der alten freien Reichsstadt und weiter ging es im Fußmarsch durch das Mühlbachtal bis nach Neckarmühlbach, vorbei an der Burg Guttenberg. Von Gundelsheim aus ging es weiter mit dem Motorschiff zurück nach Heilbronn. Für die Teilnehmer an dem Jugendtreffen waren es zwei schöne und erlebnisreiche Tage bei bester Kameradschaft.

75 Jahre Landesverband – Die Jubiläumsfeier in Ulm-Söflingen

Zum Züchtertag des Landesverbandes am 26. und 27. Juni 1954, verbunden mit der Feier des 75jährigen Bestehens des Landesverbandes Württemberg und Hohenzollern, hatte der Landesvorsitzende Gottlieb Keppler und als Ausrichter der Vorsitzende des Geflügelzuchtvereins Ulm, Gustav Hammeley, in das Gasthaus zum Schlößle in Ulm-Söflingen eingeladen. Durch die Anwesenheit des BDRG-Präsidenten, Wilhelm Ziebertz, und der Präsidiumsmitglieder Wilhelm Bremer, Vorsitzender des Landesverbandes Bayern, und Hans Freyer, Vorsitzender des Landesverbandes Bremen, erhielt der Züchtertag eine besondere Note. Die Jubiläumsfeierlichkeiten fanden im „Schlößle" statt, das am Samstagabend bis auf den letzten Platz besetzt war. Der Vorsitzende des gastgebenden Vereins, Gustav Hammeley, und Landesvorsitzender Gottlieb Keppler konnten viele Ehrengäste, Ehrenmeister und die Delegierten aus allen Kreisverbänden begrüßen. Keppler schilderte die Entwicklungsgeschichte des Landesverbandes bis zu seinem 75jährigen Bestehen. Der Präsident des BDRG, Wilhelm Ziebertz, der erstmals im Schwabenland weilte, lobte die Arbeit und Initiativen des Landesverbandes. Hier sei immer eine vorzügliche organisatorische und züchterische Arbeit auf solider Finanzbasis geleistet worden. Das Schiff des Landesverbandes habe in Gottlieb Keppler als Lotsen einen Mann gefunden, der immer dort, wo es um den kleinen Mann und Züchter gehe, seine Stimme erhob. Zum neuen Ehrenmeister des BDRG wurde Wilhelm Binger aus Waldsee ernannt. Zu Ehrenmitgliedern des Landesverbandes wurden der Vorsitzende des Vereins der Geflügel- und Vogelfreunde Stuttgart, Karl Mack, Stuttgart-Degerloch, und der Kreisvorsitzende Max Funk, Öhringen, der den Kreisverband seit 40 Jahren führte, ernannt. Mit der goldenen Ehrennadel des BDRG wurden ausgezeichnet Albert Blessing, Stuttgart-Weilimdorf; Gustav Hammeley, Ulm; Karl Mayer, Stuttgart, und Karl Schlecht, Bernhausen.

Nach Grußworten und Glückwünschen der Landesvorsitzenden von Bayern und Bremen sowie von Karl Mack, Stuttgart, die alle Jubiläumsgeschenke übergaben, trat auch Verleger Eugen Lachenmann vom „Deutschen Kleintier-Züchter" Reutlingen an das Rednerpult und übergab ein Geldgeschenk für die nächste Landesgeflügelschau als „Gottlieb-Keppler-Ehrenpreis", um auf diese Weise die Verdienste des rührigen Landesvorsitzenden anzuerkennen.

Die Vertreterversammlung fand am Sonntag im „Schlößle" statt, an der auch Präsident Ziebertz, die Präsidiumsmitglieder Bremer und Freyer sowie Vertreter des Landwirtschaftsministeriums Stuttgart teilnahmen. Präsident Ziebertz hielt einen Vortrag über aktuelle Fragen in der deutschen Rassegeflügelzucht. In seinem Jahresbericht konnte Vorsitzender Gottlieb Keppler über einen weiteren Anstieg der Mitgliederzahlen nähere Angaben machen. Den 29 Kreisverbänden gehörten 401 Vereine mit 13 637 Mitgliedern an. Zum Landesverband gehören noch die Preisrichtervereinigung mit 54 Mitgliedern und die Jugendgruppe mit 1 500 Mitgliedern sowie 9 Sondervereine. Die Versammlung gedachte der verstorbenen

Ehrenmeister Philipp Rummel, Birkenfeld, und Friedrich Greiner, Langenburg.

Zur mustergültig durchgeführten Landesgeflügelschau in Stuttgart mußte Vorsitzender Keppler mit Betrübnis feststellen, daß norddeutsche Großzüchter fast alle vom Landesverband ausgesetzten Zuchtpreise errangen, was sich nachteilig bei den württembergischen Züchtern auswirkte. Hier soll Abhilfe geschaffen werden. Für die Beteiligung der Züchter aus dem Landesverband an der Deutschen Junggeflügelschau in Hannover und der Nationalen Rassegeflügelschau in Hamburg zahlte der Landesverband auch in diesem Jahr einen Standgeldzuschuß in Höhe von 2,– DM für alle V- und Sg-Tiere. Der Antrag des Vorstandes, die Kreisverbände zu verpflichten, zu den Landesgeflügelausstellungen entsprechend ihrer Mitgliedsstärke Kreisverbands-Ehrenpreise zu stiften, wurde mit einer Abänderung beschlossen. Danach sind die Kreisverbände gehalten, bis zu 300 Mitglieder einen KVE zu 10,– DM, von 301 bis 500 Mitglieder zwei KVE und über 501 Mitglieder drei KVE zu stiften.

Auf Antrag des Kreisverbandes Schwarzwald wurde beschlossen, daß Aussteller außerhalb von Baden-Württemberg nur im Rahmen einer Sonderschau bei den Landesschauen ausstellen dürfen. Für die Jubiläumsschau 1954 sollten möglichst nur württembergische Züchter zugelassen werden, da dies auch den seuchenpolizeilichen Bestimmungen gerecht werde. Für das verstorbene Vorstandsmitglied Philipp Rummel wurde Dr. Friedrich, Rottweil, als Beisitzer in den Vorstand gewählt.

Die Jubiläumsschau auf dem Killesberg 1954

Die Jubiläumsschau, die der Landesverband der Rassegeflügelzüchter von Württemberg und Hohenzollern aus Anlaß seines 75jährigen Bestehens auf dem Killesberg in Stuttgart vom 10. bis 12. Dezember 1954 durchführte, wurde nur von 792 Ausstellern aus dem Landesverband beschickt. Die 4 488 Tiere wurden von 37 Preisrichtern bewertet. Mit dieser Ausstellung wurde in hervorragender Weise der Hochstand der württembergischen Rassegeflügelzucht demonstriert. Erfreulich war die stark beschickte Sonderschau der württembergischen Preisrichter und die Landesjugendschau. Auch die Bastelarbeiten konnten allgemein gefallen und zeigten, was in den Jugendgruppen geleistet wird. Mit der Ausrichtung der Jubiläumsschau war der Verein der Geflügel- und Vogelfreunde Stuttgart beauftragt. Ausstellungsleiter Karl Mack standen wie seit vielen Jahren bewährte Mitarbeiter zur Verfügung, wie Karl Wiedmann, Friedrich Kolb und Karl Mayer, um nur einige zu nennen. Die Schirmherrschaft hatte Landwirtschaftsminister Eugen Leibfried übernommen. Die Ausstellung auf dem Killesberg war in ihrer Schönheit und Übersichtlichkeit ein Geschenk des Stuttgarter Vereins zum Jubiläum des Landesverbandes. Die vielen Besucher an den beiden Ausstellungstagen waren voll des Lobes. Die Obmänner der Preisrichter unterzeichneten für Tiere der nachfolgend genannten Züchter die Höchstnote: Dr. Hermann Maier, Stuttgart-Gablenberg, 1,0 Blausperber; Karl Mack, Stuttgart-Degerloch, 0,1 goldfarbige Italiener; Karl Fehr, Pforzheim, 0,1 schwarze Rheinländer; Alfred Wittum, Ulm, 0,1 Silber-Wyandotten; Karl Schlecht, Bernhausen, 0,1 Deutsche Pekingenten;

Max Kozurek, Schnaitheim, Schlesische Kröpfer; Fritz Schlecht, Bernhausen, 1,0 Süddeutsche Schnippen; Josef Haas, Schramberg, 1,0 Süddeutsche Schildtauben; Heinrich Schaufler, Weilheim, 1,0 Fränkische Samtschilder; Richard Fessele, Kirchheim, 0,1 Nürnberger Schwalben; Fritz Schlecht, Bernhausen, 1,0 Nürnberger Schwalben; Richard Miller, Schwenningen, 0,1 Elsterpurzler; Richard Miller, Schwenningen, 0,1 Bärtchentümmler, und Hermann Lutz, Markgröningen, 1,0 Wiener Kurze.

Anläßlich der Landesjubiläumsschau fand in der Schlachthofgaststätte ein gemütlicher Züchterabend statt. Dabei ernannte Landesvorsitzender Gottlieb Keppler die verdienten Züchter Paul Dobler, Stuttgart; Carl Boebel, Öttlingen, und Karl Glaser zu Ehrenmitgliedern des Landesverbandes. Der Vorsitzende des Stuttgarter Vereins, Karl Mack, ernannte zu Ehrenmitgliedern des Vereins der Geflügel- und Vogelfreunde die Züchter Karl Kurz, Friedrich Hauber, Adolf Heinz, alle aus Stuttgart, und Wilhelm Fremd aus Vaihingen.

Bei einer Vorstandssitzung anläßlich der Landesausstellung wurde eine Änderung in der Zusammensetzung des Ehrenrates beschlossen. Neuer Vorsitzender wurde Edmund Zurth, Ravensburg, Beisitzer der Vorsitzende des Ravensburger Vereins, Stärkel, und Kurt Öhler, Friedrichshafen.

Rege Jugendarbeit in Baden-Württemberg

In den beiden Landesverbänden Baden und Württemberg wurde eine tatkräftige Werbung für die Jugendarbeit durchgeführt. Dies wurde besonders deutlich bei dem Züchtertag des Landesverbandes Württemberg und Hohenzollern am 25. und 26. Juni 1955, mit dem auch das 50jährige Jubiläum des Kleintierzuchtvereins Tübingen verbunden war. Bei der Vertreterversammlung am Sonntag gedachte Verbandsvorsitzender Gottlieb Keppler der besonderen Verdienste des verstorbenen Vorstandsmitgliedes und Vorsitzenden des Ehrenrates, Wilhelm Erb, Ravensburg. In seinem Geschäftsbericht teilte der Vorsitzende mit, daß dem Landesverband 14 258 Mitglieder angehören. Außerdem betreut der Landesjugendobmann über 1 500 Jungzüchter und steht damit an der zweiten Stelle der Jugendarbeit im BDRG. Keppler teilte weiter mit, daß bei den künftigen Landesschauen ein „Schwabenband" vergeben werden soll. Für das verstorbene Vorstandsmitglied Erb wurde Adolf Ruoff, Neuhausen, in den Vorstand gewählt.

Die Landesausstellung 1955 wird abgesagt

Der Ausstellungsleiter der Landesgeflügelausstellung, Karl Mack, Stuttgart, mußte im Einvernehmen mit dem Landesvorsitzenden Gottlieb Keppler in der Fachpresse am 5. Oktober 1955 den Züchtern eine große Enttäuschung bereiten, denn die Landesausstellung konnte wegen Seuchengefahr nicht durchgeführt werden. Trotzdem die Ausstellung abgesagt werden mußte, führte der Vorstand des Landesverbandes am 10. Dezember 1955 in der Schlachthofgaststätte in Stuttgart die vorgesehene Vorstandssitzung und der Verein der Geflügel- und Vogelfreunde den geplanten Züchterabend durch. Der Vorstand nahm den Jahres- und Kassenbericht zur Kenntnis. Für die Nationale in Köln wurden 200,- DM als Ehrenpreisspende zur Verfügung gestellt. Der Verein der Geflügel- und Vogelfreunde Stuttgart erhielt aus der Verbandskasse einen Zuschuß für die ausgefallene Landesgeflügelschau und für den Züchterabend einen Zuschuß von 500,- DM. Das Landwirtschaftsministerium gewährte dem Landesverband einen Zuschuß in Höhe von 2 000,- DM zu den Kosten der Geschäftsführung. Landesjugendobmann Willi Klagholz teilte mit, daß der BDRG einen Jugendring geschaffen habe, der zusätzlich zum Bundesring angelegt wird. Dies bedeute allerdings doppelte Ringkosten für die Jugendlichen.

Züchtertag in der Salzsiederstadt Schwäbisch Hall

Schwäbisch Hall hatte den Besuchern der alten freien Reichs- und Festspielstadt viel zu bieten. Bei einem Gang durch die Altstadt gab es viele historische Gebäude zu besichtigen. Dies genossen viele Besucher des Züchtertages, die bereits am Samstag in der Salzsiederstadt eintrafen. Am Samstag, 23. Juni 1956, begann die Verbandsarbeit mit einer Vorstandssitzung, zu der erstmals auch die Kreisvorsitzenden eingeladen waren. Dies war erstmals ein Versuch, in einem größeren Kreis die Probleme des Landesverbandes zu besprechen, die nicht für eine öffentliche Erörterung geeignet waren. Da sich in letzter Zeit überörtliche Taubenzüchtervereine gebildet hatten, wurde beschlossen, daß es sich dabei um keine Sondervereine, sondern um örtliche oder überörtliche Vereine handelt, die sich den Kreisverbänden anzuschließen hätten.

Die Vertreterversammlung am Sonntag im Solbad-Hotel war überdurchschnittlich gut besucht. In die Anwesenheitsliste trugen sich 159 Delegierte ein. Unter den vielen Behördenvertretern und Ehrengästen begrüßte der Vorsitzende mit besonderer Herzlichkeit den Ehrenmeister des BDRG, Wilhelm Riehle, Stuttgart-Wangen. Nach dem Geschäfts- und Kassenbericht konnte Landesjugendobmann Willi Klagholz mitteilen, daß die Zahl der Jungzüchter in den örtlichen Vereinen auf 1 658 angestiegen ist. Der Vorsitzende der Preisrichtervereinigung, Karl Schlecht, berichtete, daß der Vereinigung 53 Preisrichter und 6 Anwärter angehören. Karl Schlecht überreichte den Preisrichtern und Ehrenmeistern Adolf Heinz, Stuttgart-Heslach; Gotthilf Hägele, Zell am Neckar, und Georg Appt, Schnaitheim, die Urkunden als Ehrenmitglieder der Preisrichter-Vereinigung.

Rassegeflügelzucht erhält jung – Wilhelm Riehle wird 90

Wilhelm Riehle, Ehrenmeister des BDRG und Ehrenmitglied des Landesverbandes, feierte am 2. August 1956 in Stuttgart-Wangen in außergewöhnlicher körperlicher und geistiger Frische seinen 90. Geburtstag. Landesvorsitzender Gottlieb Keppler bedankte sich bei dem Geburtstagsjubilar für seine züchterische und organisatorische Arbeit, die er in vielen Jahrzehnten für die Rassegeflügelzucht geleistet hat. Daß Rassegeflügelzucht mit zur Erhaltung der Gesundheit beitrage, beweise

Wilhelm Riehle, der heute noch aktiver Züchter und Aussteller und bei allen Veranstaltungen des Landesverbandes dabei sei.

Das große Fest der Jungzüchter in Neuwirtshaus

Über 500 begeisterte Jungzüchter aus dem Landesverband trafen sich am 8. und 9. September 1956 in Neuwirtshaus zu ihrem zweiten Landesjugend-Züchtertag. Mit Omnibussen, per Bahn und Fahrrad waren sie angereist, um an diesem Fest der Züchterjugend teilzunehmen. Viele konnten in Privatquartieren untergebracht werden. Um die Finanzierung sorgten sich die beiden Landesverbände der Geflügel- und Kaninchenzüchter, die ohnehin mit Willi Klagholz einen gemeinsamen Jugendobmann hatten. Am Samstagnachmittag wurden die Siedlung Neuwirtshaus und die Zuchtanlage des dortigen Kleintierzuchtvereins besichtigt. In der Zwischenzeit trafen sich die Jugendleiter zu einem Gedankenaustausch und um die Richtlinien für die Jugendarbeit festzulegen. Man wurde sich auch darüber einig, daß weitere Landesjugendtreffen alle zwei Jahre durchgeführt werden. Abends trafen sich die Jungzüchter mit Vertretern der Kreis- und Landesverbände und dem Vertreter des Landwirtschaftsministeriums, Dr. Ansorge, im Saale des Sportheimes. Es gab nur kurze Grußworte, keine Referate und dafür ein ausgezeichnetes Jugendprogramm, das von der Jugend des KlZV Neuwirtshaus bestritten wurde. Verschiedene Jugendgruppen hatten bereits Vereinswimpel, die auf der Bühne als schmückendes Beiwerk aufgestellt waren. Am Sonntag ging es mit Omnibussen zu einer fröhlichen Stadtrundfahrt nach Stuttgart mit einer Besichtigung des Flughafens und des Fernsehturms. Einige Gruppen besuchten noch die Wilhelma. Nach zwei schönen Tagen wurde dann die Heimreise angetreten.

Am 22. Oktober 1956 feierte Landesvorsitzender Gottlieb Keppler in Pfullingen im Kreise vieler Züchterfreunde und seiner Familie seinen 60. Geburtstag.

Das erste Schwabenband

Nach einjähriger Zwangspause konnte der Landesverband gemeinsam mit dem Verein der Geflügel- und Vogelfreunde Stuttgart auf dem Killesberg am 7. und 8. Dezember 1956 wieder eine Landesgeflügelschau präsentieren. Zu der liebevoll aufgebauten und ausgeschmückten Ausstellung hatte wieder Landwirtschaftsminister Eugen Leibfried die Schirmherrschaft übernommen. Die Ausstellungsleitung lag, wie seit vielen Jahren, in den bewährten Händen von Karl Mack und seinen engeren Mitarbeitern Friedrick Kolb, Karl Widmann, Karl Mayer, Paul Dobler, Karl Glaser, Anni Neugebauer, August Bopp, Karl Schlienz und Walter Gehring. Die 37 Preisrichter hatten von 690 Ausstellern, darunter 50 Jungzüchter, 4 000 Tiere zu bewerten. An der Ausstellung beteiligten sich 13 Sondervereine mit Sonderschauen. Bei dieser Landesschau gab es die ersten 36 Schwabenbänder. Die Höchstnote wurde an 19 Tiere der nachfolgend genannten Züchter vergeben:

Georg Ries; Hofheim/Ried, 1,0 Indische Zwerg-Kämpfer; Hermann Fischer, Wildbad, 1,0 Bronzeputen; Jakob Andreas, Wöllstein, 1,0 Emdener Gänse;

August Nagel, Blankenloch, 1,0 Aylesburyenten; Johann Lechner, Stuttgart-Zuffenhausen, 1,0 Coburger Lerchen; Erich Gläser, Bietigheim, 1,0 Coburger Lerchen; Fritz Joas, Stuttgart-Wangen, 1,0 Südd. Mohrenköpfe; Eugen Bechthold, Friedrichstal, 0,1 Startauben; Fritz Schlecht, Bernhausen, 1,0 Nürnberger Lerchen; Gustav Abendroth, Waiblingen, 1,0 Lockentauben (2 mal); Stefan Kellermann, Augsburg, 1,0 Lockentauben (2 mal); August Bortels, Walsrode, 1,0 und 0,1 Pfautauben; Richard Miller, Schwenningen, 1,0 und 0,1 Bärtchentümmler; Friedrich Kolb, Stuttgart-Zuffenhausen, 0,1 Stralsunder Hochflieger; A. Stahl, Ludwigsburg, 1,0 Wiener Gansel.

Die ersten Schwabenbänder errangen:

Christian Bott, Wildbad, 1,0 Brahma, hell; Karl Miller, Bad Überkingen, 1,0 New Hampshire; Bernhard Rußmann, Delmenhorst, 0,1 New Hampshire; Bernhard Rußmann, Delmenhorst, 1,0 Blausperber; Karl Gölz, Göppingen-Holzheim, 0,1 Sussex; Bernhard Rußmann, Delmenhorst, 1,0 Rhodeländer; Gottlob Hörter, Dennach, 0,1 Rhodeländer; Rudolf Strödel, Göppingen, 0,1 Barnevelder; Karl Schmoll, Neckargartach, 1,0 Australorps; Kurt Raak, Heilbronn, 0,1 goldfarbige Italiener; Karl Schlecht, Bernhausen, silberfarbige Italiener; Adolf Funk, Calmbach 0,1 schwarze Italiener; Herbert Schweizer, Harthausen, 1,0 schwarze Rheinländer; Christian Barth: Calmbach, 0,1 schwarze Rheinländer; Walter Kölz, Stuttgart-Zuffenhausen, 1,0 rotbunte Orloff; Emil Klein, Vaihingen/Enz, 0,1 schwarze Zwerg-Wyandotten; Otto Schmidt, Stuttgart-Neuwirtshaus, 0,1 Zwerg-Welsumer; Georg Ries, Hofheim/Ried, 1,0 Indische Zwerg-Kämpfer; Heinz Raisch, Rutesheim, 0,1 Zwerg-Holländer Weißhauben; August Nagel, Blankenloch, 0,1 Aylesburyenten; Fridolin Ulmer, Rottenburg/Neckar, 0,1 Laufenten; Erich Barwig, Ludwigsburg, 1,0 Altd. Kröpfer; Helmut Göbel, Stuttgart-Stammheim, 1,0 Strasser; Johann Lechner, Stuttgart-Zuffenhausen, 1,0 Coburger Lerchen; Erwin Grünwald, Uhingen, 0,1 Deutsche Schautauben; Baltasar Küchle, Ebingen, 1,0 Deutsche Schautauben; Fritz Joas, Stuttgart-Wangen, 1,0 Südd. Mohrenköpfe; Berthold Philippin, Rutesheim, 1,0 Südd. Mönche; Josef Haas, Schramberg, 0,1 Südd. Schildtauben; Eugen Bechthold, Friedrichstal, 0,1 Startauben; Fritz Schlecht, Bernhausen, 0,1 Nürnberger Schwalben; Gustav Abendroth, Waiblingen, 1,0 Lockentauben; Sigmund Hummel, Fellbach, 1,0 Perückentauben; Richard Miller, Schwenningen, 0,1 Bärtchentümmler; Jürgen Seyfang, Heiningen, 0,1 Orpington (Jugend); Geschwister Angela, Dieter, Rita und Helga Gehring, Stuttgart-Gaisburg, 1,0 Südd. Mohrenköpfe (Jugend).

Den Philipp-Rummel-Erinnerungspreis errang Karl Schlecht, Bernhausen, den Friedrich-Greiner-Erinnerungspreis Adolf Ruoff, Neuhausen.

Ehrung für Gottlieb Keppler

Landesvorsitzender Gottlieb Keppler wurde anläßlich der Tagung des Tierzuchtausschusses der Deutschen Landwirtschafts-Gesellschaft nachträglich zu seinem 60. Geburtstag durch Überreichung eines Bildes von Max Eyth, dem Begründer der Gesellschaft, geehrt. Gottlieb Keppler gehörte seit der Neugründung der Gesellschaft nach dem Krieg dem Tierzuchtausschuß an und genoß dort eine besondere Wertschätzung. Außerdem hatte sich der Landesvorsitzende der Rassegeflügelzüchter durch seine Tätigkeit als Preisrichter bei den DLG-Schauen besondere Verdienste erworben. Der Präsident des Bundes Deutscher Rassegeflügelzüchter, Wilhelm Ziebertz, nahm diese Gelegenheit wahr, um Präsidiumsmitglied Keppler nachträglich zum 60. Geburtstag als Dank und Anerkennung ein Gemälde zu überreichen.

Die Landeszüchtertage in Geislingen

Die Landeszüchtertage waren schon zu einem festen Bestandteil im Jahresprogramm des Landesverbandes geworden. Immer mehr Züchter nahmen daran teil, um sich über das Geschehen im Landesverband zu informieren und um neue Züchterfreundschaften zu schließen. So war es auch wieder beim Züchtertag am 22. und 23. Juni 1957 in Geislingen a. d. Steige. Am Samstag versammelten sich der Landesverbandsausschuß mit den Kreisvorsitzenden im Gasthof zum Stern, wobei der Anschluß des KlZV Neckartailfingen und des GZV Nürtingen an den Kreisverband Reutlingen als einmalige Ausnahme genehmigt wurde. Künftig soll aber kein Verein mehr seinen Kreisverband wechseln dürfen. Auf Antrag des Vorstandes werden zu den Landesausstellungen nur noch Tiere von Züchtern aus Baden-Württemberg zugelassen. Eine Ausnahme gilt lediglich für die Mitglieder eines Sondervereins, der seine Hauptsonderschau mit der Landesausstellung verbindet.

Nachdem der Verein der Geflügel- und Vogelfreunde Stuttgart für 8 000,- DM Käfige kaufen wollte, um die Kosten für Käfigmiete und die Transportkosten einzusparen, beabsichtigte auch der Landesverband, für 4 000,- DM Käfigmaterial anzuschaffen. Diese bleiben allerdings Eigentum des Landesverbandes, werden aber vom Stuttgarter Verein verwaltet und gelagert. Hierfür erhält der Stuttgarter Verein die Käfige des Landesverbandes kostenlos für Schauen, die er durchführt. Ausgeliehen werden die Käfige des Landesverbandes gegen eine Gebühr nur für größere Ausstellungen, wie in Heilbronn oder Tuttlingen.

Die Vertreterversammlung am Sonntag in der Jahnhalle war sehr stark besucht. Ehrengäste waren als Vertreter von Minister Leibfried Oberregierungsrat Ansorge und Frl. Mühlich, die Vertreter der Stadt Geislingen und die Ehrenmeister des Landesverbandes, darunter auch der 91jährige Wilhelm Riehle aus Stuttgart-Wangen. In seinem Jahresbericht unterstrich Landesvorsitzender Gottlieb Keppler die sehr gute Zusammenarbeit mit dem Landwirtschaftsministerium und dem Bund Deutscher Rassegeflügelzüchter. Dem Landesverband gehörten in den 29 Kreisverbänden 414 Vereine und 13 Sondervereine an. Die Zahl der Mitglieder in den Kreisverbänden beträgt nunmehr 14 327, wozu noch 1 715 Jungzüchter in den Vereinsjugendgruppen zu zählen sind. Unter dem Beifall der Versammlung konnte der Landesvorsitzende den verdienten Züchter Gottlieb Scheib, Hoheneck bei Ludwigsburg, zum Ehrenmeister des BDRG ernennen. Über aktuelle Fragen referierte der Vorsitzende der Preisrichtervereinigung, Karl Schlecht, Bernhausen. Der Vortrag vermittelte den Zuhörern Wissenswertes aus Zoologie und Botanik, aber machte auch deutlich, welches umfassende Wissen ein Allgemeinrichter über

Landes-Geflügel- und Jubiläumsschau 1957.

alle Rassen und Farbenschläge besitzen muß. Landesjubendobmann Willi Klagholz berichtete über die erfolgreiche Jugendarbeit und gab hierzu wertvolle Anregungen.

Der Verein der Geflügel- und Vogelfreunde Stuttgart hatte den Antrag gestellt, die Landesgeflügelausstellung nur noch alle zwei Jahre in Stuttgart auf dem Killesberg durchzuführen und sie in dem Jahr ausfallen zu lassen, in dem das Landwirtschaftliche Hauptfest stattfindet. Man beschloß, den Antrag anzunehmen und jedes zweite Jahr die Landesausstellung in anderen Städten durchzuführen, sei es auch nur in kleinerem Rahmen. Das könnte dann auch eine stärkere Beschickung der Tuttlinger und Heilbronner Ausstellung zur Folge haben.

Die Stuttgarter Landesausstellung – immer besser und schöner

Die Landesgeflügelausstellung vom 6. bis 8. Dezember 1957 auf dem Stuttgarter Killesberg, ausgerichtet vom Verein der Geflügel- und Vogelfreunde Stuttgart, konnte wieder eine Steigerung und weitere Verbesserungen erfahren. Die württembergischen Züchter hatten zu dem durchführenden Verein großes Vertrauen und unterstützten ihn mit besonderen Kostbarkeiten. Hierzu zählte auch die Beteiligung der Stuttgarter Wilhelma mit einer Voliere seltener Ziergeflügelarten. Bewundert wurden auch eine Voliere mit Ziergeflügel der Jugendgruppe Heilbronn sowie die Bastelarbeiten verschiedener Jugendgruppen. Die lichtdurchfluteten Ausstellungshallen mit ihrer seitlichen Glasverkleidung boten beste Sichtverhältnisse, was für die Bewertungsarbeit der 41 Preisrichter und für die zahlreichen Besucher vorteilhaft war. Mit der Landesgeflügelausstellung verband der gastgebende Verein die Feier seines 85jährigen Bestehens. Die Schirmherrschaft hatte Landwirtschaftsminister Eugen Leibfried übernommen. Wie in den vorausgegangenen Jahren bewährte sich wieder die ausgezeichnet arbeitende Ausstellungsleitung unter Karl Mack. Die Obmänner der Preisrichter, Wilhelm Bremer, München; Georg Thoma, Offenbach am Main, und Karl Schlecht, Bernhausen, vergaben an 19 Tiere die Höchstnote. 40 Züchter errangen das begehrte Schwabenband. Ausgestellt wurden von 803 Ausstellern 4 366 Tiere, wobei die Hühnerzüchter gegenüber den Taubenzüchtern in der Überzahl waren. Es waren 308 Aussteller bei den Hühnern, 163 bei den Zwerghühnern, 36 bei Groß- und Wassergeflügel, 257 bei den Tauben und 39 Jungzüchter. Die schönsten Bastelarbeiten zeigten die Jugendgruppen aus Heilbronn, Öhringen, Neckargartach und Esslingen.

Bei der Jahreshauptversammlung der Preisrichtervereinigung des Landesverbandes im Palmbräuhaus Stuttgart am 23. März 1958 konnte Karl Schlecht mitteilen, daß die Vereinigung 51 Mitglieder zählt und 11 Anwärter ausbildet. Der zum Ehrenmeister ernannte Preisrichter Karl Grötzinger, Stuttgart-Vaihingen, wurde Ehrenmitglied der Preisrichtervereinigung. Bei den Neuwahlen wurden Karl Schlecht als Vorsitzender und Karl Schmid als Kassierer in ihren Ämtern bestätigt. Als Beisitzer wurden in den Vorstand gewählt Fritz Joas, Stuttgart-Wangen; Wilhelm Reichle, Bernhausen, und Gustav Bäuerle, Esslingen.

Zum dritten Male trafen sich die Jungzüchter mit ihren Obmännern an Pfingsten 1958 in Esslingen-Sulzgrieß, um an den beiden Tagen in Gemeinsamkeit praktische Jugendarbeit in kameradschaftlicher Verbundenheit zu leisten. Kreisvorsitzender Eugen Reicherter hatte mit seinen Freunden alles gut vorbereitet. Unterkunft und Verpflegung fanden die über 500 Jugendlichen bei Züchterfreunden in und um Esslingen. Am Samstag trafen sich die verschiedenen Gruppen im Gasthaus „Hirsch" zum Festabend. Oberregierungsrat Ansorge überbrachte die Grüße des Landwirtschaftsministers. Nach den vielen Vorreden rollte ein buntes Programm ab, das allen Anwesenden viel Freude bereitete. Die Akteure auf der Bühne waren nur Jugendliche, meist von den Jugendgruppen und dem Stadtjugendring Esslingen. Am Sonntag wurde bei einem Stadtrundgang die Geschichte der freien Reichsstadt erkundet. Am Nachmittag wurde mit viel Spiel und Spaß der Ausklang des 3. Landesjugendtreffens gefeiert.

Drei neue Ehrenmeister im Landesverband

Der Landeszüchtertag am 21. und 22. Juni 1958 in Ludwigsburg, eine der Geburtsstätten des Landesverbandes, war verbunden mit der 80-Jahr-Feier des Vereins der Geflügel- und Kaninchenfreunde Ludwigsburg. Aus Anlaß des Züchtertages konnte Landesvorsitzender Gottlieb Keppler einige verdiente Züchter im Auftrag des BDRG-Präsidenten ehren. Zu Ehrenmeistern des BDRG wurden ernannt Christian Bechthold, Schwenningen; Friedrich Fritz, Berkheim, und Karl Mack, Stuttgart-Degerloch. Das Vorstandsmitglied Adolf Ruoff, Neuhausen, wurde mit der goldenen Ehrennadel des BDRG ausgezeichnet.

Zu Beginn der Vertreterversammlung am Sonntag gedachte der Landesvorsitzende der verstorbenen Züchterfreunde, unter ihnen auch der am 31. März 1958 verstorbene Senior der Rassegeflügelzüchter, Ehrenmeister Wilhelm Riehle, Stuttgart-Wangen. In seinem Geschäftsbericht stellte Gottlieb Keppler heraus, daß der Landesverband nunmehr 15 070 Mitglieder habe und 1 750 Jugendliche in den Vereinsjugendgruppen betreue. Bei den Neuwahlen galt es für den erkrankten und zurückgetretenen zweiten Vorsitzenden Alfred Blessing, Stuttgart-Weilimdorf, und den Beisitzer Dr. Helmut Friedrich, Rottweil, neue Züchterpersönlichkeiten zu finden. Die Wahlen brachten folgendes Ergebnis:

1. Vorsitzender: Gottlieb Keppler, Pfullingen; 2. Vorsitzender: Karl Schlecht, Bernhausen; Schriftführer: Karl Mayer, Stuttgart; Kassierer: Gustav Hammeley, Ulm a. d. D.; Beisitzer: Albert Maute, Stuttgart-Feuerbach; Adolf Ruoff, Neuhausen; Josef Unsöld, Stuttgart.

Am 25. August 1958 feierte Ehrenmeister Karl Mack, Stuttgart-Degerloch, Vorsitzender des Vereins der Geflügel- und Vogelfreunde Stuttgart und bewährter Ausstellungsleiter vieler Landesgeflügelschauen, seinen 70. Geburtstag im Kreise seiner Familie und vieler Freunde. Er konnte gleichzeitig sein 50jähriges Züchterjubiläum feiern.

Immer mehr kamen die überörtlichen Geflügelausstellungen im Bereich des Landesverbandes in Mode. Tuttlingen führt in diesem Jahr bereits seine 10. Südwestdeutsche Junggeflügelausstellung durch, Eislingen die 4. Stauferschau und der Verein der Rassetaubenzüchter und Vogelfreunde Ravensburg rüstete zu seiner zweiten Oberschwäbischen Rassetauben- und Ziergeflügelausstellung. Dazu zählten noch die Heilbronner Großschau und einige allgemeine Ausstellungen in den Grenzbereichen des Landesverbandes.

Der Vorsitzende der Preisrichtervereinigung brachte bei der Hauptschulung am 21. September 1958 die Idee einer neuen Schulungsform zur Verwirklichung, indem er 40 Dias mit Tieren der verschiedensten Rassen in unterschiedlicher Qualität vorführte, die von jedem Anwesenden mit einer Kritik und Qualitätsnote beurteilt werden mußten. Danach wurden die E-Tiere bekanntgegeben und von jedem Preisrichter und Anwärter wurden diese, der Rangfolge entsprechend, eingeordnet. Anschließend wurden alle Dias nochmals gezeigt, besprochen und beurteilt.

Glanzvolle Stuttgarter Landesschau 1958

Der Verein der Geflügel- und Vogelfreunde Stuttgart führte vom 5. bis 7. Dezember 1958 wieder eine glanzvolle Landesgeflügelausstellung durch. Die Ausstellungsleitung lag erneut in den bewährten Händen von Karl Mack und Friedrich Kolb. Die Schirmherrschaft hatte Landwirtschaftsminister Eugen Leibfried übernommen. Bei dieser Landesschau zeigten 879 Aussteller 4 704 Tiere. Auch die Jungzüchter beteiligten sich mit 215 Tieren und acht Bastelarbeiten der Jugendgruppen Bad Friedrichshall-Jagstfeld, Heilbronn, Stuttgart-Gaisburg und Ötisheim. Die 46 Preisrichter vergaben 19mal die Höchstnote und 45 Schwabenbänder. An der Ausstellung hatten sich 19 Sondervereine beteiligt. Während der Ausstellungstage wurden in einem besonders eingerichteten Ausstellungskino Geflügel-Lehrfilme gezeigt. Am Samstagabend hatte der Verein für Geflügel- und Vogelfreunde zu einem festlichen Beisammensein in die Schlachthofgaststätte in Stuttgart-Gaisburg eingeladen. Dabei konnte Landesvorsitzender Gottlieb Keppler verdiente Züchter mit der goldenen Ehrennadel des BDRG auszeichnen, und zwar Hermann Keimeyer, Stuttgart; Karl Widmann, Stuttgart, und Viktor Müller, Esslingen-Rüdern. Unter starkem Beifall ernannte der Landesvorsitzende den weithin bekannten und verdienstvollen Züchter Karl Schmid, Stuttgart-Wangen, zum Ehrenmeister des BDRG.

80 Jahre Landesverband der Rassegeflügelzüchter Württemberg-Hohenzollern

Mit dem Jahr 1959 trat der Landesverband in das 80. Jahr seines Bestehens ein. Im Jubiläumsjahr waren dem Landesverband 433 Vereine angeschlossen. Bis zum Jahr 1895 gab es keinen Landesvorstand. Seit 1895 hat der Landesverband neun Vorsitzende. Gottlieb Keppler führte den Landesverband seit nunmehr 25 Jahren.

80-Jahr-Feier beim Züchtertag in Ebingen

Zum Züchtertag am 20. und 21. Juni 1959 hatte der Landesvorstand nach Ebingen eingeladen. Am Samstag fand im Hotel „Hecht" die Sitzung des Landesvorstandes mit den Kreisvorsitzenden statt. Der Andrang am ersten Tag war bereits so groß, daß beim Züchterabend die Stadthalle bis auf den letzten Platz gefüllt war. Nach den Berichten der Fachpresse hat Ebingen in bezug auf die Gastfreundschaft und das Programmangebot den bisherigen Züchtertagen die Krone aufgesetzt. Was sich da der Vorsitzende des GZV Ebingen, Hans Koch, und der Kreisvorsitzende Gotthilf Schmid aus Tailfingen ausgedacht hatten, kam hundertprozentig an. Landesvorsitzender Gottlieb Keppler konnte wieder zwei verdiente Züchter mit der goldenen Bundesehrennadel auszeichnen. Es waren dies der Kreisvorsitzende Josef Unsöld, Stuttgart, und der Vorsitzende des Kreisverbandes Calw, Willi Bauschlicher.

Die Vertreterversammlung am Sonntag fand in der Ebinger Festhalle eine stattliche Tagungsstätte. In seinem Geschäftsbericht konnte der Landesvorsitzende mitteilen, daß den 29 Kreisverbänden 433 Vereine mit 15 607 Mitgliedern angeschlossen waren. Außerdem waren bei den Landesjugendgruppen 1 780 Jungzüchter gemeldet. Dem Landesverband waren ferner 13 Sondervereine angeschlossen, sowie die Preisrichtervereinigung und das Zuchtbuch.

Große Sorgen bereitete dem Landesvorstand, den Kreisverbänden und insbesondere den Ortsvereinen der sogenannte Turnhallenerlaß, eine Empfehlung des Regierungspräsidenten an die Bürgermeister, die Turnhallen für Ausstellungszwecke der Kleintierzüchter nicht mehr zur Verfügung zu stellen. Einige Landräte, Oberbürgermeister und Bürgermeister hielten sich an die Empfehlung und bereiteten den Vereinen erhebliche Schwierigkeiten.

Auf der Tagesordnung der Vertreterversammlung stand auch ein Vortrag über Sinn und Zweck der Leistungsgruppe des Zuchtbuches Württemberg, der von dem Vorsitzenden des Zuchtbuches, Fritz Heiler, Stock bei Meinhardt, gehalten werden sollte. Da dieser jedoch verunglückt war, übernahm Landesvorsitzender Gottlieb Keppler als erfahrener Züchter und Mitglied des Zuchtbuches den Vortrag. Er bat die Züchter, der Gruppe Zuchtbuch „Leistung und Schönheit" beizutreten. Nach dem Vortrag wurde der Landesvorsitzende Keppler für seine 25jährige Tätigkeit als Vorsitzender von dem zweiten Vorsitzenden Karl Schlecht geehrt.

Landesjugendobmann Willi Klagholz schlug vor, der Landesschau in Stuttgart eine Bundesjugendschau anzugliedern, falls dies der Bundesjugendobmann wünsche. Der Vorsitzende der Preisrichtervereinigung, Karl Schlecht, lobte die guten Arbeitsbedingungen der Preisrichter in Stuttgart und Tuttlingen. Ein Antrag des GZV Tuttlingen, die Südwestdeutsche Junggeflügelschau als Verbandsschau anzuerkennen, fand keine Zustimmung. Man kam jedoch überein, den Ehrenpreiszuschuß durch den Landesverband zu erhöhen. Auf Antrag des Landesverbandsvorstandes wurde der Standgeldzuschuß für die Deutsche Junggeflügelschau in Hannover und die Nationale Rassegeflügelschau für Sg-Tiere von 2,- DM auf 3,- DM erhöht. Freudig aufgenommen wurde ein Antrag des Kreisverbandes Stuttgart, der Landesverband möge sich um die Übernahme der Nationalen für das Jahr 1961 in Stuttgart bewerben.

Eine Landesgeflügelschau mit über 5 000 Tieren

Die Landesgeflügelschau vom 4. bis 6. Dezember 1959 war wieder in den Hallen auf dem Stuttgarter Killesberg untergebracht. Obwohl bei der Vertreterversammlung 1957 beschlossen wurde, nur alle zwei Jahre eine Landesausstellung in Stuttgart durchzuführen, hatten sich Karl Mack und Friedrich Kolb auf Drängen des Landesvorstandes bereit erklärt, mit ihrem Verein und vielen Helfern die Landesschau 1959 zu übernehmen.

In einem Grußwort im Ausstellungskatalog schrieb der Landesvorsitzende u. a.: „Zum achten Male nach dem Krieg findet die Landesverbandsausstellung der württembergischen Rassegeflügelzüchter auf dem Killesberg in Stuttgart statt, und wer mit offenen Augen durch die hervorragend gelungene Schau wandert, der wird neidlos anerkennen müssen, daß jede neue Ausstellung die vorangegangene übertroffen hat, nicht nur was die Zahl der Tiere, sondern auch die Qualität derselben anbetrifft. Mehr als 5 000 Tiere sind der Ausdruck der unermüdlichen Schaffensfreude unserer heimischen Züchterkameraden."

Bei der feierlichen Eröffnung der Ausstellung sagte Ministerialdirektor Dr. Schefold dem Landesverband und dem Stuttgarter Verein Dank und Anerkennung für die mustergültige Ausstellung. Der Landesverband habe in den 80 Jahren seines Bestehens vieles erreicht und dafür sei ihm zu danken und für seine weitere Arbeit Glück zu wünschen.

An der von 757 Ausstellern mit 5 388 Tieren bestückten Ausstellung beteiligten sich 18 Sondervereine mit ihren Sonderschauen. Für die Bewertung der Tiere waren 48 Preisrichter verpflichtet, die 21mal die Höchstnote und 48 Schwabenbänder vergaben.

Beim Züchterabend im großen Saal der Schlachthof-Gaststätte in Stuttgart-Gaisburg hob Ausstellungsleiter Karl Mack die Verdienste des Landesvorsitzenden Gottlieb Keppler hervor, der seit 25 Jahren den Landesverband mit viel Geschick und zur Zufriedenheit aller Züchter und der zuständigen Behörden leite. Als Dank überreichte Karl Mack einen Geschenkkorb.

Der Kreisverband Überlingen kommt zum Landesverband

Den Landeszüchtertag in Heilbronn am 18. und 19. Juni 1960 hatte Kreisvorsitzender Willi Klagholz ausgezeichnet vorbereitet. Am Samstag fand die gemeinsame Sitzung des Vorstandes mit den Kreisvorsitzenden im Hotel „Paulinenhof" statt. Am Abend war im Saal im Haus des Handwerks kein freier Platz mehr zu finden. BDRG-Vizepräsident Wilhelm Bremer aus München überbrachte die Grüße des BDRG, beglückwünschte Gottlieb Keppler zu dessen 25jährigem Jubiläum als Landesvorsitzender und überreichte als Geschenk des Präsidenten einen

Zinnkrug. Für den Sonderverein der Züchter süddeutscher Farbentauben brachte Bremer einen Pokal für die nächste Landesausstellung mit.

Auch an der Vertreterversammlung am Sonntag im Haus des Handwerks nahm Vizepräsident Wilhelm Bremer teil. In seinem Jahresbericht konnte Vorsitzender Keppler mitteilen, daß ein weiterer Kreisverband in den Landesverband aufgenommen wurde. Der Kreisverband Überlingen löste sich im gegenseitigen Einvernehmen vom Landesverband Baden und trat mit sechs Vereinen zum Landesverband Württemberg-Hohenzollern über. Der Landesverband betreute nunmehr 30 Kreisverbände mit 446 Vereinen, denen 19 159 Mitglieder angehören. Auch die Zahl der Jungzüchter ist wieder angestiegen.

Die Wahlen leitete mit gewohnter Umsicht Ehrenmeister Friedrich Kolb. Er machte der Versammlung den Vorschlag, den gesamten Landesvorstand wiederzuwählen, was auch einstimmig geschah.

Am Landwirtschaftlichen Hauptfest in Stuttgart vom 24. September bis 2. Oktober 1960, das mit dem Stuttgarter Volksfest verbunden war, beteiligten sich viele Züchter aus dem Landesverband im Rahmen der Tierschau. Die beiden Staatsehrenpreise errangen Gottlob Hörter, Dennach, mit Rhodeländern und Karl Schlecht, Bernhausen, mit silberfarbigen Italienern. Folgenden Züchtern wurden Ia-Preise zuerkannt: Karl Mack, Stuttgart-Degerloch, mit New Hampshire; Oskar Ochner, Dennach, mit hellen Sussex; Walter Hüttner, Stuttgart-Gaisburg, mit Barnevelder; Christian Barth, Calmbach, mit Rheinländern; August Klein, Stuttgart-Feuerbach, mit Zwerg-Paduanern, und Eugen Schickhardt, Stuttgart-Gaisburg, mit Süddeutschen Mohrenköpfen.

Die Landes-Geflügelausstellung in Stuttgart 1960

Die Landesgeflügelausstellung vom 2. bis 4. Dezember 1960 auf dem Stuttgarter Killesberg war wieder hervorragend untergebracht. Die Ausstellungsleiter Karl Mack und Friedrich Kolb vom Verein der Geflügel- und Vogelfreunde Stuttgart hatten mit ihrem bewährten Ausstellungsstab alles getan, um auch dieser Schau ein glanzvolles Gepräge zu geben. Nach den Grußworten von Ausstellungsleiter Karl Mack und Dankesworten des Landesvorsitzenden Gottlieb Keppler trat der Schirmherr, Landwirtschaftsminister Leibfried, an das Rednerpult. Er dankte für die mustergültige Gestaltung der Ausstellung und für die aufgewandte Mühe und Arbeit. Besonders erfreut war der Minister über die starke Beteiligung der Jugend an der Landesschau.

Die Ausstellung umfaßte 5 266 Nummern. Die 49 eingesetzten Preisrichter stellten 25 Tiere mit der Höchstnote besonders heraus. Jeder Preisrichter hatte ein Schwabenband zu vergeben.

Friedrich Kolb †

Am 23. Juni 1961 schloß Ehrenmeister Friedrich Kolb, Stuttgart-Zuffenhausen, im 80. Lebensjahr für immer die Augen. Ein ganzes Leben lang hatte sich der Verstorbene der Rassegeflügelzucht verschrieben. Jungen und alten Züchtern war er stets ein Vorbild in Pflichtteifer und züchterischem Können. Als Vorsitzender des Taubenzüchtervereins Groß-Stuttgart, dessen Ehrenvorsitzender er war, aber auch als Ausstellungsleiter der großen Landesschauen auf dem Stuttgarter Killesberg hatte er sich große Verdienste erworben.

Der Landeszüchtertag in Mühlacker fällt aus

Die umfassenden Vorarbeiten für die Durchführung des Landeszüchtertages am 24. und 25. Juni 1961 waren abgeschlossen. Wenige Tage vor Beginn der zweitägigen Veranstaltung in Mühlacker mußte Landesvorsitzender Keppler den Kreisverbänden und Vereinen mitteilen, daß diese wegen einer gefährlichen Kinderlähmungs-Epidemie abgesagt werden mußte.

Gottlieb Keppler wird Ehrenmeister

Bei der feierlichen Eröffnung der Deutschen Junggeflügelschau in Hannover am 20. Oktober 1961 ernannte der BDRG-Präsident Wilhelm Zieberts das langjährige Präsidiumsmitglied Gottlieb Keppler, Pfullingen, aus Anlaß seines 65. Geburtstages, den er zwei Tage später feierte, zum Ehrenmeister des BDRG.

Die Deutsche Zwerghuhnschau in Stuttgart 1961

Mit der Landesgeflügelschau vom 1. bis 3. Dezember 1961 in den Stuttgarter Killesberghallen war die Deutsche Zwerghuhnschau verbunden. Die Schirmherrschaft hatte wieder Landwirtschaftsminister Eugen Leibfried übernommen, der in einem Grußwort u. a. schrieb: „Es ist eine Leistung, wenn ein Landesverband zum zehnten Male seit dem Krieg eine Landesgeflügelschau nahezu ausschließlich mit ehrenamtlichen Kräften organisiert und aufbaut. Wieviel Idealismus gehört dazu! Diese selbstlosen Opfer passionierter Züchter kommen vielen Menschen in Stadt und Land zugute, die nach des Tages Müh und Last ihre Erholung und Ausspannung im Umgang mit der Tierwelt suchen."

Der seitherige Ausstellungs-Schriftführer, Landwirtschaftsrat Karl Mayer, hatte in diesem Jahr als Vorsitzender des Vereins der Geflügel- und Vogelfreunde Stuttgart gemeinsam mit Karl Mack die Aufgaben als Ausstellungsleiter übernommen. Für den mustergültigen Aufbau zeichnete August Klein und für die Kassengeschäfte Karl Widmann verantwortlich. Bei dieser Landesschau, einschließlich der Zwerghuhnschau, zeigten 925 Aussteller 6 400 Tiere, die von 62 Preisrichtern bewertet wurden. Der Ausstellung waren 36 Sonderschauen angeschlossen, davon zählten 22 zur Deutschen Zwerghuhnschau. Als Obmänner waren eingesetzt für Groß- und Wassergeflügel Wilhelm Bremer, München, für Hühner Karl Weber, Weinheim, für Zwerghühner Wilhelm Woith, Berlin; Georg Beck, Sprendlingen, und Erich Fetzer, Gönningen, und für Tauben Karl Schlecht, Bernhausen. Auf Vorschlag der Preisrichter bestätigten die Obmänner bei 23 Tieren die Höchstnote. Nach den Errechnungen der Ausstellungsleitung wurden bei der Landesgeflügelschau 1961 die „Großen Preise" an folgende Züchter vergeben:

Nr. 1 an Christian Barth und Walter Schmid, Calmbach, auf schwarze Rheinländer;

Nr. 2 an Eugen Bechthold, Friedrichstal, auf schwarze Starhälse;

Nr. 3 an Helmut Göbel, Stuttgart-Stammheim, auf blaue Strasser ohne Binden;

Nr. 4 an Bernhard Fiechtner, Stuttgart-Rohr, auf rost-rebhuhnfarbige Zwerg-Welsumer;

Nr. 5 an Rudi Sailer, Freising/Obb., auf schwarze Steigerkröpfer;

Nr. 6 an Werner Aldinger, Wildbad, auf Australorps;

Nr. 7 an Gottlob Hörter, Dennach, auf Rhodeländer;

Nr. 8 an Wilhelm Bihler, Bonlanden, auf Rhodeländer;

Nr. 9 an Eugen Rein, Ludwigsburg, auf blaue Deutsche Schautauben mit Binden;

Nr. 10 an Christian Bott, Wildbad, auf helle Brahma;

Nr. 11 an Walter Gehring, Stuttgart, für beste Gesamtleistung bei Zwerghühnern.

Züchtertag des Landesverbandes in Plüderhausen

Von Jahr zu Jahr erfreuten sich die Züchtertage des Landesverbandes einer immer größeren Beliebtheit. Unvergeßliche Höhepunkte waren dabei die Züchterabende im Geiste einer frohen und herzerfrischenden Züchterkameradschaft. Wenn dann für einen solchen Abend, wie dies in Plüderhausen am 16. Juni 1962 der Fall war, eine so prächtige Festhalle zur Verfügung steht, dann müssen sich alle Gäste einfach wohl fühlen. Die Preisrichterobmänner des BDRG, die am gleichen Tag in Stuttgart ihre Jahreshauptversammlung durchführten, kamen alle nach Plüderhausen, um an dem Züchterabend teilzunehmen. Nach Grußworten des Vorsitzenden des festgebenden Vereins, des Bürgermeisters Roos und des Vorsitzenden des Verbandes Deutscher Rassegeflügelpreisrichter, Karl Hirschheider, konnte Landesvorsitzender Keppler den Züchter Karl Rempp, Mühlacker, als neuen Ehrenmeister des BDRG auszeichnen.

Die Vertreterversammlung am Sonntag, 17. Juni 1962, wurde vom Gesangverein Plüderhausen mit Chorgesang eingeleitet. Aus dem Geschäftsbericht des Vorsitzenden war zu entnehmen, daß der Landesverband 30 Kreisverbände mit 462 Ortsvereinen und 13 Sondervereinen und der Preisrichtervereinigung mit insgesamt 19 937 Mitgliedern angehören. Im Landesverband werden 2 000 Jungzüchter in den örtlichen Vereinen geführt. Verbandskassierer Gustav Hammeley, Ulm, der seinen 65. Geburtstag am 4. Juni 1961 feierte und zum Ehrenmeister ernannt wurde, mußte mitteilen, daß der Ringabsatz für Hühner rückläufig und für Zwerghühner und Tauben im Steigen begriffen sei.

Am 24. April 1962 starb nach kurzer Krankheit Ehrenmeister Karl Schmid, Stuttgart-Wangen, ein Mann, der sich um die Förderung der Rassegeflügelzucht und die Preisrichterausbildung im Landesverband große Verdienste erworben hatte.

Am 27. Juli 1962 verstarb nach einem schweren Unfall der 1. Vorsitzende des aufstrebenden Kreisverbandes Freudenstadt, Lorenz Weber, Freudenstadt. Er sollte anläßlich der 44. Nationalen Rassegeflügelschau in Stuttgart mit der Würde eines Ehrenmeisters bedacht werden.

Rege Schautätigkeit

Für eine Landesgeflügelschau war in diesem Jahr weder Zeit noch Raum zur Verfügung. Dafür gab es im Bereich des Landesverbandes trotzdem eine große Schautätigkeit. In Tuttlingen wurde die 14. Südwestdeutsche Junggeflügelschau, in Heilbronn die Süddeutsche Allgemeine Geflügelschau und in Eislingen die 8. Stauferschau als überörtliche offene Schauen durchgeführt. Dazu kamen noch 25 Kreisschauen und 314 Vereinsausstellungen innerhalb des Verbandsgebietes.

Die 44. Nationale in Stuttgart 1963

Nach gewissenhafter Vorbereitung konnte vom 18. bis 20. Januar 1963 die 44. Nationale Rassegeflügelschau vom Verein der Geflügel- und Vogelfreunde Stuttgart unter der Schirmherrschaft von Landwirtschaftsminister Eugen Leibfried durchgeführt werden. Über 15 000 Tiere wurden von der Ausstellungsleitung angenommen, aber immerhin mußten noch etwa 3 000 Tiere zurückgewiesen werden. Ausstellungsleiter waren Karl Mack als Ehrenvorsitzender und Oberlandwirtschaftsrat Karl Mayer. Treue Helfer, wie jedes Jahr bei den Landesschauen, waren wieder:

August Klein, 2. Vorsitzender Verein der Geflügel- und Vogelfreunde Stuttgart e. V., stellvertretender Ausstellungsleiter; Karl Widmann, Kassenwart Verein der Geflügel- und Vogelfreunde Stuttgart e. V., Ausstellungskassierer; Berthold Neugebauer, Schriftführer Verein der Geflügel- und Vogelfreunde Stuttgart e. V.; Anni Neugebauer, Karl Schlecht, Willy Hintermeyr, Kurt Wetzel, Eugen Schmißrauter, Walter Gehring, Margarethe Gehring, Josef Unsöld, Karl Schlienz.

Der Präsident des BDRG, Wilhelm Ziebertz, widmete dem langjährigen Ausstellungsleiter der Landesgeflügelschau, Karl Mack, Stuttgart-Degerloch, im Ausstellungskatalog ein besonderes Dankeswort:

An dieser Stelle möchte ich noch ganz besonders Veranlassung nehmen, unserem Ehrenmeister, Herrn Karl Mack, Stuttgart, Dank zu sagen für seine vielseitigen Bemühungen um die Förderung der deutschen Rassegeflügelzucht auf den verschiedensten Gebieten. Er war es, der im Jahre 1934 mit seinen Getreuen in Stuttgart die letzte große Nationale durchführte

Karl Mayer
1. Vors. Verein der Geflügel-
und Vogelfreunde Stuttgart e. V.
Ausstellungsleiter

August Klein
2. Vors. Verein der Geflügel-
und Vogelfreunde Stuttgart e.V.
stellv. Ausstellungsleiter

Karl Widmann
Kassenwart Verein der Geflügel-
und Vogelfreunde Stuttgart e. V.
Ausstellungskassier

Berthold Neugebauer
Schriftführer Verein der Geflügel-
und Vogelfreunde Stuttgart e.V.

Anni Neugebauer

Karl Schlecht

Willy Hintermeyr

Kurt Wetzel

Eugen Schmißrauter

Walter Gehring　　　　Margarethe Gehring　　　　Josef Unsöld

Die Ausstellungsleitung der 44. Nationalen Rassegeflügelschau 1963 in Stuttgart und ihre Mitarbeiter.

Karl Schlienz

und der auch nicht die Hoffnung aufgab, daß der Tag kommen würde, da die Nationalen nicht nur wieder auflebten, sondern auch in Stuttgart wieder ihren Platz finden würden. Solange es in Stuttgart Nationale gibt, wird man sich gern und immer wieder seines Namens erinnern.

Duisburg-Hamborn, im Januar 1963
Wilhelm Ziebertz
Präsident des Bundes
Deutscher Rassegeflügelzüchter e. V.

Mit der 44. Nationalen feierte der Verein der Geflügel- und Vogelfreunde Stuttgart sein 90jähriges Bestehen. Die Vereinsgeschichte wurde von dem 1. Vorsitzenden Karl Mayer niedergeschrieben und im Katalog abgedruckt.

Bei der feierlichen Eröffnung der 44. Nationalen war der Kongreßsaal auf dem Killesberg dicht besetzt. Der Vorsitzende der Geflügel- und Vogelfreunde, Karl Mayer, konnte den Schirmherrn der Ausstellung, Landwirtschaftsminister Eugen Leibfried, den Präsidenten des BDRG, Wilhelm Ziebertz, den Präsidenten der französischen Kleintierzüchter und Vizepräsidenten des Europaverbandes, Alex

Wiltzer, den Präsidenten der Schweizer Rassegeflügelzüchter, Josef Lisibach, den Vorsitzenden des Landesverbandes und viele Ehrengäste begrüßen. Präsident Ziebertz überreichte dem Senior des Stuttgarter Vereins, Karl Mack, der im Jahr 1934 mit seinen Getreuen in Stuttgart die letzte große Nationale durchführte, einen „Karl-Mack-Erinnerungspreis" in Form eines Pokals, der innerhalb des Stuttgarter Vereins vergeben werden sollte. Die Grüße der französischen Züchter und des Europaverbandes überbrachte Präsident Alex Wiltzer, die Grüße und Glückwünsche der Schweizer Züchterfreunde Josef Lisibach, der mit einer 70 Mann starken Delegation nach Stuttgart gekommen war. In alter Freundschaft überreichte er dem Vorsitzenden des Landesverbandes, Gottlieb Keppler, eine goldene Schweizer Uhr.

Beim Züchterabend kündigte der BDRG-Präsident an, daß auch die 45. Nationale Rassegeflügelschau in Stuttgart auf dem Killesberg stattfinden würde. Stuttgart, der Verein der Geflügel- und Vogelfreunde und der Landesverband hatten sich bewährt.

Züchtertag in Tuttlingen mit internationalen Gästen

Zum Züchtertag am 15. und 16. Juni 1963 hatte der Landesverband nach Tuttlingen eingeladen, eine Stadt, die den Züchtern des Landesverbandes durch die jährlich stattfindende Südwestdeutsche Junggeflügelschau bestens bekannt war. Im Verlauf des Abends konnte Landesvorsitzender Gottlieb Keppler dem Vorsitzenden des Kreisverbandes Balingen, Gotthilf Schmid, Tailfingen, die Ernennung zum Ehrenmeister des BDRG mitteilen. Mit der goldenen Ehrennadel des BDRG wurde Carl Maier ausgezeichnet, der sich um die Durchführung der Südwestdeutschen Junggeflügelschau Tuttlingen besondere Verdienste erworben hatte und der den Züchtertag 1963 organisierte.

Bei der Vertreterversammlung am Sonntag in der Festhalle in Tuttlingen konnte Landesvorsitzender Gottlieb Keppler mitteilen, daß der Verband mit seinen 30 Kreisverbänden jetzt 475 Vereine, 12 Sondervereine, eine Preisrichtervereinigung und die Jugendgruppe mit 20 123 Mitgliedern umfaßt; davon sind 2 120 Jungzüchter. Im Gebiet des Landesverbandes waren in den vergangenen Jahren verschiedene neue Vereinsheime und Gemeinschaftszuchtanlagen erstellt worden. Dies nahm Gottlieb Keppler zum Anlaß, mit herzlichen Worten den vielen freiwilligen Helfern Dank zu sagen und die Vereine zu ihrem Entschluß zu beglückwünschen. Die von diesen Vereinen geleisteten Arbeiten seien Schrittmacherdienste für eine gesicherte Zukunft. Der Landesvorsitzende machte die Delegierten mit der Absicht vertraut, im nächsten Jahr als Landesvorsitzender zurückzutreten. Er will jedoch einen würdigen Nachfolger präsentieren, der das Vertrauen der Delegierten besitze. Die Rücktrittsabsichten von Gottlieb Keppler wurden allgemein bedauert.

Gründungsversammlung des Bezirkes 4, Südwest, vom SV der Strasserzüchter 1963 in Roßwag bei Mühlacker mit künftigem Sitz in Stuttgart. – Vordere Reihe: Frau Göbel, Johann Lechner, Alfred Kreß (PR), Hermann Koller (PR), Werner Krauß. – 2. Reihe: Helmut Göbel (PR), Werner Schellenberg, Artur Harsch, unbekannt, Dieter Burkhardt, Eugen Rühle (belles Hemd/mit Brille); hinterste Reihe, dritter von links: Haug, Heidenheim (Archiv D. Burkhardt).

Ehrenmeister Karl Mack †

Am 22. Juni 1963, eine Woche nach dem Züchtertag in Tuttlingen, kam aus Stuttgart-Degerloch die Trauerbotschaft, daß Ehrenmeister Karl Mack nach kurzer und schwerer Krankheit verstorben war. Der Bund Deutscher Rassegeflügelzüchter, der Landesverband Württemberg und Hohenzollern, der Kreisverband Stuttgart und seine beiden Heimatvereine, der GZV Stuttgart-Degerloch und der Verein der Geflügel- und Vogelfreunde Stuttgart, haben mit Karl Mack einen ihrer besten Männer verloren, der sich in seinem erfüllten Leben und Wirken große Verdienste um die deutsche Rassegeflügelzucht erworben hatte. Er war sowohl auf züchterischem als auch auf organisatorischem Gebiet ein Genie. Die Rassegeflügelzucht, seine Vereine, die verantwortliche Ausrichtung der Nationalen und vieler Landesgeflügelschauen waren, neben seiner Familie und seinem Beruf als Gärtnermeister, Inhalt seines Lebens.

Am 25. August 1888 geboren, fand Karl Mack schon sehr früh den Anschluß zu seinem Ortsverein Stuttgart-Degerloch und zum Verein der Geflügel- und Vogelfreunde Stuttgart. Im Jahr 1922 wurde er Preisrichter und war als solcher beliebt und bekannt im ganzen Reichsgebiet. Vorsitzender des Vereins Degerloch wurde er 1931 und des Vereins der Geflügel- und Vogelfreunde Stuttgart im Jahr 1947. Er war Ausstellungsleiter der Nationalen Rassegeflügelschau vom 5. bis 7. Januar 1934 in Stuttgart und seit 1951 der Landesgeflügelschauen in Stuttgart. Seine Ernennung zum Ehrenmeister des BDRG erfolgte am 21. Juni 1958. Karl Mack war Ehrenmitglied des Landesverbandes und Ehrenvorsitzender des Vereins der Geflügel- und Vogelfreunde Stuttgart.

Landesjugendtreffen in Mutlangen-Lindach – Franz Butz wird Landesjugendobmann

Die beiden Landesverbände der Rassegeflügel- und Rassekaninchenzüchter hatten vereinbart, die Landesjugendtreffen im Abstand von zwei Jahren und abwechselnd durch jeden Landesverband durchzuführen. Für das Landesjugendtreffen am 20. und 21. Juli 1963 in Mutlangen-Lindach zeichnete der Landesverband der Kaninchenzüchter verantwortlich. Die Hauptlast der Arbeit übernahm der KlZV Mutlangen-Lindach und dessen Vorsitzender Lothar Grupp, tatkräftig unterstützt von dem Vorsitzenden des Kreisverbandes Schwäbisch Gmünd, Georg Neumaier, dem Landesjugendobmann für Kaninchen, Hans Mendler, sowie dem Landesvorsitzenden Walter Kölz. Die Programmgestaltung war vielseitig und mit vielen Überraschungen versehen. So leisteten eine französische Musikkapelle aus Nancy und eine US-Militärkapelle aus München musikalische Unterstützung des Jugendtreffens. Landesjugendobmann Willi Klagholz gab nur ein kurzes Debüt, denn ihm muß einiges am Samstagnachmittag mißfallen haben, was ihn veranlaßte, ohne Abschied das Landesjugendtreffen zu verlassen. Die ihm zufallenden Aufgaben übernahmen der stellvertretende Landesjugendobmann Franz Butz aus Jebenhausen und der Jugendobmann Karl Pechtl, Heidenheim-

Mergelstetten. Landesjugendobmann Willi Klagholz, Heilbronn, legte dann auch sein Amt nieder. Als Nachfolger wurde von den Kreisjugendobmännern Franz Butz, Jebenhausen, vorgeschlagen und gewählt. Stellvertretender Landesjugendobmann wurde Karl Pechtl, Heidenheim-Mergelstetten.

Eindrucksvolle 45. Nationale in Stuttgart 1964

Nun galten alle Anstrengungen der Vorbereitung der 45. Nationalen Rassegeflügelschau vom 17. bis 19. Januar 1964 auf dem Killesberg in Stuttgart. Ausstellungsleiter Karl Mayer hatte mit seinen Mitarbeitern alles vorzüglich vorbereitet. Preisrichterobmann Karl Schlecht hatte mit der Verpflichtung der 150 Preisrichter viel Arbeit auf seine Schultern geladen. Die Ausstellung umfaßte 13 030 Ausstellungsnummern, das waren etwa 2 000 Nummern weniger als im Vorjahr, doch dafür war die Qualität der ausgestellten Tiere im Durchschnitt etwas besser. Die Preisrichter vergaben 81mal die Höchstnote und 138 Siegerbänder. Landwirtschaftsminister Eugen Leibfried hatte wieder die Schirmherrschaft übernommen.

Der feierlichen Eröffnung ging ein Empfang der Stadt Stuttgart voraus, an dem neben den Mitgliedern des BDRG-Präsidiums die Vorsitzenden der Fachverbände, Ausstellungsleiter Karl Mayer und der Präsident der französischen Geflügelzucht-Organisation, Alex Wiltzer, Paris, teilnahmen. In dem festlich geschmückten Kongreßsaal auf dem Killesberg konnte Ausstellungsleiter Karl Mayer eine große Anzahl von Ehrengästen und Züchtern aus dem In- und Ausland begrüßen. Grußworte sprachen auch Bürgermeister Kraufmann, Stuttgart, Landesvorsitzender Gottlieb Keppler, Präsident Wilhelm Zieberts, Dr. Zeller aus den USA, Oberregierungsrat Dr. Friedrich als Vertreter des Bundeslandwirtschaftsministers, Präsident Alex Wiltzer, Paris, der Sekretär des jugoslawischen Kleintierzucht-Verbandes, Wojislaw Drinjowski, und der Schweizer Josef Lisibach, der in diesem Jahr eine goldene Uhr für den Ausstellungsleiter Karl Mayer als Gastgeschenk mitgebracht hatte.

Der Schirmherr der Ausstellung, Minister Eugen Leibfried, hieß namens der Landesregierung alle Besucher, insbesondere die Gäste aus der Schweiz, Österreich, Jugoslawien, Luxemburg, Holland, Frankreich und den USA, herzlich willkommen. Der Minister betonte, daß die Landesregierung gerne die Rassegeflügelzucht unterstütze, und würdigte die Arbeit der Züchter und die Erhaltung der Ideale. Nach einem Hinweis auf die Lehrschau des Landwirtschaftsministeriums eröffnete der Minister die 45. Nationale Rassegeflügelschau in Stuttgart.

Gottlieb Keppler tritt zurück – Karl Mayer wird 1964 neuer Landesvorsitzender

Bei dem Landeszüchtertag in Nürtingen am 21. Juni 1964 kam es zu dem angekündigten Führungswechsel im Landesverband. Gottlieb Keppler legte nach 30jähriger erfolgreicher Führung den Vorsitz im Landesverband nieder. Der Landesverband hatte nunmehr 29 Kreisverbände mit 480 Vereinen, 18 240 Mitglie-

Oberlandwirtschaftsrat Karl Mayer war von 1964 bis 1972 Vorsitzender des Landesverbandes.

dern und 2 120 Jungzüchtern sowie 13 Sondervereine und eine Preisrichtervereinigung mit 64 geprüften und einsatzbereiten Preisrichtern. Hauptpunkt der Vertreterversammlung war die Wahl eines neuen Landesvorsitzenden. Als Kandidaten wurden vorgeschlagen Albert Maute, Bissingen, und Karl Mayer, Stuttgart. Die geheime Wahl brachte ein klares Ergebnis. Von den 168 abgegebenen Stimmen entfielen 103 Stimmen auf Oberlandwirtschaftsrat Karl Mayer und 64 Stimmen auf Albert Maute. Ein Delegierter hatte sich der Stimme enthalten.

Karl Mayer nahm die Wahl als neuer Landesvorsitzender dankend an und würdigte die Arbeit seines Vorgängers Gottlieb Keppler. Als zweiter Vorsitzender wurde Karl Schlecht, Bernhausen, und als Verbandskassierer Gustav Hammeley, Ulm, in ihren Ämtern bestätigt. In geheimer Wahl wurde Hermann Klotz, Markgröningen, zum Landesverbands-Schriftführer gewählt. Durch Zuruf wurden die Beisitzer Adolf Ruoff, Neuhausen; Albert Maute, Bissingen, und Josef Unsöld, Stuttgart, wiedergewählt. In Würdigung seiner großen Verdienste um den Landesverband wurde der seitherige Landesvorsitzende Gottlieb Keppler zum Ehrenvorsitzenden des Landesverbandes mit Sitz und Stimme im Vorstand gewählt. Zu Ehrenmitgliedern wurden vom alten Vorstand vorgeschlagen und von der Vertreterversammlung ernannt: August Klein, Stuttgart, für seine Verdienste als stellvertretender Ausstellungsleiter und für den Aufbau der Stuttgarter Großschauen verantwortlich; Karl Mayer, Stuttgart, als Ausstellungsleiter, Vorsitzender des Vereins der Geflügel- und Vogelfreunde Stuttgart und Schriftführer des Landesverbandes; Karl Schlecht, Bernhausen, als Vorsitzender der Preisrichtervereinigung und stellvertretender Vorsitzender des Landesverbandes.

Den Züchterabend hatte man anläßlich des 75jährigen Jubiläums des Geflügelzuchtvereins Nürtingen am Vorabend im großen Saal der Nürtinger Stadthalle durchgeführt. Nach Grußworten des Vorsitzenden Dieter Weinmann und einem kurzen Rückblick auf die Vereinsgeschichte gratulierte der Oberbürgermeister der Stadt Nürtingen dem Verein. Landesverbandsvorsitzender Gottlieb Keppler stellte in seiner Festansprache die besonderen züchterischen Leistungen des Vereins heraus und ehrte verdiente Züchter und den Verein mit einer Ehrengabe. Auch der Kreisvorsitzende Adolf Ruoff übergab ein Jubiläumsgeschenk in Form eines silbernen Tellers.

Die aktive Verbandsarbeit geht weiter

Unter der Leitung von Landesjugendobmann Franz Butz fand am 12. und 13. September 1964 eine Arbeitstagung der Kreisjugendobmänner in Schwäbisch Gmünd statt, bei der 18 Kreisverbände vertreten waren. Es wurden Grundsätze für die Jugendarbeit festgelegt, die vorwiegend in den Ortsvereinen durchgeführt werden muß.

Die erste Sitzung des neu gewählten Landesvorstandes fand am 28. November 1964 in der „Traube" in Ebersbach statt. Landesvorsitzender Karl Mayer hatte im Laufe der Monate Juli und August die Akten und Unterlagen des Landesverbandes übernommen und konnte dem Vorstand die ordnungsgemäße Übergabe des Landesverbandes bestätigen. Landesjugendobmann Franz Butz mußte mitteilen, daß nur etwa 1 700 Jungzüchter über die Kreisverbände erfaßt werden konnten. Die von Willi Klagholz angegebenen 2 120 Jungzüchter konnte er nicht bestätigen. Im Vorstand wurde ausführlich über die Gestaltung der künftigen Jugendarbeit gesprochen und ein Jugendprogramm aufgestellt.

Ein sehr wichtiges Gesprächsthema im Vorstand war der Turnhallenerlaß, der insbesondere den Vereinen in den größeren Städten ungewöhnliche Schwierigkeiten bereitete. Hier wurden bereits mit verschiedenen Stadtverwaltungen Gespräche geführt, die auch teilweise zu positiven Ergebnissen führten. So erklärte sich die Stadt Stuttgart bereit, unter gewissen Bedingungen, die mit dem Landesvorsitzenden und dem Kreisvorsitzenden vereinbart wurden, im Einvernehmen mit den Schulbehörden Turnhallen für Kleintierausstellungen zur Verfügung zu stellen.

Goldener Ehrenring des BDRG für Gottlieb Keppler

Anläßlich der Eröffnungsfeier der 46. Nationalen Rassegeflügelschau am 4. Dezember 1964 in Frankfurt am Main wurde der Ehrenvorsitzende des Landesverbandes von Württemberg und Hohenzollern, Gottlieb Keppler, mit dem Goldenen Ehrenring, der höchsten Auszeichnung des BDRG, für seine 30jährige Tätigkeit als Landesvorsitzender und 16jährige Mitgliedschaft im Präsidium des BDRG durch Präsident Wilhelm Ziebertz geehrt.

Das Jahr 1965 begann mit der 13. Deutschen Taubenschau in Stuttgart am 23. und 24. Januar 1965 auf dem Killesberg. Ausstellungsleiter war Karl Bohler, der Vorsitzende des Stuttgarter Taubenzüchtervereins. Er sorgte mit vielen Freunden für die ordnungsgemäße Unterbringung der über 4 400 Rassetauben. Zu Gunsten der Taubenschau hat der Landesverband Württemberg-Hohenzollern im Jahr 1964 auf die Durchführung einer Landesgeflügelausstellung verzichtet.

Zwei bekannte Züchter aus dem Landesverband feierten im Jahr 1965 ihr 50jähriges Züchterjubiläum, und zwar Balthasar Schilling, Vorsitzender des KlZV Bissingen, und Willi Klagholz, Vorsitzender des Kreisverbandes Heilbronn und früherer Landesjugendobmann.

Im Jahr 1965 nahm der Vorsitzende des KlZV Mergelstetten freundschaftlichen Kontakt mit dem KlZV Monswiller im Elsaß auf. Die Gebrüder Bernhard und Josef Jäger, Schriftführer und Kassierer des Monswiller Vereins, kamen 1965 erstmals nach Heidenheim-Mergelstetten, um die dort ein Jahr zuvor errichtete Gemeinschaftszuchtanlage am Oberen Erbisberg in Augenschein zu nehmen. Aus diesem Besuch wurde eine gegenseitige Freundschaft und züchterische Partnerschaft. Zwei Jahre später, im März 1967, wurde der Verein Monswiller kooperatives Mitglied im KlZV Mergelstetten. Der erste Partnerschaftsbesuch mit 21 Mitgliedern erfolgte vom 4. bis 6. August 1967 in Monswiller. Unter dem Präsidenten des Monswiller KlZV, August Kohler, wurde die Partnerschaft gefestigt. Es gab immer wieder wechselseitige Züchterbesuche und es wurden Zuchttiere und Bruteier ausgetauscht. Auch die Stadtväter von Heidenheim und Monswiller nahmen an den Züchtertreffen teil. Die Bande der Freundschaft bestehen noch heute.

Große Sorgen bereitete dem Landesvorsitzenden Karl Mayer der Turnhallenerlaß, der vielen Vereinen keine Möglichkeiten mehr gewährte, ihre Kleintierausstellungen durchzuführen. Dies wurde bei dem Züchtertag am 19. und 20. Juni 1965 in der Stadthalle in Winnenden deutlich. Der vorbereitenden gemeinsamen Sitzung des erweiterten Landesvorstandes mit den Kreisvorsitzenden folgte ein gelungener Züchterabend, bei dem Landesvorsitzender Karl Mayer den langjährigen Kreisvorsitzenden Wilhelm Frey, Heidenheim, zum Ehrenmeister des BDRG ernennen konnte. Die goldene Ehrennadel des BDRG erhielten der Vorsitzende des Kreisverbandes Backnang, Karl Schlöffel, Winnenden, und Kreisvorsitzender Eugen Reicherter, Esslingen-Mettingen.

In seinem Jahresbericht konnte der Landesvorsitzende eine stete Zunahme der Mitgliederzahlen feststellen. Einschließlich der 1 787 Jungzüchter zählte der Landesverband 20 433 Mitglieder in 488 Ortsvereinen. Dem Landesverband sind noch 14 Sondervereine und die Preisrichtervereinigung mit 65 Preisrichtern und 15 Anwärtern angeschlossen. Nachdem keine Landesschau stattfand, konzentrierte sich das Interesse der Aussteller innerhalb des Landesverbandes auf die beiden Schauen in Eislingen und Tuttlingen.

Auf Antrag des Landesverbandes hatte die Bundesversammlung am 1. Mai 1965 in Lübeck beschlossen, die 48. Nationale Rassegeflügelschau vom 2. bis 4. Dezember 1966 wieder in Stuttgart durchzuführen. Hauptanliegen des Landesvorsitzenden Karl Mayer war jedoch in seinem Jahresbericht, daß Turnhallen und andere Räume für Ausstellungen freigegeben werden. Er war erfreut über die Selbsthilfe vieler Vereine, die in jüngster Zeit Züchterheime und Ausstellungshallen geschaffen hatten. Nach seinen Ermittlungen hatten 51 Vereine eigene Zuchtanlagen und 36 Vereine Ausstellungshallen. Weitere Anlagen seien im Bau. Ein besonderer Dank galt der Arbeit der Preisrichtervereinigung und besonders dem Vorsitzenden Karl Schlecht für die Weiterbildung der Preisrichter und die Ausbildung der Preisrichteranwärter. Für die intensive und erfolgreiche Jugendarbeit konnte der Landesvorsitzende dem Landesjugendobmann Franz Butz und dessen Stellvertreter Karl Pechtl herzlich danken. Dank wurde auch dem Landwirtschaftsministerium ausgesprochen für die vielseitige Unterstützung der Rassegeflügelzucht im Lande. Durch den Tod des Beisitzers Josef Unsöld war eine Ersatzwahl zum Landesvorstand notwendig geworden. Mit Stimmenmehrheit wurde Hugo Düttra, Heilbronn, zum neuen Beisitzer in den Landesvorstand gewählt.

Jugendtreffen in Göppingen-Holzheim

Die Züchterjugend beider Landesverbände traf sich am 17. und 18. Juli 1965 zu einem großen Jugendlager in Göppingen-Holzheim, an dem 70 Jugendleiter und 534 Jungzüchter teilnahmen. Ausrichter waren der Landesverband der Rassegeflügelzüchter und der Kreisverband Göppingen unter der verantwortlichen Leitung von Franz Butz. Die Unterbringung erfolgte meist in Privatquartieren und der Rest fand eine Schlafstätte in der Turnvereinshalle Holzheim und im Züchterheim in Ebersbach. Bei den Beratungen der Jugendobmänner wurde die Einführung eines besonderen Jugendringes abgelehnt, da den Jungzüchtern hierdurch nur höhere Kosten entstehen würden.

Bei einer Ausschußsitzung des Landesverbandes am 27. November 1965 wurde Balthasar Küchle, Ebingen, zum Ehrenmitglied des Landesverbandes ernannt.

Schülerbesuch bei der Landesschau Stuttgart

Bei der feierlichen Eröffnung der Landesgeflügelschau auf dem Stuttgarter Killesberg am 27. November 1965 gab es eine nette Überraschung. Der Schirmherr, Minister Leibfried, hatte eine Schulklasse aus seinem Heimatort Guttenbach in Baden zur Landesschau eingeladen. Landesvorsitzender Karl Mayer konnte bei der Eröffnungsfeier die Züchter Willy Bauschlicher, Birkenfeld, und Johann Enk, Stuttgart, im Auftrag des BDRG-Präsidenten Wilhelm Ziebertz zu Ehrenmeistern des BDRG ernennen.

Bei der Landesschau waren 61 Preisrichter eingesetzt, die von 898 Ausstellern 5 528 Tiere zu bewerten hatten. Sie vergaben 31mal die Höchstnote, und zwar zweimal auf Volieren, einmal auf Gänse, dreimal auf Enten, zweimal auf Hühner, einmal auf Zwerghühner und 22mal auf Tauben. Schwabenbänder wurden 59 vergeben. In der Jugendgruppe wurden acht Bastelarbeiten vorgestellt. Der Kern der Ausstellungsleitung bestand aus Karl Mayer, Vorsitzender des Vereins der

Geflügel- und Vogelfreunde Stuttgart und zugleich Landesvorsitzender, und seinen Mitarbeitern August Klein, Karl Widmann, Karl Schlecht und Berthold Neugebauer. Nach einem wohlgelungenen Festabend in der Turn- und Festhalle Stuttgart-Botnang ging die Ausstellungsleitung sofort an die Errechnung der Großen Preise, die folgenden Züchtern zuerkannt wurden: Eugen Rein, Ludwigsburg, auf Deutsche Schautauben; Josef Laubenbacher, Moos, auf Strasser; Barth und Schmidt, Calmbach, auf Rheinländer; Helmut Göbel, Stuttgart-Stammheim, auf Strasser. Der Karl-Mack-Erinnerungspreis ging an Adolf Lauster, Stuttgart, und der Karl-Schmid-Erinnerungspreis an Wilhelm Bihler, Bonlanden.

Sparmaßnahmen

Bei der Sitzung des Landesverbandsausschusses am 16. April 1966 in der „Krone" in Markgröningen, vereinseigene Gaststätte des KlZV, ging es um wesentliche Einsparungen, da die Einnahmen des Landesverbandes stark zurückgegangen und die Ausgaben enorm angestiegen waren. Zunächst wurden die Sitzungs- und Tagegelder, die Gebühren für die Kassenführung und die Zuschüsse für die Sondervereine und die Preisrichtervereinigung reduziert. Auf die der Vertreterversammlung vorgeschaltete Sitzung mit den Kreisverbänden wurde verzichtet, um Kosten einzusparen.

Züchtertag in Leinfelden

Schwerpunkt der Verbandsarbeit war, den Vereinen den Weg zu ebnen für den Bau von Gemeinschaftszuchtanlagen und Ausstellungshallen. Dies wurde bei der Vertreterversammlung am 19. Juni 1966 in der Stadthalle in Leinfelden besonders deutlich. Landesvorsitzender Karl Mayer konnte bei der Versammlung Dr. Lenz vom Landwirtschaftsministerium und Herrn Röck vom Regierungspräsidium Stuttgart begrüßen. Ausrichter der Tagung war der Vorsitzende des KlZV Leinfelden, Willi Lederer, zugleich Vorsitzender des Kreisverbandes Obere Filder. In seinem Jahresbericht konnte Landesvorsitzender Karl Mayer wieder über die ansteigenden Mitgliederzahlen, insbesondere bei den Jugendgruppen, berichten. Schwerpunkt der Verbandsarbeit war für den Landesverband der Bau von Gemeinschaftszuchtanlagen. Hier wurde in einem Antrag an das Landwirtschaftsministerium um finanzielle Unterstützung der Vereine bei der Errichtung von Zuchtanlagen, Ausstellungshallen und Züchterheimen gebeten. Zur finanziellen Sicherung des Landesverbandes wurde der Kopfbeitrag von 30 auf 60 Pfennig pro Mitglied der Vereine erhöht. Als Mindestbeitrag für einen Verein wurden 5,- DM festgelegt. Unter dem Beifall der Versammlung gab Landesvorsitzender Karl Mayer die Ernennung des Preisrichters Karl Schlienz, Stuttgart-Münster, zum Ehrenmeister des BDRG und des Züchters Balthasar Küchle, Ebingen, zum Ehrenmitglied des Landesverbandes bekannt. Bei den anstehenden Wahlen wurde Vorsitzender Karl Mayer wiedergewählt, ebenso der zweite Vorsitzende Karl Schlecht. Wiedergewählt wurden auch Verbandskassierer Gustav Hammeley und

Schriftführer Hermann Klotz, ebenso die Beisitzer Adolf Ruoff und Albert Maute. Nachdem der bisherige Beisitzer Hugo Düttra, Heilbronn, um Entbindung von seinem Amt gebeten hatte, wurde zum neuen Beisitzer Bürgermeister und MdL Paul Doll aus Bad Wimpfen mit großer Mehrheit in den Vorstand gewählt. Der Landesvorstand setzte sich nunmehr aus folgenden Personen zusammen:
1. Vorsitzender: Karl Mayer, Oberlandwirtschaftsrat, Stuttgart; 2. Vorsitzender: Karl Schlecht, Bernhausen, zugleich Vorsitzender der Preisrichtervereinigung Württemberg; Kassierer: Gustav Hammeley, Ulm; Schriftführer: Hermann Klotz, Markgröningen; Beisitzer: Adolf Ruoff, Neuhausen; Albert Maute, Bissingen, und Paul Doll, Bad Wimpfen.

Die 48. Nationale Rassegeflügelschau in Stuttgart

Die 48. Nationale Rassegeflügelschau wurde wieder vom 2. bis 4. Dezember 1966 in gewohnt vorbildlicher Art und Weise auf dem Stuttgarter Killesberg von dem Verein der Geflügel- und Vogelfreunde Stuttgart durchgeführt. Landwirtschaftsminister Eugen Leibfried hatte erneut die Schirmherrschaft übernommen. Die Ausstellungsleitung lag wieder bei dem Vorsitzenden des Vereins der Geflügel- und Vogelfreunde Stuttgart und derzeitigen Landesvorsitzenden, Karl Mayer, und seiner Mitarbeiter August Klein, Karl Widmann, Karl Schlecht, Kurt Wetzel, Walter Gehring, Margarete Gehring, Berthold Neugebauer, Anni Neugebauer, Karl Schlienz, Rudi Müller, Robert Eblen und Werner Krauß.

Die Nationale umfaßte etwa 12 000 Tiere, die von 140 Preisrichtern in sieben Hallen bewertet wurden. Bei 94 Tieren gab es die Höchstnote und für 102 Tiere wurde das Siegerband vergeben. Der übersichtliche Aufbau der Ausstellung mit sehr breiten Gängen wurde von den Besuchern gelobt.

Bei der Eröffnungsfeier im Kongreßsaal wurde von dem BDRG-Präsidenten Wilhelm Ziebertz der Rheinländerzüchter Georg Bürzele, Geislingen/Steige, zum Ehrenmeister des BDRG ernannt.

Minister Eugen Leibfried wird Ehrenmitglied des Bundes Deutscher Rassegeflügelzüchter

Als besonderer Förderer der Rassegeflügelzucht sollte Minister Eugen Leibfried bereits bei der Eröffnungsfeier der 48. Nationalen zum Ehrenmitglied des BDRG ernannt werden. Der Minister konnte jedoch wegen anderweitiger Verpflichtungen nicht daran teilnehmen. Diese vom BDRG ausgesprochene hohe Auszeichnung erfolgte am 20. Januar 1967 im Amtszimmer des Ministers durch den Landesvorsitzenden Karl Mayer. Der Minister hatte bei neun Landesgeflügelschauen und drei Nationalen Rassegeflügelschauen in Stuttgart die Schirmherrschaft übernommen und diese Schauen mit nur zwei Ausnahmen auch selbst eröffnet.

Das Zuchtbuch der Leistungsgruppe

Besondere Aktivitäten entwickelte Vorsitzender Karl Mayer durch die Einführung des Zuchtbuches der Leistungsgruppe nicht nur bei den Vereinen des Landesverbandes, sondern auch bei den angeschlossenen Sondervereinen. Die Mitgliedschaft im Zuchtbuch wurde in vier verschiedenen Gruppen angeboten:

Gruppe 1: Hier werden Zuchten erfaßt, die nur täglich die Gesamtzahl der erhaltenen Eier aufschreiben können. Sie erhalten die Jahreslegetabelle.

Gruppe 2: erfaßt Zuchten, die ganzjährige Fallnestkontrollen durchführen, aber keine Möglichkeit haben, ihre Küken nach Stammhennen getrennt schlüpfen zu lassen. Sie erhalten Legehefte.

Gruppe 3: erfaßt Zuchten, die ganzjährige Fallnestkontrolle betreiben und ihre Küken nach Stammhennen getrennt schlüpfen lassen, also eine Stammbaumzucht durchführen. Sie erhalten ein Legeheft und ein Zuchtbuch.

Gruppe 4: steht Zuchten offen, die bereits in Gruppe 3 gearbeitet haben und bei einer Leistungsprüfung ihre Heimatleistung im wesentlichen bestätigt bekamen oder das Leistungsziel ihrer Rasse erreicht haben.

In einer vom Landesvorsitzenden entworfenen Betreuungsordnung wurden die Aufgaben des Zuchtwartes auf Orts-, Kreis- und Landesebene herausgestellt.

Gemeinschaftszuchtanlagen – ein Anliegen aller Kleintierzüchter im Lande

Mit besonderem Erfolg war Landesvorsitzender Karl Mayer um eine problemlose Einrichtung von Gemeinschaftszuchtanlagen bemüht. Durch eine enge Verbindung mit Landtagsabgeordneten, was insbesondere durch das Vorstandsmitglied und MdL Paul Doll ermöglicht wurde, konnten die besonderen Anliegen der Kleintierzüchter an den Landtag herangetragen werden.

Auf Einladung des Landesvorsitzenden Karl Mayer trafen sich im Landtagsgebäude Stuttgart die Vorsitzenden der Landesverbände der Bienen-, Kaninchen-, Milchschaf-, Ziegen- und Rassegeflügelzüchter zu einer Aussprache über gemeinsame Probleme. Zu einer nächsten Sitzung sollen auch die Vorsitzenden der badischen Landesverbände eingeladen werden, um gemeinsame Schritte im Interesse der Kleintierzucht zu unternehmen.

Bei der Jahreshauptversammlung der Preisrichtervereinigung am 9. April 1967 in Stuttgart-Wangen waren neben dem Ehrenvorsitzenden Gottlieb Keppler und dem Landesvorsitzenden Karl Mayer alle Preisrichter und die Preisrichteranwärter anwesend. Bei den Wahlen gab es eine Veränderung, da Schriftführer Walter Schwarz aus beruflichen Gründen sein Amt niederlegte. Als Nachfolger wurde Albert Wahl, Eislingen, gewählt. Als Beisitzer und Pressewart blieb Walter Schwarz im Vorstand der Preisrichtervereinigung.

Keine Landesschau in Heilbronn

Am 12. Mai 1967 wurde über die Fachpresse mitgeteilt, daß der Vorsitzende des Vereins der Geflügel- und Vogelfreunde Heilbronn, Karl Steudle, die Landesgeflügelschau nicht durchführen kann. Die Stadtverwaltung Heilbronn hatte eine Ausstellungshalle wegen eines Brandfalles in einer Heilbronner Firma dieser verpachtet. Die noch zur Verfügung stehende zweite Halle reichte aber für eine Landesschau nicht aus.

Landeszüchtertag in Blaufelden

Bei dem Landeszüchtertag am 27. und 28. Mai 1967 in Blaufelden gab es wieder am Samstag eine erweiterte Vorstandssitzung mit den Kreisvorsitzenden. Mit dem traditionellen Züchterabend in der Turn- und Festhalle feierte der KlZV Blaufelden sein 60jähriges Vereinsbestehen. Die Kreisvorsitzenden Karl Reutlinger, Sindelfingen, und Walter Gehring, Stuttgart, sowie Berthold Neugebauer, Stuttgart, wurden mit der goldenen Ehrennadel des BDRG ausgezeichnet.

Bei der Vertreterversammlung am Sonntag konnte Landesvorsitzender Karl Mayer wieder eine Reihe von Ehrengästen aus dem Landwirtschaftsministerium und der Landwirtschaftsschule in Blaufelden begrüßen. Nach einem Gedenken an die verstorbenen Ehrenmeister Wilhelm Rummler, Blaufelden, und Richard Miller, Schwenningen, gab der Landesvorsitzende seinen Jahresbericht. Verbandskassierer Gustav Hammeley hatte bekundet, daß er ab 1. Oktober 1967 den Verkauf der Bundesringe abgeben wird. Als neuer Ringverteiler wurde vom Vorstand Willi Kurz, Beutelsbach, verpflichtet. Eine besondere Ehrung wurde dem verdienten Züchter und Preisrichter Max Reutter, Neuhausen, mit der Ernennung zum Ehrenmeister des BDRG zuteil. Nachdem von Gustav Hammeley Rücktrittsabsichten als Landesverbandskassierer bekannt wurden, mußte der Landesvorstand rechtzeitig um einen geeigneten Nachfolger bemüht sein. Seine Wahl fiel auf den Bankkaufmann Werner Krauß, Stuttgart-Botnang, der von der Vertreterversammlung als stellvertretender Landesverbandskassierer in den Vorstand berufen wurde.

Das Landesjugendtreffen am 29. und 30. Juli 1967 in Leinzell, Kreisverband Schwäbisch Gmünd, war wieder sehr stark besucht worden. Für die 724 jugendlichen Teilnehmer wurde Leinzell ein unvergeßliches Erlebnis. Die Hauptschulung der Preisrichter wurde am 17. September 1967 in dem neu erbauten Vereinsheim des KlZV Mittelstadt durchgeführt, das erst zwei Monate zuvor seiner Bestimmung übergeben worden war. Bei dieser Tagung wurden 13 Fachvorträge über Form und Farbe verschiedener Hühner- und Taubenrassen gehalten. Auch die Bewertung einzelner Rassen wurde ausführlich besprochen. Die meisten Vorträge wurden durch Dias verdeutlicht.

Am 28. September 1967 starb der erst vor wenigen Monaten zum Ehrenmeister des BDRG ernannte Preisrichter Max Reutter, Neuhausen.

Der Bau von Zuchtanlagen vor dem Landtag

Am 25. Oktober 1967 richtete der Landtagsabgeordnete Paul Doll, gemeinsam mit einer Reihe von Abgeordneten, einen Antrag an den Landtag, mit der Bitte, zu beschließen, daß die Landesregierung über die Regierungspräsidenten und Landratsämter einwirken möge, daß bei der Aufstellung von Flächennutzungs- und Bauleitplänen sowie bei der Durchführung von Flurbereinigungsverfahren ausreichende Flächen zur Schaffung von Dauergemeinschaftsanlagen für Kleingärtner und Kleintierzüchter ausgewiesen werden.

Als Begründung wurde folgendes ausgeführt: In jüngster Zeit traten wiederholt Schwierigkeiten bei der Erstellung von Gemeinschaftszuchtanlagen, Vereinsheimen und Ausstellungshallen für Kleintierzüchter auf. Besonders wurden in größeren Städten und Gemeinden solche bisher als Gemeinschaftsanlagen genützten Grundstücke für Wohnungsbau verwendet. Die heutigen Wohngebiete lassen vielfach eine Kleintierhaltung nicht mehr zu. Selbst in ländlichen Bereichen bietet sich kein Raum für eine ausreichende Freizeitbeschäftigung mit Pflanzen und Tieren. Dazu kommen noch einengende Vorschriften über die Kleintierhaltung in reinen Wohngebieten.

Mit viel Züchterschweiß erschaffen: Das Vereinsheim des KlZV Reutlingen-Mittelstadt bei der Einweihung im Jahr 1967.

Um der Zurückdrängung der Kleintierhaltung und des Kleingartenwesens – ein nicht zu unterschätzender Faktor für unsere Volkswirtschaft und die gesunde Volksernährung – entgegenzuwirken und in Würdigung der soziologischen Bedeutung ist es notwendig, die Schaffung von Dauergemeinschaftsanlagen zu fördern. Dabei darf nicht übersehen werden, daß solche Anlagen und Einrichtungen noch an das Versorgungsnetz der Gemeinde angeschlossen werden müssen, da Vereinsheime und Ausstellungshallen dazugehören. Eine Berücksichtigung dieser Daueranlagen sollte daher schon bei der Aufstellung von Flächennutzungs- und Bauleitplänen erfolgen.

Zu diesem Antrag gab Innenminister Walter Krause folgende Stellungnahme ab: „Das Innenministerium anerkennt die Bedeutung, die dem Kleingartenwesen und der Kleintierhaltung in unserer Gesellschaft zukommt. Es wird daher den Trägern der Planungshoheit empfohlen, diesen Bedürfnissen bei der Aufstellung von Bauleitplänen nach Möglichkeit Rechnung zu tragen und für Dauerkleingärten einschließlich der Dauergemeinschaftsanlagen im Sinne des Antrages Grünflächen gemäß § 5 Abs. 2 Nr. 5 und § 9 Abs. 1 Nr. 8 Bundesbaugesetz darzustellen bzw. festzusetzen, die nach Lage und Größe den in der Antragsbegründung dargelegten Gesichtspunkten und – im Falle der Durchführung eines Flurbereinigungsverfahrens – mit den dabei zu beachtenden gesetzlichen Vorschriften übereinstimmen."

Nach der Behandlung in den zuständigen Ausschüssen hat der Landtag dem Antrag zugestimmt. Nun bereitete das Innenministerium gemeinsam mit dem Landwirtschaftsministerium einen gemeinsamen Erlaß vor, der am 8. November 1968 an alle nachgeordneten Stellen gerichtet und am 13. Dezember 1968 im Amtsblatt des Landes Baden-Württemberg veröffentlicht wurde. Damit war ein großer Schritt für die Gemeinschaftszuchtanlagen in die Zukunft getan.

Eugen Lachenmann wird Ehrenmitglied des BDRG

Anläßlich der Eröffnungsfeier der 49. Nationalen Rassegeflügelschau am 1. Dezember 1967 in Frankfurt am Main wurde der Verleger des „Deutschen Kleintier-Züchters", Verlagsleiter Eugen Lachenmann, Reutlingen, aus Anlaß seines 75. Geburtstages zum Ehrenmitglied des Bundes Deutscher Rassegeflügelzüchter ernannt.

Die VDT-Schau in Stuttgart

Am 13. und 14. Januar 1968 wurde in Stuttgart auf dem Killesberg die bisher größte VDT-Schau mit über 4 500 Tauben durchgeführt. Veranstalter war der Taubenzüchterverein Groß-Stuttgart und Ausstellungsleiter Karl Bohler als Vorsitzender dieses Vereins. Die Schirmherrschaft hatte Landwirtschaftsminister Eugen Leibfried übernommen, der die Schau auch eröffnete. Er wurde mit einem Schirm, verziert mit Taubenzeichnungen, bedacht. Da bei den kommenden Landtagswahlen im Frühjahr 1968 Minister Leibfried nicht mehr kandidierte, war dies

Bei der Eröffnungsfeier der 49. Nationalen Rassegeflügelschau 1967 in Frankfurt am Main wurde DKZ-Verleger Eugen Lachenmann (rechts) von Präsident Wilhelm Ziebertz zum Ehrenmitglied des BDRG ernannt.

sein letzter Auftritt bei den Rassegeflügelzüchtern im Lande Baden-Württemberg und insbesondere in Stuttgart.

Die vier Landesverbände der Rassegeflügel- und Rassekaninchenzüchter richteten am 18. März 1968 ein Schreiben an alle Kreisverbände und Ortsvereine in Baden-Württemberg und unterrichteten sie über den Inhalt einer kleinen Anfrage des Abgeordneten Paul Doll an die Landesregierung über die Abhaltung von Kleintierschauen in Turnhallen und die Antwort des Innenministers, die zugleich auch im Namen des Kultus- und des Landwirtschaftsministers gegeben wurde. Aus der Antwort ging klar hervor, daß ein Verbot, in Schulturnhallen und sonstigen Sporthallen Kleintierzuchtschauen abzuhalten, von den drei Ministern nicht erlassen wurde. Hier würden die Gemeinden in eigener Zuständigkeit über die Verwendung der Gemeinde- und Stadthallen für die Abhaltung von Kleintierschauen entscheiden. Bedenken hatten das Innen- und Kultusministerium jedoch, in Turnhallen trotz hygienischer Maßnahmen Kleintierschauen durchzuführen wegen gesundheitlicher Gefahren für die Kinder. Der Landesverband empfahl den Vereinen, ihre Ausstellungen in der schulfreien Zeit durchzuführen.

Einer weiteren Anfrage an die Landesregierung auf finanzielle Unterstützung der Ortsvereine bei der Erstellung von Gemeinschaftszuchtanlagen konnte wegen Mangel an Haushaltsmitteln nicht entsprochen werden.

Bei der Jahreshauptversammlung der Preisrichtervereinigung des Landesverbandes am 28. April 1968 im Schützenhaus in Stuttgart-Süd dankte der Vorsitzende Karl Schlecht dem Landesvorstand für die finanzielle Unterstützung. Die Preisrichtervereinigung hat 65 Mitglieder und bildet 14 Anwärter aus. Stolz war Karl Schlecht über die Tatsache, daß die württembergischen Preisrichter bei Großschauen sehr gefragt sind. Landesvorsitzender Karl Mayer würdigte die Tätigkeit der Preisrichter und ihre Vereinigung und bat, noch mehr Preisrichter und Sonderrichter als Allgemeinrichter auszubilden. Wiedergewählt wurde der 1. Vorsitzende Karl Schlecht, Bernhausen, Kassierer Gustav Bäuerle, Esslingen-Sirnau, als Beisitzer Fritz Joas, Stuttgart-Wangen; Roland Weber, Stuttgart-Vaihingen; Alfred Kreß, Stuttgart-Möhringen, und als Pressewart Walter Schwarz, Mittelstadt. Schulungsleiter blieben Kurt Fischer, Stuttgart-Zuffenhausen, und Karl Bohler, Stuttgart-Süd.

Bei der Sitzung des Landesverbandsausschusses am 8. Juni 1968 anläßlich der Landesverbandstagung in Sindelfingen wurde festgelegt, daß Reisekosten und Tagegelder für einen Besuch des Landesvorsitzenden bei der Deutschen Junggeflügelschau in Hannover nicht mehr übernommen werden. Bei einer anschließenden erweiterten Vorstandssitzung mit den Kreisvorsitzenden wurde lobend hervorgehoben, daß es durch die Bemühungen des Vorsitzenden Karl Mayer gelungen sei, vom Ministerium einen Staatszuschuß in Höhe von 4 000,- DM zu erlangen, worin ein Betrag von 400,- DM für 10 Staatsehrenpreise zu je 40,- DM gebunden ist. Der Staatszuschuß soll auch dazu dienen, die Schulung der Kreiszuchtwarte durchführen zu können.

Zu Beginn der Vertreterversammlung am Sonntag, 9. Juni 1968, konnte Landesvorsitzender Karl Mayer die Preisrichter Fritz Joas, Stuttgart-Wangen, und Erich Fetzer, Gönningen, im Auftrag des Präsidenten des BDRG zu Ehrenmeistern ernennen. In seinem Jahresbericht konnte der Vorsitzende des Landesverbandes beachtliche Erfolge nachweisen, insbesondere auch im Bau von Gemeinschaftszuchtanlagen. Auch in der Jugendarbeit konnte er große Fortschritte feststellen, wie sie bei keinem anderen Landesverband erreicht wurden. Dem Landesverband gehören nunmehr 2 200 Jungzüchter an.

Bei der Vertreterversammlung hielt Dr. Anneliese Brunner vom Staatlichen Tierärztlichen Untersuchungsamt Stuttgart ein lehrreiches Referat über Geflügelkrankheiten und ihre Vorbeugung und Bekämpfung. Einen eindeutigen Vertrauensbeweis erhielten durch einstimmige Wiederwahl der Vorsitzende Karl Mayer, sein Stellvertreter Karl Schlecht und Schriftführer Hermann Klotz. Als Nachfolger von Gustav Hammeley wurde einstimmig der Bankkaufmann Werner Krauß, Stuttgart-Botnang, zum Landesverbandskassierer gewählt. Beisitzer wurden Paul Doll, Bad Wimpfen; Kurt Fischer, Stuttgart-Zuffenhausen, und Adolf Ruoff, Neuhausen. Der bisherige Verbandskassierer Gustav Hammeley wurde auf Vorschlag des Landesvorstandes auf Lebenszeit mit Sitz und Stimme in den Vorstand gewählt.

Bei dem Kreisvorsitzenden Karl Reutlinger bedankte sich der Landesvorsitzende mit einer Ehrengabe für die ausgezeichnete Vorbereitung und Durchführung des Landeszüchtertages. Am 30. Juni 1968 hatte Landesverbandskassierer Werner Krauß die Kassengeschäfte ordnungsgemäß übernommen.

Für die Hauptschulung der Preisrichtervereinigung am 29. September 1968 in Stuttgart-Bad Cannstatt hatte der Vorstand wieder ein umfangreiches und sehr interessantes Programm ausgearbeitet. Erstmals wurden dabei auch grundsätzliche Fragen zur Bewertung des Ziergeflügels von Preisrichter Max Holdenried angesprochen.

Der Landesverband beteiligte sich vom 28. September bis 6. Oktober 1968 an dem 150. Landwirtschaftlichen Hauptfest in Bad Cannstatt mit 20 Stämmen Hühnern und Zwerghühnern und zwei Volieren Tauben. Diese Geflügelschau war eine ausgezeichnete Werbung für die Rassegeflügelzucht in unserem Lande. Aufbau und Betreuung der Ausstellung erfolgte durch den Kreisverband Stuttgart unter der Ausstellungsleitung des Kreisvorsitzenden Walter Gehring.

Der Geflügelzuchtverein Tuttlingen führte vom 27. bis 29. Oktober in der Turn- und Festhalle die 20. Südwestdeutsche Junggeflügelschau durch. Die Ausstellung wurde mit etwa 2 000 Tieren beschickt. Der Landesverband stellte 6 Staatsehrenpreise zur Verfügung. Die Schirmherrschaft hatte Oberbürgermeister Balz übernommen.

Gustav Hammeley, Ulm (links), langjähriger Verbandskassierer und „Stimmungskanone" im Landesverband, wurde zum Ehrenmitglied des LV-Vorstandes auf Lebenszeit ernannt.

Landesschau mit Deutscher Zwerghuhnschau 1968

Die Landesgeflügelausstellung auf dem Stuttgarter Killesberg vom 30. November bis 1. Dezember 1968 hatte als Gast die Deutsche Zwerghuhnschau mit eingeschlossen. Die Durchführung der Schau erfolgte wieder in bekannter Präzision durch den Verein der Geflügel- und Vogelfreunde Stuttgart. Die ausgezeichnet eingearbeitete Ausstellungsleitung lag in den Händen von Karl Mayer als Ausstellungsleiter unter Mitarbeit von August Klein, Karl Widmann, Karl Schlecht, Berthold Neugebauer und vieler Vereinsmitglieder.

Die Schirmherrschaft hatte der neue Landwirtschaftsminister Dr. Friedrich Brünner übernommen, der sich, gleich seinem Amtsvorgänger, für die Rassegeflügelzucht wirkungsvoll einsetzte. Bei der Landes- und Zwerghuhnschau wurden insgesamt 5 183 Tiere zur Schau gestellt, die von 56 Preisrichtern bewertet wurden. Es wurde 24mal die Höchstnote vergeben, und zwar einmal auf Puten, einmal auf Enten, dreimal auf Hühner, sechsmal auf Zwerghühner und 13mal auf Tauben. Die Jungzüchter des Landesverbandes beteiligten sich an der Ausstellung mit 142 Tieren und mit 32 Bastelarbeiten.

Bei der feierlichen Eröffnung der Ausstellung konnte Ausstellungsleiter und Landesvorsitzender Karl Mayer den Landwirtschaftsminister Dr. Brünner, den Stuttgarter Regierungspräsidenten Römer, Vertreter der Stadt Stuttgart, den Vorsitzenden des Verbandes der Zwerghuhnzüchter-Vereine, Georg Beck, Sprendlingen, und den Ehrenvorsitzenden des Landesverbandes, Gottlieb Keppler, begrüßen. Der Vorsitzende des Verbandes Deutscher Zwerghuhnzüchter-Vereine, Georg Beck, dankte dem Stuttgarter Verein und dem Landesverband für die Aufnahme und mustergültige Unterbringung der Zwerghuhnschau. Landwirtschaftsminister Dr. Brünner war erfreut über die Tatsache, daß sich im Landesverband über 20 000 Züchter und 2 000 Jungzüchter mit der Zucht und Haltung des Rassegeflügels befassen.

Landesverbandsvorsitzender Karl Mayer wurde bei der Eröffnungsfeier der 50. Nationalen Rassegeflügelschau am 13. Dezember 1968 in Dortmund für besondere Verdienste um die Förderung der deutschen Rassegeflügelzucht zum Ehrenmeister des BDRG ernannt. Karl Mayer war Ausstellungsleiter von drei Nationalen in den Jahren 1963, 1964 und 1966, zehn Landesverbandsschauen und hat sich für gute Voraussetzungen für den Bau von Gemeinschaftszuchtanlagen und die Erhaltung der Gemeinnützigkeit der Vereine besondere Verdienste erworben.

Im Gemeinsamen Amtsblatt des Landes Baden-Württemberg vom 13. Dezember 1968 veröffentlichte das Innenministerium folgenden Erlaß an das Landesamt für Flurbereinigung und Siedlung, die Regierungspräsidenten, Landratsämter, Landwirtschaftsämter und die Gemeinden:

Gemeinsamer Erlaß des Innenministeriums und des Ministeriums für Ernährung, Landwirtschaft, Weinbau und Forsten über die Berücksichtigung von Gemeinschaftsanlagen für Kleingärtner und Kleintierzüchter bei der Aufstellung von Bauleitplänen vom 8. November 1986 Nr. V 2277/5 und Nr. II 2201/10-2932.

Der erheblichen Bedeutung, die dem Kleingartenwesen und der Kleintierhaltung in vielen Teilen unseres Landes zukommt, ist bei der Aufstellung von Bauleitplänen (im Rahmen des § 1 Abs. 4 und 5 BBauG) sowie bei der Durchführung von Flurbereinigungsverfahren Rechnung zu tragen. Dafür werden folgende Hinweise gegeben:

1. *Im Flächennutzungsplan* sind bei der Bemessung der Größe und Lage der nach § 5 Abs. 2 Nr. 5 BBauG darzustellenden Grünflächen auch die voraussehbaren Bedürfnisse des örtlichen Kleingartenwesens und der örtlichen Kleintierhaltung zu würdigen.

1.1 Bei der Flächenbemessung ist zu prüfen, ob den Flächen für Kleingärtner und Kleintierzüchteranlagen auch Flächen für zwecksprechende Ausstellungsgebäude und Vereinsheime einschließlich der erforderlichen Parkflächen zuzuordnen sind. Zur Ermittlung des Flächenbedarfs im einzelnen einschließlich der erforderlichen Parkflächen wird empfohlen, sich durch die Fachverbände beraten zu lassen.

1.2 Der Standort sollte den benachbarten Wohngebieten so zugeordnet werden, daß die Anlagen einerseits möglichst gefahrlos und schnell (Kleintierversorgung) erreicht werden können, andererseits jedoch keine unzumutbare Beeinträchtigung des Wohnens durch störende Gerüche oder Lärm verursachen. Die Versorgung mit Wasser sollte in jedem Fall, die Versorgung mit elektrischer Energie zumindest bei der Kleintierhaltung gewährleistet sein. Die Erstellung von Ausstellungsgebäuden und Vereinsheimen setzt eine Versorgung mit elektrischer Energie oder Gas voraus.

1.3 Werden bestehende Gemeinschaftsanlagen für Kleingärtner und Kleintierzüchter nicht in den Flächennutzungsplan aufgenommen, weil sie aus städtebaulichen, verkehrstechnischen oder sonstigen Gründen nicht bestehen bleiben können, so sollten im Flächennutzungsplan an geeigneter Stelle Ersatzflächen dargestellt werden.

2. *Im Bebauungsplan* sind Kleingärten und Kleintierzüchteranlagen nach § 9 Abs. 1 Nr. 8 BBauG als Grünflächen festzusetzen. Für die Flächenbemessung und die Standortbestimmung gilt das unter den Nrn. 1.1 und 1.2 ausgeführte.

2.1 Die Kleingartenanlagen sollten vorzugsweise in durchgehende Grünzüge eingebunden oder in Ortsrandlage vorgesehen werden. Öffentliche, an den Anlagen entlangführende oder diese durchquerende Fußgängerwege sollten eine gute Verbindung mit vorhandenen oder neu anzulegenden Naherholungsgebieten für die Bevölkerung schaffen.

2.2 Die Festsetzung von Gemeinschaftsanlagen für Kleingärtner und Kleintierzüchter nach § 9 Abs. 1 Nr. 8 BBauG ist nicht an das Grundeigentum der öffentlichen Hand gebunden, vielmehr können die betreffenden Flächen auch in Privateigentum stehen.

2.3 Die überbaubaren Flächen nach § 9 Abs. 1 Nr. 1b BBauG für größere bauliche Anlagen wie Gemeinschaftshäuser, Ausstellungsräume, gemeinsame Dünger- und Geräteschuppen und dgl. können auf der Grünfläche mit Baugrenzen (§ 23 Abs. 1 und 3 BauNVO) in ihrer Lage näher bestimmt werden; dasselbe gilt für die hierfür notwendigen Parkflächen (§ 9 Abs. 1 Nr. 1e BBauG). Die Anordnung von Gartenhäusern, Kleintierställen und dgl. sollte durch Festsetzung über die Stellung der baulichen Anlage nach § 9 Abs. 1 Nr. 1b BBauG geregelt werden.

2.4 Sofern eine einheitliche Gestaltung der Gebäude und Einfriedungen die Einfügung der Anlagen in das Orts- und Landschaftsbild verbessert, können nach § 111 Abs. 1 und 4 LBO besondere Bauvorschriften über Anforderungen an die äußere Gestaltung erlassen werden.

Bei der Wahl der Typen für Garten- und Gerätehäuser und Kleintierställe ist es empfehlenswert, eine bestimmte Form anzustreben und die Beratung durch die Organisation der Kleingärtner bzw. Kleintierzüchter sowie die zuständigen Behörden in Anspruch zu nehmen. Ggf. ist auf eine privatrechtliche Regelung hinzuwirken.

3. Bei der Durchführung eines *Flurbereinigungsverfahrens* ist nach § 37 Abs. 2 FlurbG den Erfordernissen des Kleingartenwesens angemessen Rechnung zu tragen. Sinngemäß gelten hierfür auch die Ausführungen unter den Nrn. 1.1 und 1.2. Im übrigen sollte die Aufstellung von Bauleitplänen vor oder gleichzeitig mit der Durchführung eines Flurbereinigungsverfahrens erfolgen, so daß in ihnen nähere Einzelheiten geregelt werden können.

Am Ende des Jahres 1968 hatte der Landesverband folgende Ehrenmeister des Bundes Deutscher Rassegeflügelzüchter in seinen Reihen:
Christian Bechthold, Schwenningen; Wilhelm Binger, Waldsee; Georg Bürzele, Geislingen/Steige; Wilhelm Frey, Heidenheim; Gustav Hammeley, Ulm; August Klein, Stuttgart-Feuerbach; Alfred Kreß, Stuttgart; Fritz Joas, Stuttgart-Wangen; Karl Mayer, Stuttgart; Gustav Mödinger, Stuttgart; Karl Rempp, Mühlacker; Gottlieb Scheib, Ludwigsburg; Karl Schlienz, Stuttgart-Münster; Gotthilf Schmid, Tailfingen; Robert Schuler, Illertissen; Edmund Zurth, Flensburg.

Das Jahr 1969 begann für den Landesverband mit einer Bundesschau in Göppingen. In der dortigen neuerbauten Hohenstaufenhalle fand vom 3. bis 5. Januar 1969 die 17. Deutsche Taubenschau mit nahezu 5 000 Rassetauben statt. Die Schau wurde vom Taubenzuchtverein Stauferland durchgeführt. Ausstellungsleiter war Vereinsvorsitzender Hans Pflüger, Göppingen, der einen fleißigen Mitarbeiterstab zur Verfügung hatte.

Bei der Jahreshauptversammlung der Preisrichtervereinigung am 30. März 1969 in Stuttgart konnte Vorsitzender Karl Schlecht mitteilen, daß der Vereinigung nunmehr 72 Preisrichter und 19 Anwärter angehören.

Gustav Hammeley †

Am 10. April 1969 schloß nach längerer schwerer Krankheit der Ehrenmeister des BDRG und langjährige Landesverbandskassierer Gustav Hammeley, Ulm, im Alter von 72 Jahren für immer die Augen. Erst vor einem Jahr hatte er sein Amt als Kassierer, das er seit 28. Juli 1946 gewissenhaft verwaltete, aufgegeben.

Er war ein zuverlässiger Kamerad und Freund eines echten schwäbischen Humors, was viele Züchterfreunde bei den Verbandstagungen immer wieder feststellen konnten.

40 Jahre Preisrichtervereinigung

Am 17. Mai 1969 feierte die Preisrichtervereinigung des Landesverbandes in Stuttgart-Wangen ihr 40jähriges Bestehen. Vorsitzender Karl Schlecht, der die Vereinigung 23 Jahre führt, gab einen Rückblick über das Geschehen in den vergangenen vier Jahrzehnten. Nach 23 Jahren erfolgreichen Wirkens und 40 Jahre nach der Gründung der Vereinigung konnte Vorsitzender Karl Schlecht verkünden, daß sie nunmehr auf 72 amtierende Preisrichter und 19 Preisrichteranwärter angestiegen sei.

Die Grüße und Glückwünsche des Landesverbandes überbrachte Vorsitzender Karl Mayer. Er überreichte dem Vorsitzenden für die Vereinigung einen ansehnlichen Geldbetrag. Im Auftrag des Präsidenten des BDRG übergab der Landesvorsitzende an die neu ernannten Ehrenmeister Karl Hofmann, Möckmühl, und Emil Fink, Eislingen, die Ehrennadel mit Krone und Urkunde. Landesjugendobmann Franz Butz überbrachte die Grüße der Jugendgruppen und hatte auch ein Geldgeschenk mitgebracht, damit noch mehr jüngere Züchter als Preisrichter ausgebildet werden konnten. Der zweite Vorsitzende der Preisrichtervereinigung, Wilhelm Reichle, Bernhausen, überreichte Karl Schlecht einen Geschenkkorb als Dank der Preisrichterkollegen. Anschließend wurde in froher Stimmung gefeiert, wobei das Programm von den Mitgliedern der Vereinigung gestaltet wurde. Besondere Aufmerksamkeit fand dabei Walter Schwarz, der als Suebenkrieger aus dem Verband westgermanischer Stämme und Vorgänger unserer heutigen Schwaben, in ein Bärenfell gehüllt, mit einem Germanenhelm hörnergeschmückt und keulenschwingend, treffende Vergleiche zwischen damals und heute zog. Auch als Hausierer zeigte er sein vielseitiges Können. Als Preisrichter im weißen Kittel beleuchtete er die Sorgen und Nöte des Preisrichterstandes. Es war ein urgemütlicher Abend, mit dem die Preisrichter Geschichte und Geschichten machten. Zwei Wochen nach der festlichen Veranstaltung wurde bei der Arbeitstagung des Verbandes Deutscher Rassegeflügel-Preisrichter am 31. Mai 1969 in Hildesheim der Vorsitzende der württembergischen Preisrichtervereinigung, Karl Schlecht, Bernhausen, als dienstältester Vorsitzender einer Preisrichtervereinigung im Bundesgebiet mit einer Ehrengabe bedacht.

Landeszüchtertag mit Wünschen an den Landtag

Der Verbandstag des Landesverbandes am 7. und 8. Juni 1969 in der Stadthalle in Esslingen brachte viele Überraschungen. Mit dem Züchtertag war die Feier des 75jährigen Bestehens des Vereins der Kaninchen- und Geflügelfreunde Esslingen und des 90jährigen Bestehens des Landesverbandes Württemberg und Hohenzollern verbunden. Die Verbandstagung wurde von dem Kreisvorsitzenden Eugen Reicherter ausgezeichnet vorbereitet. Nach einer Vorstandssitzung am Samstagvormittag gab die Stadt Esslingen im historischen Ratssaal einen Empfang. Beim Züchterabend in der Stadthalle konnten Kreisvorsitzender Reicherter und Landesvorsitzender Karl Mayer viele Ehrengäste begrüßen, darunter auch den Arbeits- und Sozialminister Walter Hirrlinger, Landrat a. D. Geist, Oberbürgermeister Klapproth und die Vertreter des Landwirtschaftsministeriums.

Mit der Vertreterversammlung am 8. Juni 1969 bekundete der Landesverband seinen Wunsch nach einer engen Zusammenarbeit mit der Universität in Stuttgart-Hohenheim, um damit neue Wege in der Rassegeflügelzucht zu beschreiten. Hierzu wurde von dem Vertreter des Landwirtschaftsministeriums, Dr. Lenz, und dem Vizepräsidenten des Bauernverbandes, Gallus, Hilfe und Unterstützung angeboten. Zur Koordinierung der Zuchtwartearbeit hatte der Landesvorstand mit den Kreisvorsitzenden beschlossen, das Amt eines Zuchtwartes und dessen Stellvertreter zu schaffen. Vorgeschlagen wurde hierfür Kurt Fischer, Stuttgart-Zuffenhausen, als Landeszuchtwart und Theodor Sperl, Scharnhausen, als dessen Stellvertreter, die auch von der Vertreterversammlung einstimmig gewählt wurden. Mit dieser neuen Einrichtung wollte der Landesverband eine Verbesserung der Zuchtarbeit von der Basis her erreichen und die neuesten Erkenntnisse aus Wissenschaft und Forschung verwerten. Die dadurch bedingte Zusammenarbeit mit der Wissenschaft und anderen Zuchtverbänden erforderten allerdings einen erheblichen finanziellen Aufwand. Vorstandsmitglied Paul Doll hatte hierzu im Einvernehmen mit dem Landesvorsitzenden Karl Mayer eine Entschließung verfaßt, die als Antrag an den Landtag von Baden-Württemberg gerichtet wurde. Der Antrag hatte folgenden Wortlaut:

„Der Landtag wolle beschließen, die Landesregierung zu ersuchen,
1. die Bemühungen der Landesverbände der Rassegeflügelzüchter des Landes Baden-Württemberg zur Verbesserung und Intensivierung der züchterischen Schulung, Ausbildung und der damit verbundenen Lehr- und Breitenarbeit bis in die örtlichen Vereine durch Bestellung facherfahrener Landeszuchtwarte zu unterstützen;
2. den Landesverbänden der Rassegeflügelzucht in Baden-Württemberg, wie anderen Zuchtverbänden, durch finanzielle Hilfe den Ausbau der Arbeit der Landeszuchtwarte, insbesondere die Schulungsarbeit mit den Preisrichtern und Kreiszuchtwarten zu ermöglichen;
3. den Landesverbänden der Rassegeflügelzucht in Baden-Württemberg die Möglichkeit zu geben, sich jährlich bei der Universität in Stuttgart-Hohenheim über den neuesten Stand genetischer, züchterischer und tiermedizinischer Erkenntnisse zu informieren, damit die Ergebnisse der neuesten Forschungsarbeit und Erfahrungen auf dem Gebiete der Tierzucht und Tierhaltung in der praktischen Zuchtarbeit verwertet werden können.
Paul Doll, MdL"

Die Entschließung wurde von der Vertreterversammlung einmütig gebilligt und der Antrag zu einem späteren Zeitpunkt vom Landtag einstimmig angenommen.

Eindrucksvolles Landesjugendtreffen

Die beiden Landesverbände der Rassegeflügel- und Rassekaninchenzüchter von Württemberg und Hohenzollern führten am 12. und 13. Juli 1969 in Hirrlingen im Kreisverband Tübingen-Horb das 8. Landesjugendtreffen durch. Für alle Veranstaltungen stand ein großes Festzelt zur Verfügung und für die Unterbringung der Jungen wurde vom Deutschen Roten Kreuz ein Zeltlager aufgebaut. Nach einem großen Festbankett mit einer Trachtenkapelle, einem Fanfarenzug, Trachten- und Volkstanzgruppen gab es einen eindrucksvollen Fackelzug mit Fanfarenbegleitung in das Zeltlager. Der Sonntag begann mit einem gemeinsamen

Feldgottesdienst und einer Wimpelweihe. Danach wurde in der Landschule eine Bastelschau der Jugendgruppen besucht, die alle Jugendlichen sehr beeindruckte. Am Nachmittag bewegte sich ein bunter Festzug mit 55 Gruppen und 16 Festwagen durch die Straßen von Hirrlingen, der im Festzelt mit der Vergabe von Erinnerungsbändern endete.

Landesgeflügelschau in Ravensburg

Die Landesgeflügelschau am 29. und 30. November 1969 war in der Schwabenhalle in Ravensburg ausgezeichnet untergebracht. Ausstellungsleiter Wilhelm Stempfle hatte für die Vorbereitung und Durchführung eine gute Arbeit mit seinen Helfern, insbesondere mit seiner Familie, geleistet. Die Schirmherrschaft hatte Landwirtschaftsminister Dr. Brünner übernommen. Oberbürgermeister Wäschle, Ravensburg, der sich sehr für die Rassegeflügelzucht in seiner Stadt eingesetzt hat, war im Ehrenausschuß, wie auch Oberregierungs-Landwirtschaftsrat Dr. Eilfort, Stuttgart.

Zur Ausstellung brachten die Züchter 3 558 Tiere, davon waren 198 Tiere von den Jugendgruppen des Landesverbandes gestellt. 41 Preisrichter waren um eine gerechte Beurteilung der Tiere bemüht. Sie vergaben 12mal die Höchstnote und 39 Schwabenbänder. An der Ausstellung beteiligten sich acht Sondervereine mit Sonderschauen. Bemerkenswert ist noch, daß 15 Landratsämter und 18 Städte und Gemeinden Ehrenpreise zur Verfügung stellten.

Zum Abschluß des Jahres 1969 feierte der Geflügelzuchtverein von 1869 Reutlingen am 27. und 28. Dezember in der Jahnturnhalle mit einer verbandsoffenen Geflügelausstellung sein 100jähriges Bestehen. Der Reutlinger Verein ist der älteste im Verbandsgebiet. Die Schirmherrschaft für die Jubiläumsschau hatte Oberbürgermeister Oskar Kalbfell übernommen. Ausstellungsleiter war Vereinsvorsitzender Hilmar Schmid.

Völkerverbindende Züchterfreundschaften

Der Kleintierzuchtverein Heidenheim-Mergelstetten hielt schon eine jahrelange Freundschaftsbande mit dem französischen Kleintierzuchtverein Monswiller. Nun kam auch aus St. Pölten in Niederösterreich von dem dortigen Kleintierzuchtverein die Nachricht, in absehbarer Zeit eine Kontaktaufnahme mit dem Mergelstetter Verein vorzunehmen. Auf Einladung der Mergelstetter Züchter weilte vom 20. bis 22. März eine stattliche Abordnung des KlZV St. Pölten in Heidenheim-Mergelstetten. Die Gäste aus Österreich wurden von Oberamtsrat Anton Fabian vom Magistrat der Stadt St. Pölten offiziell begleitet. Durch einen Empfang und die Einladung zu einem gemeinsamen Abendessen im Hotel „Lamm" für die Gäste und Gastgeber bekundete die Stadt Heidenheim das besondere Interesse beider Städte an einer partnerschaftlichen Zusammenarbeit. Dies wurde besonders deutlich bei den Tischreden von Oberbürgermeister Hornung, Oberamtsrat Fabian und den beiden Vereinsvorsitzenden, Werner Kachelmayer, St. Pölten, und Karl Pechtl, Mergelstetten.

Ölgemälde als Dank für die langjährige Mitarbeit im Beirat des BDRG-Präsidiums Gottlieb Keppler, LV-Vors. vom 18. 5. 1935 bis 21. 6. 1964 (Archiv: Dieter Weinmann, Nürtingen).

Es gab aber auch schmerzliche Nachrichten zum Jahresbeginn. Am 19. März 1970 starb im Alter von 77 Jahren Ehrenmeister Karl Rempp, Mühlacker, und am 13. April 1970 im Alter von 71 Jahren Ehrenmeister Wilhelm Frey, Heidenheim.

Anläßlich der Bundesversammlung am 9. Mai 1970 in Mainz wurde Kreisvorsitzender Adolf Ruoff, Neuhausen, zum Ehrenmeister des BDRG ernannt. Auf eigenen Wunsch trat das Präsidiumsmitglied Gottlieb Keppler, Pfullingen, zurück. Er gehörte dem Präsidium seit 1949 an.

Vorstandssitzung im Landtagsgebäude

Der Vorstand des Landesverbandes traf sich am 20. Mai 1970 zu einer Sitzung im Landtagsgebäude. Vorstandsmitglied Paul Doll hatte hierzu eine Genehmigung durch den Präsidenten des Landtages erhalten. Es wurden die Mustersatzungen für die Geflügelzuchtvereine und Kleintierzuchtvereine und die Richtlinien für die Kreisverbände beraten. Das Stimmrecht für die Sondervereine wurde geändert, da diese nach der bisherigen Regelung die Kreisverbände überstimmen konnten. Sie hatten bisher für 25 Mitglieder je eine Stimme. Nach einer Neuregelung in der Landesverbandssatzung hatten die Sondervereine bei der Vertreterversammlung nur noch eine Stimme pro Sonderverein.

Der Züchtertag in Schramberg-Sulgen

Der GZV Schramberg konnte mit dem Landeszüchtertag am 6. und 7. Juni in der Festhalle in Sulgen sein 75jähriges Jubiläum und der Kreisverband Schwarzwald sein 60jähriges Bestehen feiern. Ausgerichtet wurde der Züchtertag von den Jubilaren, dem Kreisverband und dessen Vorsitzenden Josef Roth sowie dem Vereinsvorsitzenden Otto Dold.

Der Finanzminister bei der Vertreterversammlung

Bei der Vertreterversammlung am Sonntag konnte Landesvorsitzender Karl Mayer auch den Finanzminister und MdL Robert Gleichauf, Bürgermeister Dr. Hank, Dr. Eilfort vom Landwirtschaftsministerium, Regierungsdirektor Rath vom Landratsamt und den neugewählten Vizepräsidenten des BDRG, Hermann Rösch, begrüßen. In Zucht und Organisation konnte Karl Mayer wieder stolze Fortschritte vermelden. Neben den 20 000 Mitgliedern in den 513 Ortsvereinen konnte er noch auf die 2 660 Jungzüchter im Landesverband hinweisen. Im Landesverband bestanden nunmehr nach den Angaben des Vorsitzenden 43 Gemeinschaftszuchtanlagen. Dazu kamen noch 98 Züchterheime. Dem Vorstandsmitglied Paul Doll wurde gedankt für seinen Einsatz um die Belange der Rassegeflügelzucht im Landtag und die durch ihn erreichte finanzielle Unterstützung des Landwirtschaftsministeriums für die Schulung der Zuchtwarte. Der Vorsitzende der Preisrichtervereinigung, Karl Schlecht, konnte mitteilen, daß die Zahl der Preisrichteranwärter auf 22 angestiegen sei. Bei den Neuwahlen kandidierte der seitherige zweite Vorsitzende Karl Schlecht nicht mehr. Als Nachfolger wurden Hermann Klotz, Markgröningen, und Paul Doll, Bad Wimpfen, vorgeschlagen. Nachdem die Versammlung auf einer Kandidatur beider Vorgeschlagenen bestand, wurde festgelegt, daß der mit der höheren Stimmenzahl zweiter Vorsitzender wird und der andere als Schriftführer gewählt gilt. Es entfielen auf Hermann Klotz 94 Stimmen und auf Paul Doll 69 Stimmen. Damit war Hermann Klotz als stellvertretender Landesvorsitzender und Paul Doll als Schriftführer gewählt. Als neuer Beisitzer wurde Walter Gehring, Stuttgart, in den Vorstand gewählt. Der Landesverbandsvorstand setzte sich nach den Wahlen wie folgt zusammen:

Ehrenvorsitzender: Gottlieb Keppler, Pfullingen; 1. Vorsitzender: Karl Mayer, Stuttgart; 2. Vorsitzender: Hermann Klotz, Markgröningen; Schriftführer: Paul Doll, Bad Wimpfen; Kassierer: Werner Krauß, Stuttgart-Botnang; Beisitzer und Zuchtwart: Kurt Fischer, Stuttgart-Zuffenhausen; Beisitzer: Adolf Ruoff, Neuhausen; Walter Gehring, Stuttgart.

Erwähnenswert für diese Vertreterversammlung ist noch, daß die Berichte des Vorstandes erstmals in gedruckter Form den Delegierten vorgelegt wurden.

Am 8. September 1970 feierte der Ehrenmeister des BDRG, Wilhelm Binger, Bad Waldsee, seinen 90. Geburtstag. Er war von 1918 bis 1925 Kassierer und von 1925 bis 1960 Vorsitzender seines Heimatvereins.

Auszeichnung verdienter Züchter bei der Landesgeflügelschau 1970

Die Landesgeflügelausstellung am 5. und 6. Dezember 1970 wurde wieder von dem Verein der Geflügel- und Vogelfreunde auf dem Stuttgarter Killesberg durchgeführt. Ausstellungsleiter war der Landes- und Vereinsvorsitzende Karl Mayer, der tatkräftig von seinen Mitarbeitern Walter Gehring und Karl Widmann unterstützt wurde. Die Schirmherrschaft hatte Landwirtschaftsminister Dr. Friedrich Brünner übernommen. Die Landesschau war von 793 Ausstellern mit 5 752 Tieren beschickt worden. Mit Sonderschauen hatten sich 24 Sondervereine an die Landesschau angeschlossen. Es waren 60 Preisrichter tätig. Die Höchstnote wurde für 23 Tiere vergeben. Die Eröffnungsfeier fand in Anwesenheit von Landwirtschaftsminister Dr. Brünner und vieler Ehrengästen, statt. Landesvorsitzender Karl Mayer konnte dabei den 79jährigen Züchter Victor Müller, Esslingen-Rüdern, zum Ehrenmeister des BDRG ernennen. Dem Züchter Robert Eblen, Kemnat, wurde die Ehrenmitgliedschaft im Landesverband übertragen.

Wegen der Erreichung der Gemeinnützigkeit und der vom Landesverband zur Bundesversammlung am 8. Mai 1971 eingereichten Anträge, die nicht veröffentlicht wurden, kam es zu unangenehmen Auseinandersetzungen zwischen dem BDRG-Präsidenten und dem Landesvorsitzenden Mayer. Aber auch andere Landesverbände waren mit der Geschäftsführung des Bundes und der damit verbundenen überhohen Ausgaben nicht einverstanden. So kam es bei der Vorstandssitzung vor der Bundesversammlung zu Unmutsäußerungen und Spannungen, die nicht behoben wurden. Die Fachpresse berichtete dann auch sehr offen darüber, die allerdings dazu beitragen wollte, die Einigkeit wieder herzustellen. Man schrieb damals alles dem sehr schlechten Gesundheitszustand des Präsidenten Wilhelm Ziebertz zu und hoffte, daß bis zur nächsten Bundesversammlung in Schliersee die Wogen sich wieder glätten würden.

Neue Verbandssatzungen beschlossen

Bei dem Landeszüchtertag in Illingen am 5. und 6. Juni 1971 gab es für den Vorstand und die Delegierten viel Arbeit. Immerhin ging es darum, in der Vertreterversammlung eine neue Verbandssatzung zu beschließen. Es wurde aber auch eine neue Vergabe der Ehrenpreise des Landesverbandes für die Ortsvereine festgelegt. Bisher gab es für 30 Mitglieder einen LVE und für jede weiteren 30 Mitglieder bis zu 120 Mitglieder einen weiteren LVE. Die höchste Zuteilung waren vier LVE für einen Verein. Dies wurde nunmehr erweitert, nachdem viele Vereine weit mehr

Mitglieder hatten, und für jede weitere 30 Mitglieder ein LVE zu 10 DM zugestanden. Für Vereine mit mehr als 300 Mitgliedern war dies schon ein beachtlicher Gewinn. Bei den Kreisschauen und den im Verbandsgebiet durchgeführten Sondervereinsschauen blieb es dabei, daß für jeweils 100 angefangene Ausstellungsnummern ein LVE zu 15,- DM zur Verfügung gestellt wurde. Der Beitrag für die Jugendarbeit wurde auf 1 200,- DM erhöht. Bei der Einweihung von Züchterheimen wird der Landesverband künftig als Gastgeschenk ein Gästebuch überreichen.

Bei der Vertreterversammlung am Sonntag, 6. Juni 1971, in der Stadthalle in Illingen konnte Landesvorsitzender Karl Mayer wieder eine Reihe von Ehrengästen begrüßen, darunter den Landtagsabgeordneten Oberforstrat Albrecht von der FDP, Landrat Fuchslocher, Bürgermeister Veigel und Oberlandwirtschaftsrat Dr. Lenz, die alle Grußworte sprachen. Dr. Lenz erinnerte daran, daß das Land für die Ausbildung der Zuchtwarte und für die Jugendarbeit seinen Zuschuß um 4 000,- DM jährlich erhöht hat. Ohne Aussprache wurde ein Antrag des Vorstandes auf Erhöhung des Beitrages auf 80 Pfennig pro Mitglied angenommen. Die Beratung der Satzung und der Geschäftsordnung und deren Verabschiedung erfolgte einstimmig. Die wichtigsten Satzungsbestimmungen sind nachfolgend kurz zusammengefaßt:

Der Landesverband führt den Namen „Landesverband der Rassegeflügelzüchter von Württemberg und Hohenzollern e. V." Er hat seinen Sitz in Stuttgart. Seine Tätigkeit ist ausschließlich und unmittelbar gemeinnütziger Art. Es gibt zwei Arten von Mitgliedern. Unmittelbare Mitglieder sind die Kreisverbände, Sondervereine, die Preisrichtervereinigung, die Leistungsgruppe und die Landesjugendgruppe. Mittelbare Mitglieder sind die den Kreisverbänden angeschlossenen Ortsvereine und alle einem Ortsverein angehörenden natürlichen und juristischen Personen. Oberstes Organ des Landesverbandes ist die Vertreterversammlung. Die Kreisverbände haben bei der Vertreterversammlung je 150 Mitglieder eine Stimme. Alle anderen Untergliederungen haben ohne Berücksichtigung ihrer Mitgliederzahlen nur eine Stimme. Die Verbandsleitung besteht aus dem Landesverbandsvorstand und dem Landesverbandsausschuß. Dem Vorstand gehören der 1. und 2. Vorsitzende, der Schriftführer und der Kassierer an. Dem Ausschuß gehören der Vorstand und folgende Mitarbeiter an: Der Landeszuchtwart, der auch die Leistungsgruppe vertritt, der Pressewart, der Karteiführer, der Obmann für das Ausstellungswesen, der Vorsitzende der Preisrichtervereinigung, der Jugendobmann und der Ringverteiler. Auch ein Landesehrengericht ist in der Satzung verankert. Die Geschäftsordnung handhabt die Ordnung bei der Vertreterversammlung.

Nachdem bereits am 26. März 1971 der Ehrenmeister des BDRG, Gotthilf Schmid, Tailfingen, in die Ewigkeit abberufen wurde, folgte ihm am 10. Juli 1971 Ehrenmeister Fritz Joas, Stuttgart-Wangen, auf dem Weg, der keine Wiederkehr kennt. Beide großartigen Förderer der Rassegeflügelzucht bleiben im Landesverband unvergessen.

Am 13. und 14. November 1971 fand in Schwenningen mit der Kreisverbandsschau Schwarzwald in der Messehalle die erste Landesjugendschau in Württemberg und Hohenzollern statt. Ausrichter war der Geflügelzuchtverein Schwenningen. Hier gab es leider keinen Ausstellungskatalog, da einige Preisrichter keine Durchschrift ihrer Bewertungen fertigten. Bei einer Sitzung des Landesverbandsausschusses am 14. November 1971 im Hotel „Waldeck" in Schwenningen konnte Landesvorsitzender Karl Mayer mitteilen, daß dem Landesverband 518 Vereine mit 19 932 Mitgliedern und 2 865 Jungzüchter angehören.

In dem vereinseigenen Gasthaus „Krone" in Markgröningen fand am 19. Februar 1972 eine Sitzung des LV-Vorstandes statt, wobei Leitlinien für die künftige Verbandsarbeit festgelegt wurden. Dies war notwendig geworden durch die Kreis- und Gebietsreform in Baden-Württemberg. Für die Bundesversammlung des BDRG am 27. Mai 1972 in Schliersee wurden vier Anträge formuliert:

1. Vorlage der schriftlichen Unterlagen zum Kassenbericht und zum Haushaltsplan mit Einzelangaben und Erläuterungen.

2. Antrag auf Satzungsänderung für die Durchführung der Wahl des Präsidenten des BDRG. Die Wahl soll nicht mehr so durchgeführt werden, wonach jeder Landesverband nur eine Stimme hat, sondern dies soll im gleichen Verhältnis geschehen wie bei der Bundesversammlung. Weiter soll der Präsident von der Bundesversammlung direkt gewählt werden.

3. Der Endverkaufspreis der Bundesringe an den Züchter soll in allen Landesverbänden einheitlich festgelegt werden.

4. In einem Prüfungsantrag soll der Bundesvorstand gebeten werden, Überlegungen anzustellen, den Präsidenten von Aufgaben und Belastungen zu entbinden durch Bestellung eines Bundesgeschäftsführers.

Im weiteren Verlauf der Vorstandssitzung wurde mitgeteilt, daß Heinrich Schaufler, Weilheim, zum Ehrenmeister des BDRG und der langjährige Vorsitzende des Kreisverbandes Göppingen, Richard Klieber, Göppingen-Jebenhausen, zum Ehrenmitglied des Landesverbandes ernannt wurde.

Schulungswoche in Bernhausen

Der KlZV Bernhausen wurde zum Jahresbeginn in der Öffentlichkeitsarbeit und im Dienste der Kleintierzucht tätig. Vom 21. bis 25. Februar 1972 wurde zu einer Schulungswoche für Kleintierzüchter eingeladen. In sehr gut besuchten Vorträgen berichtete Karl Schlecht über Biologie, Anatomie und Zeichnungsarten beim Geflügel und über Formen- und Zeichnungsfehler beim Rassegeflügel. Wilhelm Reichle sprach über die Entstehung und Entwicklung der Rassen, über Fachausdrücke und das Schaufertigmachen der Tiere. Hugo Frech, Stuttgart, referierte über den Stand der Kaninchenzucht.

In einem Schreiben vom 2. März 1972 bestätigte das Finanzministerium Baden-Württemberg, daß die erarbeitete Mustersatzung für die Ortsvereine den Anforderungen der Gemeinnützigkeit entsprechen würden.

Preisrichtervereinigung mit 100 Mitgliedern

Bei der Jahreshauptversammlung der Preisrichtervereinigung am 19. März 1972 in Stuttgart-Wangen konnte Vorsitzender Karl Schlecht mitteilen, daß der Vereinigung 89 Preisrichter und 11 Anwärter angehören. Bei den anstehenden Wahlen wurden Karl Schlecht als Vorsitzender und Gustav Bäuerle als Kassierer in ihren Ämtern bestätigt. Einstimmig wurden die Schulungsleiter Theodor Sperl und Otto Baumgarten wiedergewählt. In den Prüfungsausschuß wurden gewählt für die Gruppe A Kurt Beuttler, Gruppen B und C Ernst Kratt, Gruppe D Walter Schwarz und die Gruppen E–N Karl Bohler. Es wurde auch eine Vermittlerstelle für Preisrichter eingerichtet, die von Karl Bohler übernommen und ab 1. Juli 1972 eingerichtet wurde.

Die Mitglieder der Preisrichtervereinigung Württemberg im Jahr 1972.

Kreisjugendobmänner tagen in Ebersbach

Am 16. April 1972 trafen sich die Jugendobmänner der Kreisverbände innerhalb des Landesverbandes im Züchterheim in Ebersbach/Fils. Dabei konnte Landesjugendobmann Franz Butz mitteilen, daß in 347 Jugendgruppen der Ortsvereine 2 937 Jungzüchter vereint sind.

Die Jugendobmänner der Kreisverbände trafen sich 1972 im Züchterheim in Ebersbach/Fils.

Führungswechsel im BDRG in Schliersee 1972

Bei der Bundesversammlung am 27. Mai 1972 im Kurhaus in Schliersee gab es einen Führungswechsel. Neuer Präsident des BDRG wurde der langjährige Mitarbeiter der Ausstellungsleitung der Deutschen Junggeflügelschau, Wilhelm Schönefeld, Hannover. Der seit 1949 amtierende Präsident Wilhelm Ziebertz kandidierte aus gesundheitlichen Gründen nicht mehr.

Vorstandswechsel auch im Landesverband

Auch bei dem Landesverband gab es einen Wechsel im Vorstand. Landesvorsitzender Karl Mayer trat beim Landeszüchtertag am 4. Juni 1972 in Ravensburg von seinem Amt zurück.

An der Vertreterversammlung am Sonntag in Ravensburg nahmen als Ehrengäste Landwirtschaftsminister Dr. Friedrich Brünner und ORLR Dr. Karl Eilfort teil. Nach seinem Jahresbericht konnte der Landesvorsitzende den verdienten, langjährigen Kreisvorsitzenden Robert Klieber zum Ehrenmitglied des Landesverbandes ernennen. Der langjährige Kreisvorsitzende und erfolgreiche Taubenzüchter Heinrich Schaufler wurde zum Ehrenmeister des BDRG ernannt. Minister Dr. Brünner wurde mit der goldenen Ehrennadel des BDRG ausgezeichnet. Der Landesverband betreute jetzt in 520 Vereinen 20 743 Mitglieder, wozu noch 2 984 Jungzüchter zu zählen sind.

Minister Dr. Brünner dankte dem scheidenden Landesvorsitzenden und nannte ihn einen Motor des Verbandes für die Sache der Rassegeflügelzucht. Anschließend hielt Dr. Cleß vom Tiergesundheitsdienst des Landes in Aulendorf ein Referat über die Atypische Hühnerpest und ihre wirksame Bekämpfung. Mit besonderer Spannung folgten nunmehr die Neuwahlen zum Landesvorstand und Landesverbandsausschuß. Den Vorsitz der Versammlung für die Dauer der Wahlhandlungen übernahm Ehrenvorsitzender Gottlieb Keppler. Zum neuen ersten Vorsitzenden wurde Hermann Klotz, Markgröningen, vorgeschlagen und auch mit großer Mehrheit in geheimer Wahl gewählt. Zum zweiten Vorsitzenden wählte die Vertreterversammlung in offener Abstimmung einmütig Kurt Fischer, Stuttgart-Zuffenhausen. Einstimmig wurden auch Schriftführer Paul Doll, Bad Wimpfen, und Kassierer Werner Krauß, Stuttgart-Botnang, gewählt. In den neu gebildeten Landesverbandsausschuß wurden gewählt: Landeszuchtwart Josef Roth, Deißlingen; Landespressewart Karl Pechtl, Heidenheim-Mergelstetten; Landeskarteiführer Paul Klumpp, Freudenstadt; Obmann für das Ausstellungswesen Walter Gehring, Stuttgart, und kraft Amtes in den Landesverbandsausschuß berufen der Vorsitzende der Preisrichtervereinigung, Karl Schlecht, Bernhausen; Landesobmann für Jugend, Franz Butz, Göppingen-Jebenhausen, und als Landesringverteiler Willi Kurz, Beutelsbach.

Nach den Wahlen beantragte der neue Landesvorsitzende im Namen des Vorstandes, den seitherigen Landesvorsitzenden Karl Mayer zum Ehrenvorsitzenden

LV-Vorsitzender Hermann Klotz – keine Arbeit war und wurde ihm zu viel.

zu ernennen, was auch einstimmig erfolgte. In Ehren wurde auch Adolf Ruoff, Metzingen-Neuhausen, aus dem Vorstand verabschiedet, der nach 16 Jahren Vorstandstätigkeit sein Amt niederlegte.

Am 5. August 1972 starb, einen Monat vor seinem 92. Geburtstag, Ehrenmeister Wilhelm Binger, Bad Waldsee. Er trat 1911 dem GZV Waldsee bei und übernahm im Jahr 1926 dessen Vorsitz, den er 26 Jahre innehatte. Im Jahr 1955 wurde er zum Ehrenmeister des BDRG ernannt.

Bei der ersten Sitzung des neuen Landesvorstandes am 16. September 1972 in Korntal wurde die Frage der staatlichen Förderung von Gemeinschaftszuchtanlagen besprochen und die Landesehrenpreise für die Landesschau festgelegt. Die Hauptschulung der Preisrichter fand am 24. September im Züchterheim in Mittelstadt statt, wobei wieder neun Fachvorträge, meist von Sonderrichtern oder Spezialzüchtern, gehalten wurden.

Die erste Sitzung des Landesverbandsausschusses war am 28. Oktober 1972 im Züchterheim in Deizisau. Dabei wurden Fragen der Gemeinnützigkeit und der Satzungen beraten. Die noch von dem früheren Landesvorsitzenden Karl Mayer eingeleiteten Gespräche über finanzielle Zuschüsse des Landes für den Bau von Gemeinschaftszuchtanlagen werden nunmehr durch einen Antrag der vier Landesverbände der Geflügel- und Kaninchenzüchter in konkrete Bahnen geleitet. Das Landwirtschaftsministerium hatte zugesagt, daß es im kommenden Haushaltsplan des Landes hierfür einen Pauschalbetrag einplanen werde.

Landesgeflügelschau und Deutsche Zwerghuhnschau vereint auf dem Stuttgarter Killesberg

Die Ausrichtung der Landesverbandsschau am 2. und 3. Dezember 1972 hatte wieder der Verein der Geflügel- und Vogelfreunde Stuttgart unter dem Vorsitz und zugleich Ausstellungsleiter Karl Mayer übernommen. Es wurde eine Großschau mit 10 617 ausgestellten Tieren. Der ausrichtende Verein feierte mit dieser Ausstellung sein 100jähriges Bestehen. An der Ausstellung beteiligten sich auch die Jungzüchter des Landesverbandes mit 502 Tieren. Eingesetzt waren 115 Preisrichter, die bei 89 Tieren die Höchstnote vergaben.

Bei der feierlichen Eröffnung der Ausstellung konnte Ausstellungsleiter Karl Mayer eine große Zahl von Ehrengästen begrüßen, darunter auch den Präsidenten des BDRG, Wilhelm Schönefeld, Hannover, den Schirmherrn der Schau, Minister Dr. Brünner, Oberbürgermeister Dr. Arnulf Klett, Stuttgart, Regierungspräsident Römer, den Vorsitzenden des Verbandes der Zwerghuhnzüchter-Vereine, Georg Beck, Sprendlingen, und den Ehrenvorsitzenden des Landesverbandes, Gottlieb Keppler, Pfullingen. Präsident Schönefeld überreichte dem Ausstellungsleiter und Vorsitzenden des Vereins der Geflügel- und Vogelfreunde zum 100jährigen Vereinsjubiläum den Ehrenteller des BDRG als Geburtstagsgeschenk. Minister Dr. Brünner gratulierte im Namen der Landesregierung und verlieh im Auftrag des Bundespräsidenten dem Landesehrenvorsitzenden und Vorsitzenden des Jubiläumsvereins das Bundesverdienstkreuz am Bande.

Bei dem Festabend wurde Ausstellungskassierer Karl Widmann zum Ehrenmitglied des Landesverbandes ernannt. Für seine besonderen Verdienste um den Landesverband und die Landesverbandsschauen wurde Werner Krauß mit der goldenen Ehrennadel des BDRG ausgezeichnet.

Im Katalog der Landesschau hatte der Vorsitzende des Vereins der Geflügel- und Vogelfreunde Stuttgart, Karl Mayer, eine Kurzchronik über das Wirken seines Vereins veröffentlicht.

100 Jahre Verein der Geflügel- und Vogelfreunde Stuttgart e. V. 1872-1972

Anläßlich des 50jährigen Jubiläums des Landesverbandes der Geflügelzucht- und Vogelschutzvereine in Württemberg und Hohenzollern im Jahr 1929 schrieb der damalige Verbands-Geschäftsführer Otto Kramer am Anfang zur Geschichte des Verbandes: „Der Vorläufer des Verbandes war der im Jahr 1872 in Stuttgart gegründete Verein der Vogelfreunde Württemberg. In diesem Verein schlossen sich die damaligen Geflügelzüchter Württembergs zum Zwecke der gegenseitigen Unterstützung und Anregung zusammen. Diese Einzelmitglieder warben immer mehr für die Sache und allenthalben entstanden ähnliche Vereine, auch in kleineren Orten." Der 1. Vorsitzende des Stuttgarter Vereins, Direktor Röhrich, gab auch die Anregung zur Gründung eines Verbandes, die dann am 30. November 1879 in Ludwigsburg stattfand. Röhrich wurde der erste Vorsitzende des Landesverbandes. Welche gemeinsamen Ziele schwebten den Gründern vor? Es war die „Liebe zum Tier" und vor allem zur Vogelwelt und die „Freude am schönen Tier". Es war auch die „Sorge um die Singvögel", die damals schon als Helfer bei der Bekämpfung der Obstbaumschädlinge erkannt wurden. Einem Bericht aus dieser Zeit ist zu entnehmen, daß in zwei Wintern an Vereinsmitglieder über 1 000 kg Hanfsamen zur Vogelfütterung verteilt wurden; dazu kam noch eine große Zahl von Nistkästen, die ebenfalls an Mitglieder ausgegeben wurden. Später wurde diese wichtige Aufgabe vom Bund für Vogelschutz übernommen, dessen langjährige Vorsitzende, Frau Kommerzienrat Lina Hähnle, Mitglied und später Ehrenmitglied unseres Vereins war. Der Verein hat den Vogelschutz, neben den Aufgaben der Geflügelzucht, weiter gepflegt und ist auch heute noch korporatives Mitglied des Bundes für Vogelschutz. Zur wichtigsten Aufgabe des Vereins wurde aber die Förderung der Geflügelzucht und -haltung. Von Anfang an trat man für eine rassenreine Zucht ein, weil man damals schon erkannte, daß in der Geflügelzucht auf die Dauer nur die Reinzucht, in Verbindung mit sachgemäßer Haltung, ein wirtschaftlicher Nutzen, neben den idealen Werten, erzielt werden kann. Man vergaß dabei nicht, daß es galt, die alten Rassen zu erhalten und neue Rassen herauszuzüchten.

Nach Röhrich stellte der Verein noch öfters den Landesverbandsvorsitzenden. Hier sei vor allem das Mitglied Notar Stellrecht hervorgehoben. Er war es, der zu Anfang des Jahrhunderts die Zuchtstationen ins Leben rief. Diese hatten die Aufgabe, an bäuerliche Betriebe Bruteier und später auch Eintagsküken und Junghennen von rassenreinem Wirtschaftsgeflügel zu ermäßigten Preisen abzugeben. Die Zuchtstationen wurden zunächst von der württembergischen Zentralstelle für Landwirtschaft und später von der Württembergischen Landwirtschaftskammer anerkannt, unter Kontrolle gestellt und auch prämiiert. Nach Stellrecht waren weitere Vereinsmitglieder als Landesverbandsvorsitzende tätig, so Karl Kail, Gottlieb Keppler, Karl Mayer und der jetzige LV-Vorsitzende Hermann Klotz, Markgröningen. Auch beim Kreisverband Stuttgart waren stets Mitglieder des Vereins als Kreisvorsitzende eingesetzt, so Anton Rieger, Alfred Blessing, Josef Unsöld und der nunmehrige Vorsitzende Walter Gehring. Die Mitglieder des Kreisausschusses wurden vornehmlich aus dem Verein gestellt, um so mehr, als sie meist auch Vorsitzende eines Lokalvereins in Stuttgart sind. So waren die Mitglieder Karl Mack, August Klein, Kurt Wetzel, Werner Krauss, Karl Widmann, Friedrich Mödinger, Karl Glaser u. a. ständig im Kreisausschuß an führender Stelle. Dasselbe kann auch von den Ausschußmitgliedern des Landesverbandes gesagt werden. Karl Schlecht ist schon 25 Jahre Vorsitzender der Preisrichtervereinigung Württemberg und war viele Jahre stellvertretender Landesvorsitzender. Dies zeigt deutlich, daß die Mitglieder des Vereins wesentlich und nachdrücklich am Verbandsgeschehen beteiligt waren und auch heute noch sind. Werner Krauß ist nach unserem Mitglied Hamelay LV-Kassier seit Jahren. Die beiden LV-Ehrenvorsitzenden Gottlieb Keppler und Karl Mayer sind langjährige Mitglieder des Vereins. Auch die Mehrzahl der bis jetzt ernannten Ehrenmeister der Deutschen Rassegeflügelzucht in Württemberg sind bewährte Mitglieder unseres Vereins.

Die erste Geflügelschau in Stuttgart wurde bereits 1872 vom Verein durchgeführt, so daß die diesjährigen Schauen auf ein hundertjähriges Bestehen zurückblicken können. Die Mehrzahl der Landesgeflügelschauen wurden schon vor dem Kriege in Stuttgart durchgeführt. Anfangs fanden die kleinen Schauen im Garten des Vorstandes Röhrich statt, dann bei unserem Mitglied Nill – Nills Tiergarten – in der Azenbergstraße. Später folgten die größeren Schauen in der Gewerbehalle. Dort fand auch die letzte Nationale vor dem Zweiten Weltkrieg im Jahr 1934 statt. Nach dem Kriege wurden die Landesschauen in den hellen Hallen auf dem Killesberg durchgeführt. Wieder war es der Verein, welcher die Mehrzahl dieser Schauen ausrichtete und dazu noch 3 Nationale und 2 Deutsche Zwerghuhnschauen. Bei der Ausrichtung der in Stuttgart durchgeführten Deutschen Taubenschauen sind ebenfalls mehrere Mitglieder des Vereins führend beteiligt.

Man darf dabei nicht vergessen, daß der Verein durch die Auswirkungen des Zweiten Weltkriegs sein ganzes wertvolles Inventar, darunter allein Ausstellungskäfige für 2 000 Nummern, verloren hat und außerdem durch die Währungsreform seine sauer ersparten Groschen. Nach dem Kriege waren es die Mitglieder Anton Rieger, Karl Mack, Paul Dobler, Friedrich Krauss, Karl Kurz, Wilhelm Riehle und Karl Mayer, die das Heft des Vereins wieder fest in die Hand nahmen, so daß das Vereinsgeschehen bald wieder aufblühte. Bald zeigte sich, daß der Verein einen Stamm bewährter Züchter besaß, die auf großen Schauen beste Erfolge erzielten. Sie errangen Blaue und Siegerbänder, Zucht- und Leistungspreise.

Vor allem stellte der Verein seine führenden Züchter als Preisrichter, wie früher schon, es seien nur einige genannt, Wilhelm Stoll, Anton Rieger, Paul Dobler, Karl Mack, Karl Schmid, Gustav Mödinger, Karl Bohler, Karl Schlecht, Gustav Bäuerle, Karl Schlienz, Alfred Kress, Karl Hofmann u. a. Sehr erfreulich ist es, daß sich die jüngeren Mitglieder ebenfalls der Preisrichterausbildung unterzogen und inzwischen als PR anerkannt wurden, so Horst Schwämmle, Bernhard Fiechtner, Heinz Schempp u. a.

Anläßlich unseres Jubiläums freuen wir uns, eine „Führende Schau des Südens" ausrichten zu können, die mit über 10 000 Nummern einen würdigen Rahmen für unser Jubiläum darstellt. Wir hoffen damit einen weiteren Beitrag zur Förderung unserer Deutschen Rassegeflügelzucht zu leisten und die Bedeutung unserer Schauen als Öffentlichkeitsarbeit einer sinnvollen Freizeitgestaltung zu unterstreichen.

Jedenfalls können wir durch unsere Schauen „59. Landesgeflügelschau, Deutsche Zwerghuhnschau 1972 und erste Allg. Rassegeflügelschau Stuttgart" beweisen, daß das Ziel der Gründer und deren Ideale von 1872 heute noch bestehen, wenn auch in moderner Form. In den hundert Jahren haben unsere Mitglieder immer wieder gezeigt, daß sie zu den Idealen stehen, welche den Gründern des Vereins vorschwebten und daß sie als Züchter und als Organisatoren nicht nur im engeren Heimatland, sondern innerhalb des Bundes Deutscher Rassegeflügelzüchter und darüber hinaus auch im Ausland bekannt sind und einen guten Namen haben. Der Verein der Geflügel- und Vogelfreunde Stuttgart hat sich zu einem Züchterzentrum der württembergischen Rassegeflügelzucht entwickelt und ist nach wie vor eine starke Stütze des Landesverbandes. Er wird auch in Zukunft bestrebt sein, diese Stellung zu halten. Sein Ziel ist, eine weitere Verbreitung der Rassegeflügelzucht zu erreichen, und zwar auf der Grundlage „Schönheit und Leistung", wobei wir in der Leistung vor allem die Erhaltung und den Ausbau der Konstitution unserer Stämme und Einzeltiere sehen. Wir wollen vor allem die „Liebe zum Tier" und die „Freude am schönen Tier" hochhalten und dafür werben.

Wir glauben vor allem, daß im Zeitalter der Automation und der Fünftagewoche die Geflügelhaltung und -zucht ein Werterlebnis des Schönen vermittelt, aus welchem auch ein Werterlebnis des Sittlichen entstehen wird. Ja, es soll daraus ein Zurückfinden zur Natur werden. Das ist aber das Ideal, das unseren Vorgängern vorschwebte, als sie die Gründung des Vereins vor 100 Jahren ins Auge faßten. Dieser idealen Aufgabe wollen wir treu bleiben, eingedenk des Spruchs:

„Was Du ererbt von Deinen Vätern, erwirb es, um es zu besitzen!"

Karl Mayer, 1. Vorsitzender

Verbesserung der Verbandsführung

Auch im Jahr 1973 wurde die Vortragswoche in Bernhausen vom 12. bis 16. März 1973 mit beachtlichem Erfolg durchgeführt. Nach dem neu herausgegebenen Verzeichnis der Rassegeflügel-Preisrichter verfügt die Preisrichtervereinigung des Landesverbandes Württemberg-Hohenzollern über 94 Preisrichter. Dem Vorstand der Preisrichtervereinigung gehörten an:

1. Vorsitzender: Karl Schlecht, Bernhausen; 2. Vorsitzender: Otto Baumgarten, Tübingen; Kassierer: Gustav Bäuerle, Esslingen-Sirnau; Schriftführer: Ernst Roller, Gärtringen; Schulungsleiter: A–D Theodor Sperl, Scharnhausen; Schulungsleiter: E–N Otto Baumgarten, Tübingen.

Landesvorsitzender Hermann Klotz hatte sich Gedanken um eine Verbesserung der Verbandsführung gemacht. Das Ergebnis seiner Überlegungen wurde dem Vorstand am 9. Mai 1973 in Markgröningen mitgeteilt. So war mit dem Ringverteiler ein neuer Vertrag abzuschließen, wobei eine ihm zustehende Grundgebühr von 2,8 auf 3 Pfennig erhöht wurde. Der Zuschuß für die Preisrichtervereinigung und die Landesjugend wurde von je 1 000,- DM auf 1 500,- DM erhöht. Der Ausrichter des Landeszüchtertages wird künftig für die Durchführung des Züchterabends einen Zuschuß von 750,- DM erhalten. Es wurde ferner auf Vorschlag des Vorsitzenden beschlossen, daß die Landesgeflügelschau künftig vom Landesverband in eigener Regie durchgeführt wird. In einer Sitzung des Landesverbandsausschusses am 19. Mai 1972 in Asperg wurden die Vorschläge des Vorsitzenden und die des Vorstandes begrüßt und fanden einmütige Zustimmung. Dem Ringverteiler wurden noch jährlich 600,- DM als Miete für einen Raum zugestanden. Eine längere Auseinandersetzung ergab sich über den Vorschlag des Vorsitzenden und des Vorstandes über die Durchführung der Landesschauen durch den Landesverband. Hier berichtete Vorsitzender Klotz über die ablehnende Haltung des Vereins der Geflügel- und Vogelfreunde Stuttgart. Vereinsvorsitzender Karl Mayer hatte am 1. Mai 1973 in einem an die Vereinsmitglieder gerichteten Brief von Mißtrauen und Mißgunst geschrieben. Entscheide sich die Vertreterversammlung für die vom Landesverband vorgesehene neue Lösung, würden die Mitglieder des Vereins der Geflügel- und Vogelfreunde gerne die Ausstellung des Landesverbandes als Zuschauer ohne Mitarbeit erleben. Drei Bundesschauen und die vorausgegangenen Landesschauen seien bisher von dem Verein und den Mitgliedern durchgeführt worden, ohne daß es irgendwelche Beanstandungen gegeben hätte. Nach der Aussprache erfolgte im Ausschuß eine namentliche Abstimmung, wobei sich 9 Mitglieder für den Vorschlag des Landesvorstandes entschieden, drei Mitglieder waren dagegen. Die letzte Entscheidung über die Durchführung der Landesschauen in eigener Regie des Landesverbandes lag nun bei der nächsten Vertreterversammlung.

Landeszüchtertag in Heidenheim

Der Landeszüchtertag wurde am 2. und 3. Juni 1973 in Heidenheim vom Geflügelzuchtverein Heidenheim und dem Kreisverband Ostalb/Aalen durchgeführt. Nach vorausgegangenen Sitzungen des Vorstandes, Ausschusses sowie eines Empfangs durch den Heidenheimer Oberbürgermeister Hornung im Sitzungssaal des Rathauses und eines großartigen Festabends im Heidenheimer Konzerthaus fand am Sonntag die Vertreterversammlung statt. Daran nahm auch der Präsident des BDRG, Wilhelm Schönefeld, Hannover, teil. Der GZV Heidenheim feierte mit dem Landeszüchtertag sein 90jähriges Bestehen.

Nach den Grußworten der Gastgeber, von Oberlandwirtschaftsrat Dr. Eilfort und Bürgermeister Dr. Beck sprach BDRG-Präsident Wilhelm Schönefeld dem Landesverband Dank für die bisherigen Leistungen und die zielstrebige Führung aus. Der Landesverband sei mit seinen über 20 000 Mitgliedern in vielen Fragen der Organisation führend im BDRG und habe bei den staatlichen Stellen schon mehr erreicht als andere Landesverbände. Der Präsident ernannte die Züchter Willy Hintermeyer, Stuttgart-Zuffenhausen, und Karl Leitz, Mühlacker, zu Ehrenmeistern des BDRG.

In seinem ersten Jahresbericht konnte Vorsitzender Hermann Klotz feststellen, daß dem Landesverband 30 Kreisverbände mit 519 Ortsvereinen und 20 801 Mitgliedern angehörten. In 321 Jugendgruppen sind 3 228 Jungzüchter dem Landesverband angeschlossen. In einem Referat berichtete Professor Dr. Scholtyssek von der Universität Stuttgart-Hohenheim über die Vererbung qualitativer und quantitativer Merkmale beim Huhn. Nach dem Kassenbericht von Kassierer Werner Krauß blieb es bei dem seitherigen Kopfbeitrag von 80 Pfennig, der aber ab 1974 auf 1,10 DM erhöht wurde.

Das 10. Landesjugendtreffen der Landesverbände für Geflügel und Kaninchen in Württemberg und Hohenzollern wurde vom 14. bis 16. Juli 1973 in Großheppach vom Kreisverband Waiblingen durchgeführt. Die vom Deutschen Roten Kreuz zur Verfügung gestellten Zelte zur Unterbringung der Jugendlichen reichten nicht aus, da der Andrang zu groß war. So mußten noch eine Mehrzweckhalle und zwei Züchterheime hergerichtet werden. Außerdem wurden Privatquartiere zur Verfügung gestellt. An dem Treffen nahmen Bundesjugendobmann Hans Köhler, Bernkastel, BDRG-Schatzmeister Hans Amelsberg, Leer, die Vorsitzenden der beiden Landesverbände und die Landesjugendobmänner teil. An dem Festzug am Sonntag beteiligten sich 150 Jugendgruppen aus 21 Kreisverbänden.

Am 9. September 1973 feierte Ehrenmeister August Klein, Stuttgart-Feuerbach, seinen 75. Geburtstag. Klein war seit 1921 Rassegeflügelzüchter und seit vielen Jahren für den Aufbau der in Stuttgart durchgeführten Nationalen und der Landesgeflügelschauen verantwortlich. Er war Ehrenmitgllied des GZV Stuttgart-Feuerbach, der Geflügel- und Vogelfreunde Stuttgart, des Süddeutschen Zwerghuhnzüchter-Klubs, des Kreisverbandes Stuttgart und des Landesverbandes.

Hauptschulung mit Rekordbeteiligung

Am 16. September 1973 fand im Züchterheim Eltingen die Hauptschulung der Preisrichtervereinigung mit einer Rekordbeteiligung statt. Dabei gedachte Vorsitzender Karl Schlecht des verstorbenen 2. Vorsitzenden und Schulungsleiters Otto Baumgarten, Tübingen. Bei der Schulung wurde der Fragenkatalog für Preisrichteranwärter überarbeitet und Bewertungsfragen besprochen. Die Beschaffung eines Ziergeflügel-Standards wurde dem BDRG dringend empfohlen.

Am 5. Oktober 1973 wurden in Markgröningen bei einer Sitzung des Vorstandes die Preise für die Landesschau in Schwenningen festgelegt, ein Vertrag mit dem Ringverteiler beschlossen und der Landesverbandsbeitrag für die Durchführung des Züchtertages von 750,- DM auf 1 000,- DM erhöht. Am 20. Oktober 1973 starb im Alter von 76 Jahren der Ehrenmeister Willy Hintermeyer, Stuttgart.

VDT-Schau in Stuttgart

Am 10. und 11. November 1973 fand auf dem Stuttgarter Killesberg die 22. Deutsche Taubenschau statt. Ausrichter war der Taubenzüchterverein Groß-Stuttgart. Der erste Vorsitzende des Vereins und zweite Vorsitzende des Verbandes Deutscher Taubenzüchter, Karl Bohler, Asperg, war Ausstellungsleiter, tatkräftig unterstützt von Albert Weinmann, Echterdingen, und Werner Krauß, Stuttgart-Botnang. Über 60 Preisrichter waren für die 5 400 Tauben verpflichtet worden. Sie vergaben 63mal das Ehrenband des VDT und 85mal die Höchstnote. Die Ausstellung war dem Gedächtnis des früheren VDT-Vorsitzenden Karl Schüler, Duisburg-Beek, der am 5. März 1969 starb, gewidmet.

Am 10. Dezember 1973 starb Ehrenmeister Erich Fetzer, Gönningen, im Alter von 74 Jahren. Der Landesverband verlor mit ihm eine markante und erfolgreiche Züchterpersönlichkeit. Seine große Liebe gehörte den Zwerg-Cochin, den rebhuhnfarbigen und braungebänderten Zwerg-Wyandotten, die er als neue Farbenschläge herauszüchtete, den Chabos und Chinesentauben.

Verkürzte Landesschau wegen Sonntagsfahrverbot

Die Landesgeflügelausstellung in Schwenningen hatte unter besonderen Schwierigkeiten zu leiden. Angekündigt war die Schau für den 15. und 16. Dezember 1973, doch mußte der Kreisverband Schwarzwald als Ausrichter der Ausstel-

22. Deutsche Taubenschau.

lung infolge des angeordneten Sonntagsfahrverbotes am 16. Dezember auf diesen Ausstellungstag verzichten. Somit spielte sich alles am Samstag in den Messehallen ab. Ausstellungsleiter Josef Roth konnte darüber nicht glücklich sein, denn die aufwendigen Aufbauarbeiten konnten durch die verminderten Eintrittsgelder nicht gedeckt werden. Die Schirmherrschaft hatte Landwirtschaftsminister Dr. Friedrich Brünner übernommen. Die beiden Messehallen waren von Paul Klumpp, Freudenstadt, geschmackvoll dekoriert worden. Die nahezu 3 000 Tiere der 387 Aussteller wurden von 33 Preisrichtern bewertet. Es wurde an 27 Tiere die Höchstnote vergeben.

In Schwenningen fand am 15. Dezember 1973 im Hotel „Waldeck"eine Landesverbandsausschußsitzung statt, bei der über die Landesausstellung 1974 beraten wurde. Weiter wurde bekannt, daß im Landeshaushalt für 1974 ein Betrag von 50 000 DM für den Bau von Gemeinschaftszuchtanlagen bereitgestellt wird.

Hermann Klotz legt Vorsitz nieder

Am 13. März 1974 starb unerwartet die Gattin des Landesvorsitzenden, Frau Erne Klotz. Sie hatte bisher ihren Mann bei der Führung der Geschäfte des Landesverbandes tatkräftig unterstützt. Bis zu einer anderweitigen Regelung übernahm der stellvertretende Vorsitzende Kurt Fischer die Geschäftsführung des Landesverbandes.

Landesjugendobmann Franz Butz hatte die Kreisjugendobmänner für den 31. März 1974 nach Wolfschlugen eingeladen. Als Vertreter des Landesvorstandes nahm Kurt Fischer an der Tagung teil. In gemeinsamer Aussprache wurde das Arbeits- und Jugendförderprogramm für die nächste Zeit besprochen und festgelegt.

Die Jahreshauptversammlung der Preisrichtervereinigung am 21. April 1974 im Züchterheim des KlZV Eltingen wählte den Preisrichter und Redakteur des „Deutschen Kleintier-Züchters" Walter Schwarz, zum Nachfolger des verstorbenen zweiten Vorsitzenden. Für über 30jährige Mitgliedschaft in der Preisrichtervereinigung wurden Gottlieb Keppler, Pfullingen; August Feuchter, Neckarsulm; Karl Bohler, Asperg; Karl Hofmann, Möckmühl; Gustav Bäuerle, Esslingen-Sirnau; Max Kenngott, Heilbronn, und Franz Kieser, Bad Friedrichshall, zu Ehrenmitgliedern der Preisrichtervereinigung ernannt.

Am 2. Mai 1974 trat in Markgröningen der Landesvorstand zusammen, um über die künftige Zusammensetzung des Vorstandes zu beraten. Hermann Klotz erklärte, den Vorsitz im Landesverband nicht mehr übernehmen zu können. Zweiter Vorsitzender Kurt Fischer war auch nicht bereit, den Vorsitz zu übernehmen. Er machte den Vorschlag, daß Schriftführer Paul Doll den Vorsitz übernimmt und Hermann Klotz als stellvertretender Vorsitzender im Landesvorstand verbleibt. Kurt Fischer wäre dann bereit, den Landeszuchtwart zu übernehmen. Als Nachfolger für den Schriftführer wurden einige Namen genannt, aber noch kein präziser Vorschlag gemacht. Der Vorstand war damit einverstanden, daß der Kreisverband Alb-Donau aufgelöst wird. Die Vereine Allmendingen, Ehingen und Schelklingen wurden dem Kreisverband Ulm angegliedert und die Vereine Münsingen und Laichingen kamen zum Kreisverband Reutlingen.

Paul Doll wird 1974 neuer Landesvorsitzender

Der Landeszüchtertag am 22. und 23. Juni 1974 in Erlenbach brachte den erwarteten Wechsel in der Führungsspitze des Landesverbandes. Am Samstag, 22. Juni, fand innerhalb des Vorstandes und des Ausschusses eine Vorberatung der Vertreterversammlung über eine Neuregelung der Vergabe der Landesverbandsehrenpreise statt. Dabei wurde der Vorschlag des Landesvorstandes zur Neuwahl gebilligt. Nach einem gelungenen Züchterabend trafen sich die Delegierten und Gäste am Sonntag zur Delegiertenversammlung in der Sulmtalhalle. Die Jugendkapelle Erlenbach überraschte mit einem musikalischen Morgengruß die Anwesenden. 2. Vorsitzender Kurt Fischer konnte als Vertreter des Landwirtschaftsministers den Landwirtschafts-Regierungsdirektor Dr. Eilfort, von der gastgebenden Gemeinde Erlenbach Bürgermeister Biermann und die beiden Ehrenvorsitzenden des Landesverbandes, Gottlieb Keppler und Karl Mayer, begrüßen. In seinem Grußwort teilte Dr. Eilfort mit, daß der Landtag auf Vorschlag des Landwirtschaftsministers 50 000,– DM für den Bau von Gemeinschaftszuchtanlagen bereitgestellt habe. Auch für die Angliederung einer Lehrschau an die Landesschau wurden Mittel des Landes in Höhe von 3 000,– DM zur Verfügung gestellt. Nach dem Geschäfts- und Kassenbericht gab der 2. Vorsitzende Kurt Fischer den Beschluß des Landesverbandsausschusses bekannt, wonach alle zwei Jahre in Stuttgart eine Landesgeflügelausstellung und dazwischen außerhalb von Stuttgart eine Landesverkaufsschau stattfinden soll. Gegen die Bezeichnung „Verkaufsschau" gab es erhebliche Bedenken und man kehrte zu der Bezeichnung „Landesgeflügelausstellung" zurück.

Für die Durchführung der Wahlen übernahm Ehrenvorsitzender Gottlieb Keppler den Vorsitz. Er schlug als neuen ersten Vorsitzenden den seitherigen Schriftführer Paul Doll, Bad Wimpfen, vor. Weitere Vorschläge wurden nicht gemacht, so daß eine offene Abstimmung durchgeführt werden konnte. Dabei wurde Paul Doll einstimmig zum Vorsitzenden des Landesverbandes gewählt. Auch die weiteren Wahlen zum Vorstand und Ausschuß erfolgten einstimmig und durch Zuruf. Es wurden gewählt zum stellvertretenden Vorsitzenden: Hermann Klotz, Markgröningen; Kassierer: Werner Krauß, Stuttgart-Botnang; Schriftführer: Kurt Fischer, Stuttgart-Zuffenhausen; Zuchtwart: Josef Roth, Deisslingen; Pressewart: Karl Pechtl, Heidenheim-Mergelstetten; Karteiführer: Paul Klumpp, Freudenstadt; Obmann für das Ausstellungswesen: Walter Gehring, Stuttgart. Dem Landesverbandsausschuß gehören noch an der Vorsitzende der Preisrichtervereinigung, Karl Schlecht, Bernhausen; Landesjugendobmann Franz Butz, Göttingen-Jebenhausen, und der Landesringverteiler Willi Kurz, Beutelsbach.

Paul Doll, Bürgermeister in Bad Wimpfen und Verfasser dieses Buches, wurde 1974 zum Vorsitzenden des Landesverbands gewählt.

Staatliche Förderung für Gemeinschaftszuchtanlagen

Durch Erlaß des Landwirtschaftsministeriums vom 2. September 1974 wurde den vier Landesverbänden in Baden-Württemberg mitgeteilt, daß vom Land für die Errichtung von Gemeinschaftszuchtanlagen erstmals Förderungsmittel in Höhe von 45 000 DM für das Jahr 1974 zur Verfügung gestellt werden. Die im Landeshaushalt eingeplanten 50 000 DM wurden nach den haushaltsrechtlichen Sonderbestimmungen um 10 % gekürzt. Die Mittel wurden auf die Landesverbände von Württemberg und Hohenzollern mit 24 300 DM und Baden mit 20 700 DM aufgeteilt. Federführend sind die Landesverbände der Rassegeflügelzüchter in Württemberg-Hohenzollern und Baden. Im Landesverband Württemberg-Hohenzollern wurden erstmals die Bauvorhaben der Kleintierzuchtvereine Heidenheim-Mergelstetten, Oberderdingen, Stuttgart-Stammheim, Unterjettingen und Bad Wimpfen gefördert. Der „Deutsche Kleintier-Züchter" brachte am 27. September 1974 eine Übersicht über die in der Bundesrepublik vorhandenen Gemeinschaftszuchtanlagen und Vereinsheime, wobei der überwiegende Teil in Baden-Württemberg etabliert war.

Dem Landesverband gehören 29 Kreisvereine und 18 Sondervereine an. Zehn verdiente Züchter wurden zu Ehrenmitgliedern des Landesverbandes ernannt. Weitere 17 Züchter sind Ehrenmeister des BDRG.

Der KlZV Heidenheim-Mergelstetten, mitgliederstärkster Verein im Landesverband, feierte im Herbst 1974 sein 40jähriges Bestehen mit seinen Partnervereinen aus Monswiller in Frankreich und St. Pölten in Niederösterreich sowie einem befreundeten Geflügelzuchtverein aus Zürich in der Schweiz. Bei der Geburtstagsfeier in der Zoeppritzhalle konnte Vorsitzender Karl Pechtl als Gäste den Oberbürgermeister der Stadt Heidenheim, Hornung, vom Landesvorstand Kurt Fischer, den Kreisehrenvorsitzenden Georg Barth, Vereinsehrenvorsitzenden Georg Scheerer, von den Partnerstädten die Vorsitzenden Karl Pflum, Monswiller, und Werner Kachelmayer, St. Pölten, sowie die Landtagsabgeordneten Baumhauer und Moser begrüßen. Oberbürgermeister Hornung bezeichnete die Feierstunde als einen lobenswerten Beitrag zur Völkerverständigung.

Bei einer Vorstandssitzung am 1. November 1974 in Markgröningen wurde die Anschaffung von Landesverbandsplaketten und Landesverbandsehrennadeln in Silber und Gold beschlossen.

Landesschau in eigener Regie

Auf der Traditionsstätte der Landesgeflügelausstellungen der vergangenen Jahre, dem Stuttgarter Killesberg, führte der Landesverband erstmals in eigener Regie eine Landesgeflügelausstellung vom 28. November bis 1. Dezember 1974 durch. Die Ausstellungsleitung hatte der 2. Vorsitzende Hermann Klotz übernommen. Der Ausstellung war eine Informations- und Lehrschau, organisiert von Vorstandsmitglied Kurt Fischer und künstlerisch gestaltet von Ausschußmitglied Paul Klumpp, angeschlossen. Ausgestellt wurden über 6 000 Tiere. Für die Bewertung waren 60 Preisrichter tätig. Die Höchstnote wurde an 29 Tiere vergeben. Nach der termingerechten Auslieferung der Ausstellungskataloge mußte man feststellen, daß zwar die Bewertungen eingetragen waren, nicht aber die Preiszuteilungen. Dieser Fehler warf den Ausstellungsleiter Hermann Klotz mit einer Herzattacke aufs Krankenlager. Die Berichtigung erfolgte in einem Sonderdruck der Bewertungsliste.

Bei der feierlichen Eröffnung der Ausstellung am Samstag gab es wieder viele prominente Ehrengäste, darunter der Schirmherr, Minister Dr. Brünner, der Stuttgarter Regierungspräsident Römer und viele andere Persönlichkeiten. Im Namen des Landesverbandes begrüßte Vorsitzender Paul Doll die Gäste und Züchter. Für den erkrankten Ausstellungsleiter Hermann Klotz war Kurt Fischer eingesprungen. Bei dem anschließenden Rundgang durch die mit herrlichem Blumenschmuck ausgestattete Ausstellung, wofür Frau Hilde Maier verantwortlich zeichnete, meinte Minister Dr. Brünner, daß man diese Landesschau auch als „Schau der Tiere und Blumen" bezeichnen könnte.

Die Landesgeflügelausstellung war sehr gut aufgebaut und war mit der Informations- und Lehrschau eine gute Werbung für die deutsche Rassegeflügelzucht. Der Verein der Geflügel- und Vogelfreunde Stuttgart beteiligte sich nicht an der

„Das haben Sie aber vorzüglich gemacht!" Landwirtschaftsminister Dr. Brünner (dritter von rechts) sprach Frau Hilde Mayer aus Ostfildern-Kemnat seine Anerkennung für die herrliche Dekoration der Landesgeflügelschau 1974 aus.

Landesschau, sicherlich aus der Verärgerung heraus, keine Landesschau mehr durchführen zu dürfen. Anläßlich des sehr schlecht besuchten Züchterabends wurden die Preisrichter Wilhelm Reichle und Karl Schlecht, beide aus Bernhausen, zu Ehrenmeistern des BDRG ernannt.

Bei der Vorstandssitzung am 12. Dezember 1974 in Markgröningen berichtete Ausstellungsleiter Hermann Klotz über den Verlauf der Landesgeflügelschau. Er vertrat die Meinung, daß es auch ohne die Stuttgarter Vogelfreunde gegangen wäre. Hätten allerdings deren Erfahrungen zur Verfügung gestanden, so hätten dem Landesverband Ausgaben von zirka 10 000 DM erspart werden können.

In der 2. Ausgabe des „Deutschen Kleintier-Züchters" bezeichnete Redakteur Walter Schwarz das vollendete Bauvorhaben des KlZV Jettingen im Kreisverband Böblingen als das größte Vereinsheim innerhalb des Landesverbandes, das von den Vereinsmitgliedern in Eigenleistung mit großartiger Unterstützung der Gemeindeverwaltung erstellt wurde.

Am 29. Januar 1975 feierte Ehrenmeister Gottlieb Scheib, Ludwigsburg-Hoheneck, seinen 90. Geburtstag. Zwei Tage später starb der Preisrichter und Ehrenmeister Christian Bechthold, Schwenningen, im Alter von 88 Jahren. Er war ein erfahrener alter Taubenpreisrichter, aber auch ein Liebhaber der Deutschen Zwerghühner. Einen weiteren schweren Verlust mußte auch der Landesverband mit dem Hinscheiden des Ehrenmeisters und Preisrichters Karl Schlienz, Stutt-

Karl Schlecht (links) und Wilhelm Reichle, beide aus Filderstadt-Bernhausen, wurden beim Züchterabend der Landesgeflügelschau 1974 zu Ehrenmeistern des BDRG ernannt.

gart-Münster, am 8. Februar 1975 hinnehmen. Er starb drei Tage nach seinem 79. Geburtstag. Den Kupfergimpeln galten neben anderen Taubenrassen seine langjährigen züchterischen Bemühungen.

Die Auflösung des Referates für Kleintierzucht

Der Rechnungshof des Landes Baden-Württemberg hat dem Landtag über eine Organisationsprüfung beim Ministerium für Ernährung, Landwirtschaft und Umwelt berichtet und einen Aufgabenrückgang im Fachbereich Kleintierzucht festgestellt. Er kam dabei zu der Auffassung, daß das Referat aufzulösen sei und seine Aufgaben künftig von Dienstkräften, deren Einsatzschwerpunkt auf einem verwandten Gebiet liegt, miterledigt werden könnten. Landesvorsitzender Paul Doll hatte die anderen Landesvorsitzenden über diese Situation unterrichtet und am 15. Februar 1975 nach Heimsheim zu einer gemeinsamen Beratung eingeladen. Nach eingeholter Information hatte das Ministerium die Auflösung des Referates Kleintierzucht bereits angeordnet, was auch nicht mehr rückgängig gemacht werden konnte. Die Landesvorsitzenden einigten sich auf eine Eingabe an den Landtagspräsidenten, den Landtag und die Landesregierung, wonach

1. dem Landwirtschaftsministerium auch weiterhin ein Fachberater für den Bereich der Kleintierzucht zur Verfügung gestellt wird und

Vereinsheim Jettingen.

2. die Aufgaben des aufgelösten Referates Kleintierzucht von der Abteilung Tierhaltung übernommen werden.

Eine Übertragung der Aufgaben auf die Landesgeflügelzuchtanstalt, wie dies vom Rechnungshof vorgeschlagen wurde, konnte nicht empfohlen werden. Die Begründung hierfür war, daß die Landesgeflügelzuchtanstalt seit 1. Januar 1975 in eine Versuchsstation umgewandelt wurde, die der Universität Stuttgart-Hohenheim und nicht mehr dem Ministerium untersteht. Die von den vier Landesvorsitzenden der Rassegeflügel- und Rassekaninchenzucht unterzeichnete Eingabe vom 17. Februar 1975 wurde von den zuständigen Stellen mit Interesse aufgenommen und auch im Sinne der Eingabe entschieden.

Bei einer Sitzung des Landesvorstandes und Ausschusses am 15. Februar 1975 in Heimsheim, Gasthaus zur Krone, wurden Organisationsfragen behandelt. Der Landesverband wird zur Bundesversammlung 1975 einen Antrag einbringen, wonach der Präsident des BDRG und die Mitglieder des Präsidiums künftig von der Bundesversammlung direkt zu wählen sind. Außerdem soll das Stimmrecht im Bundesvorstand wie in der Bundesversammlung entsprechend der Stärke der Landesverbände festgelegt werden.

Franz Butz bleibt Landesjugendobmann

Die Jugendobleute der Kreisverbände trafen sich am 23. März 1975 im Züchterheim in Zang zu ihrer Jahreshauptversammlung. In seinem Jahresbericht konnte Landesjugendobmann Franz Butz mitteilen, daß dem Landesverband in allen Kreisverbänden 349 Jugendgruppen mit 4 300 Jungzüchtern angeschlossen sind. Dies bedeutete einen gewaltigen Aufschwung in der Jugendarbeit und eine meisterliche Leistung des Landesjugendobmannes. Obwohl Franz Butz als Obmann zurücktreten wollte, nahm er die einstimmige Wiederwahl auf weitere zwei Jahre an. Landesvorsitzender Doll hielt ein Referat über die Jugendarbeit im Landesverband, wobei er in den Vordergrund stellte, daß ein Verein nur dann fortbestehen kann, wenn eine gute Jugendarbeit betrieben wird.

Walter Schwarz wird 1975 Vorsitzender der Preisrichtervereinigung

Bei der Preisrichtervereinigung des Landesverbandes gab es anläßlich der Jahreshauptversammlung am 6. April 1975 in Stuttgart eine personelle Veränderung. Nach 30jähriger Tätigkeit trat der 1. Vorsitzende Karl Schlecht zurück, um das

DKZ-Redakteur Walter Schwarz wurde 1975 als Nachfolger Karl Schlechts zum Vorsitzenden der Preisrichtervereinigung Württemberg gewählt.

schwere Amt in jüngere Hände zu legen. Die Preisrichter wählten zum neuen Vorsitzenden Walter Schwarz, Reutlingen-Mittelstadt, Redakteur des „Deutschen Kleintier-Züchters". Neuer 2. Vorsitzender wurde Kurt Härle, Freiberg. Als Kassierer wurde Gustav Bäuerle, Esslingen-Sirnau, und als Schriftführer Ernst Roller, Gärtringen, in ihren Ämtern bestätigt. In den Ausschuß der Vereinigung wurden gewählt: Josef Roth, Deißlingen; Karl Ritzmann, Herrenberg, und Theodor Sperl, Scharnhausen. Als Schulungsleiter für Hühner wurde Theodor Sperl und für Tauben Max Holdenried, Renningen 2, gewählt. Der Prüfungskommission gehörten an für Groß- und Wassergeflügel Kurt Beuttler, Maichingen; für Hühner Ernst Kratt, Trossingen; für Zwerghühner Fritz Hirn, Kirchentellinsfurt; und für Tauben Max Holdenried. Die Vermittlungsstelle für Preisrichter übernahm wieder Karl Bohler, Asperg. Zum Ehrenvorsitzenden wurde einstimmig der seitherige Vorsitzende Karl Schlecht, Bernhausen, gewählt.

Bei der Schulung der Zuchtwarte am 13. April 1975 im Vereinsheim des KlZV Häslach hielt der Ehrenvorsitzende der Preisrichtervereinigung, Karl Schlecht, einen Vortrag über die Aufgaben des Zuchtwartes und Wilhelm Reichle sprach über die Taubenzucht. Über seltene Hühnerrassen sprach Kurt Fischer.

Im April 1975 teilte das Ministerium für Ernährung, Landwirtschaft und Umwelt mit, daß auch für das Jahr 1975 der gleiche Zuschuß für den Bau von Gemeinschaftszuchtanlagen in Höhe von 50 000,- DM gewährt wird. Der Zuschuß wurde vergeben an die Kleintierzuchtvereine Weilheim, Kornwestheim, Weikersheim, Neckarsulm und Oetisheim.

Die Bundestagung in Freudenstadt

Über die Organisation und die Durchführung der 138. Bundestagung und die großartige Unterbringung der Tagungsteilnehmer in der Kurstadt Freudenstadt vom 21. bis 24. Mai 1975 waren alle Beteiligten einschließlich der Fachpresse voll des Lobes. Wenn auch der Landesverband gemeinsam mit dem Kreisverband Freudenstadt offiziell als Ausrichter in Erscheinung traten, so lag die Hauptlast der Arbeit und Verantwortung bei Paul Klumpp, der in jeder Hinsicht vorbildliche Arbeit geleistet hat.

Mit einem Empfang des Präsidiums des BDRG, des Landesverbandsvorstands und des Kreisvorsitzenden Paul Klumpp durch Bürgermeister Wolf im Sitzungssaal des Rathauses begann die Tagung am Donnerstag, 22. Mai 1975. Abends gab es ein gemütliches Beisammensein im Hotel „Bären", und am Freitagvormittag startete eine frohgelaunte Gesellschaft zu einer Fahrt durch den Schwarzwald zu den Vogtsbauernhöfen in Gutach mit Besichtigung des weltbekannten Freilichtmuseums. Nachmittags trat der Gesamtvorstand des BDRG zu seiner Sitzung zusammen. Die Jugendobmänner berieten über ihre Probleme.

Zur 138. Bundesversammlung am Samstag im festlich geschmückten großen Kursaal konnte BDRG-Präsident Wilhelm Schönefeld vor vollbesetztem Haus eine große Anzahl von Ehrengästen begrüßen. Nach seinem umfassenden Jahresbericht konnte der BDRG-Präsident auch zwei verdiente Züchter aus dem Landesverband, Christian Barth, Calmbach, und Karl Bohler, Asperg, zu Ehrenmei-

Kreismeister-Medaille gestiftet vom KTZV Freudenstadt.

stern des BDRG ernennen. Während der Bundesversammlung und bei einigen Nebenveranstaltungen wurde eine Geldsammlung durchgeführt, die einen Ertrag von 1 303,- DM und 22 Schweizer Franken erbrachte. Der gesammelte Betrag wurde dem Müttergenesungswerk zur Verfügung gestellt.

Der Züchterabend im großen Kursaal verlief nicht nach dem sonst üblichen Klischee, sondern brachte herzerfrischende und für jeden verständliche Gesangsdarbietungen des in Freudenstadt beheimateten Steinfeld-Chores, der mit hochkarätigen Darbietungen glänzte. Am Sonntagvormittag gab es noch eine fröhliche Fahrt mit dem Kurbähnle zu einem nahegelegenen Kur- und Erholungszentrum, die eine kurze Unterbrechung erfuhr, denn Bärenwirt Ludwig Montigel lud alle Fahrgäste zu einer Kirschwasser-Probe inmitten des Tannenwaldes ein.

Der Landeszüchtertag in Ulm –
100 Jahre Verein der Geflügel- und Vogelfreunde Ulm

Am 31. Mai und 1. Juni 1975 fand in Ulm der Landeszüchtertag, verbunden mit der Feier des 100jährigen Bestehens des Vereins der Geflügelfreunde Ulm, statt. Ausrichter war der Jubiläumsverein unter dem Vorsitz von Albert Unsöld, unterstützt von einem Festausschuß und dessen Vorsitzenden Eugen Baur. Selten verlief eine Landesverbandstagung und ihr Rahmenprogramm so reibungslos wie in der Donaustadt, die den höchsten Kirchturm der Welt ihr eigen nennt.

Die Vertreterversammlung am Sonntag erhielt eine besondere Note durch die Teilnahme des BDRG-Präsidenten Wilhelm Schönefeld und die Anwesenheit von Ministerialdirektor Eugen Maier und Regierungsdirektor Dr. Eilfort vom Landwirtschaftsministerium, des Ulmer Oberbürgermeisters Dr. Lorenzer und des Vizepräsidenten des Zentralverbandes Deutscher Kaninchenzüchter, Walter Kölz, Stuttgart, sowie der beiden Landesverbands-Ehrenvorsitzenden Gottlieb Keppler und Karl Mayer.

Minister Dr. Brünner wird Ehrenmitglied des BDRG

BDRG-Präsident Wilhelm Schönefeld war in seinem Grußwort noch voller Begeisterung über die Freudenstädter Bundestagung. Den guten Kontakt des Landesverbandes mit den Behörden und Regierungsstellen im Land Baden-Württemberg stellte er als nachahmenswert für alle anderen Landesverbände heraus. Er lobte die Förderungsmaßnahmen des Landes für den Bau von Gemeinschaftszuchtanlagen und nannte diese eine wahre Pionierarbeit. Als Dank des BDRG für die große Unterstützung und Förderung der Rassegeflügelzucht ernannte Präsident Schönefeld Landwirtschaftsminister Dr. Brünner zum Ehrenmitglied des BDRG. Der Ehrenvorsitzende des Kreisverbandes Ostalb/Aalen, Georg Barth, Herbrechtingen, wurde von dem Landesvorsitzenden in Würdigung seiner besonderen Verdienste um die Organisation und Rassegeflügelzucht zum Ehrenmitglied des Landesverbandes ernannt.

In seinem Jahresbericht teilte Landesvorsitzender Paul Doll mit, daß dem Landesverband in den 29 Kreisverbänden 21 157 Mitglieder, 4 317 Jungzüchter, 980 Mitglieder in den angeschlossenen Sondervereinen und 91 Mitglieder der Preisrichtervereinigung angehören. Dem Landesverband standen als Fördermittel des Landes für den Bau von Gemeinschaftszuchtanlagen 1974 und 1975 jeweils 24 300,- DM zur Verfügung, wofür sich der Vorsitzende beim Landtag und der Landesregierung bedankte. Er bat gleichzeitig um eine Aufstockung der Mittel, da im Landesverband eine rege Bautätigkeit bei den Vereinen festzustellen sei. Nach einem Bericht des Ausstellungsleiters der Landesgeflügelschau 1974, Hermann Klotz, mußte der Landesvorsitzende der Versammlung mitteilen, daß im Jahr 1975 keine Landesgeflügelausstellung durchgeführt werden kann, da sich kein Bewerber für die Durchführung der Schau gemeldet hat. Für 1976 findet dann wieder eine Landesgeflügelschau unter der Regie des Landesverbandes auf dem Stuttgarter Killesberg statt. Die Landesverbandstagung 1976 wurde nach Freudenstadt vergeben. Der Zuschuß für die Jugendarbeit wurde von 1 500,- auf 1 800,- DM erhöht. Der Preisrichtervereinigung wurde ein einmaliger Zuschuß in Höhe von 1 500,- DM für die Schulung und Prüfung der Preisrichteranwärter bewilligt. Dabei ging es vorwiegend um die erweiterte Ausbildung von 20 Preisrichtern zu Allgemeinrichtern. Mit einem Referat des Landesvorsitzenden über die Ernährung und Verdauung beim Geflügel fand die Vertreterversammlung einen guten Abschluß.

Feuchtes Landesjugendtreffen in Nufringen

Mit dem 11. Landesjugendtreffen am 28. und 29. Juni 1975 in Nufringen hatten die Jungzüchter kein glückliches Datum gewählt. Das Treffen fiel buchstäblich ins Wasser, denn der Himmel öffnete unablässig seine Schleußen. Trotzdem verstanden es die Organisatoren, ein fröhliches Fest unter sicherem Dach zu feiern.

Aktive Preisrichtervereinigung

Mit den Tagungen im September und Oktober 1975 war die Preisrichtervereinigung unter dem Vorsitz von Walter Schwarz besonders aktiv. Um für die Vereinsschauen mehr Allgemeinrichter anbieten zu können, fand eine Reihe getrennter Schulungen für die einzelnen Gruppen statt. Dabei gab es auch unvorhergesehene Überraschungen. Das Lokal „Schützenhaus" in Stuttgart, in dem die Hauptschulung am 21. September 1975 vorgesehen und auch zugesagt war, wurde von dem Wirt anderweitig vergeben. Kurz entschlossen wurde die Hauptschulung in das Züchterheim nach Leonberg-Eltingen verlegt. Dort konnte Vorsitzender Walter Schwarz das vorgesehene Programm ungehindert durchführen.

Bei der Jahreshauptversammlung des Vereins der Geflügel- und Vogelfreunde Stuttgart am 1. Februar 1976 trat Karl Mayer, Stuttgart-Korntal, zurück, nachdem er seit 1961 als Vorsitzender des Vereins und davor 13 Jahre als Schriftführer tätig war. Er wurde zum Ehrenvorsitzenden ernannt. Nachfolger als Vorsitzender wurde Walter Gehring, Stuttgart, und stellvertretender Vorsitzender Werner Krauß, Stuttgart-Botnang.

Die Tagung der Kreisjugendobmänner fand am 28. März 1976 in Crailsheim statt. Landesjugendobmann Franz Butz teilte mit, daß der Landesverband Württemberg und Hohenzollern mit 369 Jugendgruppen in den Vereinen und 4 629 Jungzüchtern an der Spitze der Jugendarbeit innerhalb des BDRG liege. Um dem Landesjugendobmann die Arbeit zu erleichtern, wurde neben Wilhelm Stempfle, Ravensburg, noch Karlheinz Oehler, Schwäbisch Hall, zum stellvertretenden Jugendobmann gewählt.

Landeszüchtertag in Freudenstadt – Walter Gehring wird 2. Landesvorsitzender

Am 29. und 30. Mai 1976 trafen sich die Delegierten und Züchter des Landesverbandes zum Züchtertag in der Kurstadt Freudenstadt. Damit verband der KlVZ Freudenstadt die Feier seines 75jährigen Bestehens. Die Durchführung der zweitägigen Veranstaltung lag in den bewährten Händen des Vereins- und Kreisvorsitzenden Paul Klumpp. Beim Züchterabend im großen Kursaal erfreute wieder der Steinfeldchor mit einem herrlichen Liederreigen.

Gut besucht war am Sonntag die Vertreterversammlung im Kurhaussaal. Landesvorsitzender Paul Doll dankte dem scheidenden Minister für Ernährung, Landwirtschaft und Umwelt, Dr. Friedrich Brünner, für die stets gewährte Unterstützung und Hilfe. Der Landesverband zählte nach dem Jahresbericht des Vorsitzenden in den 29 Kreisverbänden 516 Ortsvereine mit 21 467 Mitgliedern. Dazu zählen noch die 19 Sondervereine mit ihren 1 095 Mitgliedern, die Preisrichtervereinigung mit 98 Preisrichtern und 4 629 Jungzüchter. Landeszuchtwart Josef Roth teilte mit, daß die Arbeit der Zuchtwarteschulung künftig auf bezirklicher Basis durchgeführt wird. Vor den Neuwahlen zum Vorstand und Ausschuß gab der stellvertretende Landesvorsitzende Hermann Klotz, Markgröningen, bekannt, daß er aus gesundheitlichen Gründen zurücktrete. Die Neuwahlen brachten folgendes Ergebnis:

1. Vorsitzender: Paul Doll, Bad Wimpfen; 2. Vorsitzender: Walter Gehring, Stuttgart; Schriftführer: Kurt Fischer, Stuttgart-Zuffenhausen; Kassierer: Werner Krauß, Stuttgart-Botnang; Landeszuchtwart: Josef Roth, Deißlingen; Pressewart: Karl Pechtl, Heidenheim-Mergelstetten; Karteiführerin: Inge Maile, Ulm-Donaustetten; Obmann für das Ausstellungswesen: Paul Klumpp, Freudenstadt; Obmann der Preisrichter: Walter Schwarz, Reutlingen-Mittelstadt; Landesjugendobmann: Franz Butz, Göppingen-Jebenhausen; Ringverteiler: Willi Kurz, Weinstadt-Beutelsbach.

Nach der Durchführung der Gemeinde-, Kreis- und Gebietsreform im Land Baden-Württemberg wird an keine Änderung der gebietlichen Zuständigkeiten der Kreisverbände gedacht. Der Landesvorsitzende teilte weiter mit, daß ab 1976 alle Rassegeflügelzüchter, ohne Ausnahme, Mitglieder der Tierseuchenkasse sind. Bis zu einem Bestand von 20 Tieren sind die Mitglieder beitragsfrei.

Der Verein der Geflügel- und Vogelfreunde Geislingen feierte im Jahr 1976 sein 100jähriges Bestehen. Die Jubiläumsfeier wurde mit der Kreisgeflügelausstellung verbunden.

Landesgeflügelausstellung in Stuttgart mit Zwerghühner-Informationsschau 1976

Für die Landesgeflügelschau am 27. und 28. November 1976, verbunden mit einer Informations- und Lehrschau über Zwerghühner, übernahm Landwirtschaftsminister Gerhard Weiser die Schirmherrschaft. Durchgeführt wurde die Ausstellung auf dem Stuttgarter Killesberg vom Landesverband unter den Ausstellungsleitern Paul Doll und Walter Gehring. Die Hauptlast der Arbeiten trug die Familie Gehring. Bei der Eröffnungsfeier in der Halle der Informationsschau hatten Vorsitzender Paul Doll, wie auch Ministerialdirektor Meier, mit der Lautstärke der Zwerghähne zu wetteifern. Die 7 339 Ausstellungsnummern wurden von 74 Preisrichtern begutachtet. An 40 Tiere wurde die Höchstnote und an 70 Tiere das Schwabenband vergeben. Die Jungzüchter des Landesverbandes beteiligten sich mit 481 Tieren an der Ausstellung. Die Informationsschau gab einen Überblick über alle Zwerghuhnrassen in den verschiedenen Farbenschlägen. Lobenswert war wieder die Ausschmückung der Ausstellung mit Blumengestecken und frischem Grün, wofür Frau Vonderdell, Stuttgart-Plieningen, zuständig war.

Karlheinz Oehler wird Landesjugendobmann

Zu ihrer Jahrestagung trafen sich die Kreisjugendobmänner am 27. März 1977 in Denkingen. In seinem Jahresbericht konnte Landesjugendobmann Franz Butz von einer enormen Weiterentwicklung der Jugendarbeit und der züchterischen Betätigung der Jungzüchter berichten. In den 29 Kreisverbänden bestanden zum 1. März 1977 389 Jugendgruppen mit 5 171 Jugendlichen. Vor den anstehenden Wahlen stellte Landesjugendobmann Franz Butz sein Amt zur Verfügung. Landesvorsitzender Paul Doll sprach dem scheidenden Obmann für seine außergewöhnlichen Leistungen in der Jugendorganisation den Dank des Landesverbandes, der Kreisjugendobmänner und der Jungzüchter aus. Während seiner 14jährigen Arbeit mit der Jugend habe sich Franz Butz um den Landesverband verdient gemacht. Zum neuen Landesjugendobmann wurde Karlheinz Oehler, Schwäbisch Hall, mit großer Mehrheit gewählt. Stellvertreter blieb Wilhelm Stempfle, Ravensburg.

Die Rassegeflügelzüchter des Landesverbandes beteiligten sich an der Bundesgartenschau 1977 in Stuttgart. Die Mitglieder des Kreisverbandes Stuttgart stellten im 14tägigen Wechsel ihre Tiere in einem Großgehege am Eingang zum Paradiesgarten der Villa Berg zur Schau. Mit dieser halbjährigen Sonderschau leistete der Kreisverband Stuttgart eine wohl einmalige Öffentlichkeitsarbeit vor einem Besucherstrom von über fünf Millionen Menschen.

Die Schulung der Zuchtwarte wurde von Landeszuchtwart Josef Roth zu einer Breitenarbeit umgewandelt. Es fanden am 17. April 1977 in Freiberg am Neckar, am 24. April in Ebersbach und am 22. Mai in Reutlingen-Mittelstadt sehr gut besuchte Zuchtwarteschulungen statt. Die Referenten waren Wilhelm Reichle, Bernhausen, der über Zuchtprobleme bei den Tauben sprach, Paul Doll, Bad Wimpfen, der sich über die Vererbungslehre und Zuchtmethoden äußerte, und Theodor Sperl, Scharnhausen, der die Probleme des Vereinszuchtwartes beleuchtete.

Einmalige Gemeinschaftszuchtanlage in Sindelfingen

Was in einer Gemeinschaftsarbeit der Rassegeflügelzüchter und der Kleingärtner mit der Stadt Sindelfingen gelang, dürfte wohl einmalig in der ganzen Bundesrepublik sein und wohl auch bleiben. Mitten im Industriegebiet des Goldbachtales entstand eine moderne Freizeitanlage für Rassegeflügelzüchter, Vogel- und Gartenfreunde in einer Ausdehnung von mehreren Hektar. Die Gemeinschaftszuchtanlage des Vereins der Geflügel- und Vogelfreunde Sindelfingen wurde zu einer Oase der Natur gestaltet und ist für erholungsuchende Bürger und Besucher stets geöffnet. Ein schmuckes Vereinsheim ergänzt die Freizeitanlage.

Gemeinschaftszuchtanlage Ravensburg, Oberschwaben.

Die eigentlichen Initiatoren dieses Großprojektes waren Oberbürgermeister Gruber und Vereinsvorsitzender Artur Hörmann. Die Gemeinschaftszuchtanlage besteht aus 51 Volieren oder Zuchtplätzen, in denen sich alle Arten des Rassegeflügels, Ziergeflügels und exotische Vögel tummeln können. Auf dem großen, künstlich geschaffenen Weiher wurden viele wildlebende Wassergeflügelarten ausgesetzt oder haben sich angesiedelt. Wie Oberbürgermeister Gruber bei der feierlichen Einweihung der Anlage und des Züchterheimes am 15. Mai 1977 mitteilte, beliefen sich die Kosten für die Einrichtung der Anlage mit Spielplätzen auf rund 3,5 Millionen DM, jedoch ohne die Kosten für den Grunderwerb.

Landeszüchtertag in Untermünkheim

Der Landesverband und der Vorsitzende des KlZV Untermünkheim, Bürgermeister Erich Pretz, hatten für den 4. und 5. Juni 1977 in die Gemeindehalle nach Untermünkheim zum Landeszüchtertag eingeladen. Viele folgten gerne dieser Einladung, zumal Bürgermeister Erich Pretz auch als erfolgreicher Züchter bekannt war. Zur Delegiertenversammlung konnte Vorsitzender Doll den Landrat des Kreises Schwäbisch Hall, Dr. Bieser, und vom Landwirtschaftsamt Dr. Renner sowie den Ehrenvorsitzenden des Landesverbandes, Gottlieb Keppler, willkommen heißen.

Nach den Grußworten von Bürgermeister Erich Pretz gab der Landesvorsitzende seinen Jahresbericht. Daraus war zu entnehmen, daß der Landesverband aus 29 Kreisverbänden, 529 Ortsvereinen mit rund 23 200 Mitgliedern besteht. Dazu kommt noch die Preisrichtervereinigung mit ihren 105 Preisrichtern und die Landesverbandsjugend mit 5 171 Jungzüchtern. Weiterhin waren dem Landesverband noch 20 Sondervereine angeschlossen. Bei der Bundesversammlung am 14. Mai 1977 wurden drei Mitglieder des Landesverbandes zu Ehrenmeistern ernannt. Es waren dies Franz Butz, Göppingen-Jebenhausen; Paul Doll, Bad Wimpfen, und Ernst Kratt, Trossingen. Der scheidende Landesjugendobmann Franz Butz gab der Vertreterversammlung einen Rückblick über seine 14jährige erfolgreiche Tätigkeit in der Jugendarbeit. Für seinen Nachfolger Karlheinz Oehler, Schwäbisch Hall, der von der Versammlung einmütig bestätigt wurde, erbat er Unterstützung für die schwere Jugendarbeit.

Am 87. Landwirtschaftlichen Hauptfest, das mit dem Cannstatter Volksfest durchgeführt wurde, beteiligten sich auch die Rassegeflügelzüchter des Kreisverbandes Stuttgart mit 32 Zuchtstämmen und Informationstafeln über die Entstehung der Hühnerrassen. Ausstellungsleiter Walter Gehring konnte für die sehr gute Werbung für die Rassegeflügelzucht den Dank des Landwirtschaftsministers Gerhard Weiser und Ministerialdirigenten Dr. Ulrich entgegennehmen. Regierungsdirektor Dr. Eilfort, als Initiator der Musterausstellung, zeigte sich über die Leistungen der Rassegeflügelzüchter besonders zufrieden.

100 Jahre Verein der Geflügel- und Vogelfreunde Göppingen

Am 1. Oktober 1977 feierte der Verein der Geflügel- und Vogelfreunde Göppingen sein 100jähriges Bestehen im St.-Georgs-Heim. Hierzu hatte der 2. Vereinsvorsitzende Harry Claus eine Chronik des Vereins zusammengestellt, die auch als geschichtliches Werk hoch zu werten ist. Bei der Jubiläumsfeier hielt der Parlamentarische Staatssekretär Georg Gallus eine Festansprache über die Verbundenheit des Menschen mit der Natur und im besonderen mit dem Tier. Landesvorsitzender Paul Doll sprach über die Rassegeflügelzucht im Wandel der Zeit.

Der Kreisverband Ostalb Aalen-Heidenheim

Der Kreisverband Ostalb Aalen-Heidenheim konnte im Oktober 1977 einen Mitgliederstand von 2 000 erreichen und ist damit der mitgliederstärkste Kreisverband innerhalb des Landesverbandes. Der KlZV Heidenheim-Mergelstetten hatte 536 Mitglieder als stärkster Verein im Landesverband.

Josef Haas wird Ehrenmitglied des Landesverbandes

Der Landesverband ernannte den Senior der Rassegeflügelzucht des Kreisverbandes Schwarzwald, den 90jährigen Züchter Josef Haas, Schramberg, zu seinem Ehrenmitglied. Die Ernennungsurkunde übergab dem Geehrten Kreisvorsitzender Josef Roth bei der Eröffnung der Kreisgeflügelschau 1977 in Ravensburg.

Am 26. Februar 1978 verstarb der Ehrenmeister August Feuchter, Neckarsulm, im 84. Lebensjahr. Er war 32 Jahre Vorsitzender seines Heimatvereins, seit 1938 Preisrichter und Neubegründer des Kreisverbandes Unterer Neckar im Jahr 1946.

Die Schulung der Zuchtwarte innerhalb des Landesverbandes wurde in der bewährten Art von Landeszuchtwart Josef Roth weitergeführt. Sie erfolgte im Jahr 1978 am 23. April in Uhingen, am 7. Mai in Gomaringen und am 28. Mai in Backnang. Über die Entstehung der Farben beim Geflügel referierte der Landesvorsitzende Paul Doll, über grobe und Ausschlußfehler sprachen Günter Naumann und Theodor Sperl beim Wassergeflügel, Kurt Fischer bei den Hühnern und Zwerghühnern und Karl Bohler bei den Tauben.

Landeszüchtertag und 100jähriges Jubiläum in Öhringen

Das 100jährige Jubiläum des Vereins der Geflügel- und Vogelfreunde in Öhringen war für den Landesverband Anlaß, in Öhringen den Landeszüchtertag am 3. und 4. Juni 1978 durchzuführen. Dank der schriftlich vorgelegten Berichte der Mitglieder des Landesverbandsausschusses konnte die vorbereitende gemeinsame Sitzung des Landesverbandsausschusses mit den Kreis- und Sondervereinsvorsitzenden zügig abgewickelt werden. Der Züchterabend in der Stadthalle stand ganz im Zeichen des 100jährigen Jubiläums der Öhringer Rassegeflügelzüchter. Vorsitzender Josef Krenauer gab einen Kurzbericht über die Vereinsgeschichte. Nach Grußworten des Kreisvorsitzenden Erich Pretz und des Landesvorsitzenden sprach Landrat Dr. Susset über Tierliebe, Tierzucht und die vielen Schönheiten seines Landkreises. Bürgermeister Fahrenbruch gestand seine enge Verbundenheit mit den Rassegeflügelzüchtern und wirkte mit seiner Gattin auch kräftig mit bei der Programmgestaltung.

Rücktritt von Landesschriftführer Kurt Fischer

Die Vertreterversammlung am Sonntag, 4. Juni 1978, in der Stadthalle in Öhringen konnte zu Beginn Grußworte von dem gastgebenden Verein und dem Kreisverband, Bürgermeister Fahrenbruch, Regierungslandwirtschaftsdirektor Dr. Eilfort, dem Bundestagsabgeordneten Simpfendörfer und dem stellvertretenden Vorsitzenden des Geflügelwirtschaftsverbandes, Forneff, entgegennehmen. Dr. Eilfort übergab an fünf Vereine die Fördermittel des Landes für den Bau von Gemeinschaftszuchtanlagen.

In seinem Jahresbericht konnte Landesvorsitzender Paul Doll eine weitere Steigerung der Mitgliederzahlen feststellen. Dem Landesverband gehören in 531 Vereinen 23 895 Mitglieder an. In den 398 Jugendgruppen des Landesverbandes werden 5 345 Jugendliche betreut. Vier verdiente Züchter wurden zu Ehrenmitgliedern des Landesverbandes ernannt: Artur Hörmann, Sindelfingen; Karl Pechtl, Heidenheim-Mergelstetten; Landesschriftführer Kurt Fischer, Stuttgart-Zuffenhausen, der auf eine Wiederwahl verzichtete, und Franz Butz, Göppingen-Jebenhausen.

Nach den Wahlen hatte der Landesverbandsausschuß folgende Zusammensetzung:

1. Vorsitzender: Paul Doll, Bad Wimpfen; 2. Vorsitzender: Walter Gehring, Stuttgart; Kassierer: Werner Krauß, Stuttgart-Botnang; Schriftführer: Karl Pechtl, Heidenheim-Mergelstetten; Zuchtwart: Josef Roth, Deißlingen; Karteiführerin: Inge Maile, Ulm-Donaustetten; Obmann für das Ausstellungswesen: Paul Klumpp, Freudenstadt; Pressewart: Günter Stach, Schömberg; Obmann der Preisrichter: Walter Schwarz, Reutlingen-Mittelstadt; Jugendobmann: Karlheinz Oehler, Schwäbisch Hall; Ringverteiler: Willi Kurz, Beutelsbach; Verwalter des Käfiglagers: Kurt Fischer, Stuttgart-Zuffenhausen.

Angenommen wurde von der Versammlung ein Antrag des Kreisverbandes Überlingen, wonach künftig die Mitgliedermeldungen nur noch in alphabetischer Reihenfolge und nicht mehr nach dem Jahr des Eintritts in den Verein abzufassen sind.

Anläßlich der Festversammlung zum zweiten Dreiländertreffen des KlZV Heidenheim-Mergelstetten mit den Partnervereinen Monswiller und St. Pölten wurden der Landesvorsitzende Paul Doll und der Vereinsvorsitzende Karl Pechtl mit der goldenen Ehrennadel des Landesverbandes der Kleintierzüchtervereine Niederösterreichs ausgezeichnet.

Ehrenmeister Karl Schlecht †

Am 30. Juli 1978 schloß im Alter von 73 Jahren Ehrenmeister Karl Schlecht, Bernhausen, für immer die Augen. Mit Umsicht und Tatkraft führte er die Preisrichtervereinigung des Landesverbandes 30 Jahre. Viele Jahre war er auch als stellvertretender Landesvorsitzender und erster Vorsitzender des Sondervereins der Züchter süddeutscher Farbentauben tätig. Mit der Taubenzucht begann Karl Schlecht im Jahr 1918 seine züchterische Laufbahn, die ihn zu vielen Höhen in der Tauben- und Hühnerzucht führte. Bis zu seinem Lebensende züchtete er silberfarbige Italiener und Süddeutsche Mönche, erreichte oft die Traumnote „vorzüglich" und errang einige Blaue Bänder und Siegerbänder. Er war Mitglied in seinem Heimatverein Bernhausen und im Verein der Geflügel- und Vogelfreunde Stuttgart. Im Jahr 1962 wurde er Ehrenmitglied des KlZV Bernhausen, 1964 im Landesverband Württemberg-Hohenzollern, 1966 in der Preisrichtervereinigung des Landesverbandes und 1974 Ehrenmeister im BDRG. Das so frühe Hinscheiden dieses großartigen Züchters und Lehrmeisters war für den Landesverband und die Preisrichtervereinigung ein schmerzlicher Verlust.

Landesverbandsschau auf dem Killesberg

Am 25. und 26. November 1978 führte der Landesverband in eigener Regie die Landesgeflügelschau auf dem Stuttgarter Killesberg mit 1 008 Ausstellern und 7 677 Ausstellungsnummern durch. Die Schirmherrschaft hatte Landwirtschaftsminister Gerhard Weiser übernommen. Die Ausstellungsleitung lag in den Händen der Landesvorsitzenden Paul Doll und Walter Gehring sowie von Ausstellungskassierer Werner Krauß, Austellungsschriftführerin Margarete Gehring und weiteren Mitarbeitern. Das Deckblatt des Ausstellungskatalogs wurde, wie bei den zwei vorausgegangenen Landesgeflügelausstellungen in Stuttgart und bei der Landesschau in Schwenningen, von dem Ausschußmitglied Paul Klumpp, Freudenstadt, künstlerisch gestaltet. Für die Bewertung der Tiere waren 83 Preisrichter eingesetzt. Als Obleute fungierten für Groß- und Wassergeflügel Theodor Sperl, für Hühner Fritz Hirn, für Zwerghühner Walter Schwarz und für Tauben Karl Bohler und Wilhelm Reichle. Es wurden 62 Höchstnoten und 81 Schwabenbänder vergeben.

In seinem Grußwort protestierte Landesvorsitzender Paul Doll gegen die Aberkennung der Gemeinnützigkeit für die Rassegeflügelzucht. Die Arbeit der Rassegeflügelzüchter sei nicht nur eine sinnvolle, dem Berufsstreß entgegenwirkende Freizeitbeschäftigung, sondern auch ein Bewahrer kultureller und ethischer Werte durch die Erhaltung jahrtausendalter Geflügelrassen. Außerdem biete sie der Jugend eine Heimstatt und erwecke die Liebe und Achtung zu den Tieren.

Landwirtschaftsminister Gerhard Weiser lobte die Aktivitäten der Rassegeflügelzüchter und versicherte, die Kleintierzucht auch künftig im Rahmen der gebotenen Möglichkeiten ideell und finanziell zu unterstützen. Er war sich auch mit dem Finanzminister des Landes darin einig, daß die Gemeinnützigkeit für die Ras-

Rassetaubenposter des VDT gemalt von Max Holdenried.

Ausstellungsrundgang bei der Landesgeflügelschau in Stuttgart: Landwirtsch.-Minister Gerhard Weiser und LV-Vors. Paul Doll.

Ehrenmeister Adolf Ruoff, Neuhausen/Erms, wurde zum Ehrenmitglied des Landesverbandes ernannt.

segeflügelzucht weiterhin anerkannt werden sollte. Bei der Feierstunde wurde der langjährige Vorsitzende des Kreisverbandes Reutlingen, Adolf Ruoff, Neuhausen, zum Ehrenmitglied des Landesverbandes ernannt.

Ehrenvorsitzender Karl Mayer †

Das Jahr des 100jährigen Bestehens des Landesverbandes begann mit einer Trauerbotschaft. Der Ehrenvorsitzende des Landesverbandes, Karl Mayer, Korntal, ging am 17. Februar 1979, nach einem arbeitsreichen und erfüllten Leben, nach schwerer Krankheit im Alter von 79 Jahren für immer von uns.

Der Landesverband hatte dem Verstorbenen sehr viele erfolgreiche Initiativen für die deutsche Rassegeflügelzucht und insbesondere für den Bereich des Landes Baden-Württemberg zu verdanken. Unvergeßlich bleiben seine Verdienste für die

Errichtung von Gemeinschaftszuchtanlagen, die Erreichung der Gemeinnützigkeit für die Vereine seines Landesverbandes und daß das Land für den Bau von Gemeinschaftszuchtanlagen staatliche Zuschüsse leistete. In der Züchterwelt hat sich Karl Mayer als Ausstellungsleiter von 13 Landesgeflügelschauen, drei Deutschen Zwerghuhnschauen und drei Nationalen Rassegeflügelschauen hohe Verdienste erworben.

Im Jahr 1922 legte Karl Mayer an der Universität Stuttgart-Hohenheim die Prüfung als Diplomlandwirt ab. Sein besonderes Interesse galt der Tierzucht. 1923 wurde er Gutsverwalter in Pommern. 1926 kehrte er nach Stuttgart als Tierzuchtassistent bei der Württembergischen Landwirtschaftskammer zurück. Im Jahr 1927 legte er die Tierzuchtinspektorprüfung ab und wurde für die Kleintierzucht eingesetzt. Von 1926 bis 1939 war er für die Herdbuchzucht tätig als Geschäftsführer des Verbandes der Wirtschaftsgeflügelzüchter.

Im Jahr 1932 trat Karl Mayer dem Verein der Geflügel- und Vogelfreunde Stuttgart bei, wurde 1947 Schriftführer und von 1961 bis 1975 Vorsitzender dieses Vereins. Beim Landesverband der Rassegeflügelzüchter wurde 1951 Karl Mayer zum Schriftführer gewählt. Dieses Amt behielt er bis zu seiner Wahl als Landesvorsitzender im Jahr 1964. Als er 1972 den Landesvorsitz aus gesundheitlichen Gründen abgab, wurde er für seine besonderen Verdienste zum Ehrenvorsitzenden des Landesverbandes ernannt. Im Jahr 1968 wurde er Ehrenmeister des BDRG. Mit Karl Mayer hat der Landesverband und der Verein der Geflügel- und Vogelfreunde eine herausragende Persönlichkeit, besonders auf organisatorischem Gebiet, verloren.

Wenige Tage später, am 5. März 1979, verstarb im gesegneten Alter von 94 Jahren der Ehrenmeister und Senior der württembergischen Rassegeflügelzucht, Gottlieb Scheib, Ludwigsburg-Hoheneck. Er war einer der erfolgreichsten Züchter und ein hervorragender Organisator innerhalb des Kreis- und Landesverbandes.

Auf den Vorstand und Ausschuß des Landesverbandes kamen nunmehr umfangreiche Arbeiten zu aus Anlaß des 100jährigen Jubiläums des Landesverbandes, der Aberkennung der Gemeinnützigkeit und durch den ungewöhnlichen Anstieg der Bauvorhaben für Gemeinschaftszuchtanlagen. Am 11. Februar 1979 traf sich der Vorstand in der Gaststätte „Wilhelmshöhe" in Stuttgart-Degerloch und am 24. März der Landesverbandsausschuß im Vereinsheim in Sindelfingen. Dort wurde auch als neue Ehrung die Vergabe des Titels „Meister der württembergischen Rassegeflügelzucht" beschlossen.

Neue Förderungsrichtlinien

Bisher hatte das Landwirtschaftsministerium über die Vergabe der Zuschüsse für den Bau von Gemeinschaftszuchtanlagen direkt verfügt. Nach einem Erlaß vom 26. März 1979 wurde diese Aufgabe den Regierungspräsidien zugewiesen, und zwar für die Landesverbände Württemberg und Hohenzollern dem Präsidium in Stuttgart und für die Landesverbände Baden in Karlsruhe. In dem Erlaß wurde die Gewährung von Zuschüssen nur auf die in Baden-Württemberg ansässigen Kleintierzuchtvereine beschränkt. Die Höhe der Förderung wurde auf 30 v. H. der zuschußfähigen Ausgaben beschränkt, jedoch nicht mehr als 10 000,- DM und nicht weniger als 3 000,- DM im Einzelfall. Die bisher vorgenommene Kürzung des Zuschußbetrages um 10 % wurde aufgehoben, so daß dem Landesverband nunmehr 27 500 DM zur Verteilung zur Verfügung standen. Dieser Zuschuß wurde 1979 an 5 Vereine mit jeweils 5 500 DM gewährt. Die neuen Vergaberichtlinien wurden vom Landesverband in der Fachpresse in vollem Wortlaut veröffentlicht.

Der Landesvorstand legte am 30. April 1979 in der Wohnung der Familie Gehring die Bedingungen für die neue Ehrung fest. Zum Meister der württembergischen Rassegeflügelzucht kann ernannt werden, wer mindestens 50 Jahre alt ist, 25 Jahre dem BDRG und 20 Jahre dem Landesverband angehört. Auf jeweils 1 000 Mitglieder kann ein Meistertitel vergeben werden. Hierzu wird eine besondere Ehrennadel mit Goldkranz geschaffen.

1879  1979

Landesverband der Rassegeflügelzüchter von Württemberg und Hohenzollern e.V.

Chronikkurzfassung von Pressereferent: Günter Stach.

100 Jahre LV Württemberg-Hohenzollern

Im Jahr 1979 konnte der Landesverband sein 100jähriges Bestehen feiern. Hundert Jahre nach der Gründung tritt der Landesverband mit 29 Kreisverbänden, 531 Ortsvereinen mit 24 554 Mitgliedern, 411 Jugendgruppen in den Ortsvereinen mit 5 663 Jugendlichen, einer Preisrichtervereinigung mit 98 Mitgliedern und 21 Preisrichteranwärtern und 21 Sondervereinen mit 1 394 Mitgliedern in das Jubiläumsjahr ein.

Das Geschehen der vergangenen 100 Jahre schrieb Landesverbandspressewart Günter Stach in einer 25 Seiten umfassenden Festschrift nieder. Auch in der Fachpresse wurde das Jubiläum gebührend gewürdigt. Die Feier des 100jährigen Bestehens wurde mit dem Landeszüchtertag vom 8. bis 10. Juni 1979 in der Sängerhalle in Stuttgart-Untertürkheim verbunden, organisiert und durchgeführt vom Kreisverband Stuttgart.

Am Freitag, 8. Juni, tagte bereits der Landesverbandsausschuß, wobei auch die Jugendordnung des Landesverbandes in eine feste Form gegossen wurde. Am Samstagvormittag begann die vorbereitende Arbeit für die Vertreterversammlung des Landesverbandsausschusses mit den Kreisvorsitzenden und den Vorsitzenden der Sondervereine. Daran schloß sich ein Empfang im Stuttgarter Rathaus an. Der Nachmittag wurde mit einer Stadtrundfahrt und einer Besichtigung des Fernsehturms, alles auf Kosten des Landesverbandes, gestaltet. Um 18 Uhr begann der Züchter- und Jubiläumsabend in der voll besetzten Sängerhalle mit einer kurzen akademischen Feier und einem anschließenden ausgewogenen Unterhaltungsprogramm.

Der überaus erfreulich starke Besuch der Vertreterversammlung am Sonntag in der Sängerhalle steigerte die festliche Stimmung im Saal. Das Präsidium des BDRG war durch den Vizepräsidenten Walter Schlegel, Mühldorf am Inn, vertreten, der Karl Pechtl, Heidenheim-Mergelstetten, die Erkennungsurkunde zum Ehrenmeister des BDRG überreichte. In Vertretung des Landwirtschaftsministers war Dr. Ulrich anwesend und verteilte letztmals die Fördermittel für Gemeinschaftszuchtanlagen.

Die ersten Meister der württembergischen Rassegeflügelzucht

Der vor der Vertreterversammlung erstattete Jahresbericht des Landesvorsitzenden Paul Doll stand ganz im Zeichen des Verbandsjubiläums. In einem Rückblick auf die vergangenen zehn Jahrzehnte ließ der Vorsitzende die Vergangenheit lebendig werden. Dies erfolgte auch in einem Festvortrag von Günter Stach, dem Verfasser der Festschrift, der mit viel Beifall bedacht wurde. Nach Dankesworten an den Vertreter des Ministeriums und den Berichten der Ausschußmitglieder konnte Vorsitzender Paul Doll die ersten Meister der württembergischen Rassegeflügelzüchter ernennen, und zwar:

Walter Gehring, Stuttgart; Josef Roth, Deißlingen; Kurt Fischer, Stuttgart-Zuffenhausen; Walter Schwarz, Reutlingen-Mittelstadt; Kurt Schwörer, Mühlacker;

Kurt Solga, Böblingen; Karl Nowak, Weikersheim; Hans Pflüger, Göppingen; Karl Gölz, Göppingen-Holzheim; Albert Weinmann, Echterdingen; Willi Vogel, Heidenheim; Georg Barth, Steinheim; David Kötzle, Maichingen; Heinrich Messerschmied, Maichingen.

Aus Anlaß des Verbandsjubiläums wurden zu Ehrenmitgliedern des Landesverbandes ernannt:

Karl Krieg, Weilheim; Ignaz Schmid, Saulgau; Wilhelm Stempfle, Ravensburg; Hermann Brück, Kirchentellinsfurt; Eugen Baur, Ulm; Josef Pflaum, Illertissen, und Willi Klagholz, Heilbronn.

Aus Gründen der Sparsamkeit wurde die Schulung der Zuchtwarte nur an einem Tag, dem 8. Juli 1979, im Züchterheim des KlZV Eltingen mit den Referenten Paul Doll, Kurt Fischer und Walter Schwarz durchgeführt. Die Schulung der Preisrichteranwärter erfolgte am 16. Juni, 14. Juli und 15. September in dem Vereinsheim des KlZV Dagersheim. In Erlenbach fand am 14. und 15. Juli das 13. Landesjugendtreffen statt, das vom Landesverband der Kaninchenzüchter ausgerichtet wurde. Es war, wie in den vorausgegangenen Jahren, außergewöhnlich stark besucht.

100 Jahre Verein der Geflügel- und Vogelfreunde Sindelfingen

Am 21. Juli 1979 feierte der Verein der Geflügel- und Vogelfreunde Sindelfingen in der Stadthalle sein 100jähriges Bestehen. Die stolze Vereinsgeschichte wurde in einem schmucken, reich bebilderten Heftchen festgehalten. Darin wurde auch die enge Verbindung mit dem Landesverband, insbesondere durch den Vorsitzenden Wilhelm Dinkelacker in den achtziger und neunziger Jahren des 19. Jahrhunderts, hervorgehoben. Vereinsvorsitzender Artur Hörmann konnte bei dem Festabend neben einer Reihe von Persönlichkeiten aus dem öffentlichen Leben auch den Präsidenten des BDRG, Wilhelm Schönefeld, Hannover, begrüßen. Vorsitzender Hörmann dankte dem Oberbürgermeister a. D., Dr. Arthur Gruber, für dessen weitreichendes Handeln bei der Erstellung der Zuchtanlage im Goldbachtal. Gleichen Dank konnte auch dessen Nachfolger im Amt, Oberbürgermeister Dieter Burger, für das Geburtstagsgeschenk der Stadt entgegennehmen, eine Großvoliere für Ziergeflügel auf dem Freigelände der Zuchtanlage.

Die Jubiläumsschau in Stuttgart 1979

Höhepunkt und zugleich Abschluß der 100-Jahr-Feier bildete die Jubiläumsausstellung des Landesverbandes auf dem Stuttgarter Killesberg. Sie wurde am 15. und 16. Dezember 1979, entsprechend einer früheren Tradition, wieder vom Verein der Geflügel- und Vogelfreunde Stuttgart auf dem Killesberg durchgeführt. Angeschlossen war eine Informations- und Lehrschau über Groß- und Wassergeflügel. Die mustergültige Ausschmückung und Durchführung dieser Jubiläumsschau war dem ausrichtenden Verein eine besondere Herzensangelegenheit. Ausstellungsleiter war Walter Gehring, unterstützt von einem bewährten Mitarbeiterstab und treuen Helfern beim Auf- und Abbau der Schau. Die Ausstellung war dem Gedächtnis des früheren Landesvorsitzenden, Vereinsvorsitzenden und Ehrenmeisters des BDRG, Karl Mayer, gewidmet. Die Schirmherrschaft hatte Ministerpräsident Lothar Späth übernommen.

Die Ausstellung wurde von 1 231 Ausstellern mit 9 670 Ausstellungsnummern beschickt und kam damit bereits an die Größenordnung einer Nationalen Rassegeflügelschau heran. Der Ausstellung hatten sich viele Sondervereine mit einer Sonderschau angeschlossen. Eingesetzt waren 99 Preisrichter und als Obmänner für Groß- und Wassergeflügel Theodor Sperl, für Hühner Fritz Hirn, für Zwerghühner Georg Beck und Bernhard Ruhrig und für Tauben Karl Bohler, Christian Reichenbach und Wilhelm Reichle. Die Preisrichter vergaben 73mal die Höchstnote und 102 Schwabenbänder.

Der Ausstellung war eine Darstellung der Wandlung der Geflügelhaltung zur Rassegeflügelzucht in den vergangenen 100 Jahren angegliedert, und zwar von der landwirtschaftlichen Hühnerhaltung bis zur reinen Rassezucht und Freizeitbeschäftigung.

Jungtierschau beim KTZV Malmsheim.

Prominenz von links nach rechts: LV-Ehrenvorsitzender Gottlieb Keppler, ZDK-Präsident Walter Kölz, BDRG-Präsident Wilhelm Schönefeld und Ministerialdirektor Alois Sabel bei der Eröffnung der Jubiläumsschau 1979 in Stuttgart.

Bei der Eröffnungsfeier konnte Ausstellungsleiter Walter Gehring als Vertreter des Schirmherrn, der zur gleichen Zeit im Verlagshaus Oertel & Spörer in Reutlingen weilte, Ministerialdirektor Sabel in Begleitung von Ministerialdirigent Dr. Ulrich und Regierungsdirektor Dr. Eilfort, den BDRG-Präsidenten Wilhelm Schönefeld, ZDK-Präsident Walter Kölz, den Ehrenvorsitzenden des Landesverbandes, Gottlieb Keppler, Landtagsabgeordneten Mühlbaier, die Witwe des ehemaligen Vorsitzenden Karl Mayer und viele ausländische Gäste begrüßen. Der Landesvorsitzende Paul Doll hatte allen Grund, dem Ausstellungsleiter Walter Gehring und seiner Familie sowie allen Mitarbeitern und Ausstellern für diese schöne Ausstellung zu danken.

Ministerialdirektor Sabel überbrachte die Grüße des Schirmherrn, lobte die Arbeit der Rassegeflügelzüchter und teilte auch ihre Sorgen. Über die Förderungsmaßnahmen der Landesregierung sagte er wörtlich: „Wir tun dies, weil wir der Meinung sind, daß in der Kleintierzucht heute Leistungen erbracht werden, die in ganz erheblichem Maße auch der Allgemeinheit zugute kommen."

Mit dieser bisher größten und schönsten Landesgeflügelschau stellten die Züchter des Landesverbandes und der Sondervereine wieder einmal ihre Leistungsstärke in der Rassegeflügelzucht unter Beweis. Auffallend waren neben der Vielfalt herrlicher Tiere die schönen Chrysanthemengestecke auf den Käfigen, von den

Züchtern und Floristen Frau Vonderdell, Stuttgart, und Fritz Rayer, Esslingen, künstlerisch gestaltet.

Anläßlich der 61. Nationalen Rassegeflügelausstellung vom 30. November bis 2. Dezember 1979 in Nürnberg wurde der Kassierer der Preisrichtervereinigung, Gustav Bäuerle, Esslingen-Sirnau, zum Ehrenmeister des BDRG ernannt.

Im Jahr 1980 feierten die KlZV Hochdorf und Schwäbisch Hall und der GZV Ravensburg ihr 100jähriges Bestehen. Die Jugendleiter der Verbände trafen sich am 23. März 1980 in Winzingen zur Durchführung ihrer Jahreshauptversammlung, wobei Landesjugendobmann Karlheinz Oehler in seinem Amt einmütig bestätigt wurde.

Landeszüchtertag in Sindelfingen

Der Landeszüchtertag am 7. und 8. Juni 1980 in der Stadthalle in Sindelfingen wurde zu einem besonderen Erlebnis für die Teilnehmer. Das Landwirtschaftsministerium hatte den seitherigen Zuschußbetrag für die vier Landesverbände von 50 000,– DM auf 70 000,– DM erhöht. Außerdem muß vermerkt werden, daß die Stadt Sindelfingen und der Verein der Geflügel- und Vogelfreunde Sindelfingen ausgezeichnete Gastgeber waren.

An der sehr gut besuchten Vertreterversammlung am 8. Juni in der Stadthalle nahm auch Oberbürgermeister Burger teil. In seinem Jahresbericht gab Vorsitzender Paul Doll folgenden Mitgliederstand an: Der Landesverband hat 29 Kreisverbände mit 532 Ortsvereinen und 24 800 Mitgliedern, 29 Kreisjugendgruppen mit 5 834 Jungzüchtern, eine Preisrichtervereinigung mit 97 Mitgliedern und 23 Preisrichteranwärtern sowie 21 Sondervereine. Über seltene Hühnerrassen hielt Kurt Fischer einen sehr aufschlußreichen Vortrag. Dem Landeskassierer Werner Krauß bestätigten die Revisoren eine einwandfreie Kassenführung. Der Vorstand und Ausschuß wurden in der seitherigen Zusammensetzung einstimmig wiedergewählt. Kreisvorsitzender Friedrich Bartholme vom Kreisverband Waiblingen wurde zum Ehrenmitglied des Landesverbandes ernannt. Den Ehrentitel „Meister der württembergischen Rassegeflügelzucht" erhielten die Züchter Paul Barth, Calmbach; Georg Dengler, Liebelsberg; August Eberle, Wendlingen; Erwin Grünewald, Göppingen; Erich Kienle, Böblingen; Robert Reyer, Wildbad; Balthasar Schilling, Bisingen/Hohenzollern, und Gustav Zigelin, Heiningen. Aus dem Förderungsbetrag von 70 000,– DM erhielt der Landesverband 38 500,– DM. Damit wurden sieben Bauvorhaben mit jeweils 5 500,– DM bezuschußt.

Gustav Mödinger †

Einer der verdienstvollsten Züchter und Preisrichter des Landesverbandes, Gustav Mödinger, Stuttgart, schloß nach einem erfüllten Leben am 14. Juli 1980 im Alter von 78 Jahren für immer die Augen. Bei der Jahreshauptversammlung des Verbandes Deutscher Rassegeflügelpreisrichter in Hamburg am 21. Juni 1980 war Ehrenmeister Gustav Mödinger in Würdigung seines stetigen Einsatzes für die

29. Deutsche Taubenschau in Stuttgart.

Interessen des Verbandes zum Ehrenmitglied ernannt worden. Mit Gustav Mödinger hat der Landesverband einen treuen Freund, langjährigen Mitstreiter und guten Kameraden verloren. Am 9. Februar 1902 geboren, erwachte bereits bei ihm mit 16 Jahren die große Liebe zur Rassegeflügelzucht. Mit 18 Jahren wurde er Mitglied des KlZV Stuttgart-Prag. Bereits mit 23 Jahren legte er die Prüfung als Preisrichter ab und war bis an sein Lebensende bei Orts-, Kreis-, Landes- und Bundesschauen ein gerngesehener Preisrichter. Es verging auch keine Großschau im Inland oder dem benachbarten Ausland, wo Gustav Mödinger nicht, immer frohgelaunt, anzutreffen war. Er galt als ein Mann der züchterischen Erfahrung und des Vertrauens, der unserer Jugend jederzeit ein gutes Vorbild war. Er überzeugte durch seine Liebe und den Idealismus mit züchterischen Erfolgen bei Hühnern, Zwerghühnern und in der Taubenzucht. Der Landesverband bleibt dem unvergessenen getreuen Ekkehard der Rassegeflügelzucht zu immerwährendem Dank verpflichtet, denn er war es, der ihn nach 1945 wieder zu neuem Leben erweckte. Gemeinsam mit Gottlieb Keppler führte er den Landesverband von 1946 bis 1949. Im verdanken wir auch, daß am 7. Mai 1950 der Zusammenschluß der beiden Landesverbände Nord- und Südwürttemberg ermöglicht wurde. Für seine besonderen Verdienste wurde Gustav Mödinger am 20. Oktober 1967 zum Ehrenmeister des BDRG ernannt.

Wenige Wochen später mußte der Landesverband auch von dem Ehrenmeister Karl Leitz, Mühlacker, für immer Abschied nehmen.

Keine Landesgeflügelschau in Ravensburg

Zu einer Sitzung des Landesvorstandes am 19. Oktober 1980 in Ravensburg im Gasthof „Goldene Uhr" waren auch die Vertreter des Kreisverbandes Oberschwaben und die Vereinsvorstände eingeladen. Die Ausstellungsleitung der Nationalen Rassegeflügelschau 1981 in Köln hatte kurzfristig den Termin vom 4. bis 6. Dezember 1981 auf den 21. und 22. November 1981 vorverlegt. Für diesen Termin war die Landesgeflügelschau 1981 in Ravensburg vorgesehen. Da eine Verlegung der Landesgeflügelschau in Ravensburg nicht mehr möglich war, sahen sich der Landesvorstand und der Kreisverband gezwungen, die Landesverbandsschau ausfallen zu lassen.

VDT-Schau auf dem Killesberg

Vom 15. bis 16. November 1980 wurde auf dem Stuttgarter Killesberg die 29. VDT-Schau vom Rassetaubenzüchterverein Groß-Stuttgart durchgeführt. Ausstellungsleiter war Karl Bohler und die Schirmherrschaft hatte Ministerpräsident Lothar Späth übernommen. Die Deutsche Taubenschau wurde von Ministerialdirektor Alois Sabel im Auftrag des Ministerpräsidenten eröffnet. Bei der Jahreshauptversammlung des Verbandes Deutscher Taubenzüchter in Stuttgart wurde der Vorsitzende Ewald Stratmann durch Erich Müller abgelöst. Zweiter Vorsitzender wurde Karlheinz Sollfrank. Ewald Stratmann wurde Ehrenvorsitzender.

Landesgeflügelschau in Sindelfingen

Am 6. und 7. Dezember 1980 fand in der Messehalle in Sindelfingen mit über 6 800 Tieren wieder einmal eine Landesausstellung außerhalb von Stuttgart statt. Die Schirmherrschaft hatte Landwirtschaftsminister Dr. Gerhard Weiser übernommen. Die Aufgaben des Ausstellungsleiters teilten sich Artur Hörmann und Heinrich Preuß, die eine feine Ausstellung aufbauten und diese zur besten Zufriedenheit der Aussteller und Besucher durchführten. Die 79 eingesetzten Preisrichter vergaben an 23 Tiere die Höchstnote und 82 Schwabenbänder. Als Obmänner waren verantwortlich Georg Beck, Sprendlingen, und vom Landesverband die Preisrichter Karl Bohler, Fritz Hirn, Wilhelm Reichle und Walter Schwarz. Die Jugendgruppe des Landesverbandes war mit 200 Ausstellungsnummern beteiligt.

100 Jahre Bundesorganisation der Rassegeflügelzüchter

Im Jahr 1981 feierte der Bund Deutscher Rassegeflügelzüchter als Nachfolgeorganisation des am 7. März 1881 in Elberfeld gegründeten Deutschen Geflügelzüchter-Klubs sein 100jähriges Bestehen. Hierzu hatte Landesvorsitzender Paul Doll eine umfangreiche Chronik geschrieben, die der BDRG im Selbstverlag herausbrachte und in der Druckerei Oertel & Spörer, Reutlingen, hergestellt wurde. Die Chronik wurde anläßlich der 144. Bundesversammlung in Berlin vom 21. bis 23. Mai 1981 im Internationalen Congreß-Centrum der Öffentlichkeit vorgestellt. Bei der Bundesversammlung wurden der Vorsitzende des Sondervereins der Putenzüchter, Walter Fröhlich, Straubenhardt-Schwann, und Erich Weise, Heidenheim, zu Ehrenmeistern des BDRG ernannt. An der Bundestagung in Berlin nahmen vom Landesverband über 40 Personen teil, die mit einem Sonderbus anreisten.

Landeszüchtertag in Baiersbronn-Mitteltal 1981

Die Durchführung des Landeszüchtertages am 30. und 31. Mai 1981 in der Weisenbachhalle in Baiersbronn-Mitteltal lag in den Händen des KlZV Mitteltal-Obertal und wurde vorzüglich ausgerichtet. Nach der Arbeit am Samstag fand ein großer Schwarzwälder Heimatabend mit der Trachtenkapelle Mitteltal, der Brauchtumsgruppe und einem Alphorn-Duo statt, der viel Beifall fand.

An der Verbandstagung am Sonntag nahmen Ministerialrat Dr. Ulrich vom Landwirtschaftsministerium, Bürgermeister Dr. Köpf und Landrat Maurer, Freudenstadt, teil. Friedrich Mödinger, Stuttgart, hielt einen lehrreichen Vortrag über süddeutsche Farbentauben. Mit dem Ehrentitel des Landesverbandes „Meister der Württembergischen Rassegeflügelzucht" wurden ausgezeichnet Eugen Illy, Bernhausen; Kurt Lindner, Stuttgart; Ernst Roller, Gärtringen, und Johann Schwäble, Königsbronn. Mit Landesmitteln für ihre Bauvorhaben wurden sieben Vereine mit jeweils 5 500,- DM bedacht. In der Karteiführung vollzog sich ein Wechsel. Frau Maile, Ulm-Donaustetten, die bisher eine lobenswerte Arbeit geleistet hatte,

„Selten so geschuftet!" Paul Doll beim Signieren der von ihm verfaßten Chronik der deutschen Rassegeflügelzucht im Berliner ICC.

Drei hochverdiente Preisrichter:
Wilhelm Reichle, Ernst Roller, Walter Fröhlich.

Harmonierende Gefährten über viele Jahre hinweg: Paul Doll, der LV-Vors. für Geflügel und sein Pendant Karlheinz Halter vom LV der Kaninchenzüchter.

mußte aus beruflichen Gründen ihre Mitarbeit im Ausschuß einstellen. Als Nachfolgerin wurde Frau Margarete Gehring, Stuttgart, in diese verantwortungsvolle Aufgabe gewählt und eingewiesen.

Bei der Landesverbandstagung wurde der verstorbenen Ehrenmeister Walter Goedsche, Neu-Ulm, der am 27. Februar 1981 in die Ewigkeit abgerufen wurde, und August Klein, Stuttgart-Feuerbach, verstorben am 29. Mai 1981, ehrend gedacht. Am 10. August 1981 mußte der Landesverband Abschied nehmen von dem Ehrenmeister Christian Barth, Calmbach.

Die Aktivitäten der Landesjugend wurden durch zwei besondere Ereignisse unter Beweis gestellt. Einmal war es das großartige Landesjugendtreffen in Neuler am 27. und 28. Juni 1981 und zum anderen die Landesjugendschau am 24. und 25. Oktober 1981 in Möglingen, Kreisverband Schwäbisch Gmünd. Beide Veranstaltungen, an denen der Landesverbandsausschuß geschlossen teilnahm, waren sehr gut besucht und eine eindrucksvolle Darstellung der Züchterjugend.

Anläßlich der 63. Nationalen Rassegeflügelschau vom 20. bis 22. November 1981 in den Messehallen in Köln-Deutz wurden die Mitglieder des Landesverbandes, Artur Hörmann, Sindelfingen; Albert Jahn, Esslingen, und Karl Gölz, Göppingen-Holzheim, zu Ehrenmeistern des BDRG ernannt.

Der Landeszuschuß wird erhöht

Das Jahr 1982 begann mit einer frohen Botschaft aus dem Ministerium für Ernährung, Landwirtschaft, Umwelt und Forsten. Ab 1. Januar 1982 gab es neue Richtlinien für die Förderung der Gemeinschaftszuchtanlagen. Die Bauvorhaben konnten nunmehr bis zur Höhe von 10 v. H. der förderungsfähigen Aufwendungen unterstützt werden, aber nicht mehr als bis zu 30 000,- DM. Außerdem wurde der gesamte Förderungsbeitrag des Landes für die vier Landesverbände von 70 000,- DM auf 270 000,- DM erhöht. Den beiden Landesverbänden in Württemberg-Hohenzollern wurde ein Betrag von 148 500,- DM zur Vergabe zur Verfügung gestellt. Damit konnten an sieben Vereine Fördermittel zwischen 13 600,- DM und 30 000,- DM zugewiesen werden. Die enorme Steigerung der Fördermittel durch das Land konnten die Landesverbände dem wohlwollenden Einsatz und der Fürsprache des Landwirtschaftsministers Dr. Weiser, der Landesregierung und dem Landtag verdanken. In einem späteren Erlaß des Landwirtschaftsministeriums vom 30. Juni 1982 wurden die Förderrichtlinien dahingehend geändert, daß die Höhe des Zuschusses nicht nur 10 v. H., sondern bis zu 30 v. H. betragen konnten. Der Höchstbetrag von 30 000,- DM für ein Bauvorhaben blieb bestehen.

Bei einer Sitzung des Landesverbandsausschusses in Leonberg am 13. März 1982 konnte der Landesvorsitzende den Landesjugendobmann Karlheinz Oehler zu dessen Wahl zum Bürgermeister der Gemeinde Wiernsheim beglückwünschen.

Züchtertag in Bempflingen

Nach eingehender Vorberatung im Landesverbandsausschuß mit den Kreisvorsitzenden am 5. Juni 1982 wurde beschlossen, daß für die Verleihung der Landesverbands-Ehrennadel in Silber künftig eine züchterische Tätigkeit von 15 Jahren verlangt wird. An dem Mindestalter von 30 Jahren für die Verleihung von Ehrennadeln gab es keine Veränderung. Bei dem Landeszüchtertag am Sonntag, 6. Juni 1982, in dem Dorfgemeinschaftshaus wurde zu Beginn der Versammlung der verstorbenen Mitglieder gedacht, wobei namentlich genannt wurden: August Klein, Ehrenmeister des BDRG, Stuttgart-Feuerbach; Eugen Baur, Ehrenmitglied des Landesverbandes, Ulm; Christian Barth, Ehrenmitglied des BDRG, Calmbach; August Eberle, Wendlingen; Dr. Georg Gewecke, Stuttgart; Georg Dengler, Liebelsberg; Gottlob Hörter, Dennach; Gustav Ziegelein, Heiningen, und der kürzlich verstorbene Vorsitzende des KlZV Bempflingen, Erwin Nething.

Der Vertreter des Landwirtschaftsministeriums, Dr. Eilfort stellte der Versammlung den Sachbearbeiter für Gemeinschaftszuchtanlagen beim Regierungspräsidium Stuttgart, Herrn Lehmann, vor. Unter Bezugnahme auf die Erhöhung der Fördermittel für Gemeinschaftszuchtanlagen teilte er mit, daß diese auch für den Bau von Vereinsheimen gedacht seien.

Einen Fachvortrag über Ziergeflügel hielt Max Holdenried. Nach dem Geschäfts- und Kassenbericht wurden die Züchter Willi Weiß, Reinsbronn, und

Roland Weber, Kemnat, zu Meistern der Württembergischen Rassegeflügelzucht sowie Hans Gutknecht, Zang, und Berthold Neugebauer, Bodelshausen, zu Ehrenmitgliedern des Landesverbandes ernannt. Von dem Vorsitzenden des Sondervereins der Putenzüchter, Walter Fröhlich, Straubenhardt-Schwann, wurde Landesvorsitzender Paul Doll zum Ehrenmitglied des Sondervereins ernannt. Die gleiche Ehrung wurde ihm durch Günter Stach, Schömberg, im Auftrag des Sondervereins der Züchter Altdeutscher Mövchen zuteil. Bei den Wahlen zum Vorstand und Ausschuß des Landesverbandes gab es keine Veränderungen. Zum Vorsitzenden des Landesverbands-Ehrengerichtes wurde auf unbestimmte Zeit Franz Häfner, Stuttgart 50, und zu dessen Stellvertreter Karl Reutlinger, Sindelfingen, gewählt. Beisitzer im Ehrengericht sind Berthold Neugebauer, Bodelshausen; Heinz Schempp, Stuttgart, und Roland Weber, Kemnat.

Am 15. Oktober 1982 wurde bei einer Ausschußsitzung in Sindelfingen Ernst Bauer, Sindelfingen, zum Meister der Württembergischen Rassegeflügelzucht ernannt. Landesjugendobmann Karlheinz Oehler brachte im Jahr 1982 eine Broschüre „Unsere Jugend" heraus, in der auf die erfolgreiche Jugendarbeit im Landesverband hingewiesen wurde. Der BDRG überraschte mit einem Informationsheft, ein Nachschlagewerk mit allen wichtigen Anschriften und Hinweisen. Der Landesverband verteilte dieses Informationsheft, das künftig alljährlich erscheinen soll, an die Kreisverbände und Ortsvereine kostenlos.

Landesverbandsschau in Stuttgart – 110 Jahre Verein der Geflügel- und Vogelfreunde Stuttgart

Der Verein der Geflügel- und Vogelfreunde Stuttgart feierte mit der von ihm durchgeführten Landesgeflügelschau am 27. und 28. November 1982 auf dem Stuttgarter Killesberg sein 110jähriges Bestehen. Die Schirmherrschaft hatte Landwirtschaftsminister Dr. Gerhard Weiser übernommen. Ausstellungsleiter Walter Gehring und seine Mitarbeiter hatten wieder eine ausgezeichnete Arbeit mit dem Aufbau und der Ausschmückung der Hallen 11, 12 und 14 geleistet. Eine Informationsschau der Jugend war ein besonderer Blickpunkt der Ausstellung.

Die Landesschau war mit über 8 000 Tieren beschickt worden. Die Jugendgruppe war mit 632 Tieren an der Schau beteiligt. Die Bewertung der Tiere erfolgte durch 88 Preisrichter. Als Obmänner waren eingesetzt Walter Schwarz für Groß- und Wassergeflügel, Fritz Hirn und Günter Wesch für Hühner, Willi Kumler und Bernhard Ruhrig für Zwerghühner, Karl Bohler, Willi Römpert und Wilhelm Reichle für Tauben. Sie bestätigten bei 72 Tieren die Höchstnote, und zwar viermal beim Groß- und Wassergeflügel, zehnmal bei Hühnern, neunmal bei den Zwerghühnern und 49mal bei den Tauben.

Am letzten Tag des Jahres 1982 starb das Ehrenmitglied des Landesverbandes, Gottlob Groß, Freiberg-Geislingen. Ihm folgte auf dem Weg zur Ewigkeit der Ehrenmeister Victor Müller, Esslingen-Rüdern, am 17. Januar 1983 im gesegneten Alter von 91 Jahren.

Die Züchterelite Bernhausens stellt sich 1982 anläßlich des 75. Vereinsjubiläums dem Fotografen (von links): Walter Straub, Karl Daumüller, Friedrich Lutz, Karl Schlecht, Wilhelm Reichle, Friedrich Schlecht, Fritz Daumüller (Archiv: H. Schattschneider, Bernhausen).

Bei den Wahlen zum Präsidium des BDRG anläßlich der Bundesvorstandssitzung am 27. Mai 1983 in Schmallenberg wurde der Vorsitzende des Landesverbandes, Paul Doll, zum Beisitzer gewählt.

Landeszüchtertag in Renningen

Der Landeszüchtertag am 4. und 5. Juni 1983 fand in der Rankbachhalle in Renningen eine besonders freundliche Aufnahme. Ausrichter war der Kreisverband Leonberg unter der Verantwortung des Kreisvorsitzenden Jörg Else. Der Kreisverband Leonberg feierte mit diesem Landeszüchtertag sein 75jähriges Bestehen. Bei der Vertreterversammlung teilte der Landesvorsitzende mit, daß dem Landesverband in den 29 Kreisverbänden 540 Ortsvereine mit 26 603 Mitgliedern zusammengeschlossen sind. Der Preisrichtervereinigung gehören 100 Mitglieder an. Außerdem sind 20 Preisrichteranwärter in Ausbildung. Im Jahr 1983 wurden die Bauvorhaben von 10 Vereinen mit Förderungsbeträgen des Landes in Höhe von 7 000,- DM bis 24 000,- DM unterstützt. Bei der Vertreterversammlung wurden Landesvorsitzender Paul Doll und Verbandskassierer Werner Krauß zu Ehrenmitgliedern des Landesverbandes ernannt.

Das Landesjugendtreffen beider Landesverbände am 18. und 19. Juni 1983 in Waldstetten wurde vom Landesverband der Rassekaninchenzüchter ausgerichtet und war überaus stark besucht.

Der Landesverband beteiligte sich wieder am Landwirtschaftlichen Hauptfest in Stuttgart vom 24. September bis 2. Oktober 1983 mit 27 Stämmen und vier Volieren. Ausrichter war der Kreisverband Stuttgart, verantwortlicher Leiter der Ausstellung Walter Gehring, unterstützt von einigen treuen Helfern. Die Ausstellung war wieder einmal eine sehr gute Werbung für die Rassegeflügelzucht in unserem Land.

Landesschau in der Sindelfinger Messehalle

Die Landesgeflügelschau für 1983 war wieder dem Verein der Geflügel- und Vogelfreunde Sindelfingen übertragen worden. Sie wurde am 22. und 23. Oktober 1983 in den Sindelfinger Messehallen zur größten Zufriedenheit durchgeführt. Die Schirmherrschaft hatte wieder Landwirtschaftsminister Dr. Gerhard Weiser übernommen. In die Ausstellungsleitung teilten sich wieder in vorbildlicher Gemeinschaft Artur Hörmann und Heinrich Preuß, tatkräftig in jeder Hinsicht unterstützt durch die Stadt Sindelfingen.

Die nahezu 6 400 Tiere wurden von 78 Preisrichtern bewertet, die wiederum 35mal die Note „vorzüglich" und 88 Schwabenbänder vergaben. Als Obmänner waren eingesetzt Kurt Beuttler, Karl Bohler, Willi Mergenthaler, Wilhelm Reichle, Karl Ritzmann und Walter Schwarz. Nach der Ausstellung erkrankte der Ausstellungsleiter Heinrich Preuß sehr schwer und mußte längere Zeit im Krankenhaus behandelt werden.

In den Sitzungen des Vorstandes, Ausschusses und der Vertreterversammlungen der letzten Jahre stand die Frage der Wiedererlangung der Gemeinnützigkeit immer wieder im Mittelpunkt heftiger Diskussionen. Man richtete in dieser Angelegenheit Schreiben an alle Fraktionen des Landtages und bat um Unterstützung des für den Landesverband und die Ortsvereine so wichtigen Anliegens. Der Landtag hat sich gegen Ende des Jahres 1983 mit Anträgen der CDU-, SPD- und FDP-Fraktionen, die sich für die Wiedererlangung der Gemeinnützigkeit für die Kleintierzuchtvereine einsetzten, befaßt und die Anträge auch angenommen. Der Ministerpräsident des Landes Baden-Württemberg hat dem Präsidenten des Bundesrates am 27. Dezember 1983 einen Antrag unterbreitet mit einem Entwurf eines Gesetzes zur Verbesserung des Gemeinnützigkeitsrechts. Danach soll die Förderung der Pflanzen- und Kleintierzucht durch Vereinigung nichtberufsmäßiger Züchter in den Katalog des § 52 Abs. 2 der Abgabenordnung als weiteres Beispiel einer Förderung der Allgemeinheit aufgenommen werden.

Drei neue Ehrenmeister

Bei der feierlichen Eröffnung der 65. Nationalen Rassegeflügelschau in Frankfurt am Main am 2. Dezember 1983 wurden die Mitglieder des Landesverbandes, Walter Gehring, Stuttgart; Kurt Fischer, Stuttgart-Zuffenhausen, und Josef Roth, Deißlingen, zu Ehrenmeistern des BDRG ernannt. Zum Abschluß der Feierstunde hielt Paul Doll als Mitglied des Frankfurter Geflügelzüchtervereins einen umfassenden Vortrag über die Bedeutung der Stadt Frankfurt am Main für die deutsche Rassegeflügelzucht.

Im Jahr 1983 feierte der KlZV Schorndorf sein 100jähriges Bestehen. Im Jahr 1984 konnten auf ein gleiches Vereinsalter zurückblicken der Verein der Vogel- und Geflügelfreunde Aalen und der GZV Laupheim.

Zur Vorbereitung des Landeszüchtertages 1984 in Weilheim/Teck und der Bundesversammlung des BDRG 1985 in Biberach/Riß fand im Züchterheim des KlZV Weilheim am 17. März 1984 eine Landesverbandsausschußsitzung statt. Dabei wurde der Preisrichtervereinigung ein einmaliger Zuschuß für die Ausbildung von Preisrichteranwärtern bewilligt. Für die Durchführung des Rahmenprogrammes bei der Bundestagung in Biberach wurden 1 000,- DM zur Verfügung gestellt. Sehr eingehend wurde der vorgelegte Satzungsentwurf des BDRG beraten, wonach die Sondervereine nicht mehr Mitglied des Landesverbandes sein können. Die Zuchtwarteschulungen wurden festgelegt für den 6. Mai 1984 im Vereinsheim in Mittelstadt, 20. Mai 1984 im Vereinsheim in Niedernhall und am 24. Juni 1984 in Ravensburg.

Bei einer Sitzung des Vorstandes am 19. Mai 1984 in Heidenheim-Mergelstetten wurde der Beschluß gefaßt, daß die Landesverbands-Ehrennadel in Silber erst bei einem Alter von 30 Jahren vergeben werden kann, auch wenn der oder die Betreffende schon früher die Mitgliederjahre erfüllt hat.

Keine Mitgliedschaft der Sondervereine beim Landesverband

Die Hauptversammlung des BDRG beschloß am 26. Mai 1984 in Veitshöchheim eine neue Bundessatzung, Allgemeine Ausstellungs-Bestimmungen und Ehrengerichtsordnung. Gemäß der neuen Satzung, die gegen 28 Stimmen angenommen wurde, können die Sondervereine nicht mehr Mitglied in einem Landesverband sein. Dieser Beschluß traf den Landesverband Württemberg-Hohenzollern sehr hart, denn ihm hatten sich bisher 21 Sondervereine angeschlossen, die für ihre züchterische Arbeit finanziell unterstützt wurden.

Der Landeszüchtertag in Weilheim

Ausgezeichnet waren die Vorarbeiten des Ortsvereinsvorsitzenden Spieth für den Landeszüchtertag in Weilheim, der am 2. und 3. Juni 1984 in der Limburghalle durchgeführt wurde. Bereits am Freitag, 1. Juni, tagte in den Abendstunden der Landesverbandsausschuß, wobei als Starthilfe für den Verband der Ziergeflügelzüchter ein Betrag von 250,– DM bewilligt wurde. Am Samstag wurde die Sitzung mit den Kreisvorsitzenden in der Lindberghalle durchgeführt. Die vom Landesverband erworbenen Taubenstandards wurden an die Kreisverbände kostenlos verteilt, und zwar jeweils ein Standard für den Zuchtwart und einer für den Kreisjugendobmann. Die Standards bleiben Eigentum der Kreisverbände.

Die Vertreterversammlung am Sonntag war überaus gut besucht. Bei der Totenehrung wurde der verstorbenen Mitglieder gedacht und namentlich Ehrenmeister Alfred Kreß und der Vorsitzende des Sondervereins der Deutschen Reichshühner, Fritz Hirn, Kirchentellinsfurt, genannt. Das Landwirtschaftsministerium Stuttgart war durch Ministerialrat Dr. Ulrich vertreten. In seinem Jahresbericht bedankte sich der Landesvorsitzende beim Landtag und der Landesregierung, insbesondere aber bei Landwirtschaftsminister Gerhard Weiser, für die tatkräftige Unterstützung der Belange der Rassegeflügelzüchter. Erfreulich war die Zunahme der Jungzüchter auf über 6 000 Mitglieder und die erfolgreiche Werbung der Preisrichtervereinigung für den Nachwuchs. Nach den Worten des Vorsitzenden der Preisrichtervereinigung standen nunmehr 25 Anwärter in der Ausbildung.

Mit Bedauern mußten die 21 Sondervereine, die seit vielen Jahren dem Landesverband angehörten, verabschiedet werden, da die Mitgliedschaft der Sondervereine im Landesverband nicht mehr gestattet war. Bei den anstehenden Wahlen gab es keine personellen Veränderungen. Die beiden langjährigen Kassenprüfer Jakob Jung, Heilbronn, und Karl Reutlinger, Sindelfingen, wurden zu Ehrenmitgliedern des Landesverbandes und der langjährige Kreisvorsitzende Karl Krieg, Weilheim, zum Meister der Württembergischen Rassegeflügelzucht ernannt.

Im Jahr 1984 wurden 20 Vereine mit Fördermitteln des Landes für den Bau von Gemeinschaftszuchtanlagen, Vereinsheimen und Ausstellungshallen bedacht.

Landesgeflügelschau auf dem Killesberg

Die Landesgeflügelschau auf dem Stuttgarter Killesberg wurde von dem Verein der Geflügel- und Vogelfreunde Stuttgart am 8. und 9. Dezember 1984 durchgeführt. Was wieder erfreute, war der übersichtliche Aufbau und die reizvolle Ausschmückung der Hallen. Die Schirmherrschaft hatte Landwirtschaftsminister Gerhard Weiser übernommen. Ausstellungsleiter war wieder Walter Gehring, unterstützt von seiner Familie und seinem bewährten Ausstellungsstab. Nahezu 7 000 Tiere standen in den Hallen 7 und 8, die von 77 Preisrichtern bewertet wurden. Als Obmänner waren Erwin Beck, Dreieich; Karl Bohler, Asperg; Wilhelm Reichle, Bernhausen; Bernhard Ruhrig, Friedberg/Hessen, und Walter Schwarz, Reutlingen-Mittelstadt, eingesetzt. Sie bestätigten 52mal die Höchstnote. An 82 Züchter konnte das Schwabenband vergeben werden.

Auch in Stuttgart hatte man es erfahren müssen, daß die Vorbereitungen für Ausstellungen nicht immer sorglos über die Bühne gehen. Die Landesgeflügelschau 1984 war gespickt mit höherer Gewalt in Form von neuen Brandschutzforderungen und der Hiobsbotschaft für die Taubenzüchter, kurz vor dem Einliefern der Tiere noch einen tierärztlichen Nachweis einer wirksamen Behandlung der

148. Bundestagung in Biberach – Blick auf die Ehrengäste und das Präsidium.

Landwirtschaftsminister Gerhard Weiser, Ministerialrat Dr. Artur Ulrich, LV-Vorsitzender Paul Doll und DKZ-Verleger Valdo Lehari (von links) beim Rundgang durch die Landesgeflügelschau 1984 in Stuttgart.

Paramyxovirus-Infektion zu erbringen. Alle Schwierigkeiten wurden jedoch überwunden, teilweise mit einem hohen finanziellen Aufwand, und die Landesschau konnte ohne behördliche Beanstandungen durchgeführt werden.

Bei der feierlichen Eröffnung konnten Ausstellungsleiter Walter Gehring und Landesvorsitzender Paul Doll eine stattliche Zahl von Ehrengästen und Züchtern begrüßen. Da waren der Landwirtschaftsminister und Schirmherr Gerhard Weiser und Mitarbeiter aus seinem Ministerium erschienen, der Vizepräsident des BDRG, Hermann Rösch, der Vorsitzende des Landesverbandes der Kaninchenzüchter, Karl-Heinz Halter, und DKZ-Verleger Valdo Lehari, um nur einige zu nennen.

BDRG-Tagung in Biberach/Riß 1985

Die 148. Bundesversammlung des BDRG vom 8. bis 11. Mai 1985 wurde vom Landesvorstand in Gemeinsamkeit mit dem „Mann vor Ort", Manfred Herrnkind, bis in alle Einzelheiten vorbereitet. Diese Tagung wurde auch zu einer großartigen Veranstaltung, die sich in jeder Hinsicht in die lange Reihe ihrer Vorgängerinnen einordnete und mindestens den gleichen Eindruck hinterließ wie die Bundestagung in Freudenstadt. Alle Veranstaltungen wurden reibungslos in der modernen Stadthalle durchgeführt. Hier hatte der frühere Leiter der Stadthalle, Manfred Herrnkind, der seit einigen Monaten in den Ruhestand getreten war, einen wesentlichen Beitrag geleistet. Auch das Ehepaar Dieter und Inge Maile aus Ulm-Donaustetten, für das Rahmenprogramm verantwortlich, erhielt viel Lob für seine Arbeit.

An der Bundesversammlung am Samstag nahmen als Ehrengäste Staatssekretär Georg Gallus vom Bundeslandwirtschaftsministerium in Bonn, Staatssekretär Ventur Schöttle und Ministerialrat Dr. Artur Ulrich vom Stuttgarter Landwirtschaftsministerium, Oberbürgermeister Claus Hoffmann und Landrat Dr. Wilfried Steuer teil. Bei dieser Bundesversammlung wurde eine neue Bundesjugendordnung beschlossen.

Im Jahr 1985 feierten die Kleintierzuchtvereine Metzingen, Nagold und Vaihingen/Enz ihr 100jähriges Bestehen.

Ein weiterer Höhepunkt in der Verbandsarbeit war der Landeszüchtertag am 1. und 2. Juni 1985 in Freudenstadt-Wittlensweiler. Die Ausrichtung hatte der KlVZ Freudenstadt übernommen. Alle Veranstaltungen fanden in der Erwin-Hils-Halle eine vorzügliche Unterkunft. Bei der Vertreterversammlung am Sonntag wurden verdiente Züchter des Vereins geehrt, darunter auch Kreisvorsitzender Paul Klumpp und Ortsvereinsvorsitzender Otto Haas. Zu Meistern der Württembergischen Rassegeflügelzucht wurden ernannt: Johann Kanz, Gauselfingen; Friedrich Mödinger, Stuttgart; Heinz Schempp, Stuttgart; Hermann Klotz, Markgröningen, und Walter Stradinger, Stuttgart.

Gut gelaunt beim Landeszüchtertag in FDS-Wittlensweiler (von links): Frieder Mödinger, Heinz Schempp, Johann Kranz, Otto Haas

Im Jahr 1985 wurden 20 Vereine mit Fördermitteln des Landes beim Bau ihrer Zuchtanlagen finanziell unterstützt.

Wie eng die Verbundenheit der Ministerialbeamten aus Stuttgart mit den Rassegeflügelzüchtern im Laufe der Jahre geworden ist, zeigte die Einweihungsfeier der neuen Zuchtanlage des Vereins Stuttgart-Botnang am 28. Juni 1985. Hierzu waren auch Ministerialdirektor Sabel und Regierungsdirektor Dr. Eilfort vom Landwirtschaftsministerium sowie der Sachbearbeiter beim Regierungspräsidium, Herr Lehmann, und die beiden Vorsitzenden der Landesverbände und viele weitere Ehrengäste erschienen. Die Anwesenheit von Ministerialdirektor Sabel war besonders hoch einzuschätzen, da er an diesem Tag seinen 58. Geburtstag feierte.

Am gleichen Wochenende fand in Gruol das Landesjugendtreffen statt. Es war wieder ein großartiges Fest der Jugend, das für den Gedanken der Rassegeflügelzucht eine schöne Werbung darstellte. Auch die Schulungen der Zuchtwarte am 19. Mai 1985 in Metzingen, 16. Juni in Lauffen am Neckar und am 30. Juni in Ravensburg waren wichtige Veranstaltungen zur weiteren Verbesserung der Zuchtarbeit im Landesverband.

Schlüsselübergabe in Stuttgart-Botnang durch Ministerialdirigent Sabel, neben ihm der Initiator und Vereinsvorsitzender Werner Krauß.

Am 12. September 1985 schloß nach einem erfüllten, arbeits- und erfolgreichen Leben das Ehrenmitglied des BDRG, DKZ-Verleger Eugen Lachenmann, Reutlingen, wenige Wochen vor seinem 93. Geburtstag für immer die Augen. Für die Förderung der deutschen Rassegeflügelzucht und die pressemäßige Interessenvertretung hatte Lachenmann, insbesondere nach 1945, sehr viel getan.

Der Kreisverband Schwarzwald konnte im Jahr 1985 auf sein 75jähriges Bestehen zurückblicken. Er feierte sein Jubiläum mit der Kreisausstellung, der auch die 3. Landesjugendschau vom 18. bis 21. Oktober 1985 in der Stadionhalle zu Rottweil angeschlossen war.

Chinesischer Ministerbesuch bei einer Lokalschau

Eine besondere Überraschung erlebte der KlZV Weilheim/Teck bei seiner Lokalschau am 17. November 1985 in der Limburghalle. Es stand ein hochkarätiger Staatsbesuch aus China ins Haus. Staatssekretär Georg Gallus vom Bonner Landwirtschaftsministerium kam mit einer chinesischen Delegation, angeführt von Vizeminister Xiang Chong Yang, um eine vorbildlich ausgerichtete Kleintierausstellung zu besuchen. Die hohen Gäste wurden von Bürgermeister Bauer, Weilheim, und dem Landesvorsitzenden Paul Doll herzlich begrüßt und durch die Ausstellung geführt, die mit einer Ziergeflügelschau verbunden war. Der Vizeminister und seine Begleitung waren tief beeindruckt von der Ausstellung, denn so etwas hatten sie noch nie gesehen.

Landesschau in der Oberschwabenhalle

Am 23. und 24. November 1985 wurde die Landesgeflügelschau in der Oberschwabenhalle in Ravensburg von dem Kreisverband Oberschwaben mit bestem Erfolg durchgeführt. Die Schirmherrschaft hatte Oberbürgermeister Karl Wäschle übernommen, der die Rassegeflügelzucht in Ravensburg in den zurückliegenden Jahren entscheidend gefördert hatte. Ausstellungsleiter waren Kreisvorsitzender Ignaz Schmid, Saulgau, und Wilhelm Stempfle, Ravensburg. Die Oberschwabenhalle faßte etwas über 5 100 Tiere, die von 64 Preisrichtern bewertet wurden. Als Obmänner standen Kurt Beuttler, Karl Bohler, Ernst Roller und Walter Schwarz zur Verfügung. Es wurde an 26 Tiere die Höchstnote vergeben. Landesvorsitzender Paul Doll überreichte bei der Eröffnung dem Vertreter des Ministers, Ministerialrat Dr. Ulrich, den Ehrenteller des Landesverbandes.

Die Preisrichtervereinigung des Landesverbandes hielt am 26. April 1986 im Züchterheim des KlZV Donzdorf ihre Jahreshauptversammlung ab. Personelle Veränderungen ergaben sich nicht. Die Vereinigung wurde auch weiterhin tatkräftig von Walter Schwarz geführt. Die Zuchtwartschulungen unter der Leitung von Landeszuchtwart Josef Roth fanden am 4. Mai 1986 in Wiernsheim, am 15. Juni in Mössingen-Talheim und am 22. Juni in Massenbach statt.

Führungswechsel im Landesverband 1986

Bei der Vertreterversammlung des Landesverbandes am 1. Juni 1986 in der Stadtkelter in Metzingen legte Vorsitzender Paul Doll den Vorsitz nieder. Er führte den Landesverband 12 Jahre. In seinem letzten Jahresbericht zog er eine Bilanz der vergangenen Jahre. Der Landesverband ist in seiner Amtszeit von 522 Ortsvereinen auf 540 angestiegen und die Mitgliederzahl von 21 000 auf 28 198. Die Jugendgruppen sind von 337 auf 449 und von 3 744 auf 5 429 Jungzüchter angewachsen. Einen besonderen Dank sprach Paul Doll den anwesenden Vertretern des Landwirtschaftsministeriums und des Regierungspräsidiums für die immerwährende Unterstützung des Landesverbandes aus. Auch den Vereinen, die eine Landesverbandsschau übernommen hatten, galt der Dank und Anerkennung für besondere Leistungen in der Förderung der Rassegeflügelzucht im Landesverband. Den Kreisverbänden und Ortsvereinen, dem Landesvorstand und dem Landesverbandsausschuß war der scheidende Landesvorsitzende für die stete Mitarbeit besonderen Dank für ihre Unterstützung schuldig. Besonders verbunden war er dem Landwirtschaftsminister Gerhard Weiser, der die Arbeit der Züchter und der Vereine so großzügig gefördert hat. Seinen Jahresbericht schloß

Einen Führungswechsel im LV-Vorstand gab es bei der Vertreterversammlung 1986 in Metzingen: Nachfolger des zurückgetretenen Paul Doll wurde der bisherige 2. Vorsitzende Walter Gehring (am Mikrofon). Pau Doll wurde zum Ehrenvorsitzenden ernannt.

Spannend: Die Wahl des 2. Landesverbandsvorsitzenden
KV-Vorsitzender Walter Staub und Ehrenmeister Wilhelm Reichle; im Hintergrund der KV-Vorsitzende Hermann Brück.

Der neue 1. Vorsitzende Walter Gehring, neben ihm die 3 Stellvertreterkandidaten: Walter Schwarz, Karlheinz Oehler und Paul Klumpp.

Preisrichter Ernst Kratt (stehend) vertreibt sich währenddessen die Zeit mit Unterhaltungen; zu seinem 94. Geburtstag ernennt ihn der LV-Vorsitzende Paul Klumpp 2004 aufgrund seiner 80-jährigen Mitgliedschaft zum Ehrenmitglied des Landesverbandes.

Die Stimmenzähler: Vorne links Karl Reutlinger, gegenüber Gottlob Wolfer und dahinter Kurt Härle.

Freute sich über die Blumen (und über den Rücktritt ihres Mannes): Frau Lucie Doll.

Paul Doll mit den Worten: „Es hat sich gelohnt, Schweres auf sich zu nehmen, weil man es anderen Freunden damit leichter gemacht hat."

Die nachfolgenden Wahlen zum Vorstand und Ausschuß brachten folgende Ergebnisse:

1. Landesvorsitzender: Walter Gehring, Stuttgart; 2. Landesvorsitzender: Paul Klumpp, Freudenstadt; 3. Landesvorsitzender und Schriftführer: Karl Pechtl, Heidenheim-Mergelstetten; 4. Landesvorsitzender und Kassierer: Werner Krauß, Stuttgart-Botnang; Zuchtwart: Josef Roth, Deißlingen; Pressewart: Günter Stach, Schömberg; Karteiführerin: Margarete Gehring, Stuttgart; Obmann für das Ausstellungswesen: Paul Klumpp, Freudenstadt; Gerätewart: Kurt Fischer, Stuttgart-Zuffenhausen; Vorsitzender der Preisrichtervereinigung: Walter Schwarz, Reutlingen-Mittelstadt; Jugendobmann: Karlheinz Oehler, Wiernsheim; Ringverteiler: Willi Kurz, Beutelsbach.

Der seitherige Landesvorsitzende Paul Doll wurde zum Ehrenvorsitzenden mit Sitz und Stimme im Landesvorstand gewählt. Zum Ehrenmitglied des Landesverbandes wurde Kreisvorsitzender Hermann Vetter, Esslingen, und zum Meister der Württembergischen Rassegeflügelzucht Werner Krauß, Stuttgart-Botnang; Gottlob Wolfer, Filderstadt; Heinz Weinmann, Sielmingen, und Kurt Härle, Geisingen, ernannt.

Die Landesgeflügelschau in Ulm 1986

Die Landesgeflügelschau fand erstmals nach 1945 am 6. und 7. Dezember 1986 in den Donauhallen in Ulm statt. Ausrichter war der Kreisverband Ulm, Ausstellungsleiter Kreisvorsitzender Dieter Maile. Die Schirmherrschaft hatte Landwirtschaftsminister Gerhard Weiser übernommen. In den drei zur Verfügung stehenden Hallen konnten 6 830 Tiere, davon waren 490 Tiere von Jungzüchtern, untergebracht werden. Es waren 84 Preisrichter eingesetzt und als Obmänner Karl Bohler, Helmut Göbel, Christian Reichenbach, Walter Schwarz und Willi Wilbs tätig. Die Herstellung des Ausstellungskatalogs erfolgte erstmals durch Computer, was als gelungener Versuch hingenommen wurde. Die Ausstellung war sehr gut besucht, jedoch gab es beim Einlaß in das Ausstellungsgelände großes Gedränge, da nur eine Kasse besetzt war.

Am Samstagnachmittag fand im Hotel „Sonnenhof" eine Sitzung des Landesverbandsausschusses statt, wobei der Beschluß gefaßt wurde, daß der Landesverband einen Werbefilm fertigen lassen soll, der für etwa 5 000,- DM von dem Amateurfilmclub Ludwigsburg-Freiberg hergestellt wird.

Zum Jahresbeginn hatte das Ministerium für Ernährung, Landwirtschaft, Umwelt und Forsten in Stuttgart neue Richtlinien für den Bau von Gemeinschaftszuchtanlagen herausgegeben. Die Zuschußmittel wurden jedoch nicht erhöht.

Am 2. April 1987 wurde der Ehrenmeister und Preisrichter Wilhelm Reichle, Bernhausen, 80 Jahre alt. Der langjährige Landesjugendobmann Franz Butz, Göppingen-Jebenhausen, konnte am 3. April 1987 seinen 70. Geburtstag feiern.

Landeszüchtertag in Ehingen

Der Geflügelzuchtverein Ehingen konnte im Jahr 1987 auf ein 100jähriges Bestehen zurückblicken. Diesem Verein trat am 8. Mai 1904 Major Hoffmann als Mitglied bei, der am 26. Februar 1910 als Oberstleutnant Vorsitzender des Landesverbandes wurde und diesen bis zum 1. Februar 1913 führte. Der Verein Ehingen hatte im Jahr 1980 mit dem Bau einer Gemeinschaftszuchtanlage begonnen, der auch mit Landesmitteln gefördert wurde.

In der neuerbauten Lindenhalle in Ehingen wurde am 29. und 30. Mai 1987 der Landeszüchtertag durchgeführt, verbunden mit der Jubiläumsfeier des GZV Ehingen. Bei der Sitzung des Landesverbandsausschusses mit den Kreisvorsitzenden gab der Sachbearbeiter für Gemeinschaftszuchtanlagen beim Regierungspräsidium Stuttgart, Peter Lehmann, Erläuterungen zu den neuen Richtlinien des Ministeriums.

Landesvorsitzender Walter Gehring konnte zu Beginn der Tagung einige Ehrengäste begrüßen, darunter Oberbürgermeister Krieger als Hausherr der Lindenhalle, Ministerialrat Dr. Ulrich und Herrn Lehmann, Karlheinz Sollfrank, Nürnberg, vom Präsidium des BDRG und viele andere Gäste. Nach den Grußworten übergab der Landesvorsitzende dem Ministerialrat Dr. Ulrich die neugeschaffene Verdienstmedaille des Landesverbandes mit der Bitte, diese dem Minister Dr. h. c. Gerhard Weiser zu übergeben.

In seinem ersten Jahresbericht konnte Landesvorsitzender Gehring weitere Zugänge in den Kreisverbänden und Vereinen feststellen, wobei die Zahl der Jungzüchter leicht zurückgegangen ist. Zur Auflockerung der Tagung hielt Klaus Speicher, Neunkirchen, einen sehr beachtlichen Diavortrag über alte Rassen und die Schönheit des Ziergeflügels aus der Sicht eines großen Tier- und Naturfreundes.

Bei der Vertreterversammlung wurden fünf Züchter zu Meistern der Württembergischen Rassegeflügelzucht ernannt: Hugo Hopfhauer, Bad Friedrichshall; Berthold Philippin, Rutesheim; Konrad Schifferer und Richard Haas vom Kreisverband Ostalb Aalen/Heidenheim und Heinz Thumm, Reutlingen-Betzingen. Zu vermerken ist noch, daß im Jahr 1987 die Bauvorhaben von 23 Vereinen finanziell mit Landesmitteln unterstützt wurden.

Am 14. September feierte Ehrenmeister Theodor Sperl, Pfalzgrafenweiler, seinen 75. Geburtstag. Der Landesverband und die Preisrichtervereinigung dankten dem erfahrenen Ausbilder der Preisrichteranwärter, Referenten bei den meisten Zuchtwarteschulungen und Fachschriftsteller für seine wertvolle Mitarbeit.

Landesgeflügelschau in Ravensburg

Nach der Landesjugendschau am 24. und 25. Oktober 1987 in Wißgoldingen fand am 14. und 15. November 1987 in der Oberschwabenhalle in Ravensburg die Landesgeflügelschau statt. Gegenüber den vorausgegangenen Schauen war die Zahl der gemeldeten Tiere sehr stark zurückgegangen. In Ravensburg standen nur 3 359 Tiere, die von 43 Preisrichtern bewertet wurden. Als Obmänner waren Karl Bohler und Walter Schwarz tätig, die bei 21 Tieren die Höchstnote bestätigten. Die Schirmherrschaft hatte Minister Weiser übernommen. Ausstellungsleiter war Ignaz Schmid, tatkräftig unterstützt von Wilhelm Stempfle.

Bei einer Sitzung des Landesverbandsausschusses am Samstag, 14. November 1987, im Gasthof „Goldene Uhr" gab Ausstellungsleiter Ignaz Schmid die Schuld an dem schlechten Meldeergebnis der großen Zahl von Ausnahmegenehmigungen, die vom Landesverband erteilt wurden. Außerdem sei zum Termin der Landesausstellung auch eine große Zahl von offenen Schauen durchgeführt worden. Der Landesverband will künftig darauf achten, daß die Landesschauen durch Ausnahmegenehmigungen nicht mehr geschädigt werden.

Am 13. November 1987 richtete Landesverbandskassierer Werner Krauß ein Schreiben an den Ministerpräsidenten Lothar Späth, worin er bat, daß sich das Land Baden-Württemberg im Interesse seiner Kleintierzuchtvereine weiterhin im Bundesrat für die Anerkennung der Gemeinnützigkeit einsetzen möge.

Der GZV Pfullingen, Heimatverein des Landesehrenvorsitzenden Gottlieb Keppler, feierte im Jahr 1988 sein 100jähriges Bestehen. Der Verein wurde am 8. Januar 1888 gegründet und war immer eine starke Stütze des Landesverbandes. An der Jubiläumsfeier nahm auch der hochbetagte Gottlieb Keppler teil.

75 Jahre KV Schwarzwald, bildmittig unter dem G sein Vorsitzender, der LV-Zuchtwart Josef Roth.

Ministergespräch in der Martin-Schleyer-Halle

Am 27. Februar 1988 fand in einem Nebenraum der Martin-Schleyer-Halle in Stuttgart eine Besprechung der Landesvorsitzenden mit Landwirtschaftsminister Dr. h.c. Weiser statt. An der Besprechung nahmen auch Ministerialdirektor Sabel und Ministerialrat Dr. Eilfort, der Ehrenvorsitzende des Landesverbandes Württemberg-Hohenzollern, Paul Doll, und vom Landesverband der Kaninchenzüchter Horst Carle teil. Dabei ging es um den Verteilerschlüssel, der im Jahr 1974 vom Ministerium mit 56,7 % für die Landesverbände Württemberg und Hohenzollern und mit 43,3 % für die Landesverbände Baden festgesetzt wurde. Dieser Schlüssel sollte zum Nachteil der Verbände in Württemberg und Hohenzollern geändert werden, was jedoch keine Zustimmung fand. Grundlage für die Berechnung blieb die Zahl der Ortsvereine. Als besonderes Wohlwollen gegenüber den vier Kleintierzuchtverbänden erklärte Minister Weiser, daß diese für das Jahr 1988 30 000,– DM zusätzlich erhielten, die aber brüderlich geteilt würden.

Der Vorsitzende der Preisrichtervereinigung, DKZ-Redakteur Walter Schwarz, feierte am 15. März 1988 sein 25jähriges Arbeitsjubiläum. In einer Sitzung des Landesverbandsausschusses am 19. März 1988 in Leonberg wurde die Jahresplanung besprochen und der Landeszüchtertag vorbereitet.

Die Kreisjugendobmänner wählten in ihrer Sitzung am 26. März 1988 in Wiernsheim als Nachfolger für den zurückgetretenen Karlheinz Oehler Ewald Dietz, Altdorf.

Da die Schulung der Zuchtwarte einen immer stärkeren Besuch zu verzeichnen hatte, entschloß sich Landeszuchtwart Josef Roth, eine vierte Schulung einzufügen. 1988 wurden folgende Schulungen durchgeführt: Am 15. Mai in Straubenhardt-Schwann, 29. Mai in Aidlingen, 12. Juni in Schwäbisch Hall-Steinbach und am 26. Juni in Ravensburg.

Anläßlich der BDRG-Hauptversammlung am 28. Mai 1988 in Esens wurde Preisrichter Erich Kienle, Dagersheim, zum Ehrenmeister des BDRG ernannt.

Landeszüchtertag in Donzdorf

An der Sitzung des Landesverbandsausschusses und der mit den Kreisvorsitzenden in Donzdorf am 4. Juni 1988 nahm auch der neue Landesjugendobmann teil. Die Vertreterversammlung am Sonntag in der Stadthalle war sehr gut besucht. Landesvorsitzender Walter Gehring konnte als Ehrengäste neben Bürgermeister Iffländer und Ministerialrat Dr. Ulrich auch den Filmhersteller, Herrn Ziwey, begrüßen. Nach den Grußworten der Ehrengäste wurde der Film des Landesverbandes uraufgeführt, der mit großem Beifall aufgenommen wurde. Der Filmhersteller erhielt vom Landesverband als dankbare Anerkennung das Schwabenband.

In seinem Jahresbericht konnte Vorsitzender Walter Gehring eine weitere Zunahme der Mitgliederzahlen feststellen. Der Landesverband zählte nunmehr 29 262 Mitglieder. Mit einem besonderen Dank verabschiedete er den seitherigen Landesjugendobmann, Bürgermeister Karlheinz Oehler. Für die ausgezeichnete Arbeit auf dem Gebiet der Fortbildung der Züchter und Preisrichter erfuhren Lan-

Hohe Auszeichnung für den langjährigen KV-Vorsitzenden Kurt Schwörer.

deszuchtwart Josef Roth und der Vorsitzende der Preisrichtervereinigung Lob und Anerkennung. Mit den um 15 000,- DM aufgestockten Landesmitteln wurden 25 Bauvorhaben der Vereine gefördert.

Nach dem Jahresbericht stellte der Landesvorsitzende den neuen Landesjugendobmann Ewald Dietz vor. Dieser entwickelte bereits einen Arbeitsplan, der allerdings mit erheblichen Mehrausgaben verbunden war.

Bei den Wahlen zum Landesverbandsausschuß gab es keine Veränderungen. Bestätigt wurden der Vorsitzende der Preisrichtervereinigung, Walter Schwarz, und als Jugendobmann Ewald Dietz. Die vom Landesvorstand vorgeschlagenen Änderungen der Satzungen wurden einstimmig angenommen. Vier verdiente Züchter wurden in der Vertreterversammlung zu Meistern der Württembergischen Rassegeflügelzucht ernannt, und zwar Max Holdenried, Malmsheim; Josef Kurz, Fachsenfeld; Franz Hoffmeister, Rottenburg, und als erste Frau im Landesverband Margarete Gehring, Stuttgart.

Am 9. Oktober 1988 wurde bei einer Sitzung des Landesverbandsausschusses die Landesgeflügelschau in Stuttgart besprochen. Landeszuchtwart Josef Roth berichtete von den durchaus sehr gut besuchten Zuchtwarteschulungen. Eine längere Aussprache gab es über die geplanten Aktivitäten des Landesjugendobmannes Ewald Dietz. Hier ging es insbesondere um das kostenaufwendige Jugendleiter-Wochenendseminar vom 14. bis 16. April 1989 in Weil der Stadt. Hierzu wurde beschlossen, daß für 15 Kreisjugendleiter vom Landesverband zwei Tagegelder und die Fahrtkosten übernommen werden. Der Zuschuß des Landesverbandes galt jedoch nur für jeweils einen Vertreter eines Kreisverbandes. Eine weitere Aussprache erfolgte über eine Jugendbroschüre, die vom Jugendobmann vorgesehen ist. Diese sollte zeitlos sein und als praktische Hilfe und Leitfaden für die Jugendarbeit bis in die Ortsvereine verteilt werden. Die Höhe der Auflage wurde bis zu 1 000 Stück festgelegt. Sie ist aus der Jugendkasse zu finanzieren. Um Porto zu sparen, sollte die Jugendbroschüre beim Landesjugendtreffen 1988 verteilt werden.

Am 8. November 1988 feierte Ehrenmeister und Preisrichter Karl Bohler, Asperg, seinen 80. Geburtstag bei bester Gesundheit. Sein Züchterleben war immer mit süddeutschen Farbentauben und mit den Soultzer Hauben eng verbunden. Er war viele Jahre Vorsitzender des Taubenzüchtervereins Groß-Stuttgart und Umgebung und auch zweiter Vorsitzender des Verbandes Deutscher Taubenzüchter. In der Preisrichtervereinigung von Württemberg leistete er als Mitglied der Prüfungskommission und als Leiter der Terminzentrale, seit der Gründung dieser Einrichtung, sehr gute Dienste.

Im Element: Ehrenmeister Karl Bohler, Asperg, bekannter und beliebter Taubenpreisrichter, feierte am 8. 11. 1988 seinen 80. Geburtstag.

Die Landesschau 1988 auf dem Killesberg

Nach einer kurzen Pause fand in den Hallen 11, 12 und 14 am 17. und 18. Dezember 1988 auf dem Stuttgarter Killesberg wieder eine Landesgeflügelschau, verbunden mit einer Informationsschau über Ziergeflügel, statt. Zu dieser Großschau zeigten 898 Aussteller 7 200 Tiere. Ausrichter war der Verein der Geflügel- und Vogelfreunde Stuttgart, die Ausstellungsleitung lag in den bewährten Händen von Walter Gehring. Dieser wurde, wie in all den früheren Jahren, tatkräftig unterstützt von seiner Familie, Robert Bock als stellvertretendem Ausstellungsleiter und Werner Krauß als Ausstellungskassierer. Die Schirmherrschaft hatten Ministerpräsident Lothar Späth und Landwirtschaftsminister Dr. h.c. Gerhard Weiser übernommen. In seinem Grußwort schrieb der Ministerpräsident u. a.: „Seit über einhundert Jahren schon hat die Kleintierzucht in unserem Lande Tradition, und die Landesregierung unterstützt die Kleintierzüchter nicht nur mit Förderbeiträgen, sondern auch mit fachlichen Ratschlägen aller Art, die von den Landes- und Kreisverbänden über die zahlreichen Vereine an ihre Mitglieder weitergegeben werden." An anderer Stelle: „Seit Jahren schon war es der baden-württembergischen Landesregierung ein Dorn im Auge, daß die ehrenamtlich aktiven Vereine besteuert werden. Doch nach langem Bemühen gelang – gegen viele Widerstände –

Ehrengäste bei der Eröffnung der Landesgeflügelschau 1988 auf dem Stuttgarter Killesberg.

schließlich der Durchbruch: Ab 1990 ist im Sinne der Landesregierung von Baden-Württemberg das Vereinsrecht so gestaltet, daß 95 Prozent aller Vereine nichts mehr mit dem Finanzamt zu tun haben werden."

Bevor die Ausstellung eröffnet wurde, waren 87 Preisrichter um die Bewertung der ausgestellten Tiere bemüht. Als Obmänner waren tätig Hermann Rösch, Präsident des BDRG, Walter Schwarz, Vorsitzender der Preisrichtervereinigung Württemberg, Erwin Beck, Vorsitzender des Verbandes Deutscher Rassegeflügelpreisrichter, sowie Karl Bohler und Berthold Philippin. Die Preisrichter vergaben 61mal die Note „vorzüglich" und 92 Schwabenbänder. In einer besonderen Klasse zeigten die Preisrichter mit über 700 Tieren ihr züchterisches Können. Die Informationsschau über Ziergeflügel war von dem Vorstandsmitglied Paul Klumpp wieder mit Illustrationen versehen worden, eine lobenswerte Arbeit, die viel Anklang fand. Auch in der Jugendabteilung standen 487 Tiere, ein Zeichen der aktiven Zuchtarbeit unserer Jugend.

Zur feierlichen Eröffnung der Ausstellung konnte Landesvorsitzender Walter Gehring als Vertreter des Ministers Ministerialdirektor Sabel und Ministerialrat Dr. Eilfort, Bürgermeister Lehmann, Präsidiumsmitglied Edwin Vef, Landesehrenvorsitzenden Paul Doll und Ermo Lehari von der Geschäftsleitung des Verlages Oertel & Spörer in Reutlingen sowie den Landesvorsitzenden der Rassekaninchenzüchter, Karl-Heinz Halter, begrüßen.

110 Jahre Landesverband

Im Jahr 1989 konnte der Landesverband der Rassegeflügelzüchter Württemberg und Hohenzollern auf ein erfolgreiches 110jähriges Bestehen zurückblicken. Der KlZV Münsingen und der GZV Nürtingen feierten in diesem Jahr ihr 100jähriges Bestehen. Seinen 70. Geburtstag feierte am 16. Februar 1989 der Landesverbandsschriftführer, Vorsitzender des mitgliederstärksten Kreisverbandes und Ortsvereins, Ehrenmeister Karl Pechtl, Heidenheim-Mergelstetten. Einige Monate später, am 20. Juli 1989, wurde ihm im Sitzungssaal des Heidenheimer Rathauses von Oberbürgermeister Hornung die von dem Bundespräsidenten verliehene Verdienstmedaille des Verdienstordens der Bundesrepublik Deutschland überreicht.

Für die Zuchtwarteschulungen hatte Landeszuchtwart Josef Roth wieder vier Termine im Jahr 1989 festgelegt, und zwar am 30. April in Donzdorf, 11. Juni in Aidlingen, 25. Juni in Ravensburg und am 9. Juli in Ludwigsburg-Ossweil. Die Preisrichtervereinigung hielt am 8. April 1989 in Freiberg-Geisingen ihre Jahreshauptversammlung ab, wobei Vorsitzender Walter Schwarz für das nächste Jahr seinen Rücktritt ankündigte.

Anläßlich der 152. Bundesversammlung am 20. Mai 1989 wurde das von Paul Doll verfaßte Buch „Die Geschichte der deutschen Zwerghuhnzucht" aus dem Verlagshaus Oertel + Spörer, Reutlingen, von dem Vorsitzenden des Verbandes der Zwerghuhnzüchtervereine, Bernhard Ruhrig, vorgestellt.

Landeszüchtertag in Schramberg

Der Landeszüchtertag im Jahr des 110jährigen Bestehens des Landesverbandes wurde am 3. und 4. Juni 1989 in Schramberg-Sulgen vom GZV Schramberg mit Unterstützung des Kreisverbandes Schwarzwald in einer geradezu familiären Art durchgeführt. Nach einer Sitzung des Landesverbandsausschusses am Freitagabend im Hotel „Drei Könige" zeigten die Freunde aus Schramberg-Sulgen einen Lichtbildervortrag, der weit über die mitternächtliche Stunde hinausging. Am Samstag hatte Oberbürgermeister Dr. Reichert die Mitglieder des Ausschusses, des Kreisverbands- und Ortsvereinsvorstandes zu einem Empfang in das Schloß Schramberg-Talstadt eingeladen, wobei die Anwesenden auch mit der Stadtgeschichte vertraut gemacht wurden.

An der Vertreterversammlung am Sonntag nahmen der Präsident des BDRG, Hermann Rösch, Graben-Neudorf, Präsidiumsmitglied Karlheinz Sollfrank, Nürnberg, Bundestagsabgeordneter Sauter und weitere Ehrengäste teil. Nach den Grußworten erinnerte Landesvorsitzender Walter Gehring daran, daß der Landesverband in diesem Jahr sein 110jähriges Bestehen feiert. In den 29 Kreisverbänden sind in 544 Ortsvereinen nahezu 34 000 Mitglieder vereint, davon sind 4 630 Jungzüchter. Mit viel Lob, Anerkennung und Dank bedacht wurde der Kassierer des Landesverbandes, Werner Krauß, der seit 20 Jahren die Kassengeschäfte des Landesverbandes in vorbildlicher Weise führt. Zum Meister der Württembergischen Rassegeflügelzucht wurden Ludwig Müller vom Kreisverband Heilbronn und Paul Wenzel, Aalen, ernannt. Die Verdienstmedaille des Landesverbandes konnte Vorsitzender Walter Gehring dem Ehrenvorsitzenden des Landesverbandes, Paul Doll, überreichen.

Gottlieb Keppler †

Nach einem langen, arbeitsreichen und erfüllten Leben verstarb am 24. Juni 1989 im Alter von 92 Jahren der Ehrenvorsitzende des Landesverbandes, Ehrenmeister Gottlieb Keppler, Pfullingen. Bereits mit 16 Jahren wurde er Mitglied in seinem heimatlichen GZV Pfullingen. Seine besondere Liebe galt einigen Hühnerrassen, bis er 1925 mit der Zucht der Rhodeländer begann, denen er sein Herz und die stete Zuneigung bis an sein Lebensende schenkte. Auch die süddeutschen Farbentauben fanden bei ihm eine bleibende Heimstätte.

Im Berufsleben war der Verstorbene vom Banklehrling bis zum Bankdirektor emporgestiegen. Trotz der großen beruflichen Verantwortung ließ er sich auch gerne von seinen Züchterfreunden in die Pflicht nehmen. Im Jahr 1926 wurde er Vorsitzender des Kreisverbandes Reutlingen und 1935 übernahm er den Vorsitz im Landesverband bis zum Jahr 1964. Bei der Gründungsversammlung des BDRG am 16. März 1949 in Frankfurt am Main wurde Gottlieb Keppler in das Präsidium des Bundes berufen, dem er bis zum Jahr 1972 angehörte. Für seine vielseitige und unermüdliche Tätigkeit für die deutsche Rassegeflügelzucht konnte Gottlieb Keppler zu Lebzeiten viele Ehrungen und höchste Auszeichnungen in Empfang nehmen. So gehört er zu den ersten Trägern der goldenen Ehrennadel des BDRG seit 1949. Ehrenmeister des BDRG wurde er 1961 und am 4. Dezember 1964 wurde er mit dem Goldenen Ehrenring des BDRG ausgezeichnet. Ehrenvorsitzender des Landesverbandes wurde er 1972 und war Ehrenmitglied in vielen Vereinen und Verbänden.

Der Bund Deutscher Rassegeflügelzücher, der Landesverband Württemberg und Hohenzollern und seine Preisrichtervereinigung und viele Organisationen und Vereine haben dem Verstorbenen viel zu verdanken. So konnte auch in voller Überzeugung der Präsident des BDRG, Hermann Rösch, bei der Grabrede sagen: „Gottlieb Keppler hat sich um die deutsche Rassegeflügelzucht verdient gemacht. Wir werden sein Andenken hoch in Ehren halten."

An dem 18. Landesjugendtreffen am 1. und 2. Juli 1989 in Mössingen-Talheim haben etwa 1 800 Jugendliche teilgenommen. In Talheim fand auch eine Sitzung des Landesverbandsausschusses statt.

Eine der letzten Aufnahmen Gottlieb Kepplers, hier mit Walter Gehring und Paul Doll beim 92. Geburtstag des Verstorbenen.

Minister Weiser in Neckargartach

Am Mittwoch, 5. Juli 1989, hatte sich Minister Weiser den Vorsitzenden der Landesverbände der Rassegeflügel- und Kaninchenzüchter um 8 Uhr im Züchterheim in Heilbronn-Neckargartach zur Verfügung gestellt. Dem Minister ging es um Informationen, wo und wie er den Landesverbänden helfen könne. Die Vorsitzenden schütteten ihr Herz aus und sprachen eine Reihe von Punkten an, wo Ministerhilfe erforderlich sei. Die Aufstockung der Mittel für den Bau von Gemeinschaftszuchtanlagen sei ein dringendes Problem. Auch die hohen Hallenmieten auf dem Stuttgarter Killesberg seien kaum mehr aufzubringen und schließlich wurde auch um eine Erhöhung der Mittel für die Geschäftsführung der Landesverbände gebeten.

Der Minister erklärte, daß er schlecht eingreifen könne in die Finanzpolitik der Messe-GmbH, aber er wolle dort einmal vorsprechen. Konkreter wurde der Minister bei den Fördermitteln des Landes für den Bau von Zuchtanlagen, Ausstellungshallen und Vereinsheimen. Hier stellt das Land bisher 320 000,- DM jährlich zur Verfügung. Der Minister beabsichtigt, im Doppelhaushalt 1991/1992 einen Betrag von 500 000,- DM durchzusetzen. Die Mittel für die Geschäftsführung für die vier Landesverbände möchte er dann ab 1991 von derzeit 22 000,- DM auf 40 000,- DM erhöhen. Um den dringenden Bedarf an Ausstellungskäfigen decken zu können, erklärte der Minister, daß er versuchen werde, im Haushaltsplan 1991 einen Betrag von insgesamt 100 000,- DM einzusetzen, so daß jeder Landesverband mit 25 000,- DM für den Kauf von Käfigmaterial rechnen könne. Es gab noch weitere Zusagen für die Landesverbände. Sie erhalten ab 1989 zusätzlich jeweils 5 Zinnteller als Minister-Ehrenpreise und 10 Staatsehrenpreise in Höhe von 40,- DM zur Vergabe bei den Landesschauen oder nach dem Ermessen der Landesvorstände.

Am 12. Februar 1989 verstarb das ehemalige Mitglied des Landesverbandsausschusses und früherer Kreisvorsitzender, Ehrenmeister Adolf Ruoff, Metzingen-Neuhausen, im Alter von 85 Jahren. Er war ein sehr erfolgreicher Rhodeländerzüchter, treuer und zuverlässiger Kamerad, der vieles für die Rassegeflügelzucht im Landesverband getan hat. Am Grabe würdigte Ehrenvorsitzender Paul Doll die großen Verdienste des Verstorbenen für den BDRG, den Landesverband und alle Organisationen.

Prachtvolle Demonstration des Rassegeflügels beim Landwirtschaftlichen Hauptfest 1989

Am 91. Landwirtschaftlichen Hauptfest, das mit dem Cannstatter Volksfest vom 23. September bis 1. Oktober 1989 verbunden war, beteiligte sich der Landesverband der Rassegeflügelzüchter mit einer wohl einmaligen Informations- und Tierschau. In 21 Volieren waren alle Arten des Rassegeflügels zu bewundern. Sie waren um eine Großvoliere mit einem Teich für das Wassergeflügel angeordnet, mit bunten Rassetafeln versehen, eine echte Augenweide für die über 100 000 Besucher. Für die Gesamtplanung und Durchführung war Landesvorsitzender

Walter Gehring verantwortlich. Den Aufbau leitete Heinz Weinmann, Sielmingen, und um die Ausschmückung waren der 2. Landesvorsitzende Paul Klumpp, Freudenstadt, und Fritz Rayer, Esslingen, besorgt. Züchter des Kreisverbandes Stuttgart und des Vereins der Geflügel- und Vogelfreunde Stuttgart übernahmen den Auf- und Abbau der Volieren und betreuten auch die Tiere während der Ausstellungstage.

Das Ministerium für ländlichen Raum, Ernährung, Landwirtschaft und Forsten Baden-Württemberg zeichnete die Darstellung der Rassegeflügelzüchter mit einem I. Preis aus. Bei der Großveranstaltung im Stuttgarter Schloß anläßlich des Landwirtschaftlichen Hauptfestes am 26. September 1989 wurde Frau Margarete Gehring, Stuttgart, Mitglied des Landesverbandsausschusses, von Minister Weiser für ihre jahrzehntelange aktive Mitarbeit im Landesverband und ihre besonderen Verdienste und Leistungen um die Rassegeflügelzucht mit der Staatsmedaille in Silber ausgezeichnet.

Im Jahr 1989 wurden 17 Bauvorhaben der Vereine in Württemberg-Hohenzollern mit 173 500,- DM aus Landesmitteln gefördert.

*Karl Pechtl,
der Vorsitzende des
mitgliederstärksten
Kreisverbandes im
Landesverband.*

Landesjugendschau in Jettingen

Die Landesverbands-Jugendschau der Rassegeflügelzüchter am 21. und 22. Oktober 1989 in der Ausstellungshalle des KlZV Jettingen war mit nahezu 900 Tieren beschickt worden. Sie wurden von 10 Preisrichtern bewertet, die an 9 Tiere die Höchstnote vergaben. Damit stellten die Jungzüchter erneut unter Beweis, daß sie züchterisch auf der Höhe sind.

Die Preisrichtervereinigung des Landesverbandes Württemberg-Hohenzollern hatte sich in den letzten Jahren mit Erfolg um den Preisrichternachwuchs bemüht. Bis zu 25 Anwärter wurden für einen künftigen Einsatz als Preisrichter ausgebildet. Der Vorsitzende der Preisrichter-Vereinigung, Walter Schwarz, konnte bei der Jahreshauptversammlung am 7. April 1990 im Züchterheim des Kleintierzuchtvereins Lauffen am Neckar feststellen, daß die Zahl der Preisrichter im Landesverband auf 114 angestiegen sei, daß aber trotz der wachsenden Zahl die Lokalschauen innerhalb des Landesverbandes noch nicht flächendeckend versorgt werden können. Die erfreuliche Zahl der in Ausbildung befindlichen Anwärter ließ hoffen, daß das Tief in einigen Jahren überwunden sei. Bei der 71. Nationalen in Nürnberg war die Preisrichter-Vereinigung mit 71 Preisrichtern vertreten. Wenn es zu keinerlei Beanstandungen kam, so spreche dies für den guten Ausbildungsstand der Vereinigung.

Nach 15jähriger Tätigkeit legte Walter Schwarz den Vorsitz nieder, in der Hoffnung, daß sein Nachfolger die gleiche Unterstützung durch den Vorstand des Landesverbandes findet, die er für die Vereinigung immer erhalten hat. Dem anwesenden Ehrenvorsitzenden des Landesverbandes, Paul Doll, und dem Vorsitzenden Walter Gehring, dankte Schwarz für die gute Zusammenarbeit und Unterstützung. Die Neuwahlen brachten folgendes Ergebnis:

1. Vorsitzender: Reinhold Fischer, Süssen; 2. Vorsitzender: Willi Wilbs, Bad Friedrichshall; 1. Schriftführer: Wilfried Stegmüller, Gäufelden; 2. Schriftführer: Siegfried Basmer, Bretzfeld-Adolsfurt; 1. Kassierer: Siegfried Mäckle, Esslingen-Zell; 2. Kassierer: Uwe Heim, Walddorfhäslach; Schulungsleiter: Hans Bröckel, Gomaringen-Stockach; Schulungsleiter: Max Holdenried, Renningen 2; Schulungsleiter: Karl Seibert, Sindelfingen; Schulungsleiter: Karl Nonner, Weikersheim.

Landeszüchtertag in Heidenheim-Mergelstetten

Der Landeszüchtertag vom 22. bis 24. Juni 1990 in Heidenheim-Mergelstetten wurde vom KlZV Mergelstetten sehr gut vorbereitet. Der Landesverbandsausschuß begann mit den Vorberatungen am Freitag, 22. Juni 1990. Dabei konnte Vorsitzender Walter Gehring mitteilen, daß die Mitgliederzahl auf 30 046 angestiegen sei. Der Ausschuß beschäftigte sich mit der Landesgeflügelausstellung, der Erteilung von Ausnahmegenehmigungen, der Umstellung der Mitgliedermeldungen auf EDV, einer notwendigen Beitragserhöhung und der Jugendarbeit. Die Sitzung wurde am Samstag fortgesetzt. Um 11 Uhr hatte die Stadt Heidenheim im Sitzungssaal des Rathauses zu einem Empfang eingeladen. Dabei lobte Bürgermeister Riegger die Arbeit und das emsige Wirken des Mergelstettener Kleintierzuchtvereins.

Die Vertreterversammlung am Sonntag war sehr gut besucht. Landesvorsitzender Walter Gehring konnte eine Reihe von Ehrengästen in der Zoeppritzhalle begrüßen, darunter Ministerialrat Dr. Ulrich vom Ministerium für ländlichen Raum, Ernährung, Landwirtschaft und Forsten, Staatssekretär Werner Baumhauer, MdL Peter Hund, Bürgermeister Riegger, den Vorsitzenden des Landesverbandes der Kaninchenzüchter, Karl-Heinz Halter, den Kreisvorstand und den gastgebenden Verein.

Im Jahresbericht Walter Gehrings wurde die Vielfalt der Arbeiten des Vorsitzenden und Vorstandes deutlich. Der Landesverband zählt 29 Kreisverbände und 545 Ortsvereine mit 30 040 Mitgliedern. Dazu kommen noch die Preisrichter-Vereinigungen mit 114 Mitgliedern und einer wechselnden Zahl von auszubildenden Preisrichter-Anwärtern, die Landesjugendgruppe und das Zuchtbuch. Der Landesverband hat 19 Ehrenmitglieder, 22 Ehrenmeister des BDRG und 40 Meister der Württembergischen Rassegeflügelzucht. Die Zuchtwarteschulung und die Jugendarbeit nehmen einen sehr breiten Raum ein.

Besuch beim Autor: BDRG-Präsident Hermann Rösch und die Mitglieder des LV-Ausschusses mit Paul Doll (vorn, zweiter von links).

Bei den anstehenden Wahlen stand der seitherige LV-Pressewart Günter Stach nicht mehr zur Verfügung. An seine Stelle trat Hans Vöhringer, Plochingen. Für den zurückgetretenen Vorsitzenden der Preisrichter-Vereinigung, Walter Schwarz, gehört künftig der neue Vorsitzende Reinhold Fischer, Süssen, dem LV-Ausschuß an. Alle weiteren Vorstands- und Ausschußmitglieder wurden einstimmig wiedergewählt.

Bei der Bundesversammlung in Rosenheim konnte Kreisvorsitzender Kurt Schwörer, Mühlacker, nicht anwesend sein. Die Ernennung zum Ehrenmeister des BDRG wurde in der Delegiertenversammlung vorgenommen. Eine besondere Ehrung erfuhren Kreisvorsitzender Karl Pechtl und Preisrichter Erich Weise, beide aus Heidenheim, durch Überreichung der LV-Medaille in Gold. Zu Meistern der Württembergischen Rassegeflügelzucht wurden ernannt Paul Bieber, Aalen; Max Kozurek, Heidenheim-Schnaitheim, und Otto Weidmann, Künzelsau.

Minister Weiser wird Ehrenmitglied

Auf Vorschlag des Vorstandes wurden in der Vertreterversammlung in Heidenheim-Mergelstetten für ihre besonderen Verdienste um die Förderung der Rassegeflügelzucht Landwirtschaftsminister Dr. h.c. Gerhard Weiser, Ministerialdirektor Alois Sabel und Ministerialrat Dr. Artur Ulrich vom Ministerium für ländlichen Raum, Ernährung, Landwirtschaft und Forsten Baden-Württemberg zu Ehrenmitgliedern des Landesverbandes ernannt. In einem Schreiben an den LV-Vorsitzenden bedankte sich der Minister für die ehrenvolle Auszeichnung, die er gerne annahm. Die Förderung der Kleintierzucht sei der Landesregierung und insbesondere ihm selbst ein großes Anliegen. Mit Nachdruck habe die Landesregierung die Zuerkennung der Gemeinnützigkeit für die Mitgliedsvereine verfolgt und mit Genugtuung könnten wir gemeinsam die Erfolge feststellen. Auch die für die Kleintierzucht eingestellten Haushaltsmittel seien gut angelegt, denn sie förderten nicht nur die Erhaltung der Kleintierrassen, sondern kämen gleichzeitig einer wichtigen gesellschaftlichen Funktion der Kleintierzuchtvereine zugute. Vor allem sei die in den Vereinen geleistete Jugendarbeit vorbildlich. Deshalb sei es ihm immer eine Freude, bei Veranstaltungen von Kleintierzuchtvereinen Gast zu sein. Die dort herrschende familiäre Atmosphäre und die spürbare Harmonie bei den Hobbyzüchtern seien wohltuend.

Mustergültige Landesgeflügelschau auf dem Stuttgarter Killesberg 1990

Es war schon ein besonderes Erlebnis, die 73. Landesgeflügelschau auf dem Stuttgarter Killesberg am 8. und 9. Dezember 1990 zu besuchen. Was hier von der Ausstellungsleitung geboten wurde, war wohl einmalig und erfüllte alle Erwartungen. Ausrichter war der Verein der Geflügel- und Vogelfreunde Stuttgart mit dem Vorsitzenden Walter Gehring als Ausstellungsleiter. Er zauberte mit seinen treuen

Zum LV-Ehrenmitglied ernannt: Dr. Artur Ulrich vom Landwirtschaftsministerium.

120 Mitarbeitern und Helfern eine Ausstellung in die drei lichtdurchfluteten Hallen, wie sie schöner und eindrucksvoller nicht sein konnte. Der übersichtliche Aufbau, die prachtvollen und gesunden Tiere und die großartige, liebevolle Ausschmückung stellten ein Bild der Harmonie und Liebe zur Kreatur und Naturverbundenheit dar. Erstmalig war diese Ausstellung mit einer Informationsschau eines Ortsvereins verbunden, als Beispiel für die Ausschmückung einer Lokalschau. Der KlZV Dornstetten im Kreisverband Freudenstadt brachte aus dem Schwarzwald ein Gehege mit einem Teich zur Schau, das mit Ziergeflügel besetzt war. Die Preisrichter-Vereinigung des Landesverbandes war mit einer Sonderschau mit über 640 Tieren vertreten und nutzte die günstige Gelegenheit, mit einem Informationsstand für den Preisrichternachwuchs zu werben. Auch die Jugend des Landesverbandes war stark vertreten und präsentierte einem breiten Publikum ihr züchterisches Können und die Bastelarbeiten einzelner Jugendgruppen. Das Park- und Ziergeflügel, teils in artgerechten Volieren untergebracht, rundete das farbenfrohe Bild der nahezu 8 000 Ausstellungsnummern ab.

Der hohe Zuchtstand innerhalb des Landesverbandes wurde daran deutlich sichtbar, daß an 93 Tiere die Höchstnote vergeben wurde. Weiter konnten 98 Züchter das Schwabenband erringen, die höchste Auszeichnung bei der Landesschau. Insgesamt wurden 4 164 Preise vergeben, so daß jedes zweite Tier einen Preis mit nach Hause nehmen konnte. Die 73. Landesgeflügelausstellung war ins-

Paul Doll wurde von Präsident Hermann Rösch mit dem Goldenen Ehrenring des BDRG ausgezeichnet. Die Überreichung erfolgte anlässlich einer Zusammenkunft zur Goldenen Hochzeit des Ehepaares Doll in ihrem Feriendomizil.

gesamt eine Werbeschau, wie man sie nur selten zu sehen bekommt. Diese Meinung vertraten auch die vielen Besucher, die von der Schönheit der Tiere und der liebevollen Ausschmückung der drei Hallen begeistert waren. Auch die Eingangshalle wurde in die Werbung für die Rassegeflügelzucht einbezogen. Hier zeigte der stellvertretende Landesvorsitzende Paul Klumpp, Freudenstadt, mit herrlichen Tierbildern in natürlicher Umgebung sein großes künstlerisches Können. Der Landesverband hatte Informationstafeln aufgestellt mit wertvollen Informationen über die Rassegeflügelzucht und ihre Organisation.

Die Ausstellung war dem Gedenken des am 24. Juni 1989 verstorbenen langjährigen Landesverbandsvorsitzenden und Ehrenvorsitzenden Gottlieb Keppler, Träger des goldenen Ehrenringes des Bundes Deutscher Rassegeflügelzüchter, gewidmet. Eindrucksvoller konnte man dieses verdienstvollen Züchterfreundes nicht ehrend gedenken.

Bei der feierlichen Eröffnung der Ausstellung dankte Ausstellungsleiter Walter Gehring der Landesregierung, insbesondere Landwirtschaftsminister Dr. h.c. Gerhard Weiser, für die großzügige Unterstützung, den Mitarbeitern, Ausstellern und Besuchern für die Mithilfe, Unterstützung, das Vertrauen zum durchführenden Verein der Geflügel- und Vogelfreunde Stuttgart und die erwiesene Treue gegenüber dem Landesverband.

Mit dieser glanzvollen Landesgeflügelausstellung, der noch viele in dieser Pracht und Schönheit folgen mögen, findet die Chronik des Landesverbandes über die vergangenen 111 Jahre einen würdigen Abschluß. Möge auch in den künftigen Jahren der Landesverband, gemeinsam mit den Kreisverbänden und den Ortsvereinen, unter einem günstigen Stern seine wertvolle Arbeit für die deutsche Rassegeflügelzucht ruhmreich fortsetzen.

Anhang

Die Vorsitzenden des Landesverbandes

Von der Gründung des Landesverbandes an lag die Führung bei jeweils einem gewählten Vorort. Der Vereinsvorstand des Vorortes war zugleich geschäftsführender Vorstand des Landesverbandes. Die Tätigkeit der Vororte dauerte ein Jahr oder zwei Jahre. Durch die Generalversammlung am 19. Mai 1895 wurde die Vorortverwaltung abgeschafft und ein Landesverbandsausschuß gewählt, der wiederum den Verbandsvorsitzenden aus seiner Mitte wählte.

19. Mai 1895 – 2. Februar 1901	Professor H. Schönleber, Ravensburg, Reallehrer
3. Februar 1901 – 26. Februar 1910	Eugen Stellrecht, Ditzingen, Bezirksnotar
26. Februar 1910 – 1. Februar 1913	Hoffmann, Ehingen a. d. D., Oberstleutnant z. D.
2. Februar 1913 – Januar 1923	M. Kaiser, Feuerbach, Ortssteuerbeamter
22. April 1923 – 27. November 1927	Felix Beßler, Feuerbach, Direktor
27. November 1927 – 17. Januar 1931	Georg Roller, Balingen, Krankenhausverwalter
17. Januar 1931 – 20. Februar 1935	Karl Kail, Stuttgart, Malermeister
20. Februar 1935 – 18. Mai 1935	Felix Zeller, Urach, kommissarischer Vorsitzender
18. Mai 1935 – 21. Juni 1964	Gottlieb Keppler, Pfullingen, Bankdirektor
21. Juni 1964 – 4. Juni 1972	Karl Mayer, Stuttgart, Oberlandwirtschaftsrat
4. Juni 1972 – 23. Juni 1974	Hermann Klotz, Markgröningen, Baudirektor
23. Juni 1974 – 1. Juni 1986	Paul Doll, Bad Wimpfen, Bürgermeister
1. Juni 1986 – Juni 1996	Walter Gehring, Stuttgart
Juni 1996 – bis heute	Paul Klumpp

125 Jahre Geschichte
der württembergischen Rassegeflügelzucht

Teil 2

2004

1990

In der Fortschreibung der chronologischen Nachzeichnung unserer Landesverbandsgeschichte darf die Wiedervereinigung unserer Heimat nicht unerwähnt bleiben. Hüben wie drüben war sie ein nationales Anliegen der Züchter. Auf beiden Seiten des geteilten Deutschlands gehörte bei vielen Menschen in unserem Lande die Sehnsucht, Familien zusammenzuführen sowie alte Züchterfreundschaften wieder aufleben zu lassen. Die Traditionen bewahrenden Züchter des Landes strebten danach:

Wiedervereinigung

Mit Öffnung der Mauer 1989 und schließlich der folgenden Wiedervereinigung des deutschen Vaterlandes zeigten sich Zuchtfreunde in unserem Landesverbandsbereich darüber erfreut. Die traditionelle Rassegeflügelzucht wurde bis zu seiner Trennung deutschlandweit betrieben und die Freundschaften sorgsam gepflegt. Die Kriegswirren hatten die Bande in vielerlei Hinsicht sogar noch enger geknüpft. Danach konnte sich nahezu vierzig lange Jahre nur ein reger Briefwechsel anschliessen; der Austausch von Geflügelfedern, Bildbelegen und züchterischen Erfahrungen ließen die Verbindungen für die gemeinsamen Ideale nicht abreißen. Die Weitergabe von Bruteiern und lebenden Tieren war nur auf dem Schmuggelwege möglich – im Osten wurden solche Vergehen sogar strafrechtlich verfolgt. Von nicht wenigen Züchtern in Württemberg lag gebürtig die Heimat auf der anderen Seite der Zonengrenze, doch hier ansässig geworden, gehörten sie familiär in der schwäbischen Gemeinschaft längst integriert, ganz einfach dazu, als wären sie nie woanders geboren. Sie fühlten sich zu Hause, und wie segensreich war doch ihr Gespür, zwischen Ost und West zu vermitteln, Vorurteile hüben wie drüben abzubauen. Auf dem Gebiet der uns betreffenden Rassegeflügelzucht kam Großartiges zustande, wenn wir die Zusammenschlüsse der Fachverbände, Sondervereine sowie auch die der nicht immer konform gehenden Interessengemeinschaften betrachten. Bundes- und Sonderschauen jetzt in allen Himmelsrichtungen der BRD wieder etabliert, berufen sich auf Traditionen mit kulturellen Ursprüngen. Darin verbirgt sich gemeinsame Geschichte, mit geschrieben von umsichtigen Männern auch aus Württemberg, von modernen Ideengebern mit wohlklingenden Namen, denen wir im ersten Chronikteil begegnen. So lange sie lebten, gab es für sie kein geteiltes Vaterland; es wäre diesen echten Patrioten zu gönnen gewesen, sie hätten ihre nie erlahmenden Hoffnungen auf die deutsche Wiedervereinigung bauend tatsächlich miterleben können.

Bundesversammlung in Rosenheim

In Anwesenheit einiger Zuchtfreunde aus der DDR gestaltete sich die im Chiemgau stattgefundene Bundeshauptversammlung mit Blick auf die Verbandszusammenführung noch sehr zögerlich. Präsident Hermann Rösch berichtete über bestehende Kontakte; sobald verbindliche Gesprächspartner gefunden wären, wird es auch zu klaren Absprachen und Vereinbarungen kommen. Der Künstler Paul Klumpp aus Freudenstadt im Schwarzwald – Vorstandsmitglied des württembergischen Landesverbandes – zeigte dort eine wunderschöne Kollektion seiner Bilder – ein Beitrag, den Gästen das kulturelle Niveau unserer Gemeinsamkeiten zu vermitteln.

Erinnerungsmedaille an die Vereinigung.

Mit: „Es ist vollbracht! Rassegeflügelzüchter aus Ost und West zusammengeschlossen", beschrieb die Fachpresse dieses historische Ereignis. Nur drei Tage nach der politischen Wiedervereinigung sind nun auch die Rassegeflügelzüchter Deutschlands wieder vereinigt im Sinne der Gründer der Organisation und ihrer über 100-jährigen Tradition. Zum 6. Oktober 1990 hatte der BDRG zu einer außerordentlichen Bundesversammlung nach Weimar-Wolfshausen bei Marburg eingeladen, dort den Zusammenschluß würdig zu vollziehen. Mit dem LV-Vorsitzenden Paul Doll waren zustimmende Zuchtfreunde aus Württemberg diesem Höhepunkt aufrichtige Sympathien zu verleihen mit angereist, dem Festakt beizuwohnen. Innerlich sehr bewegt, sang man im Bewusstsein verwurzelnder Hochachtung zum Vaterland stehend eine Strophe der Nationalhymne – einige mit Tränen in den Augen.

100 Jahre Kleintierzüchterverein Wolfschlugen
1897-1997

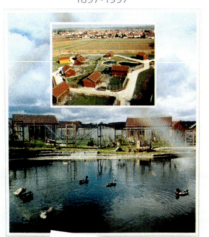

Festschrift 2004

zum 100-jährigen Bestehen
des Kleintierzuchtvereins Weilheim an der Teck und Umgebung e.V.

100 Jahre

Kleintierzuchtverein
Weilheim an der Teck
und Umgebung e.V.

Kleintierzuchtverein Geisingen/N. e.V.

1908 – 1998

1991

Angespornt durch die Leistungsvergleiche bei der vom Autor des ersten Teiles dieser Chronologie so hoch eingeschätzten Landesgeflügelschau im vorigen Jahr, bereiten sich die Liebhaber des Rassegeflügels auf das neue Zuchtjahr vor. Stand das vergangene sowohl bevölkerungspolitisch als auch für den BDRG ganz im Zeichen der Wiedervereinigung unseres Vaterlandes, und damit gleichermaßen im Banne der Zusammenführung aller Mitglieder in die Dachorganisation, orientierte sich der LV-Vorstand an der ersten gesamtdeutschen Bundestagung im badischen Rastatt. Und das nicht ohne Grund: Im Jahr danach wird der LV in Reutlingen verantwortlicher Gastgeber sein. Mit zuverlässiger Aufmerksamkeit galt es unter Einbeziehung des KV längerfristige Vorbereitungen zu treffen. Ein Höhepunkt wird dabei die Herausgabe einer, dieser Chronik, die Geschichte der württembergischen Rassegeflügelzucht sein. Wenn auch gesundheitlich geschwächt, genießt der LV-Ehrenvorsitzende, Paul Doll, der Schreiber, ermutigendes Vertrauen, das ihm Auftrieb gab, vorübergehende Behinderungen zu überwinden um das Recherchieren fortzusetzen.

Noch immer stößt bei einigen OV der reglementierte Terminschutz zugunsten der Landesgeflügelschau auf Unverständnis. Missfallenskundgebungen sowie eine Schadensersatzforderung gaben letztlich Anlass, Sondergenehmigungen vorerst nicht mehr zu gewähren. Festgeschrieben wurde die Verpflichtung der Kreisverbände, den Landesgeflügelschauen jeweils einen Ehrenpreis zu stiften. Zum Jahresprogramm gehörten vier Zuchtwarteschulungen in: Aidlingen (zusammen mit den KVJO), Hüttlingen, Saulgau, Massenbachhausen, für die LV-ZW Josef Roth die erfahrenen Referenten: A. Herz, K. Härle, J. Waldenmaier, W. Sonntag sowie W. Gehring gewinnen konnte. Weil Zfrd. Paul Doll krankheitshalber seine Beisitzertätigkeit im BDRG-Präsidium aufgeben mußte, empfahl der LV-Vorstand dem BDRG, an dessen Stelle den derzeit fungierenden LV-Vorsitzenden Walter Gehring zu verpflichten. Der im Vorjahr gewählte 2. LV-Kassierer hat, ohne überhaupt tätig zu werden, seine Mitarbeit aufgekündigt.

Am 17. 3. traf sich der LV-Ausschuß im Gasthof „Blume" in Baiersbronn-Obertal. Gäste waren BDRG-Präsident Hermann Rösch sowie vom Verlagshaus Oertel und Spörer die Herren E. Lehari, V. Stern und W. Schwarz, weiterhin H. Thumm und A. Heinlin vom KTZV Lichtenstein. Mit ein Grund dieser Zusammenkunft war die vorgestern vor 50 Jahren geschlossene Ehe von Lucie und Paul Doll. Zur Feier des Tages gab der LV ein Mittagessen. Während dessen übermittelte der Präsident dem „goldenen Paar" die Glückwünsche der großen deutschen Züchtergemeinde. In Hermann Röschs Worten lag in Anbetracht der geschundenen Gesundheit von Paul Doll doch ein wenig Wehmut, als er ihm für seine großen Verdienste dankte und ihm den Golden Ehrenring überreichte. Eigentlich sollte diese nur auf ganz wenige Personen beschränkte höchste Auszeichnung mit einem offiziellen Festakt verbunden an würdigem Orte geschehen. Der Geehrte reagierte bewegt und verwies dabei auf die Lähmung des rechten Armes und Beines in der Hoffnung, in zwei bis drei Jahren die Einschränkung überwunden zu haben. Was für ein Mann, der trotz dieser Behinderung, wie er berichtete und die Versammelten in Erstaunen versetzte, während seiner Krankheit 3 Bücher über: „Rhodeländer", „Zwerg-Cochin" und die „Chronik des Frankfurter GZV" geschrieben und veröffentlicht hat.

Die Teilnahme der DKZ-Verlagsmitarbeiter war notwendig geworden, da das bereits im Verlag zur Korrekturlesung vorliegende Manuskript der Chronik über die Geschichte der württembergischen Rassegeflügelzucht zu besprechen und sich über die Preisgestaltung Gedanken zu machen. Man war sehr angespannt, immerhin war die Fertigstellung zur Bundesversammlung im kommenden Jahr vorgesehen. Paul Klumpp hatte für den Einband zwei Entwürfe gefertigt, die der Vorsitzende, Walter Gehring, jedoch ablehnte. Beide konnten sich auch nicht bei der Vorstandssitzung am 25. September in Bad Wimpfen einigen.

154. Bundestagung in Rastatt

Zum ersten Mal in der jüngsten Geschichte des BDRG saßen nach der Wiedervereinigung die Funktionsträger und Gäste aus Gesamtdeutschland in einem Saal zusammen, dort über gemeinsame Ziele zu beraten. Mit einigen Erwartungen wurde der Auftritt vom baden-württembergischen Landwirtschaftsminister Dr. h.c. G. Weiser große Aufmerksamkeit beigemessen. In seiner unnachahmlichen Art war es ihm gleich gelungen, sein Bundesland allen Besuchern in sympathischer Weise näher zu bringen. Aus Dankbarkeit für sein Wirken auf dem Gebiete der Tierzucht sogar europaweit, wurde er vom Präsidenten H. Rösch, ein jahrelanger Wegbegleiter, zum Ehrenmitglied des BDRG ernannt.

Bis auf die Neufestsetzung der Aufwandsentschädigungen gab es keine gravierenden Veränderungen. Die Neuwahlen ergaben: Die Verlängerung der Amtszeit des Präsidenten um weitere 5 Jahre sowie die von LV-Vorsitzenden Günter Schneider aus Thüringen als Ersatz für den ausgeschiedenen Beisitzer Paul Doll. Eine Entscheidung, die bei dem ins Gespräch gebrachten Kandidaten aus Stuttgart auf Unverständnis traf, das Präsidium jedoch mit der Aufnahme eines Mitgliedes aus den jungen Bundesländern ein Zeichen für die fällig gewordene Integration setzen wollte. (Wie erheiternd dennoch: Der Thüringer Landesverband wurde 1922 ausgerechnet im Hotel „Hohenzollern" zu Weimar gegründet.).

Der seitherige geschäftsführende Vorsitzende des Bundeszuchtausschusses, Willi Kumler, ist aus Altersgründen aus seinem Amt ausgeschieden. Zu seinem Nachfolger wurde Ernst Meckenstock aus Ratingen gewählt.

Landeszüchtertag in Lichtenstein-Unterhausen 8./9. Juni 1991

Am Freitag traf sich der LV-Vorstand im Hotel Forellenhof „Rössle" in Lichtenstein-Honau zu einer konstituierenden und traditionellen Sitzung. Der Empfang bei Bürgermeister Knorr am Samstagmorgen erwies sich als herzlich, die Stimmung war angemessen freundlich und aufgeschlossen.

Vorbereitend für die anderntags statt findende Vertreterversammlungen kamen am Nachmittag in der Städtischen Bibliothek der LV-Vorstand mit den KV-Vorsitzenden zusammen. Die TO wurde abgestimmt, es erfolgte eine Aussprache über die Arbeit des LV und des BDRG und des Weiteren die Ausgabe der Unterlagen an die KV. In vier Kreisverbänden haben sich personelle Wechsel ergeben, die neuen KV-Vorsitzenden sind: KV Böblingen = Günter Rottler, KV Leonberg = Karlheinz Neuber, KV Obere Enz = Karl Tonecker, KV Schw. Gmünd = Wolfgang Schorr. Im KTZV Adelberg wird kein Rassegeflügel mehr gezüchtet und ist grund dessen aus dem LV ausgetreten; dafür stellte der Kaninchen- und Geflügelzuchtverein Aalen mit seinem Vorstand Karl Wälder nach Gründung einer Sparte Geflügel den Antrag und ersucht um Aufnahme, dem zugestimmt wird.

Währenddessen erfreuten sich die mit angereisten Nichtteilnehmer an einem Besuch des Landesgestüts Marbach und in Ödenwaldstetten an dem so originalgetreu ausgestatteten Bauernmuseum.

Ein großes Festbankett mit Programm in der Festhalle ließ den doch so arbeitsreichen wie auch amüsanten ersten Versammlungstag sehr fröhlich ausklingen.

Bis zur Eröffnung der Tagung um 9.30 Uhr musiziert eine die Gemüter froh stimmende Kapelle. Das Frauenprogramm enthielt Besuche in der Bärenhöhle und im Schloß Lichtenstein – das der offiziellen Vertreter eine 21 Punkte umfassende Tagesordnung.

Ohne großen Zeitverlust eröffnete der Vorsitzende, Walter Gehring, in der Lichtensteinhalle die ordentlich einberufene LV-Versammlung. Trotz Fehlen des KV Backnang – Murr war die Beschlußfähigkeit von 62 Stimmberechtigten nicht gefährdet. Neben dem üblichen Begrüßungsritual galt der insbesondere Gruß Herrn Bürgermeister Knorr, Landrat R. Weiß, Ministerialrat Müller, den Kreis- und Gemeinderäten Reiske und Gluck sowie dem Vertreter des LV- der Kaninchenzüchter Siegfried Fuchs. Ihnen kam die Ehre zuteil, an die Anwesenden ein Grußwort zu richten. Aufrichtig wurde die Abwesenheit von LV-Ehrenvorsitzenden Paul Doll bedauert – er hatte sich entschuldigt.

Der LV-Vorsitzende konnte in seinem Jahresbericht mit imponierenden Zahlen aufwarten: Bei dem derzeitigen im Aufwärtstrend befindlichen Mitgliederstand von 30.227 Züchtern befand sich der LV in der Rangfolge des BDRG auf dem 3. Platz. Immens waren wieder die zu erfüllenden Aufgaben: 500 Anträge auf Ehrungen waren zu bearbeiten, 700 Lokal-, einschließlich der KV-Schauen zu betreuten, Jubiläumsveranstaltungen, Tagungen sowie Ausstellungen zu besuchen. Ein überzeugendes Resümee, in dem der Dank an seine mitwirkenden Vorstandskollegen gerichtet zum Inhalt gehörte. Nicht ohne Stolz vermeldete er die Zusage der bereitgestellten Finanzmittel von der Landesregierung in Höhe von 259.000 DM für Bauzuschüsse und Käfigkäufe. Routiniert trugen die Zfrd. Werner Krauß und Willi

Kurz – beide nun 25 Jahre lang als Kassierer und Ringverteiler tätig – ihre zum einen beeindruckenden und zum anderen beruhigenden Bilanzen vor. Längst zum lebenden Inventar des LV-Geschehens gehörend, konnten die zuverlässigen Kassenprüfer: Kurt Härle und Gottlob Wolfer der Haupt- und Ringkasse bei allen Bewegungen korrekte Handhabung bescheinigen.

Satzungsgemäß konzentrierte sich diesmal die Wahl auf den 1. und 2. Kassierer. Zfrd. Werner Krauss hatte bereits im Vorjahr seinen Rückzug signalisiert und kandidierte demzufolge, nur für ein Jahr. Mit dem Zfrd. Dieter Maier, Vorsitzender des KTZV Sonnenbühl und von Berufswegen ein Bankfachmann, war ein fähiger Zweiter gefunden und prompt von der Versammlung ebenfalls für ein Jahr einstimmig gewählt.

Nach Ausscheiden – altershalber – von K. Reutlinger als Stellvertreter des Ehrengerichts wurde dieses Amt mit Heinz Schempp aus Stuttgart besetzt. Das Käfiglager wird – federführend von R. Bock – künftig vom Verein der Vogel- u. Geflügelfreunde Stuttgart verwaltet. Auf eine wenige Wochen später durch die Stadt Stuttgart von 160,– auf 600,– DM geforderte Mieterhöhung erwägt die LV-Spitze zunächst die Suche, dann den Kauf eines Grundstückes zum Neubau einer eigenen Lagerhalle.

Viel Beifall gab es für die ernannten Meister der Württembergischen Rassegeflügelzucht: Albert Weiß, Dieter Weinmann und Heinz Eckloff, aber auch für die Ernennung von Ernst Mattheis zum Ehrenmeister des BDRG. Als Ausdruck des Dankes für ihren jahrelangen Einsatz erhielten die scheidenden KV-Vorsitzenden Walter Hähnle und Siegfried Fuchs sowie der noch amtierende Heinz Thumm die goldene LV-Verdienstmedaille. Nach wohltuenden Lobes- und Dankesworten auf die Mitarbeit der weiblichen Züchtergilde freute sich Antonette Engelmann über die LV-Ehrennadel in Gold.

Mit starkem Engagement bemühen sich die OV um die Werbung des Züchternachwuchses. 635 Kinder und Jugendliche wurden von den 463 Gruppen als Neuzugänge gemeldet. 140 mehr als im Jahr zuvor. 335 über 18-jährige wechselten zu den Aktiven über. LVJO Ewald Dietz verzeichnete im Berichtsjahr: 4.424 Mitglieder in 463 Einzelgruppen. Die jährliche KVJL-Tagung wurde wieder gut angenommen. Mit einem Ehrenteller für zuverlässige Mitarbeit überrascht, kamen Wolfgang Maier vom KV Balingen und Werner Fassnacht vom KV Tübingen–Horb zu Ehren. Das vom KTZV Schwarzenberg im KV Calw ausgerichtete Jugendfestival erlebten zusammen mit den im LV der Kaninchenzüchter organisierten 1.600 Mädchen und Jungen. In Anwesenheit von Minister Gerhard Weiser kam die Jugend bei diesem Jugendtreffen der Kleintierzüchter voll und ganz auf ihre Kosten. Ein weiterer Höhepunkt des Nachwuchses war die LV-Jugendgeflügelschau in der Klosterseehalle in Sindelfingen am 19. und 20. Oktober. Zum ersten Male hatte eine KV-Jugendgruppe unter der Obhut von AL Nikolaus Tischler übernommen. Sie war ein großer Erfolg. 800 Tiere standen in der Konkurrenz, auf die es 11-mal die Höchstnote „V" und 39-mal „HV" vergeben wurden. Im Wettbewerb siegte die KV-Jugendgruppe Böblingen; auf den weiteren Plätzen folgten die KV Tübingen–Horb und Reutlingen.

Nachruf Karl Bohler

Die Nachricht über den Tod von Karl Bohler, der im 83. Lebensjahr stehend am 2.08. 1991 verstorben war, traf besonders die Züchterszene von Stuttgart sehr schmerzlich. Vier VDT-Schauen organisierte er als AL in Stuttgart; die fünfte, die er als verdienstvoller Promotor gewissermassen im Stillen hätte genießen können, durfte er nicht mehr miterleben. Karl Bohler, in der Organisation eine geschätzte Persönlichkeit, in der Verbands- und Vereinsarbeit par excellence eine Respektsperson und als Rassetaubenzüchter ein Routinier mit außergewöhnlichen Erfolgen, widmete einen Großteil seines Lebens der Rassetaubenzucht. Süddeutschen Farbentauben galt sein spezielles Interesse, ebenso den Soultzer Hauben, denen er sich auch verschrieben hatte. Nahezu eine Generation lang führte er als Vorsitzender den TZV Groß Stuttgart. Als PR seit 1940, verwaltete er in den letzten Jahren für die Preisrichtervereinigung die Terminzentrale und trug lange Zeit zur Ausbildung der PR-Anwärter bei. Als zuverlässiges Standbein aus Deutschlands Süden wirkte er bundesweit im VDT als 2. Vorsitzender. Dem BDRG-Ehrenmeister wurden alle nur möglichen Auszeichnungen zuteil, die die deutsche Rassegeflügelzucht als äußeres Zeichen für die hohen Verdienste des Verstorbenen zu vergeben hat. Die Erhaltung des Württemberger Mohrenkopfes haben wir ihm zu verdanken, er führte diese Varietät der Süddeutschen Mohrenköpfe auch zur Anerkennung und verlieh ihr diesen Namen. Noch zu Lebzeiten sollte der "Schnippenmohr", wie er ihn nannte, auf der Katalogtitelseite bei der 40. Deutschen Rassetaubenschau besonders in Erscheinung tretend auf dieses züchterische Ereignis aufmerksam machen. Karl Bohler züchtete in der zweiten Generation Rassetauben; sein Vater schon war ein erfolgreicher Taubenzüchter und betrieb im alten Stuttgart eine angesehene Rassetaubenhandlung.

40. Deutsche Rassetaubenschau in Stuttgart

Zum fünften Mal organisierte am 14. und 15. Dezember der Taubenzüchterverein Groß Stuttgart und Umgebung e. V., gegr. 1920, für den Verband Deutscher Rassetaubenzüchter diese Bundesschau auf dem Killesberg. Sie war als Gedächtnisschau zu Ehren von Ewald Stratmann, dem VDT-Ehrenvorsitzenden und Karl Bohler, dem langjährigen 2. VDT-Vorsitzenden sowie Ehrenvorsitzender des ausrichtenden Vereins gewidmet. Beide waren im Lauf des Jahres verstorben. Ihnen zum Gedenken wurden am Eingang jeweils eine Voliere mit den Rassen ausgestellt, die sie lange Jahre, beinahe ein Leben lang züchteten, nämlich: Englische Zwergkröpfer und Württemberger Mohrenköpfe. Mit einem Bild und Trauerflor dekoriert, konnte man sich diese begnadeten Züchter noch einmal vergegenwärtigen.

Fast 13.000 Rassetauben präsentierten sich: 2.749 Farbentauben, 2.626 Tümmler, 2.511 Formentauben, 1.795 Kropftauben, 1.591 Huhntauben und 71 Neuzüchtungen. 170 Preisrichter vergaben 18-mal die Höchstnote „V" und 136 Ehrenbänder. Für Abwechslung sorgte ein junger Türke in Landestracht mit Flugvorführun-

40. Deutsche Rassetaubenschau in Stuttgart – Gestaltung des Sonderblattes von Max Holdenried.

Gestaltung der Katalogtitelseite: Württemberger Mohrenkopf gemalt von Dieter Nickel, Medaille von Max Holdenried.

gen seiner Taklatauben. Mohamed Tabche, ein in Deutschland lebender Libanese –
ebenso im Gewand seines Heimatlandes – machte die interessierten Besucher mit
arabischen Taubenrassen bekannt.

Diese reine Rassetaubenausstellung unter der Schirmherrschaft von Dr.h.c. G.
Weiser erhielt im Übermaß viel Lob von allen Seiten. Darunter ausdrücklich vom
Vertreter des Schirmherrn, Herrn Ministerialdirigenten Knoblauch, BDRG-Präs.
Hermann Rösch, VDT-Vors. Erich Müller sowie vom LV-Vorsitzenden Walter
Gehring. Das verantwortliche Trio: Rolf Schneider, Robert Bock und Günter Stach
mit ihrer Mannschaft hatten Großartiges auf die Beine gestellt – ein wirklicher
Meilenstein in der Geschichte des Landesverbandes, und des VDT.

Der Andrang war so stark, dass die Parkplätze beim angeschlossenen Hallentrakt bei weitem nicht ausreichten. Aussteller und Gäste aus dem gesamten Bundesgebiet nun nach der Wiedervereinigung Deutschland gaben sich ein begeistertes Stelldichein, die Besucher aus den europäischen Nachbarländern und Weitangereiste aus Übersee zeigten sich ob der geschmackvollen Dekorationen und des überschwänglichen Blumenschmuckes sehr beeindruckt.

Das Ausstellungswesen – ein Blick hinter die Kulissen.

1992

Unvermindert laufen die Vorbereitungen zur Durchführung der Bundestagung in Reutlingen. Unter das Motto gestellt: „120 Jahre Geflügelzucht und 100 Jahre Fachzeitung" kümmerten sich vor Ort der Reutlinger KV im Einvernehmen mit dem LV unter Einbeziehung des „Deutschen Kleintierzüchters" vom Verlagshaus Oertel & Spörer. So kam es immer wieder zu Kontaktaufnahmen mit der Beteiligung der KV-Vertreter Heinz Thumm und Albert Heinlin sowie den Herren Ermo Lehari und Viktor Stern.

Das Frühjahr war gefüllt mit der Wahrnehmung von Terminen und Besprechungen sowie der Bewältigung des Schriftverkehrs. Es wurde moniert, dass ausgeliehene Käfige in desolatem Zustand zurückkommen; sollte es wiederholt zu Beanstandungen kommen, würde das Ausleihen eingeschränkt.

In einem Aufruf bat der BDRG zu Gunsten der Restaurierung und Einweihung des Robert-Oettel-Denkmales in Görlitz finanzielle Unterstützung zu gewähren. Der LV-Beitrag beläuft sich auf 500,– DM.

Die Videokassetten mit dem Film über die Rassegeflügelzucht in Württemberg und Hohenzollern sind noch immer gefragt und werden vertrieben. Der LV bezieht vom BDRG die Info-Broschüre: 660 Stück, für jeden OV eine, die KV-Vorsitzenden erhalten sie jeweils zugeschickt.

Der Geflügelverein Rossfeld wurde aufgelöst, die Kassengeschäfte eingestellt, zur weiteren Verwaltung an die LV-Kasse das Restguthaben von 486,01 DM überwiesen.

Für die Junggeflügelschau in Hannover und die Nationale Rassegeflügelschau wurden je 4 LVP / 25,– DM überwiesen. Die LV-Jugendkasse erhält zur freien Verfügung mit Nachweis 500,– DM.

Die Chronik erscheint

Die bislang nur per Mundpropaganda angekündigte LV-Chronik ist nun, sozusagen ein Bonbon, rechtzeitig erschienen. Als Gastgeschenk den Honoratoren der Bundestagung präsentiert, wurde sie gerne und mit großer Aufmerksamkeit entgegen genommen. Es erhielten die LV-Vorstandsmitglieder, KV-Vorsitzende und jeder OV ein Freiexemplar.

155. Bundesversammlung vom 13.–16. Mai in Reutlingen

Der LV von Württemberg und Hohenzollern steckte sich Ziele, der BDRG stellte Weichen. Die Friedrich-List-Halle war festlich geschmückt, im Foyer zeigte der Künstler Paul Klumpp aus Freudenstadt in einer Galerie aneinandergereiht seine Bilder mit Motiven aus baden-württembergischen Gefilden.

Geschichte der württembergischen Rassegeflügelzucht

Paul Doll

Chronik
des Landesverbandes
der Rassegeflügelzüchter
von Württemberg
und Hohenzollern

Verlagshaus Reutlingen
Oertel + Spörer

155. Bundesversammlung

vom 13. bis 16. Mai 1992 in Reutlingen

An jedem Platz lag eine vom Verlagshaus Oertel und Spörer gestaltete und gesponserte Arbeitsmappe, stand die Veranstaltung doch unter dem Motto: „120 Jahre Geflügelzucht und 100 Jahre Fachpresse."

Ein Schwerpunkt der Tagungsthematik galt dem Tierschutz, deshalb war von tragender Wichtigkeit, einen Tierschutzbeirat zu wählen, an dessen Spitze künftig Dr. Horst Schmidt, Schwalmstadt, stehen wird. Zu seinem Stellvertreter wurde der in Württemberg ansässige Dr. Uwe Bamberger, Ochsenhausen, gewählt. Obschon die Satzung als solche im großen und ganzen wie gehandhabt bleibt, wurden in verschiedenen Punkten die neuen AAB nachkorrigiert; lediglich die Amtszeit des Präsidenten wurde auf Antrag des VDT-Vorsitzenden, Erich Müller, auf 10 Jahre befristet. Staatssekretär Gallus sagte in seinem Grußwort zu, sich in die Bresche zu werfen, wenn es zu Unstimmigkeiten käme und irgend etwas nicht funktionieren würde. Er würdigte die Arbeit der Rassegeflügelzucht, die unentgeltlich die Vielfalt der Rassen als lebendiges Gut enthält.

Landeszüchtertage am 13. und 14. Juni in der Uhlberghalle von Filderstadt Bonlanden

Willkommen in Bonlanden – und viele, viele Gäste kamen, noch dazu es der Wettergott wieder einmal gut meinte. Der Übernachtungskosten wegen beschränkte sich der LV-Vorstand am Samstag auf die Zusammenkunft mit den KV-Vorsitzenden. Wie im letzten Jahr, fehlten auch diesmal wieder die Vertreter vom KV-Backnang-Murr. Am Sonntag gaben sich OB Dr. Bümlein, Ministerialrat Müller, Präsident des Wirtschaftsgeflügelzuchtverbandes Graf Leutrum, E. Lehari vom Verlagshaus Oertel und Spörer, BDRG-Präsident Hermann Rösch und der LV-Vorsitzende der Kaninchenzüchter, Karlheinz Halter, durch ihre Anwesenheit der höchsten Veranstaltung des LV die Ehre.

Straff geführt durch den LV-Vorsitzenden Walter Gehring konnte der Zeitplan eingehalten werden, die umfangreichen TO-Themen abzuhandeln. Seine Jahresbilanz war wieder voller Ereignisse wie die erst vor einem Monat so erfolgreich verlaufende Bundestagung in Reutlingen. Sowohl in der Geschichte des Landesverbandes als auch des Bundes wird sie einen würdigen Platz einnehmen. Erfreuliche Höhepunkt dort nicht nur für die einheimischen Gäste war die Ernennung zu BDRG-Ehrenmeistern von: Frau Margarete Gehring, Hermann Klotz, Berthold Phillipin und Heinz Schempp. Die Mitteilung, dass die Aufwandsentschädigungen, der Jahresbeitrag sowie der Ringpreis bis 1993 stabil bleiben, wurde mit Genugtuung aufgenommen.

Zfrd. Hermann Klotz – von den Versammelten vorgeschlagen und versiert solche Handlungen auszuüben – fungierte als Wahlleiter. Er hatte keine Mühe, nach Vorschlag zur Wiederwahl den bisherigen 1. Vorsitzenden per Akklamation einstimmig bestätigen zu lassen. Nachdem Walter Gehring nunmehr symbolisch das Zepter wieder in der Hand hatte, verliefen die weiteren Wieder- bzw. Neuwahlen rasch. Kassierer W. Krauss nahm die Wahl noch einmal für ein Jahr nur unter der

Bedingung an, dass für ihn ein ernsthafter Nachfolger gesucht wird; denn auch der letztes Jahr gewählte 2. Kassierer hat sein Amt zur Verfügung gestellt. Nach 20 Amtsjahren kandidierte Schriftführer Karl Pechtl nicht mehr. Umrahmt von großem Beifall erhielt er zum Abschied einen Ehrenteller mit Gravur sowie ein Weinpräsent. An seine Stelle rückte Hans Vöhringer, der bisherige Pressewart und er wiederum fand durch Walter Mayer aus Notzingen einen Nachfolger. Durch Vorsitzendenwechsel in der PRV kam als neues Ausschussmitglied Zfrd. Willi Wilbs aus Bad Friedrichshall hinzu. Auch Josef Roth, der langjährige LV-Zuchtwart stellte aus gesundheitlichen Gründen sein Amt zu Verfügung. Seinen Posten übernahm Horst Schwämmle aus Heimsheim. Gratulation und Ovationen gab es für fünf neue „Meister der Württembergischen Rassegeflügelzucht": Alois Matulla, Robert Barth, Gerhard Vonderdell, Hans Löffler und Bernhard Fiechtner. Albert Heinlin erhielt die LV-Medaille in Gold; die KV-Vorsitzenden Paul Klumpp und Walter Reisser bekamen die Goldene Ehrennadel des BDRG angesteckt und zu Ehrenmitgliedern des LV wurden der bisherige LV-ZW Josef Roth sowie Walter Schwarz, der Ehrenvorsitzende der PRV, ernannt.

Ein sehr dankbares Schlusswort an alle fleißigen Mithelfer gerichtet, dennoch mit der freundlichen Aufforderung an die Mitglieder in der Halle und draußen im Land gerichtet, weiter großartige Taten folgen zu lassen, wurde von den Anwesenden mit Applaus quittiert.

Die vier ZW-Schulungen in: Herbrechtingen, Aidlingen, Almendingen und Blaufelden hatten neben der Vorführung des BDRG- und LV-Filmes das Thema: „Worauf muß bei den Jungtieren besonders geachtet werden" zum Inhalt. Als Referenten standen die Zuchtfreunde Wolfmüller und Schwämmle zur Verfügung.

Die LV-Jugend verzeichnete ein Plus von 57 Eintritten. Trotzdem warnte der LVJL E. Dietz vor einer seit fünf Jahren abflauenden Tendenz und rechnet mit Stagnation. Allerdings wurden 25.500 Jugendringe aufgezogen; das sind 800 mehr als im Vorjahr. Problemlos gestaltete sich das 3. KVJL – Seminar vom 10. Dezember. in der Bildungsstätte Weil der Stadt. Mit 762 Tieren war die LV-Jugendgeflügelschau sehr gut beschickt. Für die PRV war es ein bewegtes Jahr, wie der Bericht des Vorsitzenden aussagt. Er bemängelt, dass sich Kollegen bei der Landesgeflügelschau die eigenen Tiere zuteilen ließ. Ein Höhepunkt für die PRV war die in die Landesgeflügelschau integrierte PR-Schau. Dort waren 2 Gänse, 26 Enten, 163 Hühner, 154 Zwerghühner und 413 Tauben zur Schau gestellt. Der Mitgliederstand betrug: 131, davon 118 PR, 13 Anwärter – 9 Kollegen richten nicht mehr.

Landwirtschaftliches Hauptfest vom 26. 9. bis 4. 10. 1992

Im Mekka für die an der Tierzucht interessierten Besucher des Cannstatter Volksfestes erfreute sich das Rassegeflügel einer großen Beliebtheit. PR Gottlob Wolfer zeigte für die Ausstellungstiere in den 17 Volieren wie immer Fingerspitzengefühl, zu dieser Jahreszeit die Bewertung gerecht ausfallen zu lassen. Ein Novum war die Ausstrahlung des Landfunkes von vier Referaten speziell über die

Rassegeflügelzucht. Vorgetragen von: W. Gehring, P. Klumpp, H. Schwämmle und E. Dietz erhielten die Hörer von dieser Stelle aus gewissermaßen Informationen aus erster Hand.

74. Landesgeflügelschau am 5. und 6. Dezember 1992 auf dem Killesberg

Mit Beteiligung der 64. Deutschen Zwerghuhnschau trugen die 4.510 Einzeltiere dieser Konkurrenz sprunghaft dazu bei, das Gesamtklassement auf 9.740 anwachsen zu lassen. Darin enthalten sind 762 Nummern aus der selbstständigen LV-Jugendschau plus 12 Bastelarbeiten. Integriert war eine Informationsschau: „120 Jahre Geflügelzucht" in Anlehnung an das Gründungsjahr vom Verein der Geflügel- und Vogelfreunde Stuttgart, der diese Landesgeflügelschau organisierte und mit antiquarischer Literatur, alten Gebrauchsgegenständen und Geräten der Sonderschau ein historisches Gepräge verlieh. Der reichliche Preissegen machte die Veranstaltung besonders attraktiv, wobei 22 Zwerghuhn- und 88 Schwabenbänder an die Siegertiere vergeben wurden.

Nachruf Margarete Gehring

Am 11. 1. 1993 verstarb Frau Margarete Gehring im Alter von 67 Jahren. Mehr als 30 Jahre war Frau Gehring eine unermüdliche Mitarbeiterin bei Nationalen Rasse- und Landesgeflügelschauen in Stuttgart. 1981 übernahm sie im Landesverband die aktive Funktion der Karteiführerin. In dieser Eigenschaft war sie ihrem Mann und dem Landesverband eine pflichtbewusste Mitarbeiterin. Sie war unermüdlich um die Arbeit in der Geschäftsführung des Landesverbandes und bei den verschiedenen Ausstellungsleitungen bemüht. Auch in züchterischer Hinsicht verzeichnete sie ansehnliche Erfolge mit ihren Seidenhühnern, Italienern und den Holländischen Zwerghühnern. Sie gehörte zum Kreis der Bundesehrenmeister und den Meistern der Württembergischen Rassegeflügelzucht; zudem wurde sie mit der silbernen Staatsmedaille ausgezeichnet. Mit ihr hat die Organisation der Rassegeflügelzüchter eine großartige Mitgestalterin verloren.

1993

– Schleppende Ringlieferungen –

Es war zu erwarten, dass mit dem viel höheren BR – Bedarf durch den Beitritt der neuen Bundesländer einerseits steigen würde und andererseits der Bundesringlieferant erfahrungsgemäß den Ansprüchen kaum gerecht werden könnte. So gab schon 1991 der LV-Ringverteiler Willi Kurz zu bedenken, wie er mit Verzögerungen umzugehen hat. In einem Schreiben vom 13. 4. 1993 wendet sich deshalb Klaus Schmidt, der Vorsitzende vom LV-Hannoverscher Rassegeflügelzüchter, an alle seine Landesvorsitzenden-Kollegen, in Württemberg an Walter Gehring, mit der Bitte, Ringlieferprobleme dem Präsidenten Hermann Rösch mitzuteilen. Er regt an, mit Beendigung des Ringherstellervertrages bei der Bundesversammlung eine Ausschreibung zu beantragen. Außerdem hält er persönlich den Ringpreis für nicht angemessen und überhöht.

Ringhersteller Klaus-Dieter Stork, der sich eigentlich als AL bei Nationalen Rassegeflügelschauen in Frankfurt am Main einen guten Namen gemacht hatte, schien überfordert, zudem ließ die Qualität der Ringe sehr zu wünschen übrig.

Die Bundesversammlung im hessischen Lorsch reagierte jedoch spontan und entschied sich für die Bildung eines vierköpfigen BR-Ausschusses. Ihm oblag das komplexe Ringthema korrigierend aufzuarbeiten. Dieser Arbeitsgruppe gehörten die Zuchtfreunde Hans Amelsberg und Günter Wesch für das Präsidium, Klaus Schmidt für die Landes- und Harald Köhnemann für die Sonderverbände an. Ihr erarbeitetes Programm – Resultat einer Zusammenkunft am 15. Juli 1993 – sah zunächst eine neue Vertragsformulierung sowie eine Ausschreibung vor, den Wegfall des Jugendringes, die Qualitätsverbesserung, die Vereinheitlichung des Verteilungssystems, Änderung der Ringgrößen und die Ringneugestaltung; des Weiteren dann noch den Bestellmodus zu verändern: „Der Ausschuß war sich einig, dass zukünftig die Bestellungen durch den LV-Vorsitzenden zu erfolgen haben. Termin bleibt der 1. August", wie im Protokoll von der Zusammenkunft des BR-Ausschusses vom 15. 7. 1993 nachzulesen ist.

156. Bundesversammlung am 15. Mai 1993 in Lorsch/Hessen

Diese Bundestagung bot schon im Vorfeld einiges an Brisanz. Präsident Hermann Rösch hatte schon länger seinen Rücktritt angekündigt – ein Nachfolger musste gewählt werden. Edwin Vef, der stellvertretende Schatzmeister des BDRG sowie LV-Vorsitzender von Hessen – Nassau, erfuhr mit 62 % der Stimmen das bessere Wahlergebnis. Ein gern gesehener Gast in Württemberg, und bei den Landesgeflügelschauen als PR sehr häufig verpflichtet. Als Beisitzer in das Präsidium zog Badens Landesverbandsvorsitzender Günter Wesch ein, mit dem seit vielen Jahren gutnachbarliche Beziehungen gepflegt werden. Zfrd. Hermann Rösch wurde zum Ehrenpräsidenten ernannt und erlebte stehende Ovationen, eine ergreifende Sympathiekundgebung. Wohltuend für Württemberg war auch die Ernennung der neuen Bundesehrenmeister: Hans Gutknecht, Richard Haas, Eugen Rein und Ernst Roller. Und Valdo Lehari, der Seniorchef vom DKZ-Verlag Oertel und Spörer, freute sich über die Verleihung der Ehrenmitgliedschaft.

Landesvertreterversammlung am 6. Juni 1993 in Bad Rappenau

Die Jahreshauptversammlung war vom Frohsinn der Feierlichkeiten zum 650-jährigen Bestehen der Gastgeberstadt bestimmt. Es richteten sich viele Danksagungen an Herrn Bürgermeister Zimmermann; seine Verwaltung war herzlich bemüht, die Stimmung auf gleichem Niveau zu halten. Dr. Klinger vom Landwirtschaftsamt vermittelte in seinem Grußwort einen ähnlichen Eindruck – schließlich sicherte er die finanziellen Zuwendungen in gleicher Höhe wie in den Vorjahren zu. Von Beginn dieser Förderungen an ist immerhin ein Betrag von 3,6 Mio. DM für die Bezuschussung zum Bau von kleintierzüchterischen Gemeinschaftszuchtanlagen zusammen gekommen. Der KV-Vorsitzender Otto Balb war sichtlich froh und sehr dankbar über den zahlreichen Besuch der Gäste.

Die Zuhörer zeigten sich mit den Ergebnissen des Arbeitsjahres vom LV-Vorsitzenden vorgetragen, sehr zufrieden. Im letzten Jahr war ein weiterer Mitgliederzuwachs zu vermelden. Der Stand beträgt mittlerweile 30.714 Mitglieder. Die Wahl des Kassierers – nun zum Dauerthema geworden – beschränkte sich nach 3 gescheiterten Anläufen wieder auf die Bitte an Zfrd. Werner Krauss, noch einmal für ein Jahr zu kandidieren – er sagte zu. Der schier unverwüstliche Zfrd. Walter Fröhlich ließ es sich nicht entgehen, dem KV – Unterer Neckar für die Gastfreundschaft sowie der Führungsmannschaft des Landesverbandes im Namen der Anwesenden den Dank für die geleistete Arbeit auszusprechen.

LV – Jugendtreffen am 18.–20. Juni 1993 in Neresheim

Die Berichterstatter in der lokalen Presse kamen überein, dieses Fest der Kinder und Jugendlichen nachhaltig zu loben. Die Organisation der Gastgeber war ausgezeichnet. Etwa 2.000 Teilnehmer aus 560 Vereinen sind voll auf ihre Kosten gekommen, die spielerischen Wettbewerbe waren ideenreich und sehr vielseitig. Der LV-Vorsitzende und sein Stellvertreter konnten sich bei ihrer Anwesenheit über die vorbildliche Ausrichtung ihres LV- Jugendleiters überzeugen.

Spürbar, wie der neu gewählte LV-ZW, Horst Schwämmle, um die Fortbildung in Reihenfolge über die KV bis zu den Ortsvereins-ZW bemüht ist, den Kenntnisstand anzuheben. Die ZW-Schulungen in Massenbachhausen, Sulz-Bergfelden und Boll waren gut besucht. Ein Höhepunkt war die Fachtagung für die KV-ZW im Februar in Heimsheim. In Anwesenheit von zwei Landtagsabgeordneten, des stellv. Bürgermeisters, Schulrektors und Vertretern vom Landwirtschaftsministerium referierte Karlheinz Oehler über die „Entstehung der Rassen und deren Artenvielfalt", Dr. Uwe Bamberger über „Rassegeflügelzucht in Verbindung mit dem Tier-, Umwelt- und Naturschutz" sowie Dr. Gerd Baruth über „Das Züchten von Leistung und Schönheit sowie einiges über Öffentlichkeitsarbeit". Die Teilnahme von 120 Personen war überaus erfreulich. Mit der Wiederbelebung des Zuchtbuches erhofft sich der LV-ZW aktive Beteiligung.

Alle zur Prüfung zugelassenen PR-Anwärter haben bestanden, einige aktive PR ihre Zusatzprüfungen abgelegt. Es wird an die Vereine appelliert, Schauen nicht nur auf den November zu konzentrieren, sonst reichen die 124 aktiven PR nicht aus, die Bewertungsaufträge zu sichern. Zudem besteht wirklich Bedarf an auszubildenden Jungpreisrichtern. Die PRV beklagt den Tod ihres ehemaligen Ausbildungsleiters für Geflügel: Theo Sperl.

Die Vereinsjugendgruppen meldeten im Berichtsjahr exakt 557 Neueintritte – die meisten sind Kinder im Alter von 9–13 Jahren. Durch den Wechsel in die Altenklasse ab dem 18. Lebensjahr und Abmeldungen gab es wieder eine Steigerung von 57 Mitgliedern. Bei Ausstellungen in den Jugendabteilungen bzw. -schauen wurden 11.500 Tiere gezeigt und das Kontingent von 230 LV-Jugendmedaillen vergeben. Bei einer KVJL-Tagung in Massenbachhausen wurde mit Unterstützung der Metaplantechnik die Zukunftsstrategie in Verbindung einer Jugendsatzung vorgestellt und inhaltlich diskutiert. Zfrd. Günter Wesch referierte über die praktische Handhabung des Zuchtbuches und der -methoden. In bester Erinnerung wird den 1.800 Teilnehmern das Landesjugendtreffen vom 18.–20. Juni in Neresheim, KV Ostalb-Aalen-Heidenheim bleiben. „Wie die Alten sungen, so zwitschern auch die Jungen", so nachhaltig werbewirksam präsentierte sich die Landesjugend-Geflügelschau am 6./7. 11. in Wüstenrot. Bürgermeister Awe und auch das MdB, Herr Sussek, waren davon sehr angetan, wie sie bei der offiziellen Eröffnungsfeier äußerten.

42. VDT – Schau am 4./5. 12. 1993 in Ulm

Die Wanderschau des Verbandes Deutscher Rassetaubenzüchter machte in den hellen Hallen der Ulmmesse Station. Das so ideenreich gestaltete Foyerambiente mit 12 großen Flugvolieren ließ die Besucher auf Anhieb dort lange verweilen. Die Ulmer Schecke, ein historisches Element der Donaustadt, stand dort im Mittelpunkt der Aufmerksamkeit und prangte farbig sowohl auf der Katalogtitelseite als auch auf der Erinnerungsmedaille. AL Dieter Maile brachte es bereits in seiner Eröffnungsrede auf den Punkt: „Des BDRG Pracht ist des VDT Macht." Mit annähernd 13.000 Tieren erreichte diese eigentlich an ungewohntem Platz sesshaft gewordene Bundesschau ein stattliches Meldeergebnis. Auch war die Beteiligung von 94 SS der 120 im VDT angeschlossenen Sondervereine enorm hoch. Außer den offiziellen Verbands-Ehrenbändern hatte die AL zusätzlich 31 Ulmer Ehrenbänder sowie 160 Ulmer Gulden zum Preisfond beigesteuert. Der Besuch war überdurchschnittlich hoch, die Gäste wie auch die Aussteller und Preisrichter waren aus ganz Deutschland vertreten, ebenso aus den Nachbarländern aller vier Himmelsrichtungen, sogar aus Übersee waren Besucher angereist. Reichlich geschmückt – wenn auch aus dem Stuttgarter Katalog von 1991 entnommen – die Kataloginnenseiten mit von Dieter Nickel gezeichneten Taubenmotiven, die, zumindest an dieser Stelle im „Ländle" verblieben waren, ohne hierbei womöglich unverzeihliches Plagiat betrieben zu haben.

LV-Ziergeflügelschau am 11. / 12. Dezember 1993 in Jettingen

Ausstellungsleiter Gerhard Stähle hatte gute Vorarbeit geleistet. Die vom LV bereit gestellten Bänder und Minister „E" waren ein attraktiver Anreiz, bei dieser Wildgeflügelschau auszustellen und sie zu besuchen. Der LV-Vorstand war mit vier Personen, teilweise mit ihren Frauen erschienen. Zusammen mit dem VZI – stellvertretenden Vorsitzenden Karl-Heinz Baier und Herrn Bürgermeister Dieterle gab es einen Rundgang vorbei an den farbenprächtigsten Vertretern aus der Vogelwelt mit Hühnervögeln und dem Wassergeflügel.

Katalogtitelseite mit der „Ulmer Schecke", gemalt von Jean-Louis Frindel.

Erinnerungs-medaille und der „Ulmer Gulden" als Ehrenpreis.

1994

157. Bundestagung in Bad Sassendorf

Das besondere Interesse galt eigentlich dem neuen Bundesring. Und so erfuhren die Teilnehmer, dass es einen laserbeschrifteten Plastikring geben wird und Insider mit ihm bereits vertraut gemacht worden sind. Wie eine AAB-Änderung ergab, soll es beim Ziergeflügel keine Einzeltierpräsentation mehr geben, es sei denn, verhaltensbedingte Gründe erfordern dieses. Bei der Jugend gab es einen Funktionärswechsel. Neuer BJO wurde Armin Gersitz aus dem LV-Baden. Sein dynamisches Auftreten lässt mit Hoffnung auf die Jüngstenorganisation blicken. Ein Antrag vom BZA führte zur Reformierung der Eierbewertung: auch dort wurde die „hv"-Note eingeführt. Druckfrisch stellte der Verband für Hühner, Groß- und Wassergeflügel seine von Paul Doll verfasste Chronik vor.

Landeszüchtertag am 4./5. Juni 1994 in Straubenhardt–Schwann

Es war etwas Besonderes, diese LV-Vertreterversammlung in Schwann, über die in der Fachpresse Walter Mayer als Pressewart detailliert berichtete. Ein Ereignis, das vor Ort auch deshalb an Wertschätzung gewann, weil nach langer Abwesenheit, nun wieder einigermaßen genesen, LV-Ehrenvorsitzender Paul Doll unter den Gästen weilte. Ihm wurde ein herzlicher Empfang geboten, der ihn sichtlich rührte. Dipl.-Ing. Liedel vertrat das Landwirtschaftsministerium, Zfrd. Günter Wesch den Präsidenten des BDRG und Karlheinz Halter als Vorsitzender seinen Kaninchen-Landesverband. Bürgermeister Rutschmann überbrachte die Grüße der Gemeinde und die Vorsitzende des 33 Jahre alten Vereins von Schwann Frau Inge Müller. Die Vorsitzende bedankte sich für das entgegen gebrachte Vertrauen sowie für die große Beteiligung. LV-Vorsitzender W. Gehring wusste die Anwesenheit von Herrn Liedel zu nutzen, seinem Ministerium für die kontinuierlich seit exakt 20 Jahre währende Bezuschussung zudanken.

Nachträglich erfuhren die kurz zuvor bei der Bundestagung in Bad Sassendorf zu BDRG-Ehrenmeister ernannten Zuchtfreunde Werner Krauss und Heinz Thumm herzliche Gratulation. Beim KV – Schwäbisch Gmünd löste Zfrd. H. Wiedmann den seitherigen Vorsitzenden W. Schorer ab. Zfrd. Walter Fröhlich, in Schwann beheimatet, wurde die Verdienstmedaille des LV überreicht, zu Meistern der Württembergischen Rassegeflügelzucht wurden ernannt: Rudolf Schur, Manfred Witzig, Paul Klumpp, Ottmar Sauter, Hans Vöhringer, Karl Kurz, und Helmut Braun. Festgelegt wurde, die KV-EP künftig auf 20,– DM aufzustocken.

Zuchtwarte-Schulungen – in der Regel vier jedes Jahr – haben in der Verbandsarbeit einen festen Platz. Und sie gewinnen an Popularität in den KV. 180 Besucher waren ein sehr gutes Teilnehmerresultat.

Nicht umsonst kritisierte der Vorsitzende der PRV, Willi Wilbs, die zu großzügige Vergabe der „V" und „HV"-Note. Das kann nicht Sinn der Sache sein, schreibt er in seinem Jahresbericht. Außerdem bemängelte er den gelegentlich noch immer anzutreffenden dreistöckigen Käfigaufbau.

Die statistisch ausgewerteten Investitionen der Vereine mit Jugendbetreuung von etwa 100.000,– DM machten sich sehr deutlich bemerkbar. Von 454 Vereinsjugendgruppen wurden 4.687 Mitglieder betreut. Verglichen mit dem Vorjahr, kam es mach der Ausbalancierung der Über-, Aus- und Neueintritte immerhin zu einer Zunahme von 200 Jugendmitgliedern. Eine Jugendbroschüre „Wir stellen uns vor", wurde im Frühjahr fertig gestellt und erfreute sich reger Nachfrage.

75. Landesgeflügelschau am 10./11. Dezember 1994 in Stuttgart

In seinem Grußwort bezeichnete Schirmherr Dr. h.c. G. Weiser diese Jubiläumsschau als einen Meilenstein in der Geschichte des Landesverbandes und wiederum Höhepunkt einer zweijährigen intensiven züchterischen Arbeit mit dem Rassegeflügel. Ein Nachruf – im Oktober verstorben – wurde dem Ehremitglied des LV und des Vereins der Geflügel- und Vogelfreunde Karl Widmann gewidmet, auch Frau Margarete Gehring, der EM des BDRG und langjährigen LV-Karteiführerin wurde posthum in Anerkennung ihrer Verdienste gewürdigt. Der engere Kreis der AL bestand aus den Zuchtfreunden Fr. Mödinger, W. Gehring, H. Schempp, W. Krauß, H. Vöhringer und K. Härle. Die Ausschmückung lag wieder in den geschickten Händen von Frau Vonderdell und Fritz Rayer, für die künstlerische Beschriftung sorgte Paul Klumpp. 6.652 Einzeltiere stellten sich 87 Preisrichtern, die auf jedes der 93 vergebenen „V" ein Schwabenband vergaben. Eine Augenweide waren die 56 Volieren besetzt mit Wildgeflügelvertretern. 645 Tiere von den Jungzüchtern entsprachen dem üblichen Durchschnitt. Zwei „V" und 27 „HV" waren der verdiente Lohn und für 12 Bastelarbeiten wurden nochmals 3 anerkennende „HV" für die besten Exponate vergeben.

Zwei unermüdliche Helfer.

VEREIN DER GEFLÜGEL- UND VOGELFREUNDE STUTTGART e.V.

75. Landesgeflügelschau

75. Landesgeflügelschau.

**10. + 11. Dezember 1994
STUTTGART KILLESBERG**

1995

Kritische Fernsehdiskussion

Die Tauben züchtenden Fernsehzuschauer des Abendprogrammes trauten im 15. Februar wohl ihren Augen und Ohren nicht, was sie in der ZDF-Sendung: „Achtung lebende Tiere" vorgesetzt bekamen: Ein TV-Team hatte sich bei einer Rassegeflügelschau am Richttag umgesehen und dort Sequenzen gedreht, wohl nicht unbedingt mit dem Vorhaben, populär machend über dieses Ereignis die Bevölkerung zu informieren. Was dabei – um nur zwei der tätigen Preisrichter aus Württemberg und Bayern zu nennen: Wilhelm Berger, Tübingen, von den Schlesischen Kröpfern und Fritz Paulus, Bubenreuth, von den Nürnberger Bagdetten – kommentiert wurde, konnte sich hören und durchaus sehen lassen. Ihre kompetenten Erläuterungen waren sachlich und entsprachen den Tatsachen. Dennoch kamen verzerrte Bilder aus den Frosch- und Vogelperspektiven aufgenommen zustande, die so manches Tier unnatürlich erscheinen ließen. Einzwängend wirkten die Gitter der Ausstellungsbehältnisse im Vordergrund, wobei die Tiere zu eingepferchten Gefangenen degradiert unfotogen im Bild standen. Ohne Sachkenntnis zu haben, bedienten sich die Journalisten mit Worten und bewegten Aufnahmen in einer geradezu erniedrigenden Weise und ohne jeglichen Respekt gegenüber den Ausstellungskandidaten und ihren Pflegern. Auf Androhung rechtlicher Schritte beim ZDF durch den Interviewpartner Fritz Paulus, der seine Aussagen in aller Öffentlichkeit als verunglimpflicht betrachtete und energisch die Richtigstellung verlangte, reagierte schließlich TV-3 Sat konsequenter Weise mit einer Abendsendung am 23.03.1995. Eine Diskussionsrunde war zusammen gekommen, der neben F. Paulus der VDT-Vorsitzende Köhnemann angehörte und auch Dr. Th. Bartels von der Tierärztlichen Hochschule Hannover, der sich vorbehielt, auffällige Warzen-, und Strukturbildungen sowie Kurzschnäbligkeit bei Rassetauben als Fehlentwicklungen bei Haustieren überhaupt, sehr kritisch zu interpretieren. Nüchtern ausgedrückt, ging der Meinungsaustausch der gebotenen Eile wegen und kurzen Sendezeit aus wie das so oft nach ergebnislosem Austausch von Meinungen zitierte: Hornberger Schießen. In einem Leserbrief in der Fachpresse resümierte dann der Nürtinger KV-Vorsitzende Werner Spieth, dass der Rassetaubenverband durch einen fähigeren Vertreter hätte besetzt werden müssen.

Nachruf Wilhelm Reichle

Im gesegneten Alter von 88 Jahren verstarb am 11. 4. 1995 einer der Großen der schwäbischen Rassegeflügelzucht; ein wahrer Förderer und Idealist in der Szene der Kleintierzucht überhaupt. 75 Jahre lang hat er sich als aktiver Züchter verdient gemacht, als Preisrichter begehrt und um deren Ausbildung bemüht, fand er über Württembergs Grenzen hinaus hohe Anerkennung. Sein Rat war gefragt, vielen war er ein vorbildlicher Lehrmeister. Wilhelm Reichle galt als wahre Institution; die Amerikaner setzten ihn nach Ende des Krieges in seinem Heimatort Bernhausen sogar vorübergehend als Bürgermeister ein. 1925 begann er mit der Zucht von Hühnern; Hamburger Silberlack, Lachshühner und Jokohama waren seine Lieblingsrassen. In der Taubenzucht waren es süddeutsche Farbentauben, Gimpel, Silberschuppen und Perückentauben. Im SV der Züchter Süddeutscher Farbentauben gehörte er dem Zuchtausschuß an und bestimmte mit seinen Kenntnissen jahrelang die Zuchtrichtung. Von 1933–1963 führte er als Vorsitzender den KV Obere Filder, war über viele Jahre hinweg 2. Vorsitzender der PRV und bildete mit den Brüdern Frieder und Karl Schlecht gewissermassen ein Triumvirat. 1968 wurde er zum Meister der Deutschen Rassetaubenzucht ernannt und 1974 zum Ehrenmeister des Bundes. Der Verstorbene war Ehrenmitglied im Landesverband, 1980 wurde ihm die Verdienstmedaille des Verdienstordens verliehen. Mit seinen gemalten Bildern, geschnitzten und modellierten Tierfiguren wird er nicht nur in der Erinnerung seiner vielen Freunde weiter leben.

Rege Verbandsarbeit

Mit dem Älterwerden der Vereine und demzufolge auch der zeitlich ständig gestiegenen Zugehörigkeit ihrer Mitglieder wurden die anstehenden Ehrungen aufgrund der Ehrungskontingentierung bei gerechtfertigten Antragsfluten verständlicherweise zum Problem. Um einen Ausweg aus diesem Dilemma zu finden, stellte der KV-Vorsitzende von Böblingen, Günter Rottler, den Antrag, bei der LV-Versammlung in Gaildorf das festgesetzte Limit aufzuheben.

Post und Bahn geben auf

Beförderte die Deutsche Post AG ohnehin schon eingeschränkt nur noch in der ersten Wochenhälfte lebende Tiere – die Deutsche Bundesbahn diesen Service ebenso wenig noch bot - hörte sie ab Juli auf, ihren Kunden den Tierversand weiterhin zu bieten. Damit kam das Unternehmen einer alten Forderung der Tierschützer nach – wenn auch in erster Linie aus wirtschaftlichen Gründen. Denn das neue Frachtsystem, das auf ein einheitliches Postprodukt abgestimmt ist, schließt Sondertransporte nunmehr weitgehend aus. Im reinen Containerverkehr der Zukunft könnten Belüftung und Raumtemperatur nicht mehr garantiert werden. Bislang wurden belüftbare und auffällig beschriftete Pakete mit Geflügeltieren – Kleintiere überhaupt – in Postwagen den Empfängern ohne jegliche Beanstandung zugestellt.

158. Bundesversammlung in Verden/Aller

Der Tierschutz hatte wieder Vorrang. Der Vorsitzende des Tierschutzbeirates, Dr. Horst Schmidt, gab grundlegende Informationen und stellte auch unseriöse Praktiken der Behörden bloß. Offenkundig, dass der Gesetzesparagraph so weit gespannt ist, dass man damit die gesamte Haustierzucht verbieten könnte, was wohl nicht im Sinn unserer Sache ist. Wie erwartet, kam die Einstellung des Transportes lebender Tiere durch Post und Bahn zur Sprache. Von privaten Speditionen gab es – bundesweit bis auf drei – noch keine eindeutigen Signale für eine Übernahme dieser verantwortungsvollen Dienstleistung. Anstelle des verdienstvollen Karl Probst rückte als Schatzmeister Dieter Johannismeier nach. In Zweifel geraten war die Nominierung der Ur- und Kampfhühner für den vorgesehenen Siegerring an einem viel zu früh festgelegten Termin, und es wurde hinterfragt, wo denn die Praxisnähe des Präsidiums bliebe. Angestrebt wird eine veränderte Errechnung der Delegiertenstimmen, und zwar im Modus, dem ein Mittelwert aus Ringbezug und Mitgliederzahl zugrunde gelegt werden soll. Der Antrag auf Einstellung eines BDRG-Geschäftsführers wurde allein schon aufgrund der schwachen Finanzdecke abgelehnt. Der anwesende Zuchtfreund Wilbs, Vorsitzender der württembergischen Preisrichtervereinigung, wurde zum Bundesehrenmeister ernannt.

Rassegeflügelstandard als Loseblattsammlung im Ringordner

Was die Rassetaubenprotagonisten 1970 in Bewegung gesetzt hatten, nämlich ihre Musterbeschreibungen in einem Ringordner zu bündeln, um Ersatzlieferungen und hinzugekommene Rassen handlicher einfügen zu können, veranlasste die Verantwortlichen, den längst fällig gewordenen Deutschen Rassegeflügelstandard in gleicher Weise auszurüsten. Nach einer Ausschreibung des Bundes kam der Auftrag in eine Druckerei nach Nürnberg. Nun nicht mehr von Privathand vertrieben, wurden die ersten Exemplare mit 584 Seiten und 450 Abbildungen in einem gelben Hardcover über die Vermittlungsstelle des BDRG, dem Fanshop, auf den Markt gebracht. Nicht nur die Preisrichter und -anwärter atmeten auf, auch die verantwortlichen Funktionäre in den Vereinen und Ausstellungsleitungen gaben ihr Gefallen kund, weil es damit einfacher geworden ist, sich zu orientieren.

Keine offizielle Parallele dazu sind drei Bände in Farbe unter dem Titel „Der große Geflügelstandard". Band I für Puten, Perlhühner und Hühner, Band II Zwerghühner und der Band III beinhaltet Gänse und Enten. Das Verlagshaus Oertel und Spörer, Reutlingen, schloß hiermit eine Lücke mit farbigen Abbildungen. Maßgebend sind jedoch einzig und allein die offiziellen Grundlagen des BDRG; irgendwelche Rechte können aus den drei Editionen in keinem Falle abgeleitet werden.

Landeszüchtertag in Gaildorf

Die Durchführung des LV-Züchtertages lag in den Händen des Kleintierzuchtvereins Gaildorf und Umgebung, Kreisverband Schwäbisch-Hall. Bereits am Freitag, 26. Mai, traf sich der LV-Ausschuss im „Löwen" zur Sitzung, die am Samstagvormittag fortgesetzt wurde. Einem Empfang des Ausschusses im „Alten Schloß" durch den Bürgermeister der Kocherstadt schloss sich nachmittags die erweiterte Ausschusssitzung mit den Vertretern der Kreisverbände an, wo die aktuellen und züchterisch wichtigsten Anliegen diskutiert wurden. Insbesondere die Modalitäten rund um die Bezuschussung der Zuchtanlagen, eine neue Jugendsatzung und das Thema „Qualzucht" wurden erörtert. Ein gelungener Festabend war von den Gaildorfer Züchtern am Samstagabend organisiert worden, ehe dann am Sonntag, 28. Mai die offizielle Delegiertenversammlung des LV in der „Limpurghalle" reibungslos verlief.

Ein hoffentlich einmaliger Vorgang war 1995 der Gang vor ein ordentliches Gericht, bei dem Auseinandersetzungen zwischen dem Landesverband und einem Ortsverein abschließend geklärt werden mussten. Einschließlich der KV-ZW gehören jetzt 59 Mitglieder der aufgefrischten Sparte dem Zuchtbuch an; sie erhielten Informationsmaterial und Legelisten für die Zuchtbuchführung der Gruppe 1. Zur Ermittlung und Erhaltung gefährdeter Rassen haben von 543 Vereinen leider nur etwa 300 die Fragebögen ausgefüllt zurück geschickt. Der LV-ZW, Horst Schwämmle, bringt darüber seine Enttäuschung im Jahresbericht zum Ausdruck. Zu den Säumigen zählen nahmhafte OV und sogar solche, die zu Ungunsten der LV-Schau Sondergenehmigungen erhalten hatten. ZW-Schulungen in: S-Degerloch, Backnang, Sulz-Bergfelden, Almendingen und mit den KVJL in Sindelfingen standen wieder in regem Interesse.

Nach der einsichtigen Devise verfahren: „Wir sind für die Vereine da, und die nicht für uns" bescheinigte sich die PRV mit 120 tätigen Mitgliedern und 4 Anwärtern Selbsterkenntnis im Bemühen, die an sie in der Organisation gestellten Aufgaben zu erfüllen.

Die 1992 vom LVJL befürchtete Stagnation oder gar Rückläufigkeit in der LV-Jugendabteilung trat sicherlich Dank der Begeisterungsfähigkeit durch Ewald Dietz nicht ein. Grund zur Resignation war zu dieser Zeit nicht gegeben. Die KVJL-Tagung in Sindelfingen zog 50 Teilnehmer an; 2.000 Kinder folgten der Einladung zum Landesjugendtreffen in Talheim im KV Tübingen. Die LV-Jugendgeflügelschau in Ulm war wieder sehr gut beschickt. Leistungspreise errangen: Jens Müller, Mössingen; Melanie Widmann, Gmünd-Bettringen; Heiko Olf, Vaihingen und Christian Schädle, Illertissen. Siebenmal wurden „V" und 30-mal „HV" ermittelt. Zahlreiche Jungzüchter aus dem LV-Gebiet beteiligten sich bei der Bundesjugendschau in Nürnberg, wobei wieder Jens Müller und des Weiteren Andreas Esslinger aus Obersulm und Simone Weiß, Nordheim, besonders erfolgreich abgeschnitten hatten. Bei den Vereinsjugendschulungen haben 30 weibliche und männliche Jugendleiter zwei Seminarwochenenden teilgenommen. Ziel war es, alle Jugendleiter durch hoch qualifizierte Kurse für ihre Aufgaben vorzubereiten und sie auszubilden. Die Anerkennung als „Träger der freien Jugendhilfe durch das Kulturministerium sieht der LVJL optimistisch entgegen

Die Teilnahme am Landwirtschaftlichen Hauptfest Ende September 1995 in Stuttgart demonstrierte einmal mehr die Schönheit und Vielfalt des Rassegeflügels. In mehreren Volieren und Gehegen sowie auf Informations- und Schautafeln wurde einem breiten Publikum das ganze Spektrum der Rassegeflügelzucht präsentiert.

Erneut hatten es die Zuchtfreunde aus dem Stuttgarter Raum verstanden, in mustergültiger Weise auf unsere Freizeitbeschäftigung aufmerksam zu machen, was dann auch von Vertretern des zuständigen Ministeriums gewürdigt wurde.

Landesgeflügelschau 1995 in Ulm

Am 2. und 3. Dezember öffneten die Ulmer Messehallen für Aussteller und Besucher die Pforten zur 76. Landesgeflügelschau von Württemberg und Hohenzollern, für die der Minister für Ländlichen Raum, Ernährung, Landwirtschaft und Forsten von Baden-Württemberg, Dr. h.c. Gerhard Weiser die Schirmherrschaft übernommen hatte. Zum zweiten Mal waren nun die württembergischen Rassegeflügelzüchter mit ihrer Landesschau in der Münsterstadt Ulm zu Gast und zeigten insgesamt 5804 Tiere. Unter der Regie von Dieter Maile gestalteten die Mitglieder des Kreisverbandes Ulm eine würdige und sehenswerte Ausstellung, nicht zuletzt durch einen eindrucksvollen Ehrenhof im Eingangsbereich mit ausgesuchten Volieren, bei denen selbstverständlich die „Ulmer Schecken" nicht fehlen durften. Knapp 600 Tiere in der Jugendabteilung zeigten den Leistungsstand des Züchternachwuchses auf. Qualitativ war die Schau insgesamt bestens besetzt, denn 102 Tiere konnten von den Preisrichtern die Höchstnote erhalten und neben den heiß begehrten 68 Schwabenbändern für die Spitzentiere gab es noch 75 „Ulmer Gulden" – von der Ausstellungs-

leitung zur Verfügung gestellt – zu gewinnen. Mit einer alles in Allem glanzvollen Demonstration und einer gelungenen Werbung für die Rassegeflügelzucht hatte sich durch diese 76. Landesschau das Ulmer Ausstellungsteam für größere Aufgaben empfohlen. Diese sollten in den folgenden Jahren noch kommen.

Erinnerungsmedaille

Mammut-Rassegeflügelschau in Nürnberg

Im benachbarten Bayern ticken die Uhren eben doch anders – die Franken setzten Maßstäbe: Die Züchterwelt – wahrhaftig, wenn man so will die ganze – war vertreten. Wenn nicht als Aussteller, bei lähmender Kälte, aber strahlendem Sonnenschein zumindest als Gast. Etwa 75.000 Tiere standen in kilometerlangen Käfigreihen in sämtlichen Hallen des Nürnberger Messezentrums. Und was besonders überraschte, war die einzigartige Großvolierenschau von Ernst Mensinger aus Geiselwind. Viele Württemberger – sowohl als Aussteller wie auch Besucher – waren zum einem überdurchschnittlich erfolgreich und zum anderen fasziniert von den einzigartigen Begegnungen. Sie hatten es sich nicht nehmen lassen, diesem Großereignis ihre Reverenz zu erweisen. (siehe nächste Seite)

1996

Bundestagung in Cloppenburg

Zum wiederholten Male mußte sich der Bund gegen ministerielle Tierschutzpolemik wehren. Ein spannendes Anliegen, das die württembergische Züchtergemeinschaft in gleicher Weise trifft und mit großer Aufmerksamkeit verfolgt. Ein großes Paket von Themen war in diese Tagung geschnürt: sämtliche Ausschüsse hatten alle Hände voll zu tun sich abzustimmen. Höhepunkt war das Referat des weithin bekannten Haustierforschers Prof. Dr. Gerd Rehkämper.

Schwäbische Preisrichter in Aktion: W. Bauer, S. Mäckle und B. Fiechtner.

Generationswechsel an der Verbandsspitze

Ganz im Zeichen von Personalentscheidungen stand das Jahr 1996. Bereits in zwei Sitzungen hatte sich die Vorstandschaft mit dem Thema Verjüngung der Verbandsführung und dem damit verbundenen Wechsel an der Verbandsspitze befasst. Auf dem Landeszüchtertag am 1. und 2. Juni 1996 in Bad Urach wurden dann auch dieser Wechsel und mehrere personelle Veränderungen in der LV-Vorstandschaft vollzogen. Walter Gehring, seit 1986 Landesverbandsvorsitzender, verzichtete alters- und gesundheitshalber auf eine erneute Kandidatur. Er ließ in seinem Jahresbericht die vergangenen Jahre Revue passieren und bedankte sich bei allen, die ihn in dieser Zeit unterstützt hatten. Zu seinem Nachfolger wählten die Delegierten den bisherigen zweiten LV-Vorsitzenden Paul Klumpp aus Freudenstadt einstimmig. Damit war nach 22 Jahren wieder ein „echter Schwabe" an die Spitze des Landesverbandes gerückt. Dieser würdigte in einer kurzen Laudatio die großen Verdienste und den Fleiß des scheidenden Vorsitzenden Gehring. Klumpp hob vor allem hervor, von seinem Vorgänger einen wohl geordneten Verband zu übernehmen und dass ihm dies die Einarbeitung in die neue Funktion wesentlich erleichtern werde. Stellvertretender Vorsitzender wurde der bisherige Schriftführer Hans Vöhringer aus Plochingen. Für ihn wurde Dr. Uwe Bamberger, Ochsenhausen, zum Schriftführer und 3. Vorsitzenden gewählt.

Auch in der Funktion der Kassenführung gab es eine Änderung. Der langjährige 1. Kassierer Werner Krauss, Stuttgart, trat als 2. Kassierer ins zweite Glied; neuer 1. Kassierer und 4. Vorsitzender wurde Walter Mayer, Notzingen.

Die weiteren Ämter wurden wie folgt besetzt:

Zuchtwart: Horst Schwämmle, Heimsheim; Pressewart: Wilhelm Bauer, Nürtingen; Karteiführer: Hansjörg Opala, Schwäbisch-Hall; Jugendleiter: Ewald Dietz, Dettenhausen; Vorsitzender der Preisrichtervereinigung: Willi Wilbs, Bad Friedrichshall; Vorsitzender des Ehrengerichts: Franz Häfner, Pleidelsheim; Ringverteiler: Willi Kurz, Weinstadt-Endersbach; Käfiglagerverwalter: Robert Bock, Stuttgart-Feuerbach.

Der bisherige Landesvorsitzende Walter Gehring wurde zum Ehrenvorsitzenden mit Sitz und Stimme im Landesvorstand gewählt.

Aufwertung der Jugendarbeit

Das Jahr 1996 brachte für die Jugendabteilung des Landesverbandes eine enorme Aufwertung. Sie wurde als Träger der freien Jugendhilfe und außerschulischen Jugendbildung durch das Kultusministerium anerkannt. Damit verbunden waren die Berechtigung, amtlich anerkannte Jugendgruppenleiterausweise beim Ministerium zu beantragen, besonders aber auch Bezuschussungen und finanzielle Fördermittel durch das Land Baden-Württemberg von über 12.000 DM im Jahr 1996. Das jahrelange Bemühen in dieser Angelegenheit durch den Landesjugendleiter hatte sich also gelohnt.

Die allgemeine Freude über die staatliche

Jugendgruppe Lauterbach mit Bastelarbeiten bei der Rassegeflügelausstellung.

Unsere Jugend

im Landesverband der Rassegeflügelzüchter von Württemberg u. Hohenzollern

Unsere Jugend: Herausgegeben vom Landesverband,
bearbeitet von LVJL Karlheinz Oehler, Sachbearbeiter für das Ausstellungs-Wesen
Paul Klumpp und Pressereferent Günter Stach.

Wir stellen uns vor:
Herausgegeben vom Landesverband, bearbeitet von LVJL Ewald Dietz.

Förderung der Jugendarbeit wurde allerdings durch andere behördliche Auflagen getrübt. Eine neue Tiertransportverordnung und ein Erlass des Innenministeriums zur Einhaltung des Sonn- und Feiertagsgebots erschwerten die Arbeit der Kleintierzüchter. Sollten zunächst am Totensonntag generell keine Kleintierschauen mehr stattfinden dürfen, konnte in dieser Frage auf Intervention des Landesvorsitzenden Paul Klumpp glücklicherweise eine Kompromisslösung gefunden werden.

Auch die Fördermittel für den Bau von Zuchtanlagen waren aufgrund der staatlichen Sparzwänge in Frage gestellt. Bei einem Vorstellungsgespräch der vier Vorsitzenden der Kleintierzuchtverbände in Baden-Württemberg bei der neuen Landwirtschaftsministerin Gerdi Staiblin in Stuttgart war zu vernehmen, dass man sich zumindest auf eine Kürzung der Zuschüsse einzustellen habe.

Landesgeflügelschau in Stuttgart 1996

Einmal mehr war der Stuttgarter Killesberg Veranstaltungsort der Landesschau, dem Erntedankfest und Höhepunkt eines jeden Jahres für die Züchter. Vom 7. bis 8. Dezember 1996 stellten 833 erwachsene und 83 jugendliche württembergische Rassegeflügelzüchter insgesamt 6719 Tiere den 88 amtierenden Preisrichtern vor. Eine Bereicherung dabei waren sicherlich die 34 ausgestellten Bastelarbeiten der Jungzüchter. Erfreut über dieses Meldeergebnis zeigte sich Ausstellungsleiter und Vorsitzender des Vereins der Geflügel- und Vogelfreunde Stuttgart, Friedrich Mödinger, bei der Ausstellungseröffnung. Er bedankte sich besonders bei den über 200 Mitarbeitern aus allen Landesverbandsteilen, die durch ihren Einsatz diese repräsentative Schau bestens bewältigt hatten. Mit Blick auf die Zukunft wies er aber auch auf die immer höher steigenden Kosten einer solchen Großveranstaltung hin.

1997

Bundestagung in Oberhof

Das satzungsverankerte Verbot für den Titel „Deutscher Champion" wurde aufgehoben. Erfreulich waren die offiziellen Ehrungen u.a. des Erringers im Wettbewerb um den „Goldenen Siegerring" von 1996: Helmut Streicher aus Ilsfeld auf Zwerg-Minorka sowie die Ernennung zum Bundesehrenmeister Roland Weber, Kemnat – beide aus dem Landesverband von Württemberg und Hohenzollern.

Landeszüchtertag in Maichingen

Aus Anlass seines 75-jährigen Jubiläums hatte der Kleintierzuchtverein Sindelfingen-Maichingen die Ausrichtung der Verbandstagung vom 6. bis 8. Juni 1997 übernommen. Der eigentlichen Vertreterversammlung am Sonntag, 9. Juni 1997 waren wie üblich die Sitzungen des Vorstandes, des Ausschusses und des erweiterten Ausschusses vorausgegangen. Ein Empfang im kleinen Saal des Bürgerhauses in Maichingen durch Ortsvorsteher Ziegler rundete das abwechslungsreiche und von den Maichinger Züchterfreunden bestens organisierte Rahmenprogramm der Tagung ab.

Bei der Delegiertenversammlung selbst richtete sich das Interesse der Teilnehmer aber vor allem auf den neuen Landesverbandsvorsitzenden, der seinen ersten Landeszüchtertag in dieser Funktion zu bewältigen hatte. In souveräner und überzeugender Manier, wie er es wohl von seinen Vorgängern und Lehrmeistern Paul Doll und Walter Gehring gelernt hatte, führte Paul Klumpp Regie, so dass sich am Ende alle mit ihm über die bestandene Feuertaufe freuten.

Festschrift vom Verein der Geflügel- und Vogelfreunde Stuttgart e.V.

Zahlreiche Ehrengäste nahmen an der gut besuchten Versammlung teil, wovon besonders der Vertreter des Landwirtschaftsministeriums aus Stuttgart, Herr Landwirtschaftsrat Liedel, der Vorsitzende des Landesverbandes der Kaninchenzüchter, Manfred Rommel, der Ehrenvorsitzenden des Landesverbandes Walter Gehring und Hermann Klotz sowie Rudi Weber vom Gastgeberverein Maichingen und Günter Rottler vom Kreisverband Böblingen herzlich begrüßt wurden. Den Berichten der Ausschussmitglieder war zu entnehmen, dass umfangreiche Verwaltungs- und Repräsentationsaufgaben zu leisten waren, um den 30.203 Mitgliedern des Landesverbandes aus 29 Kreisverbänden und 543 Vereinen gerecht zu werden.

Der weit über den Landesverband hinaus bekannte Züchter, Preisrichter und Tierillustrator Roland Weber aus Kemnat, der anlässlich der Bundesversammlung des BDRG in Oberhof zum Bundesehrenmeister ernannt worden war, erhielt vom 1. Vorsitzenden Paul Klumpp ein Geschenk des Landesverbandes als Anerkennung für sein Wirken in der Rassegeflügelzucht. Zu Meistern der Württembergischen Rassegeflügelzucht wurden die Zuchtfreunde Werner Seitter und Werner Wankmüller ernannt.

Landesjugendtreffen und Landesjugendschau 1997

Für die Jungzüchter des Landesverbandes. brachte das Jahr 1997 gleich zwei echte Höhepunkte. Zunächst stand das Landesjugendtreffen vom 4. bis 6. Juli 1997 in Münsingen auf dem Programm. Gemeinsam mit der Züchterjugend des Landesverbandes der Kaninchenzüchter hatten sich über 2.000 Teilnehmer (!) für diese Veranstaltung auf der Schwäbischen Alb angemeldet und es bedeutete schon eine enorme Herausforderung für den durchführenden Kleintierzuchtverein Münsingen dieses Jugendtreffen zu organisieren. Trotz der schlechten Wetterverhältnisse an diesem Wochenende, wo verschiedene Programmpunkte fast buchstäblich ins Wasser gefallen waren, war es den Verantwortlichen um Jürgen Schmuda aber bestens gelungen, ein Fest der Superlative für die Jugendlichen durchzuführen.

Knapp 900 Tiere und 40 Bastelarbeiten waren für die eigenständige Landesjugendschau am 1. und 2. November 1997 nach Heidenheim gemeldet, worauf Ausstellungsleiter Karl Haug vom Verein der Kleintier- und Vogelfreunde Heidenheim besonders stolz war. Die Heidenheimer „Karl-Rau-Halle" bot beste Voraussetzungen für die Ausstellung und die erstmalige Vergabe eines „Württembergischen Landesjugendmeisters" war sicherlich auch Anreiz genug für dieses beachtliche Meldeergebnis.

46. Deutsche Rassetaubenschau in Sindelfingen

War der Ausstellungsleiter, Nikolaus Tischler, von deutlich weniger Nennungen ausgegangen, überraschten ihn über 17.000 Tiermeldungen ganz und gar. So erfreut sich die Ausstellungsleitung auch zeigte, musste diese Flut Rassetauben schließlich untergebracht werden. Der doppelstöckige Aufbau war nicht zu vermeiden wie ebenso die Inanspruchnahme des obersten Rangplateaus. Im ausgeschmückten Foyer konnte man ein wirkliches Schmuckstück beim Jahresereignis des Verbandes Deutscher Rassetauben bewundern: eine von Max Holdenried mit 55 Farbentaubenfiguren besetzte Glasvitrine. Eine wahre Meisterleistung dieses Künstlers, dem dafür ein VDT-Ehrenband zugesprochen und anlässlich der Jahreshauptversammlung zum Meister der Deutschen Rassetaubenzucht ernannt wurde. Diese Deutsche Rassetaubenschau war sehr stark besucht, viele Besucher kamen aus dem Ausland, darunter Stammgäste aus den USA, die europäische Verbandsspitze war vertreten, sämtliche Fachverbände des BDRG waren zugegen sowie die offiziellen Vertreter der Stadt und des Kreises, den Fleißigen des Vereins der Geflügel- und Vogelfreunde von Sindelfingen ihre Anerkennung zu erweisen. Die Schirmherrschaft hatte die Landwirtschaftsministerin Frau Gerdi Staiblin übernommen – Ministerialdirigent Dr. Brückner eröffnete an ihrer Stelle als Vertreter diesen auch in der Landesverbandsgeschichte markant heraus ragenden Glanzpunkt.

46. Deutsche Rassetaubenschau in Sindelfingen: Katalogtitelseite und Erinnerungsmedaille gestaltet von Max Holdenried.

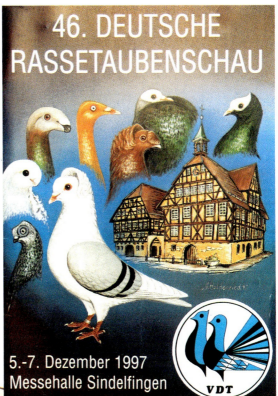

Stets im Einsatz – der Informationsstand des Landesverbandes (von links): Jochen Kälber, Ewald Dietz und Paul Klumpp ...

... und immer präsent (von links): Frau Birgit Klumpp, Jochen Kälber und seine Lebensgefährtin sowie Nachfolger LVJL Heinz Wangner.

1998

Tierschutzparagraph bereitet Sorgen

Die Halter von Tieren jeglicher Art sind in der Öffentlichkeit zunehmend unter Druck geraten. So genannte Tierschützer berufen sich auf den § 11 b des Naturschutzgesetzes und nehmen nach ästhetischen Empfindungen Anstoß an auffälligen Formen und angeblich behindernden Strukturen von historischen Geflügelrassen. In Hessen war es deshalb sogar zu Ausstellungs- und Zuchtverboten gekommen. Aus diesem Grunde trugen sich die Besucher bei Ausstellungen und sonstiger Zusammenkünfte in vorbereiteten Listen ein, damit bei der Bundesregierung gegen solche Anmaßungen offiziell zu protestieren. Die Aktion bewertete BDRG-Präsident Edwin Vef als dienlichen Erfolg. Für die Erhaltung aller gegenwärtig in Deutschland gezüchteten Haustierrassen beteiligten sich bundesweit außerdem 56 namhafte MdB, 76 Landtagsabgeordnete, 33 Landräte und immerhin 390 Ober- und Bürgermeister. Zurecht bedauerte er aber auch, dass die Basis in dieser Angelegenheit nur halbherzige Solidarität bewies. Anstelle eines Empfanges gab es am 18. Juni 1998 bei der zuständigen Bundesbehörde lediglich eine Übergabe der Sammelordner mit etwa 130.000 Unterschriften. Der amtierende Bundeskanzler Dr. H. Kohl hatte es abgelehnt, sich damit zu befassen. Vom Statement des Herrn Prof. Dr. H. J. Schille, quasi zur Unterstreichung dieses stillen Aufbegehrens der Rassegeflügelorganisation vorgetragen, nahm das zuständige Landwirtschaftsministerium nur wenig Notiz – an so wichtiger Stelle vor Ort hatte sich die Delegation in Anbetracht dieser sowohl aufwendigen als auch zu erwirkendem Verständnis führenden Aktion mehr Hochachtung versprochen.

Das neue Bewertungssystem

Während der Diskussionen um die Bewertungsskala von o.B. bis V seit Anbeginn der Qualitätseinstufung um das Rassegeflügel stellte dieses doch im Laufe der Generationen umstrittene Schulsystem Präsident E. Vef wiederholt 1995 öffentlich in Nürnberg abermals in Frage. Im Osten Deutschland hatte sich die Rassegeflügelzüchterorganisation ohnehin schon von der traditionellen Bezeichnung anstelle des „Preis-" namentlich für Zuchtrichter entschieden. Ein „hv" – wie im Westen eingeführt – war dort nicht gegeben. Lange genug diskutiert und abgewogen und vor allem in Anpassung europäischer Gepflogenheiten der Zukunft zugeneigt, entschloss sich der Verband Deutscher Rassegeflügel-Preisrichter infolge der Zuarbeit aller Fachverbände im BDRG paritätisch zu den bisherigen Qualitätsnoten das abstufbare, von 0 bis 97 = „V" für die Höchstnote reichende Punktesystem ab der Schausaison 1998 einzuführen. Hierbei sollen bei gleicher Bewertungspraxis zwischen den Einzeltieren dennoch spezifische Unterschiede deutlich gemacht werden können, die schließlich die Auswertung der Punktezahl und die Errechnung von Meisterschaften erleichtern.

Die Einführung dieses erstmals 1998 modernen, in parallelen Disziplinen der Kleintierzucht längst angewendeten Modus fand in Züchterkreisen schon während der Vorbereitungsphase regen Zuspruch, wobei es bei der Bewertung als solcher zu keinerlei Einschnitte kommt, lediglich die Punkteskala einen größeren Spielraum der Einschätzung zulässt. Mit der Aufforderung: „Gebt dem Fortschritt eine Chance!" wendete sich der Vorsitzende des Verbandes Deutscher Rassegeflügel-Preisrichter, Manfred Grein, an die Funktionäre und bat sie in einem Aufruf in den BDRG-Informationen 1998 um Zustimmung.

Note:	V	=	97 Punkte
	hv	=	96 Punkte
	sg	=	95, 94 und 93 Punkte
	g	=	92 und 91 Punkte
	b	=	90 Punkte und weniger
	u	=	0 Punkte
	o.B.	=	0 Punkte

Bundesversammlung in Görlitz

Aus Anlass des 200. Geburtstages von Robert Oettel, dem Begründer der deutschen Rassegeflügelzucht, hatte der LV von Sachsen eingeladen. Das Eröffnungszeremoniell vollzog sich am historischen Oettel-Denkmal, das mit großzügiger Unterstützung des württembergischen Landesverbandes eine Restauration erfuhr. Ein bedeutsamer Beschluss durch die Bundesversammlung war die Einführung des neuen Bewertungssystems. Neuerdings wird nunmehr ein Stempel in Verbindung mit der Unterschrift des Preisrichters gefordert – somit wird dieser Ausstellungsnachweis zu einem Dokument favorisiert. Bei der Wahl von Paul Klumpp zum BDRG-Schriftführer erfuhr der LV – Württemberg und Hohenzollern die ihm doch zustehende, allerdings nur eineinhalb Jahre während Aufwertung. Meinungsverschiedenheiten führten alsbald wieder zur Aufgabe dieses Postens. Auf der züchterischen Seite mit den ausgezeichneten Bundesehrenmeistern: Rudi Buttmann, Riedlingen sowie Gottlob Wolfer aus Filderstadt, gab es dennoch einen längerfristigen Grund zur Freude.

Landeszüchtertag 1998 in Baiersbronn-Mitteltal

Von einem „Heimspiel für den neuen Landesverbandsvorsitzenden" war in der Fachpresse im Rückblick auf den Landeszüchtertag vom 5. bis 7. Juni 1998 in Baiersbronn-Mitteltal zu lesen. Geprägt war das Wochenende von Harmonie und Einmütigkeit, denn trotz manch sachlich unterschiedlicher Meinung verliefen die Sitzungen der verschiedenen Gremien reibungslos und erbrachten zukunftsweisende Beschlüsse. So wurde u.a. von den Delegierten befürwortet, der 81. Nationalen

Rassegeflügelschau im Jahr 1999 in Ulm die Württembergische Landesgeflügelschau anzugliedern. Ebenfalls befürwortet wurde der Antrag des Kreisverbandes Ulm, sich um die Durchführung der BDRG-Tagung im Jahr 2001 zu bewerben. Allerdings gab es einen großen Wermutstropfen zu schlucken, denn das Land Baden Württemberg hatte zu Beginn des Jahres mitgeteilt, dass die bisherige finanzielle Förderung zum Bau von Gemeinschaftszuchtanlagen aufgrund der angespannten Lage des Landeshaushaltes ab sofort eingestellt werde. Es war also keine leichte Aufgabe für den Vertreter des Landwirtschaftsministeriums, Herrn Landwirtschaftsrat Liedel, den Delegierten des Züchtertages diese Maßnahme zu erläutern. Es blieb aber die Hoffnung, dass die Förderung in finanziell und wirtschaftlich besseren Zeiten wieder aufgenommen werde.

Bei den anstehenden Wahlen der Vorstands- und Ausschussmitglieder gab es keine personellen Veränderungen, lediglich die Wahl durch die Kreisjugendleiter von Heinz Wangner als Nachfolger des bisherigen Landesjugendleiters Ewald Dietz, der für dieses Amt nicht mehr kandidiert hatte, wurde einstimmig bestätigt. Zu neuen „Meistern der württembergischen Rassegeflügelzucht" wurden die Zuchtfreunde Wilhelm Berger aus Tübingen, Ferdinand Lock aus Bad Friedrichshall und Leo Heubach aus Wurmlingen ernannt. Mit besonderer Freude wurde die Tatsache aufgenommen, dass der Landesvorsitzende Paul Klumpp anlässlich der Bundesversammlung in Görlitz zum Schriftführer und damit in das Präsidium des BDRG gewählt worden war.

Die Beteiligung des Landesverbandes am 94. Landwirtschaftlichen Hauptfest im September 1998 auf dem Cannstatter Wasen und bei der Heimtiermesse „Animal" Ende November auf dem Killesberg waren einmal mehr eine echte Werbung und ein Erfolg für den Landesverband und die Rassegeflügelzucht insgesamt. Das Engagement des Landesverbandes beim Landwirtschaftlichen Hauptfest wurde sogar mit einer Plakette des Bundeslandwirtschaftsministeriums gewürdigt. Diese Möglichkeiten der Öffentlichkeitsarbeit – dank der guten Beziehungen zum Landwirtschaftsministerium und zur Messe Stuttgart – sollen auch in Zukunft verstärkt genutzt werden, da man so ein breites Publikum ansprechen und mit unserem Hobby in Berührung bringen kann.

Nachruf Hermann Klotz

Eine Woche nach seinem am 26. 9. 1998 begangenen 70. Geburtstag musste Hermann Klotz aus diesem Leben Abschied nehmen. Unerwartet, beim Begleichen einer Rechnung anlässlich der Feierlichkeiten aus diesem Anlass brach er tot zusammen. Die Fachpresse zeichnete zuvor den leidenschaftlichen Einsatz dieses Mannes auf, um seine Person verdientermaßen zu würdigen, aber ihm auch Dank sagend aus der Masse Mensch hervorzuheben. Schon im Jugendalter übernahm er 1950 in seinem Heimatverein Markgröningen die Jugendgruppe, um ihn acht Jahre später nach Ausübung einiger Ämter für 15 Jahre als 1. Vorsitzender zu übernehmen. Während seiner Tätigkeit als Vorsitzender, Ehrenvorsitzender und General-

Ehrenurkunde von Bundeslandwirtschaftsminister Karl-Heinz Funke mit Plakette.

bevollmächtigter wurden für einen Verein so gewaltige Aufgaben wie der Kauf und Umbau einer Gaststätte, der Bau eines Vereinshauses, einer mustergültigen Zuchtanlage, eines Hotel Garni und nicht zuletzt einer vereinseigenen Ausstellungshalle geplant und in die Tat umgesetzt, wobei Hermann Klotz als studierter Architekt und Bauleiter trotz seiner beruflichen Tätigkeit als leitender Baudirektor der Stadt Stuttgart freizeitlich tätig war. Im LV der Geflügelzüchter bekleidete er sechs Jahre lang das Amt des Schriftführers, vier Jahre das Amt des 2. Vorsitzenden, ehe er 1972 zum LV-Vorsitzenden gewählt wurde. Durch den plötzlichen Tod seiner Frau musste er die segensreiche Arbeit schon nach zwei Jahren wieder beenden. Der BDRG-Ehrenmeister und Meister der württembergischen Rassegeflügelzucht gehörte zu den erfolgreichsten Züchtern des Landes. Mit seinen Fränkischen Samtschildern und Süddeutschen Farbentauben errang er zahlreiche Ehrenbänder und begehrte Trophäen auf regionalen und Bundesschauen.

78. Landesgeflügelschau 1998 auf dem Killesberg

Höhepunkt der Ausstellungssaison im Jahr 1998 war selbstverständlich wieder einmal die Landesgeflügelschau am 12. und 13. Dezember auf dem Stuttgarter Killesberg. Erstmals hatte die neue Landwirtschaftsministerin Gerdi Staiblin die Schirmherrschaft übernommen. Wegen anderweitiger Verpflichtungen konnte sie selbst allerdings an der offiziellen Eröffnung nicht teilnehmen, doch war mit dem ehemaligen Landwirtschaftsminister und jetzigen Vizepräsidenten des Landtages von Baden-Württemberg, Gerhard Weiser, Ehrenmitglied im Landesverband, hochrangige Politprominenz vertreten. Er würdigte in seinem Grußwort die Leistungen der württembergischen Rassegeflügelzüchter ebenso wie der BDRG-Präsident Edwin Vef, der es sich nicht hatte nehmen lassen, zu der Eröffnungsfeier aus Wiesbaden anzureisen. Rund 6.500 Tiere wurden den Preisrichtern und Besuchern vorgestellt und in einem mustergültigen Aufbau mit breiten Gängen und dekorativem Blumenschmuck präsentiert. Die Jugendzüchter zeigten allein 650 Tiere und wetteiferten zum zweiten Mal um den Titel „Württembergischer Jugendmeister". Verantwortlich für die Organisation waren wieder die Stuttgarter Freunde um Ausstellungsleiter Friedrich Mödinger, die sich erneut mit großem Engagement und Einsatz um die Rassegeflügelzucht im Landesverband verdient gemacht hatten. Auch war es eine ehrenvolle Würdigung für den früheren langjährigen Landesvorsitzenden und Ausstellungsleiter der Stuttgarter Landesschauen, Walter Gehring, dass im Rahmen dieser Eröffnungsfeier mitgeteilt wurde, dass er für seine Verdienste um die Rassegeflügelzucht mit dem Bundesverdienstkreuz ausgezeichnet worden war.

1999

Bundesversammlung bejaht am 8. Mai 1999 in Cottbus den Bau eines Wissenschaftlichen Geflügelhofes

Um die Einrichtung eines organisationseigenen Geflügelhofes gab es im Vorfeld auf das Drängen im Verbandsgeschehen sehr abwägende Diskussionen. Und so waren die Anwesenden doch sehr überrascht, als – zum Höhepunkt der Tagesordnung geworden – Prof. Dr. Gerd Rehkämper der Bundesversammlung mitteilte, dass sich der BDRG am Vortage entschieden hätte, im Kulturzentrum Rommerskirchen-Sinsteden einen wissenschaftlich geführten Geflügelhof einzurichten. Diese von ihm betreute Liegenschaft dient der Forschung zur Biologie des Rassegeflügels der Öffentlichkeitsarbeit zum Thema Rassegeflügel und der Dienstleistung wie zum Beispiel dem Erhalt der genetischen Vielfalt oder der Leistungskontrolle. Als erste wissenschaftliche Projekte sind vorläufig geplant: „Bedeutung von Kopfpunkten und Schwanzformen bei Hühnern", „Frequenz und Wirkung einzelner Elemente des Balzverhaltens bei Kropftauben im Vergleich zu anderen Taubenrassen ohne Blaswerk" oder „Entwicklung sensomotorischer Leistungen bei haubentragenden Enten".

Die Bundesversammlung beschloss die Herabsetzung des Eintrittalters für die jugendlichen BDRG-Mitglieder von 6 auf 4 Jahre. Dr. Uwe Bamberger, bislang der Stellvertreter, übernimmt nach Ausscheiden von Dr. H. Schmidt den Vorsitz des Tierschutzbeirates; er bemerkt: Das Tierschutzgesetz ist 1998 novelliert worden, und er steht voll und ganz hinter den im Tierschutz geregelten Paragraphen. Vornehmlich von Interesse sind der § 2, der die Zucht und Haltung regelt, sowie der § 11 b, als Qualzuchtparagraph, der sowohl in die Schlagzeilen als auch Diskussionen geraten, bekannt geworden ist. Ziel des Beirates ist, das Rassenspektrum in seiner vitalen Form zu erhalten und mit ihm Akzeptanz in der Öffentlichkeit zu finden.

Dem Antrag des LV Württemberg und Hohenzollern auf Änderung der Ehrengerichtsordnung, den Kostenvorschuss von 300 auf 500,- DM zu erhöhen wurde mehrheitlich zugestimmt.

Landeszüchtertag in Freudenstadt

In der Heimatstadt des Landesvorsitzenden und von ihm persönlich organisiert, fand vom 4. bis 6. Juni 1999 der Landeszüchtertag statt. Anlass, erneut im Schwarzwald und zum dritten Mal in Freudenstadt zu tagen, war das 400-jährige Jubiläumsfest der Stadt mit dem größten Marktplatz in Deutschland. Die Unterbringung der Delegierten war hervorragend organisiert und das Kurhaus von Freudenstadt bot beste Voraussetzungen für die Tagungen der Gremien und das Wohlbefinden der Teilnehmer. Zügig und reibungslos verliefen denn auch die Sitzungen, bei denen wieder die Weichen für das kommende Jahr gestellt wurden.

Insbesondere wurden die Möglichkeiten erörtert, ein eigenes Lagergebäude für die verbandseigenen Ausstellungskäfige zu erwerben oder zu erstellen. Personell musste leider eine Veränderung beschlossen werden, da der Landesverbandskassierer Walter Mayer aufgrund schwerer Erkrankung seine Aufgaben nicht mehr wahrnehmen konnte. Für ihn wurde einstimmig sein Vorgänger im Amt und jetzige zweite Kassierer, Werner Krauss, wieder zum ersten Verbandskassierer und dessen Sohn Jürgen Krauss zum zweiten Verbandskassierer gewählt. Die Zuchtfreunde Lothar Petzold und Otto Balb wurden zum „Meister der Württembergischen Rassegeflügelzucht" ernannt.

Im Oktober des Jahres 1999 wurde das lange diskutierte Vorhaben um eine Lagerhalle für die verbandseigenen Ausstellungskäfige schließlich konkretisiert. In einem ersten Schritt zur Umsetzung des Vorhabens wurde in Weil der Stadt/Merklingen von der Gemeinde ein Grundstück zum Bau einer Lagerhalle erworben. Gleichzeitig wurde ein Bauausschuss gegründet, dem die Zuchtfreunde Paul Klumpp, Werner Krauss, Willi Kurz, Horst Schwämmle und Robert Bock angehörten. Diesem Ausschuss oblag es nun, die weiteren Schritte einzuleiten und die Planungen so weit voranzubringen, dass das Projekt im kommenden Jahr umgesetzt und zum Abschluss gebracht werden kann.

81. Nationale Rassegeflügelschau 10.–12. Dezember 1999 in Ulm

Vom KV Ulm inszeniert, gestaltete sich diese „Nationale" im zu Ende gehenden Jahrhundert nach zweimal in Nürnberg mit rd. 32.000 Ausstellungstieren zu einer der größten ihrer Art in der Geschichte des Bundes. Dieses Aufkommen von annähernd 4.000 Ausstellern sorgte bereits am Einlieferungstag in der Domstadt für Aufsehen: Das Verkehrsleitsystem brach am Mittwoch total zusammen. Das gesamte Kontingent der Ausstellungstiere musste in acht Hallen untergebracht werden. Bei so vielen gemeldeten Tieren – ablehnen wollten die Ulmer Zuchtfreunde nicht – blieb dem AL-Team, mit Ausnahme eines Teils des Groß- und Wassergeflügels und der Jugendabteilung – nur noch ein doppelstöckiger Käfigaufbau übrig, die Schaukandidaten unterzubringen. Es war dem hartnäckigen AL Dieter Maile und seiner Mannschaft zu verdanken, dass diese Bundesschau nicht in einem Chaos endete: zuerst wurde ein Ursprungszeugnis verlangt, das nirgendwo mehr üblich ist und dann nörgelte die Feuerwehr am Käfigbehang herum, sie könne zur Brandursache werden. Die erfreulichen Aspekte aber überwogen – die 81. Nationale beschrieb die Fachpresse als die „Schau der Schauen". Eine ausdrückliche Anerkennung, die hätte nicht besser ausfallen können. Das Ambiente passte: Reichhaltiger Blumenschmuck, eine solide sortierte Industrieschau, schmucke Volieren und die im Blickpunkt stehende, von LV-Zuchtwart Horst Schwämmle kreierte Eierschau, verschafften den Besuchern wirklich ein Wohlsein. Sehr aufwendig und harmonisch integriert die Bundesjugendschau mit hochwertigen Exponaten beim Bastelwettbewerb. In seinem Grußwort vermerkte Präsident Edwin Vef im Hinblick auf das Tierzuchtgeschehen: „Die Kunst ist ewig – das Leben lang." Die

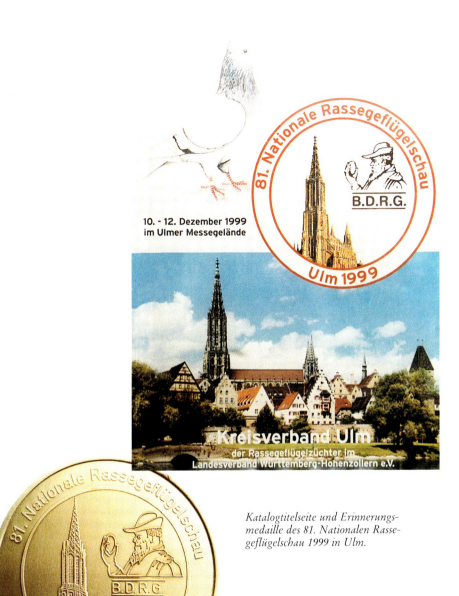

Katalogtitelseite und Erinnerungsmedaille des 81. Nationalen Rassegeflügelschau 1999 in Ulm.

deutsche Rassegeflügelzucht hat zu allen Zeiten Künstler in ihren Reihen gehabt, die es verstanden haben, nach dem Gedanken „Züchtet rein und züchtet echt" ihres Nestors und Begründers der deutsche Rassegeflügelzucht, Robert Oettel, zu handeln. So zeichnete sich in den Hallen mit Flair eine Atmosphäre ab, die sich auf die in den Weihnachtsvorbereitung steckenden Menschen übertrug. Die Schirmherrschaft hatte der baden-württembergische Ministerpräsident, Erwin Teufel, übernommen, sich bei den Eröffnungsfeierlichkeiten jedoch von Ministerialdirektor R. Arnold vertreten ließ. Integriert war zudem die 79. LV-Schau von Württemberg und Hohenzollern und ein weiterer Höhepunkt die Ernennung schwäbischer Züchter zu Ehrenmeistern des BDRG: Eduard Bartholomä, Karl Diez, Heinz Eckloff, Kurt Härle, Friedrich Mödinger, Ewald Peter, Ottmar Sauter, Rudolf Schimmel und Hermann Weniger. Leser des Kataloges, vor allem die aus dem Schwäbischen, konnten sich an Erinnerungen an die 1934, vor 65 Jahren in Stuttgart stattgefundene „Nationale" erfreuen. Zfrd. Günter Stach hatte den damaligen Katalog zugrunde gelegt und familiäre Verbindungen der Mitarbeiter aus dieser Zeit und ihren Nachfahren hergestellt. An gleicher Stelle machte er die Katalogbesitzer weiterhin mit der Geschichte der Rassegeflügelzucht in Württemberg vertraut und beschrieb die Ulmer Traditionen. Im Nachhinein betrachtet wurde diese Nationale allen ihren Anforderungen gerecht. Für Württemberg und Hohenzollern schrieb sie ihre eigene Geschichte Dank der zuverlässigen Mitarbeiter aus dem gesamten KV-Gebiet sowie der treuen Helfer aus der näheren und weiteren Umgebung.

2000

Das neue Jahrtausend stand an seinem Beginn unter keinem günstigen Sternenhimmel: Wegen der grassierenden Klassischen Geflügelpest – gegen die kein Impfschutz angewandt wird und in Italien bereits 12,5 Mio. Tiere getötet werden mussten, zeigte man sich doch einigermaßen beruhigt, weil diese ein Siechtum auslösende Krankheit bislang noch nicht nach Deutschland übergegriffen hat.

Der Bund – zuvor sich ablehnend verhalten – sieht sich mit der Einrichtung der eigenen Geschäftstelle am 25. September 1998 in Offenbach am Main nun doch befähigt, mit der eingestellten Geschäftsführerin anstehende Aufgaben auch auf Rechtswegen eher lösen zu können.

Am 18. 3. 2000 hatte der Bund zusätzlich zu einer notwenig gewordenen Präsidiumssitzung nach Bad Sassendorf-Ostinghausen eingeladen. Im Wesentlichen ging es inhaltlich um die Belange des in der konkreten Entwicklungsphase befindlichen Wissenschaftlichen Geflügelhofes. Außerdem nahmen die Neufassung der Allgemeinen Ausstellungsbestimmungen sowie die Behandlung – darunter keiner aus Württemberg stammend – von nicht weniger als 34 Anträgen ein.

163. Bundesversammlung in Bremen

Dr. Uwe Bamberger wurde seiner Aufgabenbewältigung im Rahmen des schrittweisen Ermessens als Bundes-Tierschutzbeauftragter durchaus gerecht. Pro und contra waren auszunivellieren; so ging der Tierschutzbeirat mit verschiedenen Gutachterpunkten der Kritikerseite konform, in dem auch er bei Haubenhühner der verlangten Sichtfreiheit zustimmt.

Landeszüchtertag 2000 in Ulm

Im Messezentrum der Donaustadt Ulm, wo ein halbes Jahr zuvor die Nationale Rassegeflügelschau stattgefunden hatte, trafen sich vom 2. bis 4. Juni 2000 die Delegierten der Kreisverbände zum Landeszüchtertag. Unter der Leitung des rührigen Kreisvorsitzenden Dieter Maile hatten sich die Ulmer Zuchtfreunde erneut in die Pflicht nehmen lassen und für den Landesverband eine Veranstaltung organisiert. Anlass für dieses erneute Engagement waren das 125-jährige Jubiläum des Ulmer Vereins der Geflügel- und Vogelfreunde sowie das 100-jährige Bestehen des Kreisverbandes Ulm der Rassegeflügelzüchter.

Landesvorsitzender Paul Klumpp konnte neben den Vertretern aller 29 Kreisverbände besonders den Oberbürgermeister der Stadt Ulm, Herrn Ivo Gönner, und als Vertreter des Landwirtschaftsministeriums dessen Ansprechpartner für die Geflügelzüchter, Herrn Liedel, begrüßen. Dieser hatte es in diesem Jahr leichter, vor die Delegierten zu treten, denn er konnte erfreulicherweise vermelden, dass ab dem laufenden Jahr wieder Fördergelder für den Bau von Zuchtanlagen aus dem

LV-Vorsitzender Paul Klumpp und die ernannten Meister der Württembergischen Rassegeflügelzucht: Dieter Maile und Horst Schwämmle (von links).

Haushalt des Landes Baden-Württemberg zur Verfügung stehen. Viele Vereine, die die Errichtung einer Zuchtanlage beabsichtigten, konnten also etwas aufatmen und die Finanzierung ihrer Bauvorhaben gestaltete sich somit wieder etwas einfacher.

Nicht ohne Stolz berichtete der Landesvorsitzende vom Baufortschritt der Käfiglagerhalle in Weil der Stadt/Merklingen. Aller Voraussicht nach werde man noch im Spätsommer das Gebäude einweihen und seiner Bestimmung übergeben können. Leider war aber auch mitzuteilen, dass der Mitgliederstand rückläufig sei und dem Landesverband derzeit nur noch 29.737 Mitglieder aus 543 Vereinen angehörten.

Als neue Kreisverbandsvorsitzende konnten Gudrun Zwissler (Freudenstadt), Wilfried Weiler (Göppingen), Richard Lung (Obere Filder) Martin Esterl (Oberes Filstal) und Ernst Rössler (Überlingen) vorgestellt werden.

Zum „Meister der Württembergischen Rassegeflügelzucht" wurden die Zuchtfreunde Horst Schwämmle (Heimsheim), Dieter Maile (Ulm), Reinhold Fischer (Süßen) und Jakob Jung (Heilbronn) ernannt.

Die turnusgemäßen Wahlen von Vorstandschaft und Ausschuss brachten unter der Leitung von Kurt Härle folgendes Ergebnis: 1. Vorsitzender: Paul Klumpp; 2. Vorsitzender: Hans Vöhringer; Schriftführer: Dr. Uwe Bamberger; 1. Kassierer:

Werner Krauss; 2. Kassierer: Jürgen Krauss; Zuchtwart und Zuchtbuch: Horst Schwämmle; Karteiführer und EDV-Verwaltung: Hansjörg Opala; Verwalter Käfiglager: Robert Bock; für den seitherigen Pressewart Wilhelm Bauer wird Martin Esterl berufen. Ebenso einstimmig wie die Vorstandsmitglieder werden auch Willi Wilbs als Vorsitzender der Preisrichtervereinigung, Heinz Wangner als Landesjugendleiter, Willi Kurz als Ringverteiler und Franz Häfner als Vorsitzender des Ehrengerichtes in ihren Ämtern bestätigt.

Landesverband hat nun eigene Halle

Was lange währt, wird endlich gut! Am 8. September 2000 war es schließlich soweit, dass die eigene Käfiglagerhalle des Landesverbandes in einer kleinen Feierstunde ihrer Bestimmung übergeben wurde. Landesvorsitzender Paul Klumpp konnte an diesem Tag schon von einem Meilenstein in der Geschichte des Landesverbandes der Rassegeflügelzüchter von Württemberg und Hohenzollern sprechen, denn zwei Jahre lang hatte man nach Unterbringungsmöglichkeiten für die eigenen Ausstellungskäfige und das sonstige Inventar gesucht und dabei u.a. stillgelegte Bahnhöfe, Fabrikgebäude oder Bauernhöfe für den Zweck ins Auge gefasst. Auch war lange Zeit eine Gemeinschaftslösung mit dem Landesverband der Kaninchenzüchter im Gespräch. Schließlich hatte man sich für den Neubau in Weil der Stadt/Merklingen entschieden und mit einer Halle von 375 qm auf einem 7,5 Ar großen Grundstück die wohl beste Lösung gewählt, wie auch die verschiedenen Redner anlässlich der Einweihungsfeier betonten. Allen voran hatte es sich der ehemalige Landwirtschaftsminister von Baden-Württemberg und Ehrenmitglied des Landesverbandes, Dr. hc. Gerhard Weiser, nicht nehmen lassen, der Feierstunde beizuwohnen und die Leistung des Verbandes zu würdigen. Allenthalben war man der Meinung, dass mit dem Hallenbau ein Stück Zukunftssicherung für den Verband geschaffen worden sei. Maßgeblich beteiligt an der Verwirklichung und Betreuung des Projektes waren vor allem die Zuchtfreunde vor Ort: Robert Bock, Willi Kurz, Horst Schwämmle und Werner Krauss haben sich hier mit dem sprichwörtlich schwäbischen Fleiß, ihrer Einsatzbereitschaft und Beharrlichkeit um den Landesverband mehr als verdient gemacht, wofür ihnen allseits gedankt wurde.

80. Landesgeflügelschau auf dem Killesberg

Die Durchführung der Landesverbandsschau 2000 lag erneut in den bewährten Händen des Vereins der Geflügel- und Vogelfreunde aus Stuttgart unter der Ausstellungsleitung von Friedrich Mödinger. Der durch die sonstige Belegung der Stuttgarter Messehallen bedingte Termin der Schau am 16. und 17. Dezember erwies im Nachhinein allerdings als unglücklich, denn zeitgleich fand in Nürnberg die große Jahrtausendschau „Rassegeflügel 2000" statt, was sich auf das Meldeergebnis in Stuttgart auswirkte. Knapp 4.500 Tiere waren für württembergische Verhältnisse doch schon etwas dürftig. Trotzdem bezeichnete Landesvorsitzender Paul

Der Stolz des Landesverbandes – das Käfiglager, die neue Halle.

Ein Teil des Bauausschusses mit P. Klumpp, W. Krauß und H. Schwämmle.

Die Torseite – die Beschriftung gefällt.

Käfiglagerverwalter und Hausherr Werner Schwab, rechts daneben KV-Vorsitzender Günter Rottler.

Fotos: W. Krauß (2)
G. Stach (2)

Klumpp bei der Eröffnung die Schau als „klein, aber fein" und freute sich ganz besonders darüber, dass die Schirmherrin der Ausstellung, Landwirtschaftsministerin Gerdi Staiblin, erstmals persönlich an der Eröffnungsfeier einer Landesgeflügelschau teilnehmen und sich ein eigenes Bild von der Arbeit der Rassegeflügelzüchter machen konnte. Paul Klumpp konnte sich daher bei dieser Gelegenheit auch persönlich bei der Ministerin für die im Jahr 2000 wieder aktivierte Förderung des Zuchtanlagenbaus durch das Land Baden-Württemberg bedanken. In einem kurzen Rückblick auf das Jahr 2000 insgesamt sprach er somit auch von einem „guten Jahr" für die württembergische Rassegeflügelzucht.

2001

164. Bundestagung vom 9.–13. Mai 2001 in Ulm

Nach der Ulmer Nationalen 1999 folgte – den Eindruck hatten die Gäste schon beim Eintreffen in Schwaben gewonnen – mit der rechtzeitigen Übernahme der 164. Bundesversammlung das: Dankeschön. Die Stimmung der Teilnehmer war eigentlich nicht sonderlich gut, wie ein Teil der Fachpresse kommentierte. Und man stellte sogar den alljährlichen Aufwand dieser Tagung in Frage. „Demokratie sei nicht gewünscht" hieß es da, weil eben Anwesende neben den Amtsträgern weder Wahlen beeinflussen könnten noch geeignete Kandidaten vorschlagen dürfen. Dabei begann für die frühzeitig Angereisten mit einem rauschenden „Schwäbischen Abend" im KTZ Vereinsheim von Westerheim. Wie ein roter Faden zog sich die Fürsorgepflicht der Ausrichter, des Ulmer Kreisverbandes, durch die Veranstaltungstage. Zum absoluten Höhepunkt geworden war die Überreichung eines Schecks mit 5.000,– DM von den seinerzeitigen Ausstellungsverantwortlichen Dieter Maile und Helmut Schimpf zugunsten des „Vereins zur Förderung junger Wissenschaftlerinnen und Wissenschaftler in der Rassegeflügelforschung e. V." Zfrd. Horst Krämer von rheinischen Landesverband und 2. Vorsitzender dieser Interessengemeinschaft war sichtlich beeindruckt. Und D. Maile fügte hinzu, dass diesem Beispiel möglichst viele Veranstalter folgen mögen, an Überschüssen bestimmte Einrichtungen unserer Organisation teilhaben zu lassen. Souverän aufgetreten war das LV-Vorstandsmitglied Dr. Uwe Bamberger in seiner Eigenschaft als Tierschutzbeauftragter des BDRG. Es wurde bedauert, weil sich die baden-württembergische Landwirtschaftsministerin, Frau Gerdi Staiblin, durch Herrn Ministerialrat Dr. F. Werkmeister vertreten ließ. Schnell fiel dem Auditorium aber auf, wie fachkompetent und versiert er in Sachen Tierschutz war und damit umzugehen verstand. Ein Plus für Baden-Württemberg – in welchem Bundesland erfährt die Klein-, vornehmlichst Rassegeflügelzucht schon so viel Zuwendung auf heimischen Boden. Ulm war eine Reise wert, versicherte Präsident Edwin Vef. Demzufolge war der Dank an die Tagungsorganisatoren Martin Esterl, Dieter Maile und Helmut Schimpf gerichtet, gerechtfertigt und die Ernennung zu BDRG-Ehrenmeistern von D. Maile und dem gleichfalls verdientermaßen außergewöhnlich in Erscheinung getretenen Nikolaus Tischler, aus Sindelfingen eine angemessene Geste. Nach Ausklingen der Veranstaltung saßen Paul Klumpp, Matin

Esterl, Dr. Uwe Bamberger und Günter Stach auf der Gartenterrasse im Tagungszentrum des Edwin-Scharff-Hauses zusammen, um diese Tagung noch einmal Revue passieren zu lassen und nach einem so grandiosen Abschluss futuristische Pläne zu schmieden. Dabei machten sie sich ernsthafte Gedanken um die attraktive Gestaltung künftiger LV Schauen und um die Steigerung der Besucherzahlen. Zwischenzeitlich reisten die Tagungsgäste ab; denn die Begleitpersonen besuchten doch die an Bayern grenzende Umgebung vom historischen Ulm und dem dazu gehörenden Neu-Ulm. Eine kleine, mit Unterstützung des Verlagshauses Oertel und Spörer erstellte Tagungsbroschüre vermittelte die Stadtgeschichte von Ulm und das Historikerduo Paul Doll und Günter Stach geschichtliche Ereignisse aus dem LV-Geschehen der Rassegeflügelzucht von Württemberg und Hohenzollern. Ein Druckwerk, an dem sich die Nachwelt noch lange erfreuen wird.

Landeszüchtertag in Schwann

Aus Anlass des 40-jährigen Bestehens des Vereines Schwann traf sich die Züchtergemeinde Württembergs vom 8. bis 10. Juni 2001 im Kreisverband Obere Enz zur Verbandstagung. Der Heimatverein des unvergessenen Putenzüchters Walter Fröhlich hatte die Durchführung des Züchtertages 2001 übernommen und unter der Regie der Vereinsvorsitzenden, Frau Müller, und dem Kreisvorsitzenden Karlheinz Höll eine würdige Veranstaltung mit entsprechendem Rahmenprogramm geboten. Das Hotel „Adlerhof" und die örtliche Festhalle boten auch beste Voraussetzungen hierfür. Die üblichen Regularien einer solchen Tagung wurden zügig und harmonisch abgewickelt und u.a. wurde dabei beschlossen, im Laufe des Jahres im Stuttgarter Raum ein Seminar zum Thema „Vereinsmanagement" durchzuführen und den Landesverband künftig im neuen Medium Internet zu präsentieren. Neu in den Landesverbandsausschuss wurden Hanspeter Wagner aus Heidenheim als stellvertretender Schriftführer und Werner Schwab aus Meklingen als stellvertretender Käfiglagerverwalter berufen. Als neue Kreisvorsitzende wurden Uwe Pfeil (Kreisverband Leonberg), Zuchtfreund Trumpp (Kreisverband Crailsheim-Bad Mergentheim) und Hansjörg Opala (Kreisverband Schwäbisch Hall) begrüßt. Zum Meister der Württembergischen Rassegeflügelzucht wurden die Zuchtfreunde Werner Aldinger und Siegfried Mäckle ernannt.

Erstes Bundesjugendtreffen auf der Schwäbischen Alb

Schon seit längerer Zeit war es der Wunsch des Bundesjugendleiters Armin Gersitz gewesen, einmal ein bundesweites Treffen der Züchterjugend zu veranstalten. Da große Jugendtreffen in Württemberg Tradition haben und aufgrund der Erfahrungen aus dem Jahr 1997 entschloss man sich daher, das diesjährige Landesjugendtreffen mit dem 1. Bundesjugendtreffen zusammenzulegen. Fast 2000 Teilnehmer aus dem ganzen Bundesgebiet – die Mehrzahl selbstverständlich aus Baden-Württemberg – fanden vom 6. bis 8. Juli 2001 den Weg nach Münsingen auf die Schwäbische Alb, wo der dortige Verein wieder einmal alle Kräfte aufbieten musste, um eine solche Mammutveranstaltung zu bewältigen. Und es ist den vielen Helferinnen und Helfern des Teams um den Vereinsvorsitzenden Jürgen Schmuda und Landesjugendleiter Heinz Wangner mit Bravour gelungen, wie von allen Teilnehmern und Gästen zu hören war. Hier stimmte einfach alles, angefangen vom Wetter über die Unterbringung in einer riesigen Zeltstadt bis hin zur Verpflegung. Für Abwechslung und Kurzweil war selbstverständlich gesorgt, so dass die verschiedenen Programmpunkte bei den Jugendlichen bestens ankamen. Höhepunkte waren dabei sicherlich der nächtliche Fackelzug durch das Städtchen Münsingen am Samstag und der Festzug aller Beteiligten am Sonntagmittag, den BDRG Präsident Edwin Vef, der höchstpersönlich zwei volle Tage an der Veranstaltung teilnahm, und Bundesjugendleiter Armin Gersitz in einer Kutsche anführten. Dieses erste „Bundesjugendtreffen war ein voller Erfolg!" war anschließend in der Fachpresse zu lesen – sowohl für den BDRG als auch für den Landesverband der Rassegeflügelzüchter von Württemberg und Hohenzollern und seine Jugend.

Landwirtschaftliches Hauptfest und „Animal"

Öffentlichkeitsarbeit von der besten Art wurde in der zweiten Jahreshälfte 2001 geleistet. Sowohl beim Landwirtschaftlichen Hauptfest in Stuttgart Ende September als auch bei der Tiermesse „Animal" in den Messehallen auf dem Killesberg hatte der Landesverband Gelegenheit auf sich aufmerksam zu machen. Was bei beiden Veranstaltungen geboten wurde, verdiente das Prädikat „vorzüglich". Neben den

*Erstes Bundesjugend-
treffen auf der Alb:*

*Für die Jugend,
mit der Jugend,
von der Jugend.*

Fotos: Dr. U. Oehm

95. Landwirtschaftliches Hauptfest in Bad Cannstatt; Paul Klumpp und Martin Esterl stehen Rede und Antwort.

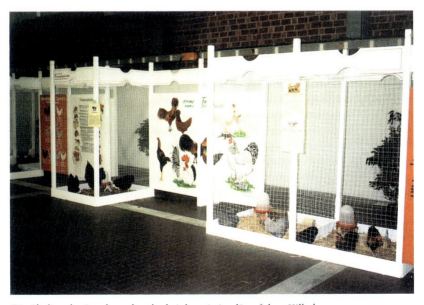

Die Skyline des Landesverbandes bei der „Animal" auf dem Killesberg – schmucke Volieren besetzt mit Rassegeflügel, dazwischen informierende Lehrtafeln.
Fotos: Archiv M. Esterl

großzügig und dekorativ gestalteten Volieren und Tiergehegen hatte der Verband beim Landwirtschaftlichen Hauptfest auch Gelegenheit, sich auf einer Schaubühne des Rundfunks zu präsentieren. Paul Klumpp und Martin Esterl nutzten diese Möglichkeit und stellten den Verband und das Hobby Rassegeflügelzucht – mit lebenden Tieren veranschaulicht – zusammen mit einem Rundfunkmoderator einem großen Publikum im Hauptzelt der Landwirtschaftsmesse eindrucksvoll dar. Die Resonanz des Publikums war enorm und machte deutlich, dass solche Art von Tierpräsentationen auch in Zukunft verstärkt betrieben werden sollten.

Obwohl ein anderes Publikum als beim Hauptfest angesprochen wurde, konnten bei der „Animal" im Dezember ähnliche Erfahrungen gemacht werden. Auch dort zeigte sich, dass Rassegeflügel durchaus Interesse und Anklang findet, wenn man es richtig „verkauft".

Nachruf Frieder Mödinger

Als Sohn von Gustav Mödinger kam er bereits in frühester Jugend mit dem Rassegeflügel in Verbindung. 15-jährig trat er 1945 in den KTZV Stuttgart–Prag ein, um ihn neunzehn Jahre später, 1964, als Vorsitzender bis zu seinem Tode am 13. 11. 2001 zu übernehmen. Bis zu seinem Ableben führte er in der gleichen Funktion auch den KV Stuttgart sowie den Verein der Geflügel- und Vogelfreunde Stuttgart. Des Weiteren betreute er als 2. Vorsitzender den Süddeutschen Zwerghuhnzüchter-Club. Der Aufgaben nicht genug, bekleidete er von 1979 bis 1982 beim SV der Züchter Süddeutscher Farbentauben ebenfalls das Amt des Vorsitzenden. Als Züchter war er sehr erfolgreich: Insbesondere mit Süddeutschen Blassen, belatscht, reiflicht mit schwarzen Binden, die er in den sechziger Jahren wieder zum Leben erweckte, unterstrich er sein züchterisches Können. In seiner Zuchtanlage widmete er sich aber auch den Zwerg-Malaien seltener Farbenschläge. Der BDRG Ehrenmeister und Meister der Württembergischen Rassegeflügelzucht machte sich – bei allen Stuttgarter Schauen ohnehin in führenden Positionen dabei – be-

Zwei Urgesteine der württembergischen Rassegeflügelzucht, unentwegt und unvergesslich: Frieder Mödinger und Heinz Schempp.

„Creationen in Weiß", die Schauvoliere des RTV Strohgäu – Schönbuch, kreiert von Max Holdenried und Wolf Heimbokel.

sonders in den letzten Jahren als AL bei den Landesgeflügelschauen auf dem Killesberg verdient.

Beeindruckende 81. Landesgeflügelschau in Sindelfingen

Es war eine Augenweide, was bei der Landesschau am 15. und 16. Dezember 2001 in Sindelfingen geboten wurde. Nikolaus Tischler, Vorsitzender des Vereins der Geflügel- und Vogelfreunde Sindelfingen und Ausstellungsleiter und seine Mitarbeiter zogen alle Register und präsentierten die württembergische Rassegeflügelzucht von ihrer besten Seite. Nicht nur die Meldezahl von 7.300 Tieren (über 900 davon in der Jugendabteilung) war mehr als zufriedenstellend, auch die äußerst attraktive Aufmachung und Gestaltung der Schau in der hellen und für eine Geflügelschau geradezu idealen Sindelfinger Messehalle verdient höchstes Lob. Die Schirmherrschaft hatte der neue Landwirtschaftsminister von Baden-Württemberg, Willi Stächele, übernommen, der bei der Eröffnungsfeier von Herrn Ministerialdirektor Arnold vertreten wurde. Voll des Lobes für diese mehr als gelungene Demonstration des Hobbys Rassegeflügel hatte er die Ehre, die Schau offiziell zu eröffnen.

Neben zahlreichen Volieren sowie einer Eierschau des Zuchtbuches als Blickfang wurde auch erstmals eine Präsentation der „Künstler" aus den Reihen der Rassegeflügelzüchter in die Ausstellung integriert. Initiiert von Günter Stach erfuhren dadurch viele Aussteller und Besucher überhaupt, wie viele Rassegeflügelzüchter aus Württemberg sich neben der Zucht auch als Fachschriftsteller und Kunstmaler mit dem Hobby beschäftigen. Man war sich allenthalben einig, dass eine Landesgeflügelschau kaum besser präsentiert werden kann.

81. Landesgeflügelschau in Sindelfingen.

Blick auf die Ausstellung kunstschaffender Rassegeflügelzüchter – eine Auswahl von Bildern, Gemälden und Exponaten.

Fachschriftsteller und Geflügelmaler in Schwaben

Sonderaussausstellung in der Landesverbandsschau der Rassegeflügelzüchter von Württemberg und Hohenzollern am 15./16. Dezember 2001 in Sindelfingen.

Bei der Vorstellung einer Gruppe von Fachschriftstellern und der künstlerisch tätigen Tiermaler in Schwaben wird offenkundig, dass ein Großteil der Aktivisten ursprünglich außerhalb von Württemberg das Licht der Welt erblickte. Und wenn wir uns mit der Herkunft der in unserem Landesverband besonders in Erscheinung tretenden Rassegeflügelzüchter beschäftigen, könnte sich eine ähnliche Bilanz abzeichnen. Dieses Spiegelbild einer solchen Interessengemeinschaft ist nicht außergewöhnlich, schließlich spricht es für die Persönlichkeitsentfaltung hier zu Lande, die weder gesellschaftliche Einschränkungen kannte noch ideologisch zwangsgesteuertem Einfluss unterlag.

Die Welt der Rassegeflügelzüchter war also von jeher in Ordnung; zusammen mit der davon profitierenden Züchterschaft Badens resultier diese Begünstigung seit nun über fünfzig Jahren aus dem wirtschaftlichen Aufschwung nach dem Kriege. Männer mit Weitblick in unseren organisatorischen Reihen trugen dazu bei, die für die Volkswirtschaft so wichtige Lebensqualität eines Teils der interessierten Bevölkerung aus Stadt und Land in das landesstrukturpolitische Geschehen mit einzubinden. Angesichts dieser treubürgerlichen Entwicklungen war nämlich die Landesregierung von Baden-Württemberg schon sehr frühzeitig bereit, die Kleintierzucht mit erheblichen Zuwendungen sowohl ideell als auch finanziell sehr wohl in Form von Zuschüssen für den Bau von Gemeinschaftszuchtanlagen zu fördern.

Obschon – scheinbar mentalitätsbedingt der Tradition folgend und dem Versorgungswillen gehorchend – der Rassekaninchenzucht in Schwaben mehr zugeneigt und gegenüber den Nachbarverbänden rassegeflügelzüchterisch eher im Nachteil, kann das Schwabenland dafür um so mehr mit seiner Konzentration von Künstlern aufwarten als anderswo. Das war schließlich einer der Gründe, in die diesjährige Landesverbandsschau eine gebündelte Präsentation über das kulturelle Schaffen einiger seiner Mitglieder zu integrieren. Damit wir nicht nur die schöngeistige Beschäftigung mit dem Rassegeflügel zum Ausdruck gebracht, sondern auch der Nachweis, wie die Rassegeflügelzüchter mit der Zucht edler Geflügeltiere in praktischer Weise sowohl nationales als auch darüber hinaus internationales Kulturerbe in faszinierender Weise pflegen.

Wer sachverständig ist und befähigt genug den Wert der dennoch mancherorts blühenden Rassegeflügelzucht in unserem Lande zu beurteilen in der Lage ist, wird die gegebenen Schwerpunkte sehr intelligent einschätzen und den steten Entwicklungen der seit 120 Jahren bestehenden Organisation und ihren gepflegten Traditionen Hochachtung entgegen bringen; vor allem jenen, die sich ernsthaft damit beschäftigen und denen, die sich in irgend einer Form dafür verdient gemacht haben – egal auf welcher Ebene zu Gunsten der Passion rund um das Rassegeflügel.

Vollständig kann diese Dokumentation nicht sein – leider nicht, weil doch der eine und andere – trotz Kenntnis seiner Fähigkeiten zu unserem Bedauern und deren vermutlichen Bescheidenheit ihre Teilnahme verweigern. Eine stille Zurückhaltung der Schwaben ? Sehr schade eigentlich, wie gerne hätten wir doch an dieser Stelle meisterliche Leistungen, die es nachweislich und wirklich wert sind, der Vollständigkeit halber einmal mehr gewürdigt.

Der personellen Gleichstellung wegen und wahrend aller Neutralität wie auch Rücksicht nehmend auf das Alter der betagten und hier zur Vorstellung kommenden Zuchtfreunde, wie sie in unserer Organisation aus Gründen der Vereinheitlichung bezeichnet werden, erfolgt die Aufzählung in alphabetischer Reihenfolge. Denn Abstufungen wären unfair, weil jeder der Ausgezeichneten sich in seiner individuellen Weise hervortut und dem anderen zur wohltuenden Freude der unterschiedlichen Beurteilungsgeschmäcker überlegen scheint. Zum Ansehen und Wohle unserer gemeinsamen Interessen, der: Rassegeflügelzucht.

Den jugendlichen Lesern und Besuchern dieser Ausstellung zum Ansporn sei mitgeteilt, dass alle die hier beschriebenen Männer, Familienväter und Zuchtfreunde sogleich, Leute wie du und ich waren und sind, ohne jegliche spezielle Ausbildung ihres Metiers – wirklich aus reinem Enthusiasmus, aus Leidenschaft und der Wurzelfindung in der Rassegeflügelzucht ihre Neigungen zum künstlerischen Wirken, dem Schreiben, kurzum dem kreativen Schaffen zu verdanken haben und – in einigen Fällen sogar – Weltgeltung erreichten. Daß hinter solchen grandiosen Erfolgen – autodidaktisch – Schwerstarbeit steckt, muß sicherlich nicht besonders erwähnt werden. Ohne Fleiß kein Preis. Das ist in der Rassegeflügelzucht genauso wie im ganzen Leben.

Günter Stach

Wilhelm Bauer

Geboren 1972 in Oberensingen

Wie alle anderen, die sich dadurch auszeichnen, erblickte auch er im wahrsten Sinne des Wortes als Rassetaubenzüchter das Licht der Welt. An Jahren relativ noch sehr jung, gehört er eifernd heute schon zur schreibenden Zunft des In- und deutschsprachigen Auslandes. Seine fundierten Beiträge in der Fachpresse finden großen Anklang; für die in Buchform verfassten Recherchen: „Die süddeutschen Farbentauben" mit einem Anhang über die schwarzgrundigen Startauben erhält er vom Verband Deutscher Rassetaubenzüchter den Literaturpreis.

Zusammen mit dem leider viel zu früh verstorbenen Hermann Klotz – der als Vorsitzender kurzzeitig den Landesverband der Rassegeflügelzüchter leitete – schrieb er und veröffentlichten sie die Chronik des Sondervereins der Züchter der Süddeutschen Farbentauben. Die Mitarbeit an der sechsbändigen Buchreihe: „Alles über Rassentauben" – für die er auch als Lektor verantwortlich zeichnet – schloss sich an.

Heinrich Bayer

Apotheker

Ohne seine Berufsbezeichnung trifft man nie auf sein bedeutungsvolles Wirken für die Taubenzucht; mahnte um die vorletzte Jahrhundertwende bereits die Vernachlässigung der Farbentaubenqualitäten des süddeutschen Raumes an. Auch deshalb, weil er ihr Aussterben befürchtete. Forderte die Züchter seinerzeit auf, züchterisch harte Maßstäbe anzulegen und nach dem vom 1899 gegründeten „Verein schwäbischer Taubenzüchter" – dessen Vorsitzender er war – erarbeiteten Farbentaubenstandard zu züchten. 1913 verlegt er seinen Wohnsitz von Ulm nach Pasing bei München, 1914 erscheint im Verlag der „Geflügel-Welt", Chemnitz – von Dr. Trübenbach geleitet – das aus seiner Feder stammende Büchlein: „Die süddeutschen Farbentauben in Wort und Bild" mit einem Anhang: Taubenkrankheiten. Daß sein umsichtiges Wirken – wiederholt in einer 2. Auflage – für die Zucht zum Erfolg führte – verdeutlich sich gegenwärtig im hohen Zuchtstand dieser Spezies.

Paul Doll

Geboren 1915 in Offenbach am Main
Bürgermeister von Bad Wimpfen
Mitglied des Landtages von Baden-Württemberg

Der Rassegeflügelzucht Zeit seines Lebens verbunden, widmete er sich insbesondere der Zucht von Zwerg-Wyandotten. Führte den Landesverband der Rassegeflügelzüchter als Vorsitzender von 1974 bis 1986, dann aktiver Einsätze entbunden, als Ehrenvorsitzender. Jetzt hochbetagt und stationär in Pflege befindlich, war er im hohen Maße bis vor einigen Jahren noch fachschriftstellerisch tätig; zeichnete sich vor allem als Chronist und Zeitgeschichtler aus. Ihm verdankt unsere Organisation die Aufarbeitung der Historie seit Anbeginn ihres Bestehens. Verfasste etwa 20 Buchtitel im weiten Spektrum des Rassegeflügelwesens. Bis auf das Preisrichteramt übte er so ziemlich alle nur möglichen Organisationstätigkeiten aus und wurde demzufolge mit den ausnahmslos zur Verfügung stehenden Auszeichnungen bedacht.

Kurt Fischer

Geboren 1923 in Stuttgart-Zuffenhausen

Sein Schreiben bezieht sich sachlich auf das Weitergeben seiner Erfahrungen und das Wissen über die vielfältigen Vorgänge in der Rassegeflügelzucht, insbesondere jene der zuweilen im internationalen Blickpunkt stehenden seltener Rassevertreter. Überwiegend betätigt er sich – heute wohl altersbedingt weniger in der Öffentlichkeit – schriftstellerisch gezielt bei der Fachpresse des In- und europäischen Auslandes. In Zusammenarbeit mit Roland Weber entstehen 3 Bändchen über französische, niederländische und Schweizer Rassehühner. 2001 beendet er eines der umfassendsten Handbücher mit dem Titel: „Gesammelte Erfahrungen und Tipps für den Züchter von Rassehühnern". In höchsten Funktionsrängen des Landes- und Kreisverbandes engagiert, beschränken sich seine organisatorischen Tätigkeiten auch als Preisrichter über 50 Jahre nicht nur auf die Ortsebene – 1953 gründet er den Sonderverein der Seltenen Hühnerrassen. Er ist Träger aller hohen Auszeichnungen, die unsere Organisation zu vergeben hat.

Kurt Fischer

Max Holdenried

Geboren 1936 in Berg,
Kreis Ehningen an der Donau

Seit seiner Jugend mit der Rassegeflügelzucht vertraut, befasst er sich sehr bald mit dem Malen, dem Modellieren und Formen von Geflügeltieren, vornehmlichst Tauben. Auch das Schreiben gehört gelegentlich zu seiner Freizeitbeschäftigung. Viele seiner Exponate befinden sich bei Liebhabern hier zu Lande, im Ausland sowie auch in Übersee. Erfolgreicher Züchter, gefragter Preisrichter und zeitweise deren Ausbilder sowie Vereinsgründer und -vorsitzender sind Eigenschaften, die ihn des Weiteren auszeichnen und zu hohen Würdigungen führten. Der Verband Deutscher Rassetaubenzüchter hat ihm die Verdienstmedaille für besondere Leistungen verliehen.

Erich Klein

Geboren 1881 in Berlin
Gestorben 1948 in Vaihingen-Enz/Württemberg

Seit seiner Kindheit stark gehbehindert, studierte Volks- und Rechtswissenschaft; Schüler von Prof. Bruno Dürigen, begehrter Preisrichter, gehörte dem SV Stralsunder Hochflieger als Schriftführer an. In kaum einer Ausgabe der Geflügelzeitungen seiner Zeit fehlte von „EK" ein Beitrag. Gehörte zum Mitarbeiterstab der „Geflügel-Welt", wurde 1929 Hauptschriftleiter der „Süddeutschen Tier-Börse" und führte als Vorsitzender die württembergische Preisrichtervereinigung von 1942 an. Neben anderen veröffentlichte er inhaltsträchtige Bücher wie „Züchtung unseres Rassegeflügels", „Der junge Taubenzüchter", „Taubenzucht" und „Berliner Tümmler".

Paul Klumpp

Geboren 1942 in Freudenstadt

Als Sohn eines aktiven Rassegeflügelzüchters geboren und ausgestattet mit künstlerischen Veranlagungen wie auch dem Gespür für den attraktiven Verbund, wuchs er schon als Kind in eine schöngeistige Atmosphäre hinein in die Welt, die ihm Aufgabe und Leidenschaft sogleich bedeutet. Beides – organisatorisches Wirken und Passion nun untrennbar miteinander vereint, kommt schließlich all den Menschen zugute, die sich an Zuverlässigkeit orientieren und Schönem erfreuen. Die reine Natur mit ihren bizarren Strukturen haben es ihm feinsinnig angetan, sie in ihrer Ursprünglichkeit im Bild teilweise nur angedeutet zu veranschaulichen oder sie als Ganzes mit markanten Hinweisen darzustellen. Wohltuend verzichtet er dabei im Umgang mit der Kreatur auf die verbindliche Festlegung aller Rasseattribute. Derzeitig den Landesverband der Rassegeflügelzüchter als Vorsitzender leitend, übernahm er bereits in den jüngsten Lebensjahren auf Orts- und Kreisverbandsebene organisatorische Aufgaben, ohne dabei seine Kreativität in der Zucht von edlen Tauben und rassigen Hühnern zu vernachlässigen.

Dieter Nickel

Geboren 1954 in Auenwald bei Backnang

Bereits im Elternhaus mit der Rassetaubenzucht in Berührung gekommen, gehört das Malen – teilweise auch beruflich – zur Freizeitbeschäftigung. Unverkennbar seine spezifischen Neigungen zum Darstellen der Mövchengruppe und den Deutschen Schautauben. Auch das Modellieren ist ihm eigen. Hervorzuheben vor allem ist seine Mitarbeit an auffälligen und zu Lob gelangten Katalogausgaben der Deutschen Rassetaubenschauen. Preis- und Sonderrichteraufgaben schulen bei seinen nationalen und internationalen Einsätzen das künstlerische Auge umso mehr. Darüber hinaus obliegen ihm organisatorische Aufgaben in verschiedenen Vorstandsebenen.

Wilhelm Reichle

1907–1995
Bernhausen / Württemberg

Bereits zu Lebzeiten eine schwäbische Institution. Energischer Verfechter der Interessen Süddeutscher Farbentauben, ausgesprochener Rassenspezialist. Mitarbeiter der Fachpresse und des amerikanischen Taubenbuches: „The Pigeon" von Levi. Taubenfotograf, modellierte und schnitzte in ausgezeichneter Künstlerqualität Tierplastiken, überwiegend Tauben und Zwerghühner. Geachteter Preisrichter und aufgrund seiner Integrität nach dem Kriege von den Amerikanern als Bürgermeister eingesetzt.

Jakob Relovsky

Geboren 1942 in Klein-Lomnitz, östliche Tatra

Findet in Mecklenburg Gefallen an Rassetauben und macht sie nach der Übersiedelung in die Wahlheimat bei Sindelfingen zunächst züchterisch zur Freizeitbeschäftigung. Begann in den siebziger Jahren des vergangenen Jahrhunderts mit dem Malen, stellt 1980 der Öffentlichkeit seine ersten Bilder vor; es folgen Veröffentlichungen sowie die Herausgabe einer Jahreskalenderserie. Für seine Mitarbeit als Bildautor am „Illustrierten Rassetaubenbuch" wird er vom Verband Deutscher Rassetaubenzüchter mit dem Literaturpreis ausgezeichnet. Zwischenzeitlich umfasst sein künstlerisches Wirken das gesamte Spektrum der Rassegeflügelzucht sowie der Wildtier- und Jagdwildmalerei. Auf seinem Programm stehen gelegentliche Beteiligungen an Ausstellungen in den USA.

Ralf Schmid

Geboren 1966 in Neuenstadt

Beginnt zwölfjährig mit der Kleintierzucht; züchtet Mookeetauben und Italienische Mövchen. Preisrichter seit 1997, erhält 2000 die Ernennung zum Sonderrichter. Erste Zeichnungen mit Wasserfarben etwa 1980. Inspiriert durch Bleistiftskizzen von Roland Weber zeichnet er 1995 in eigener Stilrichtung. Schon am Begin seines Schaffens finden die Bildnisse Anklang, auf dem Weg einer Karriere, ist er seiner Individualität Ausdruck verleihend bestrebt, Stilfestigkeit zu sichern.

Walter Schwarz

Geboren 1929 in Seckenheim / Baden

Untrennbar mit dem „Deutschen Kleintierzüchter", den er in 32 Berufsjahren als Chefredakteur begleitete, verbunden, war er kulturell ebenso lange an der rassegeflügelzüchterischen Landschaftsprägung in hervorragender Weise beteiligt. Sein „Wz" steht nach wie vor für seinen Namen. Hoch erfolgreich in der Rassezucht, begehrt als Preisrichter, ist er darüber hinaus noch immer fachschriftstellerisch tätig. „Unsere Zwerghuhnrassen", die Reihe der „Geflügelstandards in Farbe", „Wenn der Hund mit der Henne" sowie „Die Eleganz des Deutschen Zwerghuhnes" neben zahlreichen Monografien entstammen, ohne hierbei die Vielzahl der Lektoratsarbeiten fas aller Doll'schen Bücher zu vergessen, sämtliche aus seiner Feder. Seine richtungsweisenden Engagements führten ihn zu allen in der Organisation erreichbaren Ehrungen.

Theodor Sperl

Geboren 1912 in Gudurica / Jugoslawien
Gestorben 1993 in Pfalzgrafenweiler

Ein großer Kenner der Szene mit hohem Ansehen; im Schwäbischen für die Ausbildung der Preisrichter verantwortlich und bemüht, Wissenswertes in Wort und Schrift weiterzugeben. Den soliden Kenntnisstand unserer Preisrichtervereinigung haben wir traditionell ihm grundlegend zu verdanken.

Von ihm zu Lebzeiten selbst überarbeitet, später im Verlagsauftrage von kompetenter Hand bis zur derzeit 6. Auflage fortgeschrieben, steht das von ihm verfasste „Hühnerzucht für jedermann" noch immer an oberster Stelle der brauchbaren, einschlägigen Geflügelliteratur. Das verwendete Bildnis von Theodor Sperl ist die Kopie eine Bleistiftzeichnung von Roland Weber.

Günter Stach

Geboren 1938 in Halle an der Saale

1955 verlegt er seinen Wohnsitz nach Baden-Württemberg. Die erste Veröffentlichung fällt in das Jahr 1964; damit beginnt die rege Schreibarbeit mit einer vielseitigen Themenfülle in der In- und ausländischen Fachpresse. Bekleidet 12 Jahre lang den Posten des Pressereferenten im vorstand des Landesverbandes der Rassegeflügelzüchter von Württemberg und Hohenzollern, zu dessen einhundertjährigen Bestehen er die erste Chronik verfasst. Mit Co-Autoren erscheinen aus seiner Feder: „Das Handbuch der Taubenrassen, die Taubenrassen der Welt", „Zucht und Haltung von Rassetauben", komplettiert zusammen mit Paul Doll „Die Geschichte der Rassetaubenzucht in Deutschland", gehört zum Mitarbeiterstab der Reihe „Alles über Rassetauben" und veröffentlicht 2001 als alleiniger Autor „Taubenschläge und Volieren". Für sein schriftstellerisches Wirken erhält er 1995 vom Verband Deutscher Rassetaubenzüchter den Literaturpreis.

Roland Weber

Geboren 1932 in Stuttgart

Eigentlich ein in der Verborgenheit wirkender Enthusiast auf ziemlich allen Ebenen der Kleintierzuchtszene. Seltene Rassehühner werden von ihm zum einen gezüchtet, des Weiteren bevorzugt wegen ihrer exotischen Erscheinung gemalt und zum anderen der außergewöhnlichen Markanz wegen beschrieben. In dieser Weise behandelt, bilden sie keine Ausnahme: Tiere, Menschen – geschmeidig dargestellt, kommen sie maltechnisch durch ihn bewusst in den Vordergrund gestellt sehr auffällig zur Geltung. Das menschliche Antlitz, gewissermaßen als Krone der Schöpfung – wie er es auf-

fasst, beschäftigt ihn in letzter Zeit besonders. Zusammen mit Kurt Fischer bearbeiten beide eine Reihe seltener Hühnerrasen, wobei er für den Band: „Niederländische Haubenhühner" insbesondere verantwortlich zeichnet. Seine Fähigkeiten als Züchter, Preisrichter – von der Organisation dafür mit höchsten Auszeichnungen gewürdigt – lebenslang unter Beweis gestellt, führten doch zu krönen Erfolgen seiner Laufbahn.

Gottlob Wolfer

Wie es seine Art ist bzw. war und im Vorspann des Organisators auch anklingt, hatte es der doch so vielseitig veranlagte Gottlob Wolfer abgelehnt, sich an der Sonderausstellung kunstschaffender Rassegeflügelzüchter zu beteiligen. Keineswegs ließ er sich dazu überreden; dabei begünstigte sein Wirken die Rassegeflügelzucht über die LV-Grenzen hinweg, wie es nur Aktivisten gelingt, Akzente zu setzen.

Am 20. 9. 1932 in Bonlanden auf den Fildern geboren und dort zeitlebens wohnend, bereicherte er die kulturelle Seite der Szene zunächst mit Rassebilder, fügte denen Detailzeichnungen hinzu, um sie bei PR-Schulungen als Lehr- und Lernmittel einzusetzen. Im Umgang mit Farben und den verschiedensten Anstrichuntergründen von Berufswegen als Malermeister versiert, boten ihm in den vergangenen Jahren faustgroße und größere Kieselsteine Anreiz, sie zu bemalen. Auf den vom fließenden Wasser polierten Natursteinflächen finden wiederum, jetzt nicht nur Tauben, sondern Abbildungen von Geflügeltieren, Ziergeflügel und sogar Kaninchen in Acryl, Kunstharz und Latex von Künstlerhand platziert ausreichend Gestaltungsfläche. In

vielen Vereinsheimen von Gemeinschaftszuchtanlagen sind Zeugnisse seiner Malkunst auf großen Wandflächen zu finden. Die malerisch dargestellten Idylle zeugen von seiner übermittelbaren Beobachtungsgabe; leibhaftig versetzen sie die Betrachter in die natürliche Umgebung. Eine weitere Begabung ist das Reimen. In der kleinen Broschüre: „Die tierisch heitere Schmunzelstunde" lässt er, mit hintergründigem Humor gewürzt, schwäbische Empfindsamkeiten zu echten Weisheiten werden. Seine fundierten Beiträge in der Fachpresse vermittelten Praxisnähe und Erfahrung gleichermaßen, insbesondere auf dem Gebiete der Startaubenzucht richtungsweisenden Genialismus sogar. In seiner Eigenschaft als Preisrichter wusste er stets die Harmonie der Erscheinungen heraus zu finden wie auch kompromissbereit als Funktionär den hohen Stellenwert der züchterischen Gemeinschaft zu bewahren.

Alfred Schickardt

Rassetaubenzüchter – Malermeister – Kunstmaler – Graphiker

Der „Taubenverein" von Stuttgart kann für sich in Anspruch nehmen, daß sich dort in der Schwabenmetropole ein Großteil der württembergischen Taubenzüchterelite unter Dach und Fach versammelte. Dazu gehörte auch: Eugen Schickardt, der „Erfinder" des Vereinslogos, das der Verband Deutscher Rassetaubenzüchter in modifizierter Form für sich zum Ausdruck bringend augenfällig immer noch in Erscheinung treten lässt. Eugen Schickardt, am 15. April 1905 in Stuttgart-Gaisburg geboren und dort am 8 Januar 1965 gestorben, gehörte zu seiner Zeit zu den intelligenten Köpfen der Mitglieder in dieser Vereinsgesellschaft. Es war ohnehin die Körperschaft eines aussergewöhnlichen Personenkreises, der sich in diesem Gremium versammelte und ihn sehr stark inspirierte. Von 1921 bis l930 studierte Eugen Schickardt an der Kunstgewerbeschule, der heutigen Kunstakademie, in Stuttgart bei den Professoren: Jordan, Rodga und Wagner. Der gelernte Maler legte 1929 in diesem Handwerk die Meisterprüfung ab und betätigte sich von 1937 an als freischaffender Künstler. Landschaftsszenen, Stillleben, Porträts und Kompositionen gehörten zu seinem vielseitigen Repertoire. Wandbildnisse an der Cannstatter Feuerwehr in der Mercedesstraße und der dortigen Reiterkaserne sind Nachweise seines künstlerischen Wirkens. Von 1955 an gehörte er bis zu seinem Ableben zur Lehrkörperschaft an der Höheren Fach- und Meisterschule für das Malerhandwerk mit der Lehrberufung in:

Freihandzeichnen, Form und Farbe, Schriftgestaltung sowie graphische Demonstration. Züchterisch galt seine besondere Zuneigung den Süddeutschen Mohrenköpfen und Latztauben; seit seiner Jugend dem örtlichen KTZV Stuttgart-Gaisburg angehörend, widmete er sich zeitlebens der Lakenfelder Hühner. An der Mitarbeit in der Organisation ließ er es nicht fehlen: Mitglied im SV der Züchter Süddeutscher Farbentauben seit 1947, stellte er sich im Range des 2. Vorsitzenden vom 14.03.1954 bis zu seinem Ableben zur Verfügung. In seinem Sohn Alfred hat er einen würdigen Erben – ihm haben wir diesen historischen Rückblick zu verdanken. Im Blut seiner Tauben sind noch Ursprünge seines Vaters aufzufinden.

Seit 1965, der 13. Deutschen Taubenschau, das Emblem des Taubenzüchtervereins von Stuttgart.

Nach der Stuttgarter Vorlage verändert: Logo des Verbandes Deutscher Rassetaubenzüchter.

329

2002

165. Bundestagung in Aschersleben

In Sachsen-Anhalt hat die Rassegeflügelzucht seit ihrer Gründung bereits verwandte Tradition; als Impulsgeber zeichnete sich um 1900, und dann nach der Wahl des Präsidenten Emil Schachtzabel 1921, insbesondere Halle an der Saale aus. Erfolgreiche und auch verdiente Züchter Württembergs – wie auch die Frau des LV-Vorsitzenden, Birgit Klumpp, kamen dort zur Welt. Sogar die dynamischen Ursprünge des heutigen BDRG reichen bis dort hin. Die angereiste LV-Delegation machte einen Abstecher in die Händelstadt, um dann im Anschluß daran ihre neu ernannten Bundesehrenmeister zu feiern, das waren: Robert Barth, Gerhard Schmückle und Friedhelm Schweikert. Zum Kreis der Ausgezeichneten gehörte noch Hans Löffler, Züchter Thüringer Barthühner, blau-gesäumt; er erhielt für seine züchterischen Bemühungen dieser geförderten Rasse aus der Hand von Dr. Steffen Weigand von der Bundesforschungsanstalt für Landwirtschaft des Institutes in Mariensee die Silberne Ehrenplakette.

Die zu bewältigenden Regularien waren sehr vielfältig. Satzungsgemäß sieht der BDRG sowie seine tragenden Elemente, die Landesverbände, seine Hauptaufgabe im praktizierenden Tierschutz. Demzufolge stand die Behandlung dieses für die Rassegeflügelzüchter eindeutige, seit etlichen Jahren nun tendenziös ausgelegte Themenspektrum gezwungenermaßen wieder an vorderster Stelle seiner Hauptversammlung. Umso mehr, weil die Einführungsrede eines Vertreters des Bundesministeriums für Verbraucherschutz, Ernährung und Landwirtschaft bei der letztjährigen Nationalen Rassegeflügelschau in Frankfurt a.M. große Irritation ausgelöst hatte. Für solche politischen Einzelgänge der Länder zeigten die Vertreter der beiden größten Volksparteien in Berlin ebenso wenig Verständnis wie die geradezu schockierte Züchterschaft in der gesamten Bundesrepublik. Präsident Edwin Vef bewies in seinen Bemerkungen dazu äußerst scharf formulierte Rhetorik. Widersprüchliche Auffassungen im Umgang mit dem Tierschutzgesetz bringen die Züchter an der Basis doch in ständige Verlegenheit. Während einerseits Politiker meinen das Tierschutzgesetz rechtfertige keine Rassenverbote, warnte die Fachpresse mit Hinweisen zur gebotenen Vorsicht in Hessen die Züchter von Haubentragenden Enten, weil gegen sie vorgegangen werden soll.

Landeszüchtertag 2002 in Ochsenhausen

Dass man „im Himmelreich des Barock", im oberschwäbischen Städtchen Ochsenhausen, bestens tagen und sich auch wohlfühlen kann, davon wurden die Teilnehmer des Landeszüchtertages vom 7. bis 9. Juni 2002 überzeugt. Dr. Uwe Bamberger, Vereins- und Kreisverbandsvorsitzender, hatte mit seinen Mitstreitern ein hervorragendes Tagungswochenende im Hotel „Mohren" und in der „Kapfhalle" mit einem vorzüglichen Rahmenprogramm organisiert. Insbesondere der Festabend am Samstag war von höchstem Niveau und wird den Teilnehmern noch lange

Von den Züchtern begehrt – für die Sammler eine Rarität: Landesverbandsehrenpreis-Medaillen.

in Erinnerung bleiben. Der Tagung selbst, an der auch der BDRG-Präsident Edwin Vef teilnahm, war am Samstagmittag erstmals eine Schulung für die Kreisverbandsvorsitzenden und Kreiszuchtwarte angegliedert. Die Referenten Franz Häfner, Martin Esterl und Dr. Uwe Bamberger, allesamt Mitglieder des Landesverbandsausschusses, schulten die Anwesenden in den Themen „Vereinsrecht", Rhetorik" und Tierschutz in der Rassegeflügelzucht.

Bei der ordentlichen Vertreterversammlung am Sonntag hielt Zuchtfreund Alois Münst einen kritisch-nachdenklichen Festvortrag zum Thema „Rassegeflügel – Tradition und Fortschritt". Zum „Meister der Württembergischen Rassegeflügelzucht" wurden Jürgen Waldenmaier und Willi Traub ernannt. Als neue Kreisvorsitzende stellten sich Steffen Gottschlich (Stuttgart), Friedrich Scheffold (Ulm) und Rainer Failenschmid (Reutlingen) vor.

Auch mit Blick auf die Zukunft und wegen freiwilligen Ausscheidens aus dem Landesverbandsausschuss wurden Personalentscheidungen getroffen. Horst Schwämmle, langjähriger Zuchtwart, und Robert Bock als Käfiglagerverwalter standen für ihre Ämter nicht mehr zur Verfügung. Für sie, die mit herzlichem Dank verabschiedet wurden, wurden Hans Vöhringer als Zuchtwart (für ein Jahr) und Werner Schwab als Käfiglagerverwalter gewählt. Bei den übrigen Vorstandsämtern gab es einige Umbesetzungen: 1. Vorsitzender bleibt Paul Klumpp; zu seinem Stellvertreter wurde Martin Esterl gewählt; neuer Schriftführer wird Hanspeter Wagner und neuer 1. Kassierer Jürgen Krauss; dessen Vater und Vorgänger im Amt Werner Krauß bleibt dem Gremium weiterhin als 2. Kassierer erhalten; Referent für besondere Aufgaben wird der bisherige Schriftführer Dr. Uwe Bamberger; alle übrigen Funktionen werden von den bisherigen Amtsinhabern auch weiterhin wahrgenommen.

Nachruf Heinz Schempp

Mit Heinz Schempp haben am 13. 2. 2002 sowohl die Züchtergemeinschaft als auch die Verwaltung des Landesverbandes einen treuen Gefährten verloren. In seiner Eigenschaft als stellvertretender Ehrengerichtsvorsitzender bewährte er sich viele Jahre mit durchaus verständlicher Gerechtigkeit und wohlwollendem Schlichten zwischen den Parteien. Im SV der Züchter der Süddeutschen Farbentauben wirkte er jahrzehntelang in verschiedenen Funktionen, zuletzt hatte er den Posten des Zuchtwartes inne. Er war der Herauszüchter der belatschten Süddeutschen Blassen in Rotfahl und begehrt als Preis- und Sonderrichter. Heinz Schempp war Träger der Ehrennadeln des LV und des BDRG sowie der goldenen Ehrennadel der PRV, er führte den Ehrentitel Meister der württembergischen Rassegeflügelzucht und die Krönung seiner Laufbahn war 1992 die Ernennung zum BDRG Ehrenmeister. Für seine regionalen Verdienste wurde ihm auch die Ehrennadel des Landes Baden-Württemberg zuteil.

Nachruf Nikolaus Tischler

Im Alter von nur 61 Jahren verstarb am 1. 5. 2002 der große Idealist und Organisator Nikolaus Tischler. Nach Krankenhausaufenthalt und Kur hatte er bereits wieder große Ausstellungspläne für 2004. Die Durchführung der letztjährigen Landesgeflügelschau in Sindelfingen brachte ihm höchstes Lob ein. Mit Bravour organisierte er 1997 die VDT-Schau und zeichnete für zahlreiche HSS der Kingtauben, Modeneser, Cochin, Brahmas und Zwerg-Brahmas u.a. in der örtlichen Klosterseehalle verantwortlich. Anläßlich der Bundestagung 2001 in Ulm wurde er zum BDRG-Ehrenmeister ernannt. Seit seiner Kindheit widmete er sich der Rassegeflügelzucht: Brahmas und Modeneser begleiteten ihn seit eh und je. Seine züchterischen Fähigkeiten erleichterten ihm die Ausübung der Preisrichtertätigkeit und die Führungsqualitäten als Vorsitzender des Vereins der Geflügel- und Vogelfreunde von Sindelfingen und des TZV Strohgäu-Schönbuch. Weiterhin war er als KV-Jugendobmann, OV- und SV-Schriftführer sowie Zuchtwart tätig.

Nachruf Birgit Klumpp

Als die Gattin des Landesverbandsvorsitzenden, Birgit Klumpp, am 14. August 2002 nach langjähriger Leidenszeit, gerade 59-Jährig, auf dem Hauptfriedhof in Freudenstadt zu Grabe getragen wurde, zeigte sich unter großer Anteilnahme die Rassegeflügelwelt doch sehr betroffen. Ein Meer von Menschen – aus ganz Deutschland waren die Trauernden gekommen – erwies ihr die gebührende Ehre. Seit 1970 gehörte sie dem KTZV Freudenstadt an und betätigte sich viele Jahre lang als Kreisverbandsschriftführerin in Freudenstadt. Sie hat nicht nur selbst gezüchtet und ausgestellt, sondern auch ihren Mann bei allen seinen organisatorischen Aufgaben mit Umsicht und sicherer Hand unterstützt. Im SV der Züchter Schmalkaldener Mohrenköpfe galt sie als ruhiger Pol und versehen mit einmaligem Talent, verstand sie es, die Tiere – dazu gehörten neben den Strukturtauben die Chabos und Jokohamas, vor allem die schwer zu richtenden Nürnberger Schwalben – mit Meisterhand ausstellungsfertig zu machen.

Dieter Maile

Erst im Vorjahr zum Bundesehrenmeister ernannt, verstarb am 15. 10. 2002, gerade vierundsechzigjährig, einer der fähigsten Akteure unserer Zeit: Dieter Maile. Im LV führte er als AL verantwortlich in den Jahren 1986 und 1995 jeweils die Landesgeflügelschauen sowie die Deutsche Rassetaubenschau 1993 durch. Besondere Höhepunkte in seiner Laufbahn waren wohl die Durchführung der Nationalen Rassegeflügelschau 1999 wie auch die BDRG-Tagung 2001 in Ulm. Mit diesen Großveranstaltungen hat er jeweils Maßstäbe gesetzt und sein Können als kameradschaftlich agierender Organisator unter Beweis gestellt. Mit seinen Spaniertauben war er überdurchschnittlich erfolgreich; viele Jahre vor der Wiedervereinigung unseres Vaterlandes pflegte er als SV-Vorsitzender der Spaniertauben harmonische Verbindungen in das Stammland dieser Taubenrasse. Versehen mit allen möglichen Ehrungen, sah er in der Rassegeflügelzucht eine mit großer Bereitschaft getragenen zu erfüllende Lebensaufgabe.

Kleintierzüchter auf der Landesgartenschau 2002

Unter dem Motto „Der kleine Tiergarten" präsentierte der Kreisverband Untere Filder der Kleintierzüchter vom 26. April bis zum 6. Oktober 2002 in Ostfildern, ganz in der Nähe des Stuttgarter Flughafens, einem Millionenpublikum die Kleintier- und speziell auch Rassegeflügelzucht hautnah. Unter der Leitung des Kreisvorsitzenden Manfred Riek mussten die Züchter des Kreisverbandes ein halbes Jahr lang bei dieser Großveranstaltung präsent sein und die Tiere, die von Zeit zu Zeit ausgewechselt wurden, betreuen. Scharen von Besuchern und zahlreiche Schulklassen mussten durch die Gehege und Volieren geführt werden Eine Mammutaufgabe, auch wenn man die Vorbereitungen in ein solches Unternehmen noch mit einbezieht! Rechtzeitig setzten sich die Züchter vor Ort mit dem Landesverband in Verbindung, um dessen Unterstützung sicher zu sein. Selbstverständlich wurde diese auch gewährt. Gemeinsam mit dem Ministerium Ernährung und Ländlichen Raum in Stuttgart wurden Zuschüsse gewährt und auch mit dem großzügigen Entgegenkommen der Landesgartenschaugesellschaft war das Projekt auch von der finanziellen Seite her zu meistern. Und die Verantwortlichen um Manfred Riek haben die ganze Aktion glänzend gemeistert, so dass ihnen nicht genug gedankt werden kann. Für die Rassegeflügelzucht und für den Landesverband war die Teilnahme an der Veranstaltung ein glänzender Erfolg und eine unbezahlbare Werbung für die Kleintierzüchter insgesamt.

Taubenstandard in Farbe erscheint

Konnte der bisherige Rassetaubenstandard für sich in Anspruch nehmen, die modernste Musterbeschreibung zu sein, gab es eigentlich nur noch eine Steigerung, ihn mit farbigen Abbildungen auszustatten. Die Vorbereitungen dazu waren sehr zeitaufwendig, weil nur ein Tiermaler – der Elsässer Jean-Louis Frindel – die Rassebilder in Farbe anfertigte. Mit Erscheinen nahm gleichzeitig der Bund selbst den Vertrieb dieser fortgesetzten Loseblattsammlung in die Hand.

82. Landesgeflügelschau in Stuttgart

Zum ersten Mal zeichnete der Taubenzuchtverein Groß Stuttgart und Umgebung für eine Landesschau auf dem Killesberg verantwortlich. Vom 14. bis 15. Dezember 2002 waren die Pforten der Messehallen für Aussteller und Besucher geöffnet, um die über 6.000 gezeigten Tiere zu betrachten. Ausstellungsleiter Robert Bock und sein Team hatten sich mächtig ins Zeug gelegt, um eine repräsentative Schau zu gestalten. So wurden die von den Mitgliedern des Taubenzüchtervereins im Eingangsbereich gezeigten Volieren allgemein bewundert und die drei Meter breiten Gänge zwischen den Käfigreihen sorgten für eine hervorragende Übersicht. Man sprach sogar von der schönsten Landesschau, die je auf dem Killesberg stattgefunden hat.

82. Landesgeflügelschau in Stuttgart,
Katalogtitelseite gestaltet von: Elke Bock.

Wir grüßen unsere Gäste:
Ministerialdirigent Brückner bei seiner Ansprache in Vertretung des Ministeriums.

Frau Inge Bock, die Kantinenchefin zwischen fleißigen Helferinnen und ...

... was wären die Männer ohne ihre Frauen – ein appetitliches Ambiente.

Zum Ableben von DKZ-Chefredakteur Walter S c h w a r z – ein kameradschaftliches Bekenntnis von Günter Stach, das in der Einleitung leicht verändert die Verlagsleitung und Redaktion des DEUTSCHEN KLEINTIERZÜCHTERS als Erinnerung an einen großen Freund kleiner Tiere in der Ausgabe Nr. 8 / 2003 erschien:

Erinnerungen an einen großen Freund kleiner Tiere:

Ehemaliger DKZ-Chefredakteur Walter Schwarz †

Eine herausragende Persönlichkeit der deutschen Rassegeflügelzucht ist von uns gegangen. Bundesehrenmeister Walter Schwarz, ehemaliger DKZ-Chefredakteur, weilt nicht mehr unter uns. Am 2. April 2003 im Alter von 73 Jahren verstorben, wurde er am 7. April, von einer großen Trauergemeinde begleitet, zu Grabe getragen.

Geboren am 11. Oktober 1929 im badischen Seckenheim, mangelte es ihm nicht an Neigungen zum Sport und der Kleintier-, insbesondere der Rassegeflügelzucht, in einer Zeit, die von den Auswirkungen des Zweiten Weltkriegs gekennzeichnet war. Zuvor gehörte er noch als Sechzehnjähriger zu den Jugendlichen, die zur Waffe greifen mussten.

Schon während seiner Ausbildung zum Werkzeugmacher betätigte er sich nach autodidaktischer Schulung mit dem Verfassen von Sportberichten in lokalen Tageszeitungen sowie dem Berichten über Ereignisse in der Szene der Kleintierzucht. Fußball, Handball und Tischtennis gehörten ebenso wie das Skilaufen zum sportlichen Teil seiner Freizeitbeschäftigungen. Aber die Rassegeflügelzucht wurde zum Lebensinhalt. Mit seinen silberhalsigen Deutschen Zwerghühnern konnte er hohe Auszeichnungen erringen. In jungen Jahren gründete Walter Schwarz auf eigene Initiative und Sondieren zugeneigter Mitglieder des Kleintierzüchterverein Mannheim-Suebenheim, eine Gemeinschaft, die gerade mal vier Wohnsiedlung umfasste. In den 50er-Jahren rief er die Zwerghuhnzüchtervereinigung Kurpfalz ins Leben.

Auch sein schriftstellerisches Wirken blieb freilich nicht unbemerkt, sodass er – längst in der Züchterwelt bekannt, als viel gefragter, bundesweit tätiger Preisrichter – 1963 bei unserem Deutschen Kleintier-Züchter im Verlagshaus Oertel + Spörer, Reutlingen, als Redakteur eine Anstellung fand. Mit dem Verkauf des elterlichen Hauses übersiedelte er nach Mittelstadt, nahe seinem Arbeitsplatz gelegen, in ein Domizil, wie ideal geschaffen für Familie und Kleintierzucht. Seine Familie stand zeitlebens im Mittelpunkt seiner Fürsorge, ebenso wie die Zucht von Prachtfinken, Rassegeflügel und -kaninchen von Bedeutung gewesen sind. Über 20 Jahre gehörte die Rehdame »Suse« zum familiären Umfeld nebst Katzen und Hund, über die er so eindrucksvoll und köstlich in seinem Buch »Wenn der Hund mit der Henne« schreibt.

Mit der redaktionellen Arbeit beim DKZ machte der passionierte Kleintierzüchter aus seinem Hobby einen Beruf, wie Verleger Valdo Lehari anlässlich des altersbedingten Ausscheidens von Chefredakteur Walter Schwarz im Januar 1995 durchaus ernste bestätigte. Sein Berufsleben war, bedingt durch viele Reisen zu Veranstaltungen der Rassegeflügel- und -kaninchenverbände, geprägt von Selbstdisziplin, Zielsetzungen und Terminen, aber auch von züchterischer Arbeit und der Übernahme von Bewertungsaufträgen in seiner Eigenschaft als Rassegeflügel-Preisrichter, wobei er theoretische Kenntnisse und erprobte Praxis auf einen Nenner brachte. Alle diese Leistungen, von der Verlagsleitung ausdrücklich geschätzt und gefördert, bewältigte Walter Schwarz nur zusammen mit seinem Team, wie er selbst stets betonte, und schuf damit eine ausgezeichnete Basis für das heutige hohe Niveau des Deutschen Kleintier-Züchters und fühlte sich bis zu seinem Lebensende dem Verlag stets verbunden.

Züchterische Befriedigung fand Walter Schwarz bei seinen Lieblingsrassen, in erster Stelle den eleganten Deutschen Zwerghühnern, denen er einen Buchtitel widmete und durch Herauszüchtung den Farbenschlag Weiß-Schwarzcolumbia bescherte, und den Friesenhühnern. Überdurchschnittliche Ausstellungserfolge seit Anbeginn seiner praktischen Betätigung blieben nicht aus und waren der Lohn seines intensiven Schaffens. In den Sondervereinen waren seine Ratschläge gefragt. Seinem Mitwirken verdanken beide Rassen ihren derzeitigen Hochstand.

Seitens der Organisation im Rassegeflügelbereich mit all ihren Unterverbänden erfuhr Walter Schwarz hohe Würdigung durch Verleihung von Ehrenmitgliedschaften (VZV), Ernennungen zum Ehrenmeister des BDRG und Meister der Württembergischen Rassegeflügelzucht. Die PV Württemberg-Hohenzollern ernannte ihn zum Ehrenvorsitzenden. Der ZDK ehrte ihn mit der Großen Goldenen Verdienstmedaille.

Als Walter Schwarz vor einigen Jahren mit einer so furchtbaren Krankheit konfrontiert wurde, erlag er nicht dem Missmut. In der Kleintierzucht schöpfte er Kraft zur scheinbaren Bewältigung und Sportschütze suchte er wettbewerbliche Ablenkung. Doch damit nicht genug: Das Lektorieren und Redigieren von Buch-Neuerscheinungen sowie auch das Überarbeiten von bewährten Oertel + Spörer-Titeln wollte er nicht einschränken. Vielen stand er mit Rat und Tat zur Seite, wenn die Absicht bestand, Informationen oder Broschüre entstehen zu lassen. Gelegentlich verließ auch eine solche »Hausdruckerei«, wie er seine Werkstatt daheim bezeichnete.

Nur wer ihn persönlich kannte, wird ermessen können, welch großartigen Zuchtfreund wir verloren haben. Walter Schwarz schätzte demokratisches Handeln und wirkte profilneurotischem Ansinnen beizeiten energisch entgegen. Selbstdarstellung war ihm fremd. Dem Niveau von BDRG und ZDK objektiv zugewandt, behandelte er Meinungsäußerungen sensibel, ausgleichend und mit Bedacht. Ohne weh zu tun, kamen Polaritäten dennoch zur Geltung. Und das zeichnete ihn besonders aus: sein Gerechtigkeitssinn, sein kameradschaftliches Wirken, seine unaufdringliche Pflege von Freundschaften sowie seine Offenheit, ganz zu schweigen von seiner Aufrichtigkeit, die ihm zeitlebens erhalten bleiben durften. In den Büchern, die er geschrieben hat, wird er genauso weiterleben wie in unserer Erinnerung an die Zeit, die wir mit ihm verbringen durften. Geschäftsleitung, DKZ-Redaktion, Verlagsmitarbeiter und unzählige organisierte Kleintierzüchter werden Walter Schwarz nicht vergessen und ein ehrendes Gedenken an ihn bewahren.   Verlagsleitung und Redaktion

Literarisch einst untrennbar: Autor Paul Doll (2. v. rechts) mit seinem Lektor Walter Schwarz nach dessen Ernennung zum Bundesehrenmeister in Nürnberg; daneben Walter und Margarete Gehring.

Der Verband der Zwerghuhnzüchtervereine erinnert mit einer Medaille an sein Ehrenmitglied Paul Doll.

Nachruf in der Fachpresse sowie im Katalog der Nationalen Rassegeflügelschau in Sinsheim 2003 zum Tode von Paul Doll (teils in vollem Wortlaut, teils gekürzt) wie folgt veröffentlicht:

Paul D o l l, Bad Wimpfen

BDRG-Ehrenmeister und Träger des Goldenen Ehrenringes

Eine der herausragenden Persönlichkeiten unserer Organisation, eine der bedeutendsten Lichtgestalten der Gegenwart hat uns für immer verlassen: Bundesehrenmeister Paul Doll, Träger des Goldenen BDRG-Ehrenringes ist nur wenige Wochen nach Vollendung seines 88. Lebensjahres am 26. August 2003 verstorben.

Unter großer Anteilnahme der Bürgerschaft von Bad Wimpfen am Neckar, Vertretern der Stadt, Politik, Institutionen sowie einer nicht geringen Anzahl von Kleintierzüchtern gedachten sie seiner in der evangelischen Stadtkirche anläßlich einer Trauerfeier.

In bewegenden Nachrufen würdigte Bürgermeister C. Brechtner die Verdienste seines Vorgängers um die Stadt Bad Wimpfen, MdL R. Gall erinnerte an das gemeinnützige Wirken des Verstorbenen im Auftrage der SPD-Landtagsfraktion sowie BDRG-Ehrenpräsident Edwin Vef und LV-Vorsitzender Paul Klumpp verbunden mit Sympathiekundgebungen und Dankesgesten ausdrücklich posthum

339

noch einmal gerichtet über einen echten Freund. Die Betroffenheit über seinen Tod – der nach jahrelanger Pflegebedürftigkeit zweifellos eine Erlösung war – beherrschte freilich die Stimmung der Anwesenden. Sein Hinscheiden löste mit dem Bekanntwerden nicht nur deutschlandweit nachempfindbare Trauer aus. Der Verlust eines geliebten Menschen, geachteten Kollegen und aufrichtigen Zuchtfreundes bleibt schmerzlich – doch damit müssen wir uns abfinden, wie das Lied der Gemeinde im Programm der Trauerfeierlichkeiten: „Ich bin ein Gast auf Erden" zum Inhalt hat. Das Mitgefühl aller galt seiner Familie, insbesondere seine Frau Lucie. Zum Ausklang der Zusammenkunft hatte die Stadtverwaltung in den Kursaal eingeladen.

Wenn auch die Jüngeren unter uns dem Namen nach Paul Doll auf Anhieb nirgendwo einordnen können, so verbirgt er sich doch in Gewohnheiten unseres Alltags; für so machen Rassegeflügelzüchter gehören sie sogar zum literarischen Werkzeug.

Am 31. 7. 1915 in Offenbach-Bieber geboren, schlägt er die Verwaltungslaufbahn ein; sein Interesse am Rassegeflügel gibt ihm 1949 Anlaß, sich dem örtl. Geflügelzuchtverein zuzuwenden. Bald fungiert er als Schriftführer und übt das Amt des Geschäftsführers aus. 1952 gehört er zu den Gründungsmitgliedern des SV heller Zwerg-Wyandotten.

Bedingt durch seine Wahl, siedelt er 1956 nach Bad Wimpfen um, dort für 20 Jahre die Aufgaben des Bürgermeisters zu übernehmen. „Mit ihm kam der Aufschwung" resümiert würdigend die Regionalpresse zu seinen Geburtstagen rückblickend wie auch jetzt in den Nachrufen. Mit seinem Umzug wird er Mitglied des GZV dort und schon zehn Jahre später, zum 1. KV-Vorsitzenden Unterer Neckar gewählt.

Trotz seiner beruflichen, nicht gerade nervenschonenden Arbeitseinsätze und der Bewältigung aufwendiger Kommunalprobleme mit kontroversen Auseinandersetzungen in aller Öffentlichkeit, vernachlässigt er nie seine rassegeflügelzüchterischen Neigungen. Im Gegenteil: als Mann der Tat und sehr wohl mit der Praxis vertraut, kann er berufliche Einflußnahme mit freizeitlichen Bedürfnissen verknüpfen; er setzt sich bis zur ministeriellen Ebene dort ein, wo einzig und allein nur Verbindungen, Fachwissen mit überzeugender Rhetorik gepaart Aussicht auf Durchsetzung erwarten lassen.

Gehörte er als KV-Vorsitzender bereits dem erweiterten LV-Ausschuß von Württemberg und Hohenzollern an, folgen die Wahlen 1966 zum Beisitzer, 1970 zum Schriftführer und letztendlich 1974 zum LV-Vorsitzenden. Parallel zu diesem Werdegang werden die Mitgliedschaften zum SV der Züchter braungebänderter, gold- und silberhalsiger Zwerg- Wyandotten – dessen 1. Vorsitzender von 1973 bis 1984, dann Ehrenvorsitzender war – wie auch zum SV der Z. heller Zw.-Wyandotten gepflegt. Des Weiteren wird er Mitglied im Verein der Geflügel- und Vogelfreunde Stuttgart. Angetragene Ehrenmitgliedschaften von Geflügelzucht-, Kleintierzucht- und Sondervereinen sind Beweise seiner Beliebtheit.

Landauf, landab erfährt er Einblick in die Geschehnisse der Rassegeflügelzucht an der Basis, kennt die Nöte und ihre Hindernisse. So mache Einschränkung weiß er zu umgehen, kann er helfen sie zu lockern. Dank seines energischen Einsatzes als Abgeordneter gelingt es, im Landtag den Erlaß des Ministeriums von Baden-Württemberg durchzusetzen, daß Gemeinden auf Antrag von KTZV geeignete Grünflächen für die Errichtung von Zuchtanlagen zur Verfügung stellen müssen und künftig auch zu bezuschussen sind.

Als Paul Doll 1976 aus dem Berufsleben ausscheidet, ist die vielverzweigte Rassegeflügelzucht für ihn längst zur tag- und abendfüllenden Vollbeschäftigung geworden. Mit Elan und Leidenschaft füllt er sie aus. Im gleichen Jahr, wie 1978, zeichnet er als Ausstellungsleiter in Stuttgart auf dem Killesberg mit annähernd 10.000 Tieren für die LV-Schau verantwortlich. Unter seinem Vorsitz nimmt der LV fortan nach parlamentarischen Grundsätzen eine rasante Entwicklung, wie sie der Zeit entspricht und noch heute in diesem Gremium die Tagesordnung begünstigt.

In die Jahre gekommen, führt die Ernennung zum Ehrenmeister des BDRG 1977 zu einem persönlichen Höhepunkt seiner züchterischen Laufbahn; das Land Baden-Württemberg verleiht ihm in Anerkennung seiner so vorbildlichen Leistungen die Verdienstmedaille. Als weitere Würdigung und Vertrauensbeweis für Rührig- und Zuverlässigkeit sozusagen, empfindet er 1983 bei der BDRG-Tagung in Schmallenberg seine Wahl zum Beisitzer in den Bundesvorstand; eine für ihn wohlbefindliche Tätigkeit, die er acht Jahre lang – dann macht ihm die Gesundheit zu schaffen – mit gebührendem Einsatz ausübt. 1986 wird er nach Amtsübergabe an seinen Nachfolger zum LV-Ehrenvorsitzenden mit Sitz und Stimme ernannt.

Neben seinen Betätigungen in der Organisation widmet sich Paul Doll intensiv der praktischen Zwerghühnerzucht. An verschiedenen Orten untergebracht, beteiligt er sich maßgeblich am Zuchtstand der von ihm gezüchteten Rassen, den Zwerg-Wyandotten, Zwerg-Cochin und zeitweilig auch Zwerg-Brakel. Die Erfolge bei Ausstellungen bleiben dabei nicht aus.

Züchterisch versiert und rhetorisch beeindruckend, gehörte er zu den begehrtesten Vortragsrednern. Kein Thema konnte ihn in Verlegenheit bringen, sein Repertoire schien unerschöpflich. Es war ihm ein großes Anliegen, für Fortbildung zu sorgen. Dabei auf seine Mitarbeiterriege im LV bauend, überläßt er ihnen bei Verbandsveranstaltungen gefälligst ein Betätigungsfeld, wo sie sich mit informativen Demonstrationsbeispielen und der Ausrichtung von Lehrschauen bewähren konnten.

Als es nach seiner Pensionierung die ohnehin dennoch knapp bemessene Freizeit zuließ, hatte sich Paul Doll die chronologische Aufarbeitung unserer Organisation zur Aufgabe gestellt. In den siebziger Jahren penibel begonnen, erschien zum 100-jährigen Bestehen 1981 die Chronik des BDRG aus seiner Feder, es folgten die historischen Aufzeichnungen über das Werden des VHGW, VZV, später des VDT sowie über den württembergischen LV, Orts- und Sondervereine, Puten, Zwerghühner-, Hühner- und Taubenrassen sowie auch eine Abhandlung über die Entwicklung der Entenrassen.

Im 76. Lebensjahr trifft ihn ein Schlaganfall. Spürbar geschwächt, motiviert ihn die Verleihung des Goldenen Ehrenringes, die höchste Auszeichnung des Bundes, weiterhin schriftstellerisch tätig zu bleiben. Im Rehabilitationsverfahren und wohl inspiriert durch den überwältigenden Ausblick über die Weite des faszinierenden

Neckartales von seiner Wohnung aus, erholt sich der Patient zusehends. Zwar an den Rollstuhl später gefesselt, verfasst er mit einem Finger auf der Maschine schreibend in den Jahren seiner Rekonvaleszenz doch noch einige Buchtitel, bis es annähernd zwanzig sind. Von einem zweiten Schlaganfall erholt er sich nicht wieder. Täglich besucht ihn seine Frau dort im Pflegeheim. Bis zu seinem Tode fast drei Jahre lang.

Thematisch im Inhalt differenziert, brachten die vorgetragenen Nachrufe übereinstimmend zum Ausdruck, wie sein Wirken alles Werden zur Vollendung brachte, jede Initiative zum Erfolg führte. „In seinem Stil, seinem Wesen und in seinem Engagement für die Rassegeflügelzucht ist er einer der profiliertesten Persönlichkeiten der vergangenen Jahrzehnte in unserer Organisation gewesen. Paul Doll wird als großer Chronist der Rassegeflügelzucht in die Geschichte eingehen" bekannte Ehrenpräsident E. Vef in seiner Trauerrede.

Mit Tatkraft und Umsicht die Gerechtigkeit vermittelnd, von ganzem Herzen Demokrat, vertrat er die Belange der Züchter, sein Wort galt und hatte Gewicht, seine Meinung war geachtet, sie wurde respektiert. Der Verstorbene war ein Mensch im besten Sinne, der sich an vorderster Stelle für den BDRG einsetzte und stets dem Gemeinwohl verpflichtet war.

Das Geheimnis aller seiner Erfolge aber war wohl die nie erlahmende Arbeitskraft und der Wille zum Schaffen, die Freude am Gelingen seiner Vorhaben, die Vertrautheit zu seinesgleichen und vor allem die Liebe zu seiner Frau.

Treffender als mit seinen eigenen Worten kann man Paul Doll wohl nicht charakterisieren, als er 1986 vor seiner Amtsübergabe seinen letzten Jahresbericht mit den Worten schloß: „Es hat sich gelohnt, Schweres auf sich zu nehmen, weil man es anderen Freunden damit leichter gemacht hat". Paul Doll ruhe in Frieden, vor diesem Großen verneigen wir uns – ein ehrendes Andenken werden wir uns für alle Zeit bewahren.

BDRG und LV Württemberg u. Hohenzollern
sowie die Sondervereine, in denen er Mitglied war

i. A. Günter Stach

2003

166. Bundestagung in Bergen auf Rügen

Mittlerweile hat sich sprichwörtlich genommen im aktiven Landesverbandsgefüge eingebürgert, die Bundeshauptversammlung verstärkt zu besuchen: zentral gestartet mit einem Bus voller Vertreter aus Württemberg und deren Familienmitglieder. Höhepunkt der Tagung auf der Ostseeinsel war zweifellos der anstehende Präsidentenwechsel. Edwin Vef wurde zum Ehrenpräsident ernannt, sein Nachfolger: Wilhelm Riebniger – im Privatleben noch amtierender Landrat – kommt aus Westfalen. Kontakte mit ihm ergaben sich mit den schwäbischen Züchtern in geselliger Runde am Abend nach der Wahl – so berichteten die Teilnehmer im Ländle bei den Zusammenkünften zu Hause. Eine Beschlussfassung zum Bundesjugendring erfolgte, wobei Jungzüchter mit 18 Jahren oder auf eigenen Wunsch mit sechzehn unter Anerkennung aller Rechte und Pflichten in die Seniorenklasse überwechseln können. Sie können ihre Tiere nach den zugelassenen Jahrgängen nach den AAB ausstellen, müssen jedoch bei der Anmeldung einen Jugendnachweis bei der Ausstellungsleitung vorlegen.

Landeszüchtertag in Westerheim

Aus Anlass seines 25-jährigen Jubiläums hatte der Kleintierzuchtverein Westerheim kurzfristig die Ausrichtung des Züchtertages 2003 in seinem repräsentativen Vereinsheim übernommen. Die Delegierten trafen sich vom 30. Mai bis 1. Juni im Luftkurort auf der Schwäbischen Alb, um die Rechenschaftsberichte der Vorstandschaft erstmals in einem Vereinsheim entgegenzunehmen. Dr. Grün vom Landwirtschaftsministerium in Stuttgart gab der Veranstaltung ebenso die Ehre wie Manfred Rommel, der Vorsitzende des Landesverbandes der Kaninchenzüchter. Als besonderen Leckerbissen hatte man dieses Mal einen Festvortrag zum Thema „Stress bei Haustieren" von Dr. Stephan Dreyer, dem „Macher" der Stuttgarter „Animal", auf dem Programm, der die annähernd 200 Zuhörer in einer bis auf den letzten Platz gefüllten Halle begeistern konnte.

Beherrschendes Thema des Wochenendes war die in Holland ausgebrochene Geflügelpest, die nun zu einer vorläufigen Ausstellungssperre in ganz Deutschland geführt hatte. Man werde wohl die Zeit abwarten und hoffen müssen, dass sich die Lage wieder entspannt, momentan stehen die Vereine, aber auch der Landesverband mit ihren terminierten Ausstellungen vor einer düsteren Zukunft. Für die in Ulm Ende November geplante Landesschau ließ sich daher keine konkrete Prognose treffen, Fritz Scheffold als Ausstellungsleiter zeigte sich aber zuversichtlich.

Tags zuvor waren die Jugendleiter geschult worden, die zugleich auch ihre Hauptversammlung abhielten. Allgemein musste ein weiterer Rückgang der Mitgliederzahlen bedauert werden, denn derzeit sind dem Landesverband nur noch 28.377 Mitglieder aus 29 Kreisverbänden gemeldet.

Landeszüchtertag 2003 in Westerheim:
Die Ehrengäste, rechts der Vortragsredner
Dr. Stefan Dreyer.

Meister der Württembergischen
Rassegeflügelzucht: Xaver Pfitzer,
Horst Mitschele und Robert Bock.

Anerkennende Urkunde für die scheidenden KV-Vorsitzenden (von rechts):
R. Diehl, H. Wagenblast, K.H. Höll, L. Petzold und W. Maier.

Als neuer Zuchtwart und Verantwortlicher für das Zuchtbuch wurde einstimmig Gerhard Stähle aus Unterjettingen gewählt. Zu „Meistern der Württembergischen Rassegeflügelzucht" wurden die Zuchtfreunde Robert Bock, Xaver Pfitzer und Horst Mitschelen ernannt.

Aufruf zur Mitarbeit an dieser Chronik

Martin Esterl, der stellvertretende LV-Vorsitzende wusste die gut gelaunten KV-Vorsitzenden anlässlich ihrer Zusammenkunft bei der Landesvertreterversammlung im Juni 2003 in Westerheim zur Mitarbeit an dieser Chronik zu animieren. An der Fortschreibung der LV-Geschichte sollte sich jeder beteiligen können – die Kreisverbände bis zu den Ortsvereinen sollten den Inhalt mitbestimmen; denn auf die Beleuchtung der Basisarbeit wollte man nicht verzichten. Immerhin lag die Gründung des Landes- und die der Kreisverbände in den Händen der Ortsebene. Die Versammelten erklärten sich spontan bereit mitzumachen, wollte sich doch jeder der Mitverantwortlichen werbewirksam für seinen Kreisverband einbringen. Dabei blieb es aber auch. Trotz mehrmaliger Anschreiben, letztmalig nach einem Jahr, ist es bei nur 16 Antworten geblieben. Dafür fühlten sich einige wenige OV-Vorsitzende und Mitglieder nach einem erinnernden Aufruf in der Fachpresse angesprochen und ergänzten manches Wissenswerte, was ihre KV-Funktionäre eigentlich in kaum entschuldbarer Weise doch versäumt hatten.

Nachruf zum Tode von Dr. h.c. Gerhard Weiser in der Fachpresse sowie im Katalog der 85. Nationalen Rassegeflügelschau 2003 in Sinsheim/Baden.

Nachruf: Dr. h.c. Gerhard W e i s e r

Mit dem Tod von Dr. h.c. Gerhard Weiser verliert nicht nur das Land Baden-Württemberg seinen Minister für Ernährung, Landwirtschaft, Umwelt und Forsten a.D., sondern auch der BDRG samt der beiden Landesverbände eines ihrer mitprägenden Ehrenmitglieder. Im Alter von 72 Jahren verstarb er am 10. 9. 2003 an den Folgen eines Schlaganfalles. Bis zu seinem Ableben betreute der Kurpfälzer in Mauer bei Heidelberg eigenhändig seinen landwirtschaftlichen Betrieb. Sowohl politische Weggefährten als auch Freunde äußerten sich tief betroffen und würdigten die Lebensleistung dieses europaweit anerkannten Vordenkers einer Politik für den ländlichen Raum. Dem baden-württembergischen Landtag gehörte er ununterbrochen von 1968-2001 an. Hierbei kam es freilich zu Begegnungen mit den LV-Vorsitzenden, insbesondere mit Paul Doll, dem MdL, der ihm ein sehr enger Vertrauter war und nur wenige Tage vor ihm verstarb. Mit Leib und Seele Politiker, setzte er sich stets auf der Suche nach fairen Lösungen für die menschlichen Belange ein. Wahrhaftig, ein Mann des Volkes mit Sinn für Humor und Vertrautheit. Mit spontanen Reaktionen konnte man rechnen, seine in Aussicht gestellten Problembewältigungen waren nie leere Versprechungen. Großen Einfluß nahm er im November 1986 auf den gemeinsamen Erlaß des Innen- sowie seines Ministeriums, bei der Aufstellung von Bauleitplänen künftig Gemeinschaftsanlagen für Kleingärtner und Kleintierzüchter zu berücksichtigen. Maßgeblich war er auch an der alljährlichen Bereitstellung nicht unbeträchtlicher Finanzmittel zum Bau von Gemeinschaftszuchtanlagen beteiligt. So weit er es zeitlich einrichten konnte, war er zu Gast bei den LV-Schauen, nie lehnte er deren Schirmherrschaft ab; als seine spätere Nachfolgerin bzw. Nachfolger verhindert waren, sprang er für sie als Gastredner ein, um den Veranstaltungen in seiner Eigenschaft als stellvertretender Landtagspräsident a.D. durch seine Anwesenheit obendrein Ansehen zu verschaffen. Die Stimmungen und Meinungen der Menschen kennenzulernen war seine Absicht, daraus für sie günstige, beinahe schlitzohrige Strategien zu entwickeln. Schon in den letzten Dienstjahren rankten sich zahlreiche Anekdoten um ihn, die neben vielen seiner Reden den Beteiligten in wacher Erinnerungen bleiben werden. So seine schirmherrschaftliche Ansprache bei der ersten, nach der Wiedervereinigung unseres Vaterlandes nun mit allen Landesverbänden durchgeführten BDRG-Tagung 1991 im badischen Rastatt, die ihren würdigenden Niederschlag sowohl in der Fach- als auch überregionalen Presse fand. Die damals wohl längst fällige Ernennung zum Ehrenmitglied des Bundes kam sinngemäß dennoch bei dieser Veranstaltung rechtzeitig, diesem so feinsinnigen Impulsgeber und sensiblen Förderer der Rassegeflügelzucht im Namen der Züchter von ganz Deutschland damit hohe Anerkennung zu verleihen. In den Annalen der Kleintierzucht nehmen seine Verdienste einen historischen Ehrenplatz ein; an Dr. h.c. Gerhard Weiser werden wir uns stets mit Hochachtung erinnern. Unser Mitgefühl gilt seiner Familie.

LV der Rassegeflügelzüchter von Württemberg u. Hohenzollern
i. A. Günter S t a c h

In ehrendem Gedenken
an unsere verstorbenen Mitglieder

83. Landesgeflügelschau in Ulm

Mit etwas mehr als 5.000 Meldungen litt die Landesgeflügelschau eindeutig unter der zu Beginn des Jahres gefürchteten Geflügelpest. Wahrscheinlich trug die Nationale im nahe liegenden Sinsheim genauso zur Schwächung bei.

Attraktiv ausgeschmückt war die lichtdurchflutete Eingangshalle mit Volieren, Ziergeflügel, einem landwirtschaftlichen Ambiente. Auch der Preisfond gestaltete sich sehr großzügig. Neben 65 Schwabenbändern standen den fast ebenso vielen Preisrichtern noch dieselbe Anzahl Donau-Iller-Bänder zur Verfügung. Genug, für 101 Vorzüglich und darüber hinaus die Spitzentiere besonders herauszustellen. Der vom KV-Ulm ausgerichteten Landesschau waren 12 Sonder- bzw. Werbeschauen von SV angeschlossen. Die Taubenabteilung stellte mit 120 Rassen wie eh und je das Hauptkontingent. Dann kamen die Zwerghühner mit 1.200 Nummern, über 600 große Hühner, Enten und Gänse hielten sich die Waage mit etwa 200 jeweils und in fünf Farbenschlägen präsentierten sich die Puten. Über 570 Aussteller beteiligten sich.

82. Landesgeflügelschau in Ulm –
Der Katalog, sowohl innen und aussen: modern und fehlerfrei.

85. Nationale Rassegeflügelschau in Sinsheim

Eine grandiose Nationale Rassegeflügelschau im Nachbarland Baden mit über 30.000 Ausstellungstieren war für Württemberg von besonderer Bedeutung; denn die Züchter waren in Sinsheim bemerkenswert besonders erfolgreich: die Jugendlichen und Senioren erzielten Siegerbänder und Höchstnoten. Hinzu kam noch die im feierlichen Rahmen ernannten Bundesehrenmeister: Bernhard Fiechtner, Max Holdenried, Paul Klumpp, Richard Röckle, Helmut Schimpf und Günter Stach, der auf Vorschlag des BDRG-Präsidums diese Würdigung erfahren durfte. Er war schon im Vorfeld von der Ausstellungsleitung beauftragt worden, allen auswärtigen Schaubesuchern das Badener Land in seiner eigentümlichen Struktur näher zu bringen. Zur optischen Ausstattung hatte er den Künstler Paul Klumpp engagiert, hinter die Exponatenkulisse das badische Panorama auf 30 m Länge farbenfroh an wieder verwendbaren Stellwänden zu malen. Bei frotzelnden Gästen geriet dieses Duo in den nicht einmal ungewöhnlichen Verdacht, den „Badensern" in gewisser Weise wohl Nachhilfe erteilt zu haben.

Zu BDRG-Ehrenmeistern ernannt (von rechts):
R. Röckle, M. Holdenried, B. Fiechtner, P. Klumpp, H. Schimpf und G. Stach.

Foto: Dr. U. Oehm

2004

„Süddeutsche Blassen" die Rasse des Jahres 2004

Mit der Rasse des Jahres auf Sympathiekundgebung im Zoo Berlin.

Nach Einführung der Rasse des Jahres durch den BDRG, im Wechsel über ein ganzes Jahr hinweg eine Geflügelart besonders in den Blickpunkt zu stellen, wurde im Jubiläumsjahr des Landesverbandes aus der Gruppe Süddeutscher Farbentauben den Süddeutschen Blassen diese Ehre zugesprochen. Die Impulsgeber dieses rührigen Sondervereins mit Sitz in Stuttgart nutzten jede sich bietende publizistische Möglichkeit, die „Blassen" unter diesem werbenden Aufhänger in der Öffentlichkeit gefällig darzustellen. Eine schmucke, wertvolle Broschüre mit großem Sammlerwert war noch rechtzeitig vor Drucklegung der LV-Chronik erschienen, sie hier zu erwähnen. Herausgegeben vom 450 Mitglieder starken Sonderverein mit seinem Vorsitzenden Manfred Kähler, Filderstadt-Bernhausen, und bearbeitet von Wilhelm Bauer, Nürtingen, ist sie ein weiteres Zeugnis, die Aktivitäten der agilen Schwaben über Deutschlands Grenzen hinaus mit samt ihrem Farbentaubenensemble bekannt zu machen.

Ein Geschenk aus Schwaben: Süddeutsche Blassen für den Zoologischen Garten Berlin: Zoodirektor Dr. Jürgen Lange, MdB Hans-Joachim Fuchtel, Altensteig, LV-Vors. Paul Klumpp und Rolf Graf, Berlin (von rechts).

Weil im sozialen Engagementgefüge einer Nordschwarzwaldregion angenehm aufgefallen, entschloss sich der CDU-Bundestagsabgeordnete Hans-Joachim Fuchtel, wie es jedem seiner Kollegen zweimal im Jahr zusteht, einige Personen aus seinem Wahlkreis nach Berlin einzuladen. LV-Vorsitzender Paul Klumpp sowie der ehemalige LV-Pressereferent Günter Stach zeigten sich spontan bereit und einfallsreich genug, mit Tauben aus Süddeutschland einmal dem Mitglied des Bundestages zu Ansehen zu verhelfen und gleichermaßen sowohl dem Landesverband von Württemberg und Hohenzollern als auch dem Bund Deutscher Rassegeflügelzüchter mit Hilfe der Rasse des Jahres in das politische Rampenlicht der Weltstadt bringend einen Dienst zu erweisen. Versteht sich von selbst, dass nur Süddeutsche Blassen infrage kommen konnten. Persönlich bestehende Verbindungen zwischen dem zoologisch-botanischen Garten „Wilhelma" in Stuttgart durch den Zootierpfleger und Züchter süddeutscher Schildtauben, Kurt Kaiser, und dem jetzigen Zoodirektor Dr. Jürgen Lange in Berlin, erleichterten dieses Vorhaben immens. Mit einem Statement von Günter Stach eingeleitet, überreichte dann zum vereinbarten Termin am 8. März 2004 das MdB H.-J. Fuchtel zwei Paare „Süddeutsche Blassen", schwarz, aus der Zucht des schwäbischen Züchters Günter Roth dem Herrn Zoodirektor. Viel Beifall gab es von den Zoobesuchern. Pressefotografen hielten dieses Zeremoniell im Bild fest. Mit von der Partie war der KV-Ehrenvorsitzende von Calw, Lothar Petzold. Für Berlins Öffentlichkeit nun nicht von außergewöhnlicher Bedeutung, zeigte dieser Auftritt aber im Stammland der Blassen im Nachhinein die erhoffte Wirkung. Nicht, dass sie nun besonders in den Vordergrund getreten wären, aber die Rassegeflügelzüchter als solche waren ins Gespräch gekommen, währenddessen jetzt die Beschilderung im historischen Hühner- und Taubenhaus des Zoos Berlin mit vollem Namenszug auf die Herkunft dieser Taubenrasse aus dem Schwabenländle aufmerksam macht.

Landesverband beteiligt sich am Bau des Wissenschaftlichen Geflügelhofes

Im Rahmen eines feierlichen Aktes erfolgte am 3. April 2004 mit der Eröffnung des BDRG-eigenen Wissenschaftlichen Geflügelhofes in Rommerskirchen-Sinsteden seine offizielle Namensgebung. Viele Ehrengäste und Teilnehmer waren angereist, um in einem großen Zelt diese emotional gehaltene Zeremonie mitzuerleben. Im Beisein zahlreicher Vertreter aus dem öffentlichen Leben, der Politik, Wirtschaft und rassegeflügelzüchterischer Prominenz war diese Veranstaltung doch von der Anwesenheit und ihres offenkundigen Engagements der nordrhein-westfälischen Ministerin, Frau Bärbel Höhn vom Ministerium für Umwelt und Naturschutz, Landwirtschaft und Verbraucherschutz geprägt. Die Forschungseinrichtung, orientiert an einem Großen der Geflügelzucht, erhielt den Namen: „Bruno Dürigen Institut" (1853–1929). Künftig werden sich in dieser Einrichtung junge Wissenschaftler mit traditionellen Rassegeflügeltieren beschäftigen, die in der Ge-

Haus „Württemberg" – gestiftet für den Wissenschaftlichen Geflügelhof des BDRG.

sellschaft gegenwärtig unpopulären Kritiken ausgeliefert sind. Der Landesverband von Württemberg und Hohenzollern unterstützte den WGH mit der Bereitstellung eines kompletten Geflügelstalles und finanziert mit einem jährlichen Beitrag den „Verein zur Förderung junger Wissenschaftlerinnen und Wissenschaftler in der Rassegeflügelforschung e.V." (JuWiRa). Dem Förderverein gehören u.a. der Kreisverband Göppingen sowie 5 Privatpersonen aus dem Landesverbandsbereich an.

1929 75 Jahre Preisrichtervereinigung 2004

Zum festen Bestandteil im LV-Gefüge gehört die Preisrichtervereinigung von Württemberg und Hohenzollern. Gegründet 1929, feierte sie 2004 ihr 75-jähriges Bestehen. Der Vorsitzende wird nach seiner Wahl in den LV-Vorstand berufen und seine Mitarbeit lediglich bestätigt. Die Vereinigung der württembergischen Preisrichtervereinigung nahm das Jubiläum zum Anlass, in Verbindung mit den Festlichkeiten ihre Frühjahresversammlung am 3. April 2004 im Hotel „Mohren" im oberschwäbischen Ochsenhausen abzuhalten. Von den Mitgliedern nahmen 73 Kollegen sowie acht Anwärter teil. Der Vorsitzende, Willi Wilbs, konnte unter den prominenten Gästen vom Verband Deutscher Rassegeflügelpreisrichter den Vorsitzenden Manfred Grein wie auch den Kassierer Richard Schäfer und die Vertreter der Gemeinde und des Landkreises begrüßen. Bei dieser Versammlung wurde den verstorbenen Mitgliedern: Erich Kienle, Willi Sonntag und Bernhard Treder gedacht. Dem Jahresbericht vom Vorsitzenden war zu entnehmen, wie es der PRV

Die Jubiläumsbroschüre 75 Jahre Preisrichtervereinigung Württemberg und Hohenzollern.

Eine Sonderausstellung der PRV bei einer Landesgeflügelschau in Stuttgart auf dem Killesberg als Erinnerung an frühere Zeiten.

wieder gelungen ist, den Wünschen zum Bewerten nachzukommen. Sein Dank war in besonders anerkennender Weise an den Landesverband gerichtet, der das Jubiläum mit einer Sonderzuwendung unterstützte. Auf die acht Anwärter bauend, zog auch der für den Schulungsbetrieb verantwortliche Bernhard Fiechtner eine zufrieden stimmende Bilanz, wenngleich er die Anwesenden animierte, Zusatzprüfungen abzulegen und qualifizierte Züchter anzuregen, sich der PR-Ausbildung zuzuwenden. Ehre wem Ehre gebührt – zwei Urgesteine der schwäbischen Rassegeflügelzucht wurden aufgrund ihrer langjährigen Verdienste um die PRV zu Ehrenmitgliedern ernannt: Roland Weber und Gottlob Wolfer; und weiter, Ehrennadeln in Gold wurden: Peter Gebert, Franz Mader, Karlheinz Oehler und Otto Reich an das Revers gesteckt. Wilhelm Bauer und Rochus Fleig erhielten die silberne Ausführung.

Der vielseitig agierende Wilhelm Bauer, 2. Vorsitzender der PRV seit vier Jahren, konnte Dank der zuverlässigen Schriftführerprotokolle, dennoch in mühevoller Kleinarbeit, eine über hundertseitige Jubiläumsbroschüre erstellen. Darin zeichnete er die Ursprünge der organisierten Rassegeflügelzucht in Deutschland auf und dokumentiert reichhaltig illustriert präzis mit der Gründungsversammlung am 6. Januar 1929 begonnen, die Entwicklung der PRV bis dato. Über den eigentlichen Rahmen einer Chronik hinaus, hat der Autor mit feinsinniger Aufmerksamkeit im Kapitel unter: „Züchten, bewerten und noch viel mehr … ." allen seinen schriftstellerisch und künstlerisch praktizierenden Kollegen bibliophil eine festgeschriebene Bleibe eingerichtet.

Auf Antrag beschloss die Versammlung, im Festjahr anlässlich der Landesgeflügelschau in Ulm eine Jubiläumsschau der PRV anzuschließen. Die PRV wird diesbezüglich diese Ausstellung mit Ehrenbändern unterstützen.

166. Bundestagung in Bamberg

Prompt fand sich der LV-Vorsitzende Paul Klumpp in der Geflügelzeitung abgebildet wieder, als er aus der Hand eines Mädchens symbolhaft eine flügelverleihende Feder erhielt. „Jugend zwischen Tradition und Vision" hieß der Veranstaltungsslogan – keine leeren Worte wie sich zeigte. Eine Animation auch, die Jugendarbeit in den Landesverbänden verstärkt zu forcieren. Für den LV-Jugendleiter Heinz Wangner selbstverständlich eine Verpflichtung.

Im Ringressort bahnt sich ein Skandal an: dem Bund mit der längsten Herstellererfahrung soll nach 110 Jahren mit politischer Einflussnahme die Fertigung und der Verkauf seiner Bundesringe untersagt werden. Dieses Vorhaben wirkungslos zu machen wird wahrscheinlich ein dornenreicher Weg werden. Entschieden wurde n.a. Festlegungen, dass alle bei den Ausstellungen gezeigten Tiere abgebildet werden dürfen, sofern die Fotografen von den AL zugelassen sind, bei Tauben gemischte Volieren mit Bewertung präsentiert werden können sowie das Ehrenamt des Jugendleiters bei der Punkteberechnung zum Erlangen der Bundesnadeln künftig berücksichtigt werden.

Ringverteiler Willi Kurz.

Landeszüchtertag in Weilheim/Teck vom 4.–6. Juni 2004

Beinahe auf den Tag genau, versammelten sich die Teilnehmer des Landeszüchtertages wie vor zwanzig Jahren schon in der Limburghalle. Diesmal anlässlich: „100 Jahre Kleintierzuchtverein Weilheim". Man hätte diese Veranstaltung auch unter das Motto stellen können: „Wie die Alten sungen, so zwitschern auch die Jungen". War es damals der KV-Vorsitzende Werner Spieth, zeichnete jetzt dessen Tochter: Martina Frosch als die Ortsvereinsvorsitzende von Weilheim für die Organisation verantwortlich. Ein Festakt am Freitag übertraf alle Erwartungen und der Samstag brachte wiederum den Landesverbandsausschuss zusammen. Am Vormittag gab es noch den obligatorischen Empfang im Bürgerhaus mit Bürgermeister Hermann Bauer. Der Nachmittag diente der Fortbildung für die anwesenden KV-Vorsitzenden und deren Kassierer. LV-Kassierer J. Krauss referierte über das Thema: „Der Verein und das Finanzamt" und Herr Böttinger bezog sich auf die „Haftbarkeit der Vorsitzenden und deren Schutz". Mit einem Züchterabend klang dieser arbeitsintensive recht frohgestimmt aus.

Der Sonntag beschäftigte sich mit den üblichen Regularien. Als Ehrengäste konnten Dr. Grün vom Ministerium, Manfred Rommel vom württembergischen Kaninchenzüchterverband sowie Oskar Leicht vom gleichen Verband aus Baden begrüßt werden. Stellvertretend für alle verstorbenen Zuchtfreunde wurde Paul Doll, Erich Kienle und Dr. Gerhard Weiser gedacht. Der Festvortrag von Dr. Uwe Bamberger: „Leben ist Wandel" zog alle Anwesenden in seinen Bann. Höhepunkt des Tages war wieder die Ernennung der Meister der Württembergischen Rassegeflügelzucht; geehrt wurden: Kurt Kaiser, Fritz Maier und Werner Spieth, drei verdiente Züchter, die sich vor allem auch als erfolgreiche Aussteller auszeichneten.

Seinen Rückzug aus der Landesverbandsarbeit gab nunmehr nach 38 Jahren Ringverteiler Willi Kurz bekannt – sozusagen reichte „Der Herr der Ringe" seinen Abschied ein. Sichtlich bewegt und gesundheitlich geschwächt, konnte er doch den mit Beifall bekundeten Dank der Versammlung entgegen nehmen.

Die Fachzeitschriften

Seit eh und je gehört die „Geflügel-Börse", früher Leipzig, dann München und jetzt sesshaft im bayerischen Germering, zu den beliebten Fachblättern. Um einige Jahre älter als die Rassegeflügelorganisation, unterhält sie die Züchterwelt seit Generationen mit Fachbeiträgen. In vielen Familien wird sie sogar auf die Nachfahren vererbt. Umfangreich der Anzeigenteil und der sehr vielseitigen Verkaufsangebote, ist sie vom Inhalt her nicht nur auf die Kleintierzüchter zugeschnitten. Im Jahre 2004 befindet sich dieses traditionelle Bundesorgan im 125. Jahrgang.

Im östlichen Teil Deutschlands mussten sich die Züchter – erstmals 1952 erschienen – mit der GuK, der „Garten und Kleintierzucht", Ausgabe B für Rassegeflügelzüchter, begnügen; ein außerhalb der DDR sehr geschätztes und sogar im Westen fest abonniertes Fachblatt, wenn auch mit unverkennbar tendenziös politischem Einschlag. Mit der Wende schließlich vom Deutschen Bauernverlag Berlin in „Deutsche Geflügelzeitung" umbenannt, fand sie in Gesamtdeutschland mittlerweile als anerkanntes Organ des Bundes ihre Verbreitung.

Die schwäbischen Züchter sahen doch eher in ihrem knapp formulierten „DKZ", dem „Deutschen Kleintierzüchter" aus Reutlingen ihre bevorzugte Haus-, sprich Fachzeitschrift. Die Nähe zur Redaktion mit dem Chefredakteur Walter Schwarz wie auch das Engagement des Verlagshauses Oertel & Spörer, dem Sponsor bei so vielen Veranstaltungen im Schauwesen, vereinfachten das sympathische Verhältnisse im LV-Bereich bis hin zur Basis.

Der Werdegang des Deutschen Kleintierzüchters ist im ersten Teil vom Chronisten sehr aufschlussreich beschrieben worden. Die Aufzeichnungen reichen zurück bis 1892; damals als offizielles Organ des Landesverbandes von Württemberg berücksichtigt, beginnen die Ursprünge bei der in Heilbronn erscheinenden „Süddeutsche Tierbörse". Ab 1. April 1937 erscheint im Verlag Oertel & Spörer unter der Verlagsleitung von Eugen Lachenmann in Reutlingen die Wochenzeitschrift „Schwäbischer Kleintierzüchter" mit einem Verbreitungsgebiet in Württemberg, Hohenzollern und Baden. Nach der von der Besatzungsmacht wieder erteilten Druckgenehmigung am 15. 6. 1945, erscheint unter der neuen Namensgebung die Fachzeitschrift: „Deutscher Kleintierzüchter" mit der Folge, 1950 vom Bund Deutscher Rassegeflügelzüchter zum Organ berufen zu werden.

Noch im Frühjahr 2002 entschloss sich der Herausgeber, die Leserschaft nach ihren Einschätzungen und Meinungen zu befragen. Auch unter Berücksichtigung von Verbesserungsvorschlägen sollte insbesondere die redaktionelle Gestaltung auf die Leserwünsche eingegangen werden. Hauptsächlich war es der Seniorchef des DKZ, Eugen Lachenmann, Ehrenmitglied des BDRG, der sich zur organisierten Rassegeflügelzucht, besonders der in Württemberg und Hohenzollern, hingezogen und ebenso verpflichtet fühlte. Seinem Enkel, Ermo Lehari, in jüngster Zeit stets

Bindeglied zwischen den Verbänden und Verlag, gab er mit auf den Lebensweg, diese so auf übereinkommenden Gegenseitigkeiten beruhenden Sympathiedemonstrationen nie zu vernachlässigen.

Umso überraschter waren die DKZ-Abonnenten, als in der Ausgabe Nr. 15 vom 8. August 2003 mit der folgenden Nr. 16 das kurzfristige Ende des klassischen „Deutschen Kleintierzüchters" angekündigt worden war. Der gleiche Wortlaut war in der „Deutschen Geflügelzeitung" abgedruckt. Beide Organe verschwanden sprichwörtlich von jetzt auf nachher von der Bildfläche. Mit der Nr. 1 erschien dann im September, jetzt getragen von der HK – Hobby- und Kleintierzüchter Verlagsgesellschaft mbH & Co. KG, neuerdings die „Geflügelzeitung". Beide Verlagshäuser, Berlin und Reutlingen, haben dort vereint ihre Anteile zum Fortbestehen nur noch eines Organs eingebracht. Der verantwortliche Redakteur und zuständig für den Rassetaubenteil, Dr. Uwe Oehm, ist in Reutlingen verblieben, während die beiden Redakteure für das Geflügel und Ziergeflügel zuständig, ihre Aufgaben in der Bundeshauptstadt wahrnehmen. In den erweiterten Redaktionsbeirat wurde aus Württemberg der Zfrd. Günter Stach berufen.

Züchter, die in einem dem VDT angehörenden Sonderverein Mitglied sind, erhalten seit 1997 viermal im Jahr „Die Rassetaube" ins Haus geschickt. Zunächst erhielten das VDT-Organ erstmals 1995 nur die SV-Vorsitzenden Exemplare; im Jahr darauf wurden zwei Ausgaben verschickt. Zum Unterschied der vorbeschriebenen Organe, ist die reine Taubenzeitung nach Interpretation der Herausgeber, des VDT, kostenlos. Im Grunde finanziert jedoch mittels Beitragszahlung im Umkehrschluß jeder Bezieher selbst dieses Mitteilungsblatt. Auf Sponsoring angewiesen, war die Redaktion immer öfter werdend gezwungen, den Inhalt zu straffen und die Fülle farbiger Abbildungen drastisch zu reduzieren.

Herausgegeben vom Deutschen Bauernverlag und speziell nur für die Jugend eingerichtet, ist der Inhalt der „JUNIOREN – geflügelzeitung. Die farbige Zeitschrift für den Züchternachwuchs erschien 2001 erstmals und erfreut sich seit dieser Zeit mit vier Ausgaben jährlich großer Beliebtheit – auch die älteren Züchtern erklären sich damit einverstanden, weil sie dort ihren Erfahrungsschatz nicht nur aufbessern können, sondern ebenso bestätigt finden.

Geflügel-Börse – Kleines Stallidyll bei W. Kälberer in Notzingen mit der von ihm an der Giebelwand zum Ausdruck gebrachten Feststellung:
„Der Mensch hält sich für weise, glaubt wunder, wer
er sei, und weiß nicht mal, was erst war, die Henne oder's Ei."

DEUTSCHER KLEINTIER-ZÜCHTER – Sein Erscheinen eingestellt, der „DKZ"
ein Lieblingsblatt nicht nur in Württemberg. Die Titelseite zeigt den BDRG-Präsidenten
Edwin Vef und den Herausgeber des DKZ Valdo Lehari vom Verlagshaus Oertel &
Spörer, Reutlingen, zusammen mit BDRG-Ehrenpräsident Hermann Rösch bei der
156. Bundesversammlung in Lorsch / Hessen (von links).

Die „Neue" – seit 2003: Der „Kleintier-Züchter" vereint mit der früheren „Deutschen Geflügelzeitung" – die „Geflügelzeitung".
0,1 Süddeutsche Blasse, mehllicht ohne Binden, aus der Zucht von Dieter Kopp, Frickenhausen-Linsenhofen.

Die JUNIOREN-geflügelzeitung. – Das Foto am unteren Bildrand rechts zeigt die Jungzüchter Rene und Kevin Roux aus Heimsheim mit ihren Zwerg-Wyandotten; innen ist über die beiden ein Interview aufgezeichnet.

Ministerieller Wettbewerb 2004 / 2005

„Kleintierzucht in Baden-Württemberg – attraktive und tiergerechte Zuchtanlagen der Vereine"

Unter dieses Motto gestellt, schrieb das Ministerium für Ernährung und Ländlichen Raum Baden-Württemberg in Zusammenarbeit mit den Landesverbänden der Badischen Kaninchen- und Rassegeflügelzüchter, dem Kaninchenzüchterverband sowie dem LV der Rassegeflügelzüchter von Württemberg und Hohenzollern einen Landeswettbewerb aus.
Ziele des Wettbewerbes:
„Mit mehr als 100.000 Mitgliedern in über 1.000 Kleintierzuchtvereinen liegt in Baden-Württemberg ein Schwerpunkt der Kleintierzucht in Deutschland mit einer langen Tradition. Die Zuchtanlagen der Kleintierzuchtvereine sind für die Züchter die Zentren der Zuchtarbeit und für Besucher attraktive Ziele. Mit vielen Aktionen sind die Vereine fest im gemeindlichen Umfeld verankert.

Durch die Einrichtung von GZA schaffen viele Vereine einen Raum für die Haltung von Rassekaninchen und Rassegeflügel, um interessierten Züchtern die Möglichkeit für ihre züchterische Betätigung zu geben. Die Zuchtanlagen werden mit großem Einsatz der Mitglieder gebaut, gepflegt und weiterentwickelt.

Durch den Wettbewerb sollen besonders attraktive und tiergerechte GZA von KTZV ausgezeichnet werden. Ausgezeichnet werden Anlagen, die sich besonders durch ihre funktionale Gestaltung und gute räumliche Zuordnung als GZA eignen, einen guten baulichen und allgemeinen Zustand aufweisen, für den Zweck der Haltung und ihrer Rassetiere besonders geeignet sind und sich durch eine Rassevielfalt und züchterische Gemeinschaft auszeichnen. Die Anlage soll sich in das örtliche Umfeld bestens einfügen und dieses bereichern und positiv in der Gemeinde eingebunden sein.

Durch die Auszeichnung besonders geeigneter Anlagen sollen Beispiele herausgestellt werden, um den Bau neuer Anlagen und die Weiterentwicklung bestehender Anlagen positiv zu beeinflussen.

Teilnahme berechtigt sind Vereine, die den vorgenannten Landesverbänden angehören. Die Bewerbung erfolgt durch den Verein mit Anmeldeformular bis zum 1. März 2005 bei den Landesverbänden. Der Wettbewerb wird in zwei Stufen durchgeführt : In der ersten Stufe werden im Mai 2005 aus den eingegangenen Bewerbungen maximal 12 Teilnehmer durch die Bewertungskommission anhand der Unterlagen mit Hilfe der vorgegebenen Bewertungskriterien ausgewählt. Schließlich werden die ausgewählten Teilnehmer in der zweiten Stufe von der Bewertungskommission bis September 2005 besichtigt und bewertet.

Die Bewertungskriterien sehen die Gestaltung als GZA, den Zustand der ZA, die Zweckbindung der ZA sowie die Einbindung in Umfeld und Gemeinde vor."

Alles in allem ein bejahendes Auswahlverfahren, das der gesamten GZA-Struktur im Lande dort zugute kommt, wo die Mitglieder Willens sind, mit neuen Ideen auf dem Gebiete der Öffentlichkeitsarbeit in der Kleintierzucht erfrischende Impulse einzubringen. Eine schöne Aufgabe, mit Aussicht einen Preis von ministerieller Seite zu erringen.

Eine Vorreiterrolle

Unabhängig davon leistete wie so oft schon in der württembergischen Rassegeflügelgeschichte der KV Ostalb–Aalen–Heidenheim einen hoch einzuschätzenden Beitrag zur Öffentlichkeitsarbeit: Sein Vorsitzender und gleichzeitig als LV-Schriftführer tätig, Hanspeter Wagner, lud mit seinen Vertrauten im Mai in 17 GZA des KV ein, wo sich die Bevölkerung an der Rassevielfalt erfreuen konnte und des Weiteren mit den schönen, aber gleichzeitig zeitaufwendigen Belangen der Kleintierzucht konfrontiert wurden. In der Tat eine vorbildliche Idee, die großen Anklang fand und in den lokalen Medien gebührend zum Ausdruck gebracht wurde; ebenso übereinstimmend sparte die Fachpresse nicht mit Lobesworten.

Rückblick

84 Jahre Taubenzüchterverein Groß-Stuttgart und Umgebung e.V. gegründet 1920

Es war im Frühjahr 1920 im Gasthaus „Rebstöckle" zu Stuttgart-Heslach, in der Böblinger Straße, in dem sich die Gründer Otto Dayss vom Stuttgarter Teppichhaus Dayss, August Ermel, Willi Häberle, Adolf Heinz, Heinrich Hellriegel, Albert Schnabel und Daniel Weber an einen Tisch setzten und den Taubenzüchterverein Stuttgart aus der Traufe hoben. Zum 1. Vorsitzenden wurde zunächst A. Heinz, später dann D. Weber gewählt. Das Vereinslokal wurde öfters gewechselt. Im Jahre 1921 schließlich entschieden sich alle für das Vereinslokal „Weller" in der Tübinger Straße, in dem auch Taubenmärkte abgehalten wurden.

Die erste größere Ausstellung mit 500 Tieren gab es im Dezember 1924 in der „Schreiberturnhalle" von Stuttgart Heslach. Sechs Wochen zuvor kam es wegen Unstimmigkeiten zum Führungswechsel. Auf Drängen der Mitglieder erklärte sich der Unternehmer Friedrich Kolb aus Stuttgart-Zuffenhausen bereit, die Vereinsgeschicke für ein Jahr zu übernehmen, dem sich schließlich noch weitere 35 anschlossen. Weil bei der Stuttgarter Bevölkerung das Interesse an Taubenschauen nachließ, gab es vorerst keine Ausstellungen mehr. Bei der Nationalen Rassegeflügelschau 1925 in Nürnberg stellten dennoch 15 Vereinsmitglieder mit großem Erfolg aus.

Mittlerweile war der Schönheitsbrieftaubenzüchter Alfred Kress dazu gekommen und zehn Jahre nach der Vereinsgründung auch Alfred Stahl aus Markgröningen, der sich mit großer Hingabe bis zu seinem Tode der Wiener Gansel – Zucht verschrieben hatte. Der Verein erlebte großen Aufschwung, bis die Jahre vor, während und nach dem letzten Weltkrieg so ziemlich alle Aktivitäten lähmten. Bald nach dem Kriege jedoch gab es Initiativen von Seiten der verbliebenen Zuchtfreunde. Der Verein sollte sich bald wieder eines erheblichen Zuspruchs erfreuen, denn eine Blütezeit für die Rassetaubenzucht bahnte sich an.

Der eigentliche Aufschwung begann anfangs der sechziger Jahre des letzten Jahrhunderts. In der Generalversammlung von 1969 wurde Friedrich Kolb zum Ehrenvorsitzenden erklärt, nachdem ihn der BDRG schon zum Ehrenmeister ernannt hatte. Den neuen Vorstand bildeten Karl Bohler, Karl Schlienz, Eugen Baur und Willi Hintermeier. Zu diesem Zeitpunkt nannte sich der Verein noch „Taubenzüchterverein Groß-Stuttgart." Überwiegend kamen die Mitglieder aus den großen Stadtteilen.

Anlässlich seines 40-jährigen Bestehens wurde in der Bahnhofgaststätte zu Bad Cannstatt eine Lokalschau durchgeführt und zur JHV am 25.02.1961 im „Ratsstüble" des gleichen Stadtteils beschlossen, im kleinen Saal der Bahnhofgaststätte eine Jubiläumsfeier mit Rahmenprogramm zu arrangieren. Zur lebhaften Diskussion stand auch die Anregung von A.K. Wahl, Eislingen, den Verein ins Vereinsregister einzutragen zu lassen. Alle Für und Wieder ließen dieses Ansinnen jedoch vorerst wieder ruhen.

Aus den Protokollen ist zu entnehmen, dass in jedem laufenden Geschäftsjahr mindestens zehn Monatsversammlungen ebenso zum Arbeitspensum gehörten wie Ausschusssitzungen. Sehr breiten Raum nahmen dabei die Tierbesprechungen ein. Die Mithilfe bei den LV-Schauen ist seit eh und je für die Vereinsangehörigen eine Ehrensache. Stark ist jeweils die züchterische Beteiligung nicht nur bei den Großschauen, sondern insbesondere auch bei den vom LV durchgeführten, wo die Mitglieder nahezu zehn Prozent des Taubenkontingents stellen. Der rührige Taubenzüchterverein war indessen wieder auf sechzig Mitglieder angewachsen. Mit dem Größerwerden des Vereins und seiner gesteckten Ziele schien es vernünftig, ihn wegen seines großen Zuspruchs auf regionaler Ebene den Namen „Taubenzüchterverein Groß Stuttgart und Umgebung e.V." zu geben und mit der Bestätigung des Amtsgerichtes vom 9. 11. 1964 in das Vereinsregister Nr. 1665 eintragen zu lassen. Die Satzung war zuvor am 27. 6. 1964 von den Mitgliedern als anerkannt beschlossen.

Mit dieser Eintragung letztendlich wurden Wege geebnet und konnten sich Tore für größere Unternehmungen öffnen. Der Verein rüstete zum ersten Male spontan auf zur Übernahme der 13. Deutschen Taubenschau am 23./24. 1. 1965 in Stuttgart auf dem Killesberg. Ausstellungsleiter dieser Schau war Karl Bohler. Mit 4.418 zur Schau gestellten Tieren führte der Verein in der Meldezahl bis zu diesem Zeitpunkt die größte Taubenschau durch.

Es sollte jedoch zu einer weiteren Steigerung kommen. Im Eifer, routiniert und gewissermaßen mit der Aufgabe vertraut, übernahm der Verein wenige Jahre später die 16. Taubenschau ihrer Art am 13./14. 1. 1968. Es wurde eine Ausstellung mit seinerzeitiger Rekordbeteiligung von 4.555 Katalognummern.

Die Vereinsaktivitäten zwischen den beiden Bundesschauen blieben trotz Angespanntheit unermüdlich rege. Auf Lokalschauen alljährlich wurde nicht verzichtet. Der TZV bestand 1970 genau 50 Jahre; eine Begebenheit, die zum Feiern genügend Anlaß gab. Als Gast beim KTZV S-Stammheim, im Saal des SKV-Heimes, zeigten die Aussteller mit 500 Tieren eine reichhaltige Rasseauslese.

Der Verein suchte sich eine neue Lokalbleibe für die Versammlungen und wurde im „Stern" S-Zuffenhausen sesshaft.

Am 10./11. 11. 1973, wieder auf dem Killesberg, wurde für den VDT die 22. Deutsche Taubenschau organisiert. Im Gedenken des Todes vom VDT-Vorsitzenden Karl Schüler wurde sie zur Gedächtnisschau. Auch vereinsmäßig stand sie unter traurigen Vorzeichen. Während der Vorarbeiten starben die Zfrd. Keller, Hintermeier und Broneske. Vor allem der Tod von Willi Hintermeier, dem Befürworter der Schau, riss eine große Lücke in das Ausstellungsteam, die zumindest zu diesem Zeitpunkt nur schwerlich zu schließen war. Diese Taubenschau erfuhr dennoch einen erfolgreichen Abschluss.

Bei der JHV am 25. 2. 1978 legte der Vorsitzende Karl Bohler nach beinahe zwanzigjähriger Vorstandstätigkeit seine Führungsaufgaben in jüngere Hände. Die Wahl der Versammlung fiel auf Rolf Schneider aus Stuttgart-Möhringen. In seiner ersten Amtshandlung erhob er Karl Bohler in den Stand des Ehrenvorsitzenden. R. Schneider hatte den Posten des 2. Vorsitzenden bereits seit 1976 inne; an seine Stelle rückte schließlich die Züchterpersönlichkeit Albert Weinmann aus Echterdingen.

Mit dem Vorstandswechsel stellt K. Bohler auch beim VDT seine Mitarbeit als 2. Vorsitzender ein. Mit siebzig Jahren gab er zwar die Geschicke in jüngere Hände, stellte sich als Ausstellungsleiter aber gleich wieder zur Verfügung, als die Absicht aufgegriffen wurde, sich anlässlich des 60-jährigen Vereinsbestehens 1980 um die Ausrichtung der 29. Deutschen Taubenschau zu bewerben.

Bis dahin gab es etliche attraktive Lokalschauen in Echterdingen bei Albert Weinmann und eine in Stuttgart-Feuerbach bei Robert Bock, bei dem es erstmalig einen vom Schriftführer Günter Stach gestalteten Katalog bei der Schau dieser Größenordnung gab. Diese Ausstellung, als Probelauf betrachtet, erhielt den Schwung, eine weitere Taubenschau für den VDT anzustreben. Der Zuschlag zur Übernahme ließ nicht lange auf sich warten. Die Schau zum Jahresbeginn 1981 durchzuführen, ließ sich nicht verwirklichen. Der Termin musste auf 1980 vorverlegt werden. Somit gab es mit der 28. in Münster und mit der 29. in Stuttgart im gleichen Jahr zwei Deutsche Taubenschauen. Auch diese Schau stand nicht im günstigen Licht; vier der Mitglieder verstarben. Die Vorbereitungen für die Schau liefen an und mussten mit einer Flut von Meldungen bewältigt werden. Erschwerend war ein wochenlanger Poststreik noch dazu, der zu manchen Unsicherheiten bei den Ausstellern führte. Aber auch diese Schau mit nunmehr 10.000 Tieren setzte sowohl für den Verein als auch für den VDT neue Maßstäbe. Integriert waren eine Informationsschau über Rassetauben und eine weitere über Brieftauben.

In den Jahren danach wurden anstelle üblicher Lokalschauen mit den befreundeten Vereinen aus der regionalen Nachbarschaft Rems-Murr und Strohgäu-Schönbuch so genannte Vergleichsschauen abgehalten wie auch Sommerfeste und Fortbildungsveranstaltungen zum Jahresprogramm gehörten.

Der Verein bewarb sich um die Übernahme der 40. VDT-Schau in der Zuchtsaison 1991. Stuttgart fand nach Nürnberg und Neumünster die Zustimmung ohne beim Zuschlag zu ahnen, dass sie eine Gedächtnisschau sowohl für den VDT als auch für den Verein werden sollte. Ewald Stratmann, langjähriger VDT-Vorsitzender und dessen Stellvertreter, EV Karl Bohler, galt das ehrende Gedenken. Die Resonanz zu dieser Veranstaltung war sehr zugeneigt; es war wohl eine der schönsten Rassetaubenschauen, die für den VDT überhaupt ausgerichtet worden war.

Bis zum Jubiläumsjahr 1995 gab es alljährlich das zur Tradition gewordene Sommerfest sowie bei Nachbarvereinen integrierte Lokalschauen, die am 30./31. 12. 1995 in Stuttgart-Feuerbach zu einem Höhepunkt heranreifte.

Nach fast zwanzigjähriger Vorstandsarbeit musste Rolf Schneider aus beruflichen Gründen diesen Posten aufgeben. Die Nachfolge trat der bisherige 2. Vorsitzender, Robert Bock, an, der zur bewährten Triebfeder wurde und sich, wie seine Vorgänger auf den eigentlichen „harten Kern" der Mitgliedschaft durchaus verlassen konnte. Er hatte sich bereits als Ausstellungsleiter der 40. Deutschen Rassetaubenschau einen wohlklingenden Namen gemacht.

Der Ideenreichtum des Vereins zeitigte spürbare Fortschritte. Die monatlichen Mitteilungen in Verbindung mit Einladungen zum Besuch in der gesamten Fachpresse haben die Mitgliederzahl stetig ansteigen lassen. Es sind junge Zuchtfreunde, die sich angesprochen fühlten und die Monatsversammlungen besuchen. Für jedermann zugänglich heißt die Vereinsdevise. Fachvorträge und Tierbesprechun-

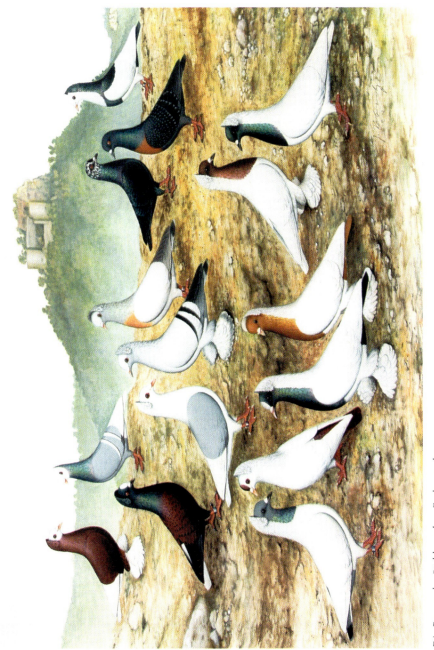

Die Rassen der Süddeutschen Farbentauben.

gen – mit der JHV festgeschrieben – gehören an jedem 4. Freitag im Monat – außer August und Dezember – zum Rahmenprogramm. Meistens von den eigenen Mitgliedern gestaltet, werden auch auswärtige Referenten eingeladen, Wissenswertes zu vermitteln. Die „Stuttgarter Tauben-Info" mit Redaktionsschluss vor der der JHV von Wilhelm Bauer seit 2001 bearbeitet, beinhalten das Protokoll der JHV, im Wortlaut sämtliche Referate im Rückblick soweit sie nicht in freier Rede vorgetragen wurden, die vorgesehenen Referatsthemen für das kommende Jahr, ein Mitgliederverzeichnis sowie Werbeeindrucke von jedem Züchter, der es sich wünscht im Gespräch zu bleiben – kostenlos. Seit der Herausgabe von Nr. 1 stellt sie ein Novum dar – in ihrer Art ist sie auf dieser Vereinsebene zumindest in Deutschland einmalig.

Erwähnenswert, dass die meisten der Mitglieder des Vereins noch anderweitige Vereinskontakte in örtlichen Vereinen pflegen und auch dort verantwortliche Funktionen ausüben sowie darüber hinaus als SV-Vorsitzende, Preisrichter etc. tätig sind. Es war Vereinsabsicht, die 54. VDT-Schau 2005 in Stuttgart stattfinden zu lassen. Der Zuschlag war erteilt und man hatte sich auch für den einstöckigen Aufbau erklärt. Als dann aber der nach Meinung der Mitglieder einseitig formulierte Vertrag mit dem VDT unterschrieben werden sollte, kam es doch zu Meinungsverschiedenheiten. Zur Unterschrift bereits vorbereitet, lehnte es die Versammlung ab, Mitverantwortung zu tragen. Hauptsächlich waren es die horrenden Hallenkosten, die sich in dieser Höhe doch als recht riskant erwiesen und für gestalterische Ideen kaum wagemutigen Spielraum zugelassen hätten. Gemessen an den Deutschen Rassetaubenschauen der letzten Jahre wäre es – wenn überhaupt – überaus schwer geworden, das derzeitig erreichte Ausstellungsniveau zu halten.

Das Hauptaugenmerk wird man künftig auf die offenen Monatsversammlungen mit gut ankommenden Referaten und Tierbesprechungen richten, zum Zuchtjahrabschluss dann auf die Lokalschau mit Austragung der Vereinsmeisterschaft. In den vergangenen Jahren hat sich eingebürgert, die Schausaison mit einer Familienfeier Mitte Januar ausklingen zu lassen. Ein willkommenes Zusammentreffen, dort zusammen mit Gleichgesinnten das neue Jahr zu beginnen.

Eine echte Schwäbin:
Die Echterdinger Farbentaube

Ihre Anerkennung im schwarzen Farbenschlag durch den Bundeszuchtausschuss geschah 1983 als das jüngste Kind in der gesamten Süddeutschen-Farbentaubenpalette. Lang war der Weg, bis das gesetzte Zuchtziel, anhand von Rasseabbildungen in Büchern in der Echterdinger Gastwirtschaft „Zum Stern" zu Beginn der siebziger Jahre des vergangenen Jahrhunderts mit groben Einschätzungen gedanklich ausgemalt war. Fest stand jedenfalls, eine Süddeutsche Farbentaube zu erzüchten, die nach der Stadt Echterdingen auf den Fildern benannt werden sollte. Schließlich machte sich das Dreigestirn, bestehend aus: Walter van der Dell, Gerhard Maß und Albert Weinmann, daran, mit unterschiedlichen Rassetauben von

Echterdinger Farbentauben, Aquarell von JakobRelovsky.

Taubenmärkten eine gewisse Grundlage mit genetisch noch unbekanntem Ausgang zu schaffen. Der SV der Züchter der Süddeutschen Farben hatte signalisiert, das züchterische Vorhaben seinerseits wohlwollend zu unterstützen. 1975 standen von W. van der Dell und G. Maßl die ersten geganselten Echterdinger Farbentauben in der Gruppe Neuzüchtungen bei der Deutschen Junggeflügelschau in Hannover. Ein Jungtäuber von G. Maßl errang spontan die sg-Note. Im Jahr darauf hatte sich dort noch Dr. Hermann Maier dazu gesellt, bis dann 1977 W. v.d. Dell 1977 als alleiniger Aussteller in Hannover auftrat. Währenddessen waren die Züchter aus der Filderstadt nicht untätig; lokal und im weiteren Umkreis machten sie im Lande auf diese Neuzüchtung in Schaukäfigen und Volieren aufmerksam. Die gesamte Zuchtbasis von G. Maßl ging mittlerweile in die Schläge von Albert Weinmann, einem versierten Züchter seiner Zeit, dessen Erfahrungsschatz in der Rassetaubenzucht vom Vater überliefert worden war. Dennoch wurde es nachher sehr still um diese eigentlich doch zu fördernde Schwäbin, die große Aufmerksamkeiten auslöste und nach so vielem Einsatz, mehr Würdigung verdient hätte. So war es doch ein Segen, dass sich Karl Nonner, der damalige SV-Zuchtwart, mit Elan für das Anerkennungsverfahren einsetzte und den Züchtern zum Ansporn neue Impulse verlieh. Weitere Vorstellungen bei der VDT-Schau 1980 in Stuttgart sowie bei den Deutschen Junggeflügelschauen 1981 und 1982 in Hannover überzeugten und führten doch zur Anerkennung. Im Anerkennungsjahr war es wieder der unermüdliche W. v. d. Dell, und auch Karl Fritzsch aus Plieningen, die fiktiv die ersten Seiten einer chronologischen Aufzählung geschrieben haben. Im Lauf der Jahre ist noch der Farbenschlag Rot hinzu gekommen. So hat diese Württembergerin nicht nur im ganzen Bundesgebiet von ganz Deutschland einen gesicherten Liebhaberkreis erreicht, sondern erfreut darüber hinaus auch die Züchter im Ausland mit sowohl ihrer Erscheinung als auch der Zuverlässigkeit in ihrem Nachzuchtverhalten.

Der Schnippenmohr – ein gebürtiger Schwabe:
Der Württemberger Mohrenkopf

Früher musste man in der Fachbibliothek tief ins Detail steigen, wenn man sich über diesen Mohrenkopf aus der Gruppe der Süddeutschen Farbentauben informieren wollte. Erst mit den viel tiefer schürfenden Recherchen von Wilhelm Bauer und Hermann Klotz, aber auch von Günter Stach, mit ihren Aufzeichnungen in der SV-Chronik (1946–1996) und der Herausgabe des Titels „Die süddeutschen Farbentauben" in W. Bauers Buch von 1996, haben wir einen erweiterten Einblick in die Rassenentstehung des einstigen Schnippenmohren erfahren. In der beinahe antiquarischen Literatur trafen wir zunächst auf die Mohrenköpfe im Allgemeinen und auf die Süddeutschen im Besonderen. In seiner Buchreihe „Unsere Tauben" berichtet Edmund Zurth, dass aus der ersten Hälfte des vorletzten Jahrhunderts nicht hervorgeht, ob die Süddeutschen Mohrenköpfe außer dem schwarzen Kopfgefieder einen mehr oder weniger großen Latz hatten. Sie befanden sich wohl damals entweder erst in einer rassischen Entwicklung oder zählten zu den Randerscheinungen im Verborgenen. Im offiziellen Standard galten die großlatzigen Vertreter früher – und das jahrzehntelang – als alternative Parallele der kleinlatzigen Süddeutschen Mohrenköpfe. Buchautor Joachim Schütte recherchierte und unterschied 1971 zwei Rassen in seinem Handbuch. Diese deutliche Trennung hatte auch der Deutsche Rassetaubenstandard nach seiner Neuauflage seit 1983 zum Inhalt

Es ist einzig und allein das Verdienst von Bundesehrenmeister Karl Bohler, Asperg und Albert Weinmann, Echterdingen, dass diese Rasse auf der Erde verblieben ist und der „Württemberger Mohrenkopf" diesen Namen trägt. Den Grundstein für die Erhaltung dieser Rassenvariante legte Karl Bohlers Vater bereits 1925. Er betrieb in Stuttgart eine sehr reichhaltige Taubenhandlung, war ein erfahrener Züchter, Rassenkenner und erfolgreicher Aussteller. Die „Schnippenmohren" hatten es ihm besonders angetan; und als der Senior 1956 verstarb, übernahm sie Sohn Karl. Er, aufgrund seiner Preisrichtertätigkeit nicht nur im Landesverbandsbereich unterwegs, sorgte „am Rande bemerkend" doch für ihre Popularität und Verbreitung. Bald, obschon im Hinblick auf die Schnippen- und auch geforderte tiefe Latzzeichnung nicht leicht zu züchten, fand diese Rasse bei anderen Züchtern einigermaßen guten Anklang. E. Zurth schätzte sie sogar in der Stuttgarter Gegend als eine Moderasse ein. Die beiden verhalfen qualitätsmäßig dem Württemberger Mohrenkopf zum gefälligen Äußeren; sie investierten Ausdauer, Geduld und nochmals Geduld und eine gehörige Portion Fingerspitzengefühl, die geeigneten Partner zusammenzustellen. Zum einen war die Anerkennung 1978 schon eine wahre Belohnung und dann zum anderen für A. Weinmann bei der Deutschen

Württemberger Mohrenkopf, Bleistiftzeichnung von Roland Weber, Preisrichter, Kemnat.

Junggeflügelschau in Hannover 1982 die Erringung des Blauen Bandes. Fairerweise dürfen die Bemühungen der fränkischen Züchterpersönlichkeiten: Georg Fürsattel sowie Fritz Ehalt keineswegs unterschlagen werden, die sich schließlich zusammen mit den beiden Züchtern aus Schwaben um den ehemaligen Schnippenmohren verdient gemacht haben. Dieses Quartett miteinander befreundet, tauschten sich aus und konzentrierten sich auf züchterische Details, wie die bis zum Brustbein reichende Latzzeichnung. Als sich nach Einkreuzen kleinlatziger Mohrenköpfe im übertragenen Sinne dieses doch eigentlich zu vergrössernde Rassemerkmal bedrohlich verringerte, kreuzten sie schließlich Altdeutsche Mohrenköpfe und Latztauben mit Fußbefiederung ein. Wie erwartet, traten Unregelmäßigkeiten in der Haube, dem Haubenkamm sowie der Augenfarbe, bei der Schnippenzeichnung und dem weißen Oberschnabel ein. Die eingestellten Altdeutschen brachten für die Latzzeichnung zwar bleibende Fortschritte, ihr schwarzer Oberschnabel jedoch, das Fehlen der Schnippe und der Nackenscheitel ließen zuvor deutliche Rückschläge erkennen.

Sich all dieser züchterischen Erschwernisse bei dieser Rasse bewusst, ließ es Karl Bohler bis zu seinem Tode 1991 nicht an Engagement fehlen, hier und dort für sie zu werben. Regelmäßig schaltete er in der Fachpresse und jährlichen Nachschlagewerken kleine Anzeigen mit Rassebild versehen, nur im Gespräch zu bleiben – nicht des Geldes wegen, womöglich um daraus Nutzen zu ziehen, wie er stets betonte. Bleibt dem „Württemberger Mohrenkopf" nur zu wünschen, dass dieses, geradezu dem Namen nach historisch klingende Kulturgut auch ihren Erzüchtern zuliebe erhalten bleibt.

Mit LV-Zuchtwart Horst Schwämmle erfuhr das Zuchtbuch einen Aufschwung …

… und mit LV-Zuchtwart Gerhard Stähle von 2003 an eine würdige Fortsetzung.

2004

40 Jahre Ehrenamt

Strebsam im Beruf – zuverlässig in der Verbandsarbeit:
Werner Krauß

Zu Beginn des Jubiläumsjahres jährte sich am 27. 1. 2004 zum 40. Male seine Wahl zum 1. Vorsitzenden des KTZV Stuttgart-Botnang. Am 12. 1. 1932 in Stuttgart auf die Welt gekommen und in Botnang bei den Eltern, des Züchters Friedrich Krauß, aufgewachsen, wuchs er buchstäblich in die längst zum Lebensinhalt gehörende Freizeitbeschäftigung mit der Kleintierzucht hinein. Vor dem Junior war der Vater 12 Jahre Vorsitzender dieses Vereins, der außerdem beim Traditionsverein der Geflügel- und Vogelfreunde Stuttgart noch den Kassiererposten inne hatte. Ostfriesische Möwen, Brünner Kröpfer, Nürnberger Lerchen und Helle Großsilber komplettierten damals den Kleintierbestand; bis dann später Silberfarbige Italiener, Soultzer Hauben, Blaue und Weisse Wiener und bis dato Rhodeländer sowie blaue Strasser und Kleinsilber in Gelb hinzu gekommen waren.

Sparkassenbetriebswirt Werner Krauß kümmerte sich beim LV der Rassegeflügelzüchter von Württemberg und Hohenzollern von 1968 bis 2001 als Kassierer um die Finanzen. In seine Amtszeit fiel der Bau des zentralen Käfiglagers in Weil der Stadt-Merklingen – ein Höhepunkt seines Wirkens zweifellos, wobei der Landesverband Dank der Umsicht des integren Kassierers heute auf ein beträchtliches Vermögen bauen kann. Ein Fundament, das im Zusammenwirken nur mit willigen Funktionären zusammen kommen konnte deshalb, weil sowohl seine sachliche Offenheit als auch Zuverlässigkeit die vertrauten Weggenossen über all die Jahre hinweg überzeugten. Als sein Sohn Jürgen, Dipl. Finanzwirt (FH) und Steuerberater als Nachfolger die LV-Finanzgeschäfte nach einstimmiger Delegiertenwahl von seinem Vater übernahm, waren sich die Anwesenden einig, dass mit ihm eine hoffentlich nie endende Familientradition fortgesetzt wird.

Werner Krauß war viele Jahre 2. Vorsitzender des Vereins der Geflügel- und Vogelfreunde Stuttgart, eine Wahrnehmung, die sich auf die Funktion des Ausstellungskassierers vieler von diesem Verein auf dem Messegelände vom Killesberg durchgeführter Landesgeflügelschauen fortsetzten und bis zur verantwortlichen Betreuung von 3 VDT-Schauen des Stuttgarter Taubenvereins reichte. Hinzu kamen noch die vom Botnanger Verein ausgerichteten KV-Schauen beider Sparten, schließlich betätigte er sich auf dieser Ebene lange Jahre sowohl als 2. Vorsitzender als auch Ausstellungsleiter.

Durch seine 27-jährige Tätigkeit als Bezirksbeirat in Botnang und seinem 43-jährigen Berufsleben als Kreditreferent bei der heutigen Landesbank von Baden-Württemberg hatte er weitreichende Verbindungen bis hin zum Gemeinderat, Land- und Bundestag. So war es nicht verwunderlich, dass beim 75-jährigen Jubiläum des heute 112 Jahre alten Botnanger Vereins der baden-württembergische Justizminister, Dr. Wolfgang Haussmann, die Festrede hielt.

Durch sein persönliches Engagement sowie mit der Bereitstellung privater Grundstücke konnte der Verein Botnang 1972/73 das 16 Ar große, unweit des Stadtzentrums, an der Großstadtperipherie beim Schwarzwildpark gelegene Grundstück erwerben und somit die darauf befindlichen Gebäude umfunktionieren. Mit Unterstützung des legendären Stuttgarter OB Manfred Rommel konnte 1983 eine zweite Zuchtanlage mit 5 Doppelställen und 10 Gehegen auf einem 33 Ar messenden, langfristig von der Stadt gepachteten Geländes im Feuerbacher Tal erstellt werden.

Werner Krauß hat mit Bedacht seit vielen Jahren – teilweise als Manager in der Industrie tätig – drei aktive Vorstandsmitglieder sowie einen sehr aufgeschlossenen Ausschuss um sich aufgebaut. Durch verstärkte Öffentlichkeitsarbeit hat der Kleintierzuchtverein Stuttgart-Botnang e.V. grund dessen bei allen seinen Veranstaltungen einen regen Zuspruch in der Bevölkerung. Das Verdienst eines Mannes, dem das Gemeinwohl zur Selbstverständlichkeit geworden ist.

Paul Klumpp

Zehnjährig beginnt der am 20. 5. 1942 in Freudenstadt Geborene mit der Taubenzucht, tritt elf Jahre später in den örtlichen KTZV ein und wird bereits ein Jahr später – 1964 – zum Beisitzer für die Sparte Tauben gewählt. Sein junges Verantwortungsbewusstsein wirkt sich auf die älteren Vereinsmitglieder sehr positiv aus, dass er nur ein Jahr später das Schriftführeramt übernimmt. Schon 1966 wird er zunächst zum stellvertretenden und schließlich von 1968 an für dreißig lange Jahre zum KV-Vorsitzenden gewählt. Von 1969 an führt er 17 Jahre auch den KTZV von Freudenstadt als Vorsitzender. 1972 erfolgt die Berufung in den LV-Ausschuss durch OLR Karl Mayer. Als Züchter „Schmalkaldener Mohrenköpfe" gehört er 1977 zum Kreis der Sondervereinsgründer – dabei übernimmt er für 10 Jahre den Schriftführerposten. 1986 setzt er sich neben zwei weiteren Kandidaten bei der Wahl zum LV-Stellvertreter durch – 1996 erfolgt die Wahl zum LV-Vorsitzenden. Zur gleichen Zeit als Schriftführer beim BDRG tätig, gibt er diese Position zwei Jahre später wieder auf.

Mit Ausrichtung der BDRG-Tagung 1975 im Kurhaus von Freudenstadt schließen sich bis 1999 die Organisation von Sondervereins- und Landeszüchtertagungen an, wie ebenso die Planung und Gestaltung einer „Deutsch-französischen Ausstellung" in FDS. Höhepunkte seines Organisationstalentes sind des Weiteren die Partnerschaftspflege des örtlichen Vereins zu Gleichgesinnten in das Elsass, in die Schweiz und nach Österreich. Seine berufliche Vielseitigkeit als Schaufenstergestalter, Schriftenmaler und freischaffender Kunstmaler brachten der Kleintierzuchtszene vielerlei Gestaltungsmöglichkeiten. Seit über 40 Jahren bestimmt seine Handschrift ausdrücklich die sichtbaren Elemente des Schauwesens einerseits und andererseits das Gefühl für das geistig Schöne nachweislich sein Mitwirken. Unübersehbar die Gestaltungsvarianten bei den Landwirtschaftlichen Hauptfesten, „Animal"- und „Tierwelt"-Veranstaltungen in Stuttgart. Inhaltlich deutlich erkennbar, engagiert sich Paul Klumpp stets nach dem Motto: Fordere von anderen nie mehr, als du selber bewältigen kannst. Danach handelnd sah er auch im Beschluss des Landesverbandsausschusses von Württemberg und Hohenzollern in Weil der Stadt/Merklingen mit einer festen Bleibe das Käfiglager zu bauen als einen Vertrauensbeweis gegenüber seiner Person.

2004 – Ausklang

125 Jahre Landesverband der Rassegeflügelzüchter von Württemberg und Hohenzollern

Schlussakt und Ausblick

Am 18. Mai dieses Jahres erhielt Vorsitzender Paul Klumpp eine Nachricht per Telefax übermittelt, wie sie noch nicht einmal vor 25 Jahren möglich gewesen wäre mit dem Wortlaut: „Herzlichen Glückwunsch zum 125-jährigen Bestehen des Landesverbandes von Württemberg und Hohenzollern." Vor fünfzig Jahren erholten wir uns gerade nach einem furchtbaren Kriege und waren mit dem Aufbau befasst und weiter, vor für uns unvorstellbaren einhundert Jahren genau machte der Landesverband darauf aufmerksam, den Tiertransporten zu den Geflügelausstellungen ein Ursprungszeugnis beizufügen. Wie doch die Zeit vergeht - und über das Land zieht mit Begebenheiten, die wir teilweise noch in grauenvoller Erinnerung haben und was die angeblich unvernünftige Bürokratie von heute betrifft, uns vertraut ist mit dem endlichen Verlangen: was soll denn das ?!

In langer Vorbereitung auf dieses historische Ereignis hatten sich die LV-Verantwortlichen geeinigt, am 18. September 2004 auf der Alb in Westerheim nach dem Motto: „Schwaben wie's singt, lacht, feiert und genießt" mit Freunden zusammen diesen Tag sehr gründlich und ausgelassen fröhlich zu begehen. Damit war ebenso beabsichtigt, hinter diesen Zeitraum einen Schlusspunkt zu setzen. Mit diesem Fest sollte gleichzeitig auch der urschriftliche Wortlaut dieser Chronik enden verbunden jedoch mit dem Signal: Auf in die Zukunft, lasst auf das Erbe weiterhin Taten folgen. Diese Möglichkeit wird sich bereits im kommenden Jahr bieten: Die Messegesellschaft teilte am Vorabend mit, dem Landesverband anlässlich der im November 2005 statt findenden „Tierwelt" auf dem Killesberg eine Halle kostenlos zur Verfügung zu stellen. Der lang gehegte Wunsch, dem Publikum Zier- und Rassegeflügel mit überschwänglicher Naturkulisse in Form einer großzügigen Volierenschau vorzustellen, wird sich nun endlich verwirklichen lassen. Ein Bonbon des Abends, den die Versammelten mit Genugtuung aufgenommen haben; eine Dankesgeste, die wohl verstanden wurde und Auftrieb gibt. Aus dem schwäbischen Alltag Heiteres und Besinnliches vom Karikaturisten Paul Klumpp in Verbindung mit Sprüchen von Heinz Eugen Schramm in einem kleinen Heftchen als Komposition zusammen getragen war einem kleinen Kreis der Ehrengäste vorbehalten, sich daran des Weiteren zu erfreuen.

Wohltuend an diesem Tage war nicht nur die Fülle der lukullischen Köstlichkeiten, auch das organisatorisch knapp bemessene Festbankett fiel kurzweilig aus. In der Kürze der Reden lag die Würze – es sollte doch gefeiert werden, wie es reine Absicht war. Dabei wurde nicht vergessen den Großen aus 125 Jahren Entwicklungsgeschichte zu gedenken, Meilensteine zu erwähnen, in einem komprimierten Abriss sozusagen das rassegeflügelzüchterische Wirken und Gedeihen von 1879 bis in die Gegenwart nachzuvollziehen.

Westerheims Bürgermeister Walz freute sich schon am Samstagnachmittag über den regen Besuch der zahlreichen Gäste im historischen Haus des Gastes, das schier aus allen Nähten zu platzen schien, bis dann das festliche Programm in der „guten Stube" des eigentlich noch jungen Kleintierzuchtvereins ablief. Draußen konnten sich die Besucher an lebendem Geflügel sowohl in der Gemeinschaftszuchtanlage als auch in bereit gestellten Schauvolieren erfreuen. Drinnen eine Bombenstimmung – das war kein Wunder: Cheforganisator Martin Esterl machte den Anwesenden die Reihenfolge des appetitlichen Unterhaltungsprogramms sehr schmackhaft: ein Trio unterhielt die Anwesenden während der Vesperpause fein gestimmt mit musikalischen Schwabenstreichen und dann erst folgten die Grußworte.

Ministerialdirektor Rainer Arnold vom Ministerium für Ernährung und Ländlichen Raum Baden-Württemberg war es in Vertretung des Herrn Minister Stächele neben der Übermittlung einer Danksagung mit Glückwünschen verbunden wiederholt ein Anliegen, die anwesenden Verantwortlichen parallel dazu die Wichtigkeit der Zusammenführung aller vier Landesverbände von Baden und Württemberg zu einem „Bärenverband" mit dem in Aussicht stehendem Resultat, noch höhere finanzielle Zuwendungen erwarten zu können, vortrug. Vorsitzender Hermann Lenz beteuerte neben der Überreichung von Ehrenpreisstiftungen die Armut seines LV von Baden gegenüber den Württembergern, die „uns gewiss nicht aufnehmen werden" und gestand offen und ehrlich, nie und nimmer Schwäbisch lernen zu wollen. BDRG-Präsident Wilhelm Riebniger konnte über die ministeriellen Angebote vor allem in seiner beruflichen Eigenschaft als Landrat nur staunen; ihm war es vorbehalten, dem Landesverband namens des Präsidiums die herzlichste Gratulation zu übermitteln. Ihm schlossen sich der Kreisveterinär Dr. Butscher an sowie nochmals Bürgermeister Walz und schließlich der Vorsitzende des LV der Kaninchenzüchter von Württemberg und Hohenzollern, Manfred Rommel, der gleichzeitig für den mit angereisten Oskar Leicht aus Baden seine Glückwunschkundgebung vortrug.

Zu den Ehrengästen gehörten BDRG-Vize Günter Wesch mit seiner Gattin Karin, Vertreter von Behörden, Dr. Uwe Oehm von der Geflügelzeitung, die gesamte LV-Vorstandschaft, Bundesehrenmeister sowie die Meister und Verdienten der württembergischen Rassegeflügelzucht und letztendlich – last but not least: EE- und Bundesehrenpräsident Edwin Vef.. Seine herausragenden Verdienste hervorzuheben lag Paul Klumpp besonders am Herzen, seinen Mitstreiter posthum über die vielen Jahre hinweg um Nachsicht zu bitten: „auch wenn ich – Originalton – sowohl mit dir und dem Bund versuchte manches Problem unblutig zu lösen, lag uns nichts anderes als die Sache im Sinn und bei allem Ernste versuchten wir schließlich übereinstimmend daraus das Beste zu machen. Deshalb ist es uns allen hier eine Ehre, dich zum Ehrenmitglied unseres Landesverbandes zu bestellen". Dr. Uwe Bamberger, von Kindesbeinen an mit dem Hause Vef familiär verbunden, hielt eine Laudatio per excellents. Die Zuhörerkulisse war beeindruckt und dankte mit applaudierender Kundgebung dem ehemals siebten Präsidenten des 123 Jahre alten Bundes Deutscher Rassegeflügelzüchter. Und nicht nur diese Geste galt ihm – Punkt 24.00 Uhr folgte dann die herzliche Gratulationskur zu seinem 75. Geburtstag.

In gemütlicher Runde zunächst noch beieinander sitzend klang dieser stimmungsvolle Abend aus – in der Geschichte des Landesverbandes ein angemessener Augenblick, wie er vervielfach dem künftigen Leitmotiv des Bundes Deutscher Rassegeflügelzüchter „Rassegeflügelzucht – Lebensqualität für Menschen und Tiere" die Zukunft bestätigen wird. Mit den im Landesverband angehörenden 539 Ortsvereinen scheint die Basis gesichert zu sein – 354 Vereinsheime sowie 244 Gemeinschaftszuchtanlagen nennen sie ihr Eigentum. Eine stattliche Anzahl, wie sie neben Baden ihresgleichen in Deutschland nicht zu finden ist und ein herausragendes Beispiel für das harmonische Zusammenwirken auf kommunaler und ministerieller Ebene darstellt. Das Augenmerk auf die Jugend gerichtet sieht auskömmliche Perspektiven. 5.000 jugendliche Mitglieder im Jubiläumsjahr sprechen für sich – sie sind die Garanten, das Erbe mit Unterstützung der Vorfahren zu übernehmen.

LV-Vorsitzender Paul Klumpp bei seiner Festrede.

Der LV-Vorstand in seiner derzeitigen Besetzung stellt sich den Fotografen: vorderste Reihe: Wilhelm Wilbs, Werner Krauß, Hans Vöhringer, Paul Klumpp. 2. Reihe: Gerhard Stähle, Heinz Wangner, Franz Häfner, Werner Schwab. 3. Reihe: Jürgen Krauß, Hansjörg Opala, Martin Esterl, Dr. Uwe Bamberger, Hanspeter Wagner.

Das Fest war gelungen – zufriedene Gesichter: (von links): BDRG-Präsident Wilhelm Riebniger, EE- und BDRG-Ehrenpräsident und seines Zeichens nun LV-Ehrenmitglied Edwin Vef, LV-Vors. Paul Klumpp und sein Stellvertreter Martin Esterl.
Foto: Dr. U. Oehm.

Haar und Feder harmonieren: Manfred Rommel, der „Landesvater" vom Kaninchen- und Paul Klumpp, sein Pendant, vom Geflügelverband.

Zum Ausklang: Autor Günter Stach empfiehlt die LV-Chronik; mit diesem Gespräch zwischen ihm, Wilhelm Riebniger und Edwin Vef enden vorerst die Aufzeichnungen über die geschichtlichen Ereignisse aus 125 Jahren Rassegeflügelzucht in Württemberg und Hohenzollern.   *Foto: Dr. U. Oehm*

Das Landesverbands-Jugendleitergremium (von links):
Kassierer Gerhard Bayha, 2. LVJL Joachim Weißkopf, 1. LVJL Heinz Wangner,
Schriftführer Dietmar Seitz *Foto: LV-Archiv Jugend.*

Teilnehmer bei der Kreisjugendleiterschulung an der Landesakademie für Jugendbildung
am 2. April 2004 in Weil der Stadt. *(Foto: LV-Archiv Jugend)*

Der Moderne zugetan: Zugriff per online

Landesverband der
Rassegeflügelzüchter
von Württemberg und Hohenzollern

Herzlich Willkommen
auf der Homepage unseres Landesverbandes

Homepage
Wir über uns
Aktuelles
Zuchtwart/ Zuchtbuch
Landesverbands-Jugendgruppe
Preisrichter-vereinigung
Kreisverbände
Landesgeflügelschau
Landeszüchtertag
sonstige Veranstaltungen
Termine
Info für Vereine
Links

Impressum

Landesgeflügelschau 2004
Die Vorbereitungen für die Landesgeflügelschau vom 26. bis 28. November 2004 im Ulmer Messegelände laufen planmäßig. Ausrichter ist der Kreisverband Oberschwaben. Alle weiteren Informationen finden sie hier.
Das Bild zeigt eine mit der Höchstnote "Vorzüglich" bewerte Pommerngans von der Landesgeflügelschau 2003 die ebenfalls in Ulm stattgefunden hat.

Landeszüchtertag 2004
Der Landeszüchtertag fand vom 04. bis 06. Juni 2004 in der Limburghalle in Weilheim Teck statt.
Der Landeszüchtertag stand im Zusammenhang mit

Als 1. Vorsitzender des LV der Rassegeflügelzüchter von Württemberg und Hohenzollern heiße ich sie auf unserer Homepage herzlich willkommen. Wir versuchen, ihnen auf diesen Seiten alle Informationen

unseres Verbandes zur Verfügung zu stellen. Für Fragen und Anregungen stehen wir gerne zur Verfügung. Die Kontaktmöglichkeiten finden sie hier.

Informationen vom Zuchtwart und Zuchtbuch
Alle Informationen über die, vom Landesverbands-Zuchtwart Gerhard Stähle, durchgeführten und geplanten Schulungen und Veranstaltungen finden sie hier.

Informationen vom

Neues / Änderungen

07.08.2004
Bericht und Bildergalerien vom Landeszüchtertag 2004 in Weilheim finden sie hier

05.08.2004
Meldebogen und Ausstellungsbestimmungen für die Landesgeflügelschau 2004 in Ulm zum herunterladen finden sie hier

04.08.2004
Bericht und Bilder von der HV um vom Jubiläum der PV in Ochsenhausen, weiter

25.07.2004
Preisrichterverzeichnis aktualisiert, weiter

Landesverband der
Rassegeflügelzüchter
von Württemberg und Hohenzollern

Bildergalerie von der Hauptversammlung
Landeszüchtertag Weilheim

zum vergrößern der Bilder auf das Bild klicken

WH_501_HV_Begruessung
687 x 450
53224 Bytes

WH_502_HV_Begruessung
730 x 450
60414 Bytes

WH_503_HV_Ministerium_Dr_Orgen
415 x 450
22955 Bytes

WH_505_HV_Ehrung
391 x 450
32241 Bytes

WH_506_HV_Grusswort
388 x 450
30774 Bytes

WH_507_HV_Grusswort
579 x 450
37534 Bytes

- Homepage
- Wir über uns
- Aktuelles
- Zuchtwart/Zuchtbuch
- Landesverbands-Jugendgruppe
- Preisrichter-vereinigung
- Kreisverbände
- Landesgeflügelschau
- Landeszüchtertag
- sonstige Veranstaltungen
- Termine
- Info für Vereine
- Links

Impressum

Onlinepräsentation – aktuell, up to date abrufbar

Ehrenamtsträger des Landesverbandes

Vorstand und Ausschuß

Amt	Name; Anschrift	
Ehrenvorsitzender	Gehring, Walter 70186 Stuttgart	Hornbergstr. 132 Telefon (0711) 485171
1. Vorsitzender	Klumpp, Paul 72250 Freudenstadt	Schillerstr. 9 Telefon (07441) 6284
2. Vorsitzender	Esterl, Martin 89150 Laichingen	Silcherweg 12 Telefon (07333) 5862
1. Kassier	Krauss, Jürgen 70195 Stuttgart	Chopinstr. 20 Telefon (0711) 691413
2. Kassier	Krauss, Werner 70195 Stuttgart	Donizettistr. 5 Telefon (0711) 692211
Schriftführer	Wagner, Hanspeter 89522 Heidenheim	Keplerstr. 20 Telefon (07321) 50404
Für besondere	Bamberger, Dr. Uwe 88416 Erlenmoos	Am Rainbaum 9 Telefon (07352) 8722
Zuchtwart	Stähle, Gerhard 71131 Unterjettingen	Weiherwiesenweg 6 Telefon (07452) 75504
Tier und Artenschutz	Vöhringer, Hans 73207 Plochingen	Moltestr. 36 Telefon (07153) 25890
Karteiführer	Opala, Hansjörg 74538 Rosengarten-Tullau	Burrberg 47 Telefon (0791) 47770
Preisrichterver.	Wilbs, Willi 74177 Bad Friedrichshall	Deutschordenstr. 25 Telefon (07136) 8585
Jugendleiter	Wangner, Heinz 73529 Schwäbisch Gmünd	Heubacher Str. 74 Telefon (07171) 89195
Ehrengerichts Vors.	Häfner, Franz 74385 Pleidelsheim	Hirschbrunnenweg 1 Telefon (07144) 22416
Ringverteiler	Klumpp, Paul 72250 Freudenstadt	Schillerstr. 9 Telefon (07441) 6284 Fax 6285
Käfiglagerverwalter	Schwab, Werner 71263 Merklingen	Schrodweg 2 Telefon (07033) 33643

Kassenrevisoren

Amt	Name; Anschrift	
Kassenrevisor	Härle, Kurt 71691 Freiberg	Grünlandstr. 1
Kassenrevisor	Wolfer, Gottlob 70794 Filderstadt	Mahlstr. 8

Kassenrevisor	Rottler, Günter 71134 Aidlingen	Feldbergstr. 83
Kassenrevisor	Höll, Karl-Heinz 75217 Birkenfeld	

Landesverbandsehrengericht

Amt	Name; Anschrift	
Ehrengerichts Vors.	Häfner, Franz 74385 Pleidelsheim	Hirschbrunnenweg 1 Telefon (07144) 22416
Beisitzer	Oehler, Karl-Heinz 75446 Wiernsheim	Im Katzenloch 82
Beisitzer	Scheffold, Friedrich 88471 Laupheim	Biberacher Str. 32
Beisitzer	Junge, Rolf 73614 Schorndorf	Bühlweg 6

Ehrenmitglieder des Landesverbandes

Nr. Name	Anschrift	
1 Brück, Hermann	Gartenstr. 7	72138 Kirchentellinsfurt
2 Fischer, Kurt	Karlsruher Str. 64	74208 Leingarten
3 Gehring, Walter	Hornbergstr. 132	70186 Stuttgart
4 Gutknecht, Hans	Essinger Str. 12	89551 Königsbronn
5 Krauss, Werner	Donizettistr. 5	70195 Stuttgart
6 Lehari, Valdo	Burgstr. 1–7	72706 Reutlingen
7 Neugebauer, Berthold	Johannesstr. 65	70176 Stuttgart
8 Pechtel, Karl	Obere Erbisberg 35	89522 Heidenheim
9 Sabel, Alois	Hallstadtweg 5	70839 Gerlingen
10 Schmidt, Ignaz	Unterm Kirchberg 1	88348 Saulgau
11 Vetter, Hermann	Hochwiesenweg 52	73733 Esslingen

Meister der württembergischen Rassegeflügelzucht

Nr.	Name	Anschrift			Meister seit
1	Balb, Kurt	Memelweg 26	74523	Schwäbisch Hall	1999
2	Balb, Otto	Kreßbacher Str. 5	74861	Neudenau	2000
3	Barth, Robert	Weiherstr. 3	89551	Königsbronn	X
4	Berger, Wilhelm	Charlottenstr. 30	72070	Tübingen	1998
5	Braun, Helmut	Zeppelinweg 12	73447	Oberkochen	1994
6	Eckloff, Heinz	Zeppelinstr. 1	89281	Altenstadt	X
7	Fichtner, Bernhard	Häckerstr. 24	70565	Stuttgart	X
8	Fischer, Kurt	Karlsruher Str. 64	74211	Leingarten	X
9	Fischer, Reinhold	Graustr. 7	73079	Süssen	2000
10	Gehring, Walter	Hornbergstr. 132	70186	Stuttgart	X
11	Grünenwald, Fritz	Schlater Str. 32/1	73037	Göppingen	X
12	Haas, Richard	Dolomitstr. 13	73433	Aalen	1987
13	Härle, Kurt	Grünlandstr. 1	71691	Freiberg a. N.	X
14	Heubach, Leonhard	Kapfstr. 66	78573	Wurmlingen	1998
15	Holdenried, Max	Hirschstr. 20	71272	Renningen	X
16	Kanz, Johann	Im Eschle 4	72393	Burlad.-Gauselfingen	1985
17	Klumpp, Paul	Schillerstr. 9	72250	Freudenstadt	X
18	Krauß, Werner	Donizettistr. 5	70195	Stuttgart	X
19	Kurz, Josef	Kreuzackerstr. 3	73434	Aalen	X
20	Kurz, Karl Sen.	Buxenbergstr. 6	73460	Hüttlingen	1985
21	Leidecker, Andreas	Elsterweg 4	89542	Herbrechtingen	1999
22	Lock, Ferdinand	Heuchlinger Str. 41	74177	Bad Friedrichshall	1998
23	Löffler, Hans	Rosenstr. 16	71116	Gärtringen	X
24	Mäckle, Siegfried	Gauchhalde 5	73730	Esslingen	2001
25	Matula, Alois	Breslauer Str. 12	73072	Donzdorf	X
26	Petzholdt, Lothar	Bömbachweg 8	72227	Egenhausen	1999
27	Philippin, Berthold	Lessingstr. 18	71277	Rutesheim	X
28	Retzbach, Franz	Mühlweg 2	74238	Krautheim	2001
29	Sauter, Ottmar	Heumadener Str. 67	73760	Ostfildern	X
30	Scherer, Rudolf	Dorfstr. 80	97980	Bad Mergentheim	X
31	Schifferer, Konrad	Aalweg 9	89542	Herbrechtingen	1987
32	Schwämmle, Horst	Rosenstr. 16	71296	Heimsheim	2000
33	Schwörer, Kurt	Falkenweg 4	75417	Mühlacker	X
34	Seitter, Werner	Hölderlinstr. 8	71134	Aidlingen	1997
35	Solga, Kurt	Waldenbucher Str. 45	71032	Böblingen	X
36	Stradinger, Walter	Fellbacher Str. 168	70327	Stuttgart	X
37	Traub, Willi	Aichelbergstr.	73092	Heiningen	2002
38	Vöhringer, Hans	Moltkestr. 36	73207	Plochingen	X
39	Vonderdell, Gerhard	Brentenwaldstr. 17	70599	Stuttgart	X
40	Waldenmaier, Jürgen	Mühleisenstr. 22	73079	Süßen	2002
41	Wankmüller, Werner	Böblinger Str. 35	71034	Böblingen	1997

Nr.	Name	Anschrift			Meister seit
42	Weber, Roland	Jakobstr.	73760	Ostfildern	X
43	Weidmann, Otto	Mozartstr. 38	74653	Künzelsau	X
44	Weinmann, Albert	Georg-Schurr-Str. 17	70794	Filderstadt	X
45	Weinmann, Dieter	Urbanstr. 13	72622	Nürtingen	X
46	Weiß, Albert	Unter den Linden 2	72531	Hohenstein	X
47	Weiss, Willi	Reinsbronn 103	97993	Creglingen	X
48	Witzig, Manfred	Hauptstr. 72	73730	Esslingen	X
49	Wolfer, Gottlob	Mahlestr. 8	70794	Filderstadt	X

Ehrenmeister des BDRG

Nr.	Name	Anschrift			Meister
1	Barth, Robert	Weiherstr. 3	89551	Königsbronn	2002
2	Buttmann, Rudi	Im Anger 10	88499	Riedlingen	1998
3	Eckloff, Heinz	Zeppelinstr. 1	89281	Altenstadt	1999
4	Fichtner, Bernhard	Häckerstr. 24	70565	Stuttgart	2003
5	Fischer, Kurt	Karlsruher Str. 64	74211	Leingarten	X
6	Gehring, Walter	Hornbergstr. 132	70186	Stuttgart	X
7	Gutknecht, Hans	Essinger Str. 12	89551	Königsbronn	X
8	Haas, Richard	Dolomitstr. 13	73433	Aalen	X
9	Härle, Kurt	Grünlandstr. 1	71691	Freiberg a. N.	1999
10	Holdenried, Max	Hirschstr. 20	71272	Renningen	2003
11	Kanz, Johann	Im Eschle 4	72393	Burlad.-Gauselfingen	1990
12	Klumpp, Paul	Schillerstr. 9	72250	Freudenstadt	2003
13	Kratt, Ernst	Im Tal 8	78647	Trossingen	X
14	Krauß, Werner	Donizettistr. 5	70195	Stuttgart	X
15	Pechtl, Karl	Oberer Erbisberg 35	89522	Heidenheim	X
16	Philippin, Berthold	Lessingstr. 18	71277	Rutesheim	X
17	Röckle, Richard	Guldemannstr. 10	71229	Leonberg	2003
18	Sauter, Ottmar	Heumadener Str. 67	73760	Ostfildern	1999
19	Schimpf, Helmut	E.-Rommel-Str. 9	88471	Laupheim	2003
20	Schmid, Ignaz	Unterm Kirchberg 1	88348	Bad Saulgau	X
21	Schmückle, Gerhard	Paulinenstr. 18	71706	Markgröningen	2002
22	Schweikert, Friedhelm	Amselstr. 18	74906	Bad Rappenau	2002
23	Schwörer, Kurt	Falkenweg 4	75417	Mühlacker	X
24	Stach, Günter	Höfener Str.	75328	Schömberg	2003
25	Weber, Roland	Jakobstr.	73760	Ostfildern	1997
26	Weiss, Willi	Reinsbronn 103	97993	Creglingen	X
27	Wilbs, Willi	Deutschordenstr. 25	74177	Bad Friedrichshall	X
28	Wolfer, Gottlob	Mahlestr. 8	70794	Filderstadt	1998

Kreisverbände im Landesverband

Zahl und Mitglieder der Vereine (Stand: Juni 2004)

Kreisverband	Vorsitzender	Vereine	Mit-glieder
BACKNANG-MURR	Luithardt, Bernd	12	666
BALINGEN-HOHENZOLLERN	Pfister, Otto	21	996
BÖBLINGEN	Rottler, Günter	20	977
CALW	Renz, Helmut	13	487
CRAILSHEIM-BAD MERGENTH.	Trump, Erich	19	1433
ESSLINGEN	Reichle, Martin	15	804
FREUDENSTADT	Zwißler, Gudrun	5	264
GÖPPINGEN	Weiler, Wilfried	18	698
HEILBRONN	Waberski, Bruno	39	2139
LEONBERG	Pfeil, Uwe	19	594
LUDWIGSBURG	Wölfl, Matthias	26	1040
MITTLERE ENZ	Oehler, Karl-Heinz	22	1179
NÜRTINGEN	Spieth, Werner	14	742
OBERE ENZ	Keller, Heiko	15	492
OBERE FILDER	Lung, Richard	12	912
OBERES FILSTAL	Esterl, Martin	15	739
OBERSCHWABEN	Bamberger, Dr. Uwe	34	1193
OSTALB-AALEN-HEIDENHEIM	Wagner, Hanspeter	32	3034
REUTLINGEN	Failenschmid, Rainer	29	1672
SCHWÄBISCH GMÜND	Widmann, Hans	29	1817
SCHWÄBISCH-HALL	Opala, Hansjörg	11	815
SCHWARZWALD	Noll, Imre	19	808
STUTTGART	Gottschlich, Steffen	23	974
TÜBINGEN HORB	Heinz, Bernhard	20	655
UEBERLINGEN	Rößler, Ernst	6	446
ULM	Scheffold, Friedrich	9	686
UNTERE FILDER	Riek, Manfred	8	407
UNTERER NECKAR	Sauter, Jürgen	19	825
WAIBLINGEN	Schwegler, Gerhard	14	474
Summe Landesverband		538	27968

Vereine die 100 Jahre und älter sind

Name		Gründung	Kreisverband
Geflügelzuchtverein	REUTLINGEN	1869	REUTLINGEN
Geflügel- & Vogelfreunde	STUTTGART	1872	STUTTGART
Geflügelzuchtverein	ULM	1875	ULM
Geflügel- & Vogelfreunde	GEISLINGEN	1876	OBERES FILSTAL
Geflügel- & Vogelfreunde	GÖPPINGEN	1877	GÖPPINGEN
Kleintierzuchtverein	LUDWIGSBURG	1878	LUDWIGSBURG
Geflügelzuchtverein	ÖHRINGEN	1878	SCHWÄBISCH-HALL
Geflügel- & Vogelfreunde	HEILBRONN	1879	HEILBRONN
Geflügel- & Vogelfreunde	SINDELFINGEN	1880	BÖBLINGEN
Kleintierzüchterverein	HOCHDORF	1880	ESSLINGEN
Kleintierzuchtverein	SCH. HALL	1880	SCHWÄBISCH-HALL
Kleintierzuchtverein	HEIDENHEIM	1882	OSTALB-AALEN-HDH
Kleintierzuchtverein	SCHORNDORF	1884	WAIBLINGEN
Geflügelzuchtverein	AALEN	1884	OSTALB-AALEN-HDH
Geflügelzuchtverein	LAUPHEIM	1884	ULM
Kleintierzuchtverein	VAIHINGEN/E.	1885	MITTLERE ENZ
Kleintierzuchtverein	METZINGEN	1886	REUTLINGEN
Geflügelzuchtverein	EHINGEN	1887	ULM
Geflügelzuchtverein	PFULLINGEN	1888	REUTLINGEN
Geflügelzüchterverein	NÜRTINGEN	1889	REUTLINGEN
Kleintierzuchtverein	MÜNSINGEN	1889	REUTLINGEN
Geflügelzuchtverein	ROTTWEIL	1891	SCHWARZWALD
Kleintierzuchtverein	SALACH	1891	GÖPPINGEN
Kleintierzuchtverein	HECHINGEN	1891	BALINGEN-HOHENZ.
Geflügelzuchtverein	ILLERTISSEN	1891	ULM
Kleintierzuchtverein	KIRCHBERG/J.	1891	CR.-BAD MERGENTH.
Kleintierzüchterverein	BOTNANG	1892	STUTTGART
Kleintierzuchtverein	SIGMARINGEN	1892	BALINGEN-HOHENZ.
Kleintierzuchtverein	SCHW. GMÜND	1893	SCHWÄB. GMÜND
Geflügelzuchtverein	TUTTLINGEN	1893	SCHWARZWALD
Kaninchen- & Geflügelfr.	ESSLINGEN	1894	ESSLINGEN
Kleintierzuchtverein	KIRCHHEIM/T.	1894	NÜRTINGEN
Kleintierzuchtverein	BRETTHEIM	1894	CR.-BAD MERGENTH.
Kleintierzüchterverein	ST.-MÖHRINGEN	1894	OBERE FILDER
Kleintierzuchtverein	GIENGEN/BR.	1895	OSTALB-AALEN-HDH
Kleintierzuchtverein	CRAILSHEIM	1895	CR.-BAD MERGENTH.
Geflügelzuchtverein	TROSSINGEN	1895	SCHWARZWALD
Geflügelzuchtverein	EISLINGEN	1895	GÖPPINGEN
Geflügelzuchtverein	SCHRAMBERG	1895	SCHWARZWALD
Geflügelzuchtverein	BAD WALDSEE	1895	OBERSCHWABEN
Kleintierzuchtverein	NEUENBÜRG	1896	OBERE ENZ

Name		Gründung	Kreisverband
Kleintierzüchterverein	HOLZHEIM	1896	GÖPPINGEN
Kleintierzuchtverein	CALMBACH	1896	OBERE ENZ
Kleintierzuchtverein	NAGOLD und Umgebung	1896	CALW
Geflügelzuchtverein	FRIEDRICHS-HAFEN	1896	OBERSCHWABEN
Kleintierzuchtverein	BÖBLINGEN	1896	BÖBLINGEN
Geflügel & Vogels. Verein	EBINGEN	1896	BALINGEN-HOHENZ.
Kleintierzuchtverein	JESINGEN	1896	NÜRTINGEN
Kleintierzuchtverein	KÖNGEN	1896	ESSLINGEN
Kleintierzuchtverein	ESSLINGEN-BERKHEIM	1896	UNTERE FILDER
Kleintierzuchtverein	GAISBURG	1896	STUTTGART
Kleintierzuchtverein	WOLF-SCHLUGEN	1897	UNTERE FILDER
Kleintier- & Vogelfreunde	HERRENBERG	1897	BÖBLINGEN
Kleintierzuchtverein	GROSSBOTTWAR	1897	LUDWIGSBURG
Geflügelzüchterverein	SÜSSEN	1897	OBERES FILSTAL
Kleintierzuchtverein	FEUERBACH	1897	STUTTGART
Kleintierzuchtverein	GINGEN	1898	OBERES FILSTAL
Kleintierzuchtverein	ALDINGEN	1898	SCHWARZWALD
Geflügelzuchtverein	HERBRECH-TINGEN	1898	OSTALB-AALEN-HDH
Kleintierzuchtverein	OBERNDORF	1898	SCHWARZWALD
Kleintierzuchtverein	ILSHOFEN	1898	CR.-BAD MERGENTH.
Kleintierzuchtverein	KUCHEN	1898	OBERES FILSTAL
Kleintierzuchtverein	ZUFFENHAUSEN	1898	STUTTGART
Geflügelzuchtverein	DONZDORF	1898	OBERES FILSTAL
Kleintierzuchtverein	TUNINGEN	1899	SCHWARZWALD
Kleintierzuchtverein	UHINGEN	1899	GÖPPINGEN
Kleintierzuchtverein	BÖCKINGEN	1899	HEILBRONN
Kleintierzuchtverein	MURRHARDT	1899	BACKNANG-MURR
Kleintierzuchtverein	UNTERTÜRK-HEIM	1900	STUTTGART
Kleintierzuchtverein	NECKARSULM	1900	UNTERER NECKAR
Kleintierzuchtverein	TALHEIM	1900	SCHWARZWALD
Geflügelzuchtverein	ALBSTADT-TAILFINGEN	1900	BALINGEN-HOHENZ.
Kleintierzüchterverein	OSTFILDERN-NELLINGEN	1900	UNTERE FILDER
Kleintierzuchtverein	BAD URACH	1900	REUTLINGEN
Kleintierzuchtverein	WILDBERG	1900	CALW
Kleintierzuchtverein	MÖSSINGEN	1900	TÜBINGEN-HORB

Name		Gründung	Kreisverband
Kleintierzuchtverein	LORCH	1900	SCHWÄB. GMÜND
Geflügelzuchtverein	BÖCKINGEN	1900	HEILBRONN
Kleintierzuchtverein	STUTTGART-VAIHINGEN	1900	OBERE FILDER
Kleintierzuchtverein	BOLL	1900	GÖPPINGEN
Kleintierzuchtverein	HEUBACH	1901	SCHWÄB. GMÜND
Kleintierzuchtverein	STUTTGART-WEILIMDORF	1901	STUTTGART
Kleintierzuchtverein	FREUDENSTADT	1901	FREUDENSTADT
Kleintierzuchtverein	HEININGEN	1901	GÖPPINGEN
Geflügelzuchtverein	SCHWENNINGEN	1901	SCHWARZWALD
Kleintierzuchtverein	BETTRINGEN	1901	SCHWÄB. GMÜND
Kleintierzuchtverein	ÜBERLINGEN	1902	UEBERLINGEN
Kleintierzuchtverein	STUTTGART-PLIENINGen	1902	OBERE FILDER
Kleintierzuchtverein	BONLANDEN	1902	OBERE FILDER
Kleintierzuchtverein	PFULLENDORF	1902	OBERSCHWABEN
Kleintierzuchtverein	BISSINGEN-UNTERMB.	1902	LUDWIGSBURG
Kleintierzuchtverein	PRAG	1902	STUTTGART
Kleintierzuchtverein	WASSERALFINGEN	1903	OSTALB-AALEN-HDH
Geflügelzuchtverein	BITZ	1903	BALINGEN-HOHENZ.
Kleintierzuchtverein	KOCHENDORF	1903	UNTERER NECKAR
Kleintierzüchterverein	BIETIGHEIM	1903	LUDWIGSBURG
Kleintierzuchtverein	LAICHINGEN	1903	REUTLINGEN
Kleintierzuchtverein	NECKARGARTACH	1903	HEILBRONN
Kleintierzüchterverein	MÜNSTER	1903	STUTTGART
Kleintierzuchtverein	MUTLANGEN	1903	SCHWÄB. GMÜND
Kleintierzuchtverein	BACKNANG	1903	BACKNANG-MURR
Geflügel- & Vogelfreunde	ZUFFENHAUSEN	1903	STUTTGART
Gefl.-& Kan.-zuchtverein	WANGEN/ALLGÄU	1903	OBERSCHWABEN
Kleintierzuchtverein	WIERNSHEIM	1903	MITTLERE ENZ
Kleintierzuchtverein	GERLINGEN	1903	STUTTGART
Kleintierzuchtverein	CALW und Umgebung	1903	CALW, Kreisverband